MICHEL DE MONTAIGNE

ESSAIS

LIVRE I

Chronologie et introduction
par
Alexandre Micha

GF Flammarion

© 1969, GARNIER-FLAMMARION, Paris
ISBN : 978-2-0807-0210-4

CHRONOLOGIE

1533 : Michel naît le 28 février au château de Montaigne. Fils de Pierre Eyquem (né en 1495) qui en 1528, au retour de la campagne d'Italie, épouse Antoinette de Louppes, d'une riche famille de juifs espagnols convertis au catholicisme. Les Eyquem, Grémon aïeul de l'écrivain, Ramon son bisaïeul, se sont enrichis dans le commerce du vin et du poisson salé. Le père de Montaigne sera maire de Bordeaux en 1554-1556, il embellira et agrandira le modeste château acquis par Ramon en 1477.
Michel est le premier à abandonner le nom patronymique d'Eyquem. Il aura trois frères, Thomas, Pierre, Bertrand, et trois sœurs, Jeanne, Leonor, Marie.

1533-1539 : Dès ses tout jeunes ans Michel est confié par son père à un pédagogue allemand, Horstanus, qui ne parle que latin avec l'enfant.

1539-1546 : Etudes au Collège de Guyenne, à Bordeaux, dont le principal est le Portugais Antoine de Gouvea. Les maîtres de Montaigne sont Grouchy, Buchanan, Guérente, Vinet ; l'humaniste Muret est son « précepteur domestique ». Montaigne joue au collège les tragédies latines de Buchanan.

1549 : Il fait son droit, probablement à Toulouse.

1554 : Il est nommé conseiller à la Cour des Aides de Périgueux. Cette même année, Pierre Eyquem est élu maire de Bordeaux.

1557 : La cour de Périgueux étant supprimée, Montaigne, ainsi que les autres conseillers, entre en décembre au Parlement de Bordeaux.

1558-1559 : Rencontre d'Etienne de La Boétie, qui est son collègue au Parlement et l'auteur du *Discours de la servitude volontaire*. C'est le début d'une amitié que Montaigne n'oubliera plus.

1559 : Voyage à Paris. Il accompagne le roi François II à Bar-le-Duc.

1561-1562 : Nouveau voyage à la cour. Montaigne reste un an et demi à Paris.

1562 : Le 12 juin, il prête serment de fidélité à la religion catholique pour être admis à siéger au Parlement de Paris. Il se rend à Rouen avec l'armée royale et y rencontre les « cannibales » du Brésil (v. 1, 31).

1563 : Montaigne rentre à Bordeaux en février. Etienne de La Boétie meurt en août dans la maison du conseiller de Lestonnac, beau-frère de son ami qui assiste à ses derniers moments.

1564 : C'est probablement alors que Montaigne couvre d'annotations son exemplaire des *Annales*, de Nicole Gilles.

1565 : Il épouse le 25 septembre Françoise de la Chassaigne, qui appartient à une famille de parlementaires et de riches bourgeois bordelais.

1568 : Son père meurt au mois de juin. Michel devient propriétaire de Montaigne.

1569 : Publication de la traduction de la *Théologie naturelle* de Raymond Sebon, entreprise à la demande de son père.

1570 : Il résigne sa charge de conseiller au Parlement le 24 juillet et va à Paris pour publier les écrits de La Boétie ; il rédige pour eux des dédicaces à plusieurs personnages importants. Naissance de sa première fille, Toinette, qui ne vit que deux mois.

1571 : Le 28 février, jour de son anniversaire, Montaigne fait peindre sur les murs de sa bibliothèque la fameuse inscription (en latin) qui marque son adieu aux tracas des affaires et son désir de retraite. Traduction : « L'an du Christ 1571, âgé de trente-huit ans, la veille des calendes de Mars, anniversaire de sa naissance, Michel de Montaigne, las depuis longtemps déjà de sa servitude au Parlement et des charges publiques, en pleines forces encore se retira dans le sein des doctes vierges où, en repos et sécurité, il passera les jours qui lui restent à vivre. Puisse le destin lui permettre de parfaire cette habitation des douces retraites de ses ancêtres, qu'il a consacrées à sa liberté, à sa tranquillité, à ses loisirs ! »
En octobre il est fait chevalier de l'ordre de Saint-Michel,

puis Charles IX le nomme gentilhomme de la chambre du roi. Sa fille Leonor, la seule de ses six filles qui vivra, naît le 28 octobre.

1572 (année de la Saint-Barthélemy) : Rédaction des premiers essais. Il lit surtout Sénèque, les *Vies* de Plutarque, les *Œuvres morales* du même, traduites cette année par Amyot; mais aussi les *Mémoires* de Martin et de Guillaume du Bellay, les *Annales d'Aquitaine* de Jean Bouchet, l'*Histoire d'Italie* de Guichardin, etc.

1574 : Il est en mai au camp de Sainte-Hermine (Poitou) avec l'armée royale dont le chef, le duc de Montpensier, le charge d'une mission auprès du Parlement de Bordeaux, afin que celui-ci veille à la défense de la ville.

1575 : Il lit les *Hypotyposes pyrrhoniennes* de Sextus Empiricus.

1576 : Il fait frapper la médaille avec la balance aux deux plateaux horizontaux et la devise « Que sais-je ? ». C'est alors qu'il rédige d'importantes parties de l'*Apologie de Raymond Sebon* (II, 12).

1577 : Montaigne devient en novembre gentilhomme de la chambre du roi de Navarre.

1578 : Premières atteintes de la maladie de la pierre. Lit César, dont il couvre son exemplaire de notes. Dans ce même temps, 1577-1578, il lit Plutarque, les opuscules de Tacite, Jean Bodin *(La République)*, etc. Plus largement, depuis sa retraite jusqu'à 1580, ses principales lectures sont Sénèque *(Lettres à Lucilius)*, Plutarque, Horace, Lucrèce, Ovide, Virgile.

1580 : Publication des deux premiers livres des *Essais* chez Simon Millanges, à Bordeaux.

1580-1581 : Montaigne quitte son château en juin 1580, il passe par Paris pour présenter ses *Essais* à Henri III, assiste au siège de La Fère (août), où est tué son ami M. de Gramont. Il reste dix jours à Plombières, pour y prendre les eaux (septembre); par Mulhouse et Bâle il se dirige vers Bade où il prend aussi les eaux. Par Lindau, Augsbourg, Munich, Innsbruck et le Tyrol il gagne l'Italie. Son itinéraire le mène de Vérone, Vicence, Padoue, Venise, Ferrare (où il visite le Tasse dans son hôpital), Bologne, Florence et Sienne, jusqu'à Rome. Son séjour y dure du 30 novembre 1580 au 19 avril 1581. Ses livres sont confisqués, ainsi que son livre d'heures, non conforme à celui de Rome. Il fait un pèlerinage à Lorette et offre à la Vierge des images pour lui, sa femme et sa fille. Pendant un mois et demi il prend les eaux della Villa, puis il visite Florence, Pise, et revient à Lucques, aux bains della Villa. C'est le 7 septembre 1581 que lui parvient en Italie la nouvelle de son élection à la mairie de Bordeaux. Il passe la première moitié d'octobre à Rome et rentre à Montaigne le 30 novembre 1581. A son retour, Henri III le presse d'accepter la charge de maire qui lui a été confiée. Il a écrit en partie son *Journal de voyage*.

1582 : Deuxième édition des deux premiers livres des *Essais*, avec un petit nombre d'additions.

1583 : Montaigne est réélu maire de Bordeaux le 1er août. Il joue, au cours de cette deuxième mairie, un rôle actif dans les négociations entre les deux partis : il entretient une correspondance avec le maréchal de Matignon, lieutenant-général du roi en Guyenne, et avec Du Plessis-Mornay, homme de confiance d'Henri de Navarre. Son attitude est adroite et ferme vis-à-vis de la Ligue, représentée à Bordeaux par Vaillac, gouverneur du Château-Trompette.

1584 : Henri de Navarre passe deux jours en décembre au château de Montaigne et dort dans la chambre de l'écrivain. La mort du duc d'Anjou, dernier fils d'Henri II, vient de faire d'Henri de Navarre, quelques mois auparavant, l'héritier du trône.

1585 : Montaigne sert d'intermédiaire pour préparer la rencontre entre Matignon et Henri de Navarre. La peste ravage Bordeaux en juin, puis le Périgord. Montaigne, dont les fonctions finissent le 31 juillet, ne rentre pas dans la ville et fuit son château avec les siens, à cause de l'épidémie.

1586 : Lecture d'historiens : l'*Histoire des princes de Pologne* de Herburt de Fustin, *Mémoires* d'Olivier de la Marche et, un peu plus tard, Quinte-Curce.

1587 : Après la victoire de Coutras, Henri de Navarre dîne à Montaigne le 24 octobre. C'est dans les deux années 1586-1587 qu'il écrit le troisième livre des *Essais*.

1588 : En route pour Paris, Montaigne est détroussé dans la forêt de Villebois (février). Son séjour à Paris se place de février à octobre. Après la journée des Barricades (12 mai) il suit Henri III à Chartres et à Rouen. En juin paraît chez Langelier à Paris une nouvelle édition des

Essais en trois livres, avec de nombreuses additions aux deux premiers. Emprisonné pendant quelques heures à la Bastille par les Ligueurs, le 10 juillet, il est élargi le soir même à la demande de Catherine de Médicis. C'est à Paris qu'il rencontre sa « fille d'alliance », Marie le Jars de Gournay, et il séjourne à plusieurs reprises à Gournay, en Picardie (juillet-août). Il assiste aux états généraux de Blois en octobre-novembre, et rentre en Guyenne en décembre.

Dans la période de 1582-1588, si Plutarque reste son auteur favori, il lit surtout les poètes, Catulle, Horace, Juvénal, Lucain, Lucrèce, Martial, Ovide, Perse, Properce, Térence, Virgile, etc.; des historiens aussi : œuvres de Gomara *(Histoire générale des Indes)*, Tacite, Cornelius Nepos, Commynes; enfin la *Démonomanie* de Jean Bodin.

1590 : Il adresse deux lettres au roi Henri IV, 18 janvier, puis 2 septembre, où s'expriment son loyalisme et son désintéressement. Mariage de sa fille Leonor avec François de la Tour (27 mai).

1588-1592 : Dans les quatre dernières années de sa vie, ce ne sont plus les poètes et Plutarque qui attirent Montaigne, mais les philosophes d'une part, *Morale à Nicomaque* d'Aristote, Œuvres philosophiques de Cicéron, Diogène Laërce, *Politique* de Juste Lipse, *Cité de Dieu* de saint Augustin, *Lettres à Lucilius* auxquelles il revient — et d'autre part — les historiens : Diodore de Sicile, Hérodote, Tacite, Tite-Live, Xénophon et parmi les modernes ceux qui traitent de l'Amérique et de l'Orient, *Histoire des Turcs* de Chalcondyle, *Histoire du Portugal* de Osorio et de Castañeda, traduite par Goulard, *Histoire de la Chine* de Gonzalès de Mendoza.

Pendant ces quatre années il enrichit son exemplaire personnel (exemplaire « de Bordeaux ») d'un millier d'additions marginales qui préparent une nouvelle édition. Le quart environ de ces additions a trait aux goûts et à la vie quotidienne de Montaigne.

1592 : Il meurt le 13 septembre, au château de Montaigne, pendant la messe, à l'élévation.

1595 : L'édition posthume des *Essais* paraît à Paris, chez Langelier; elle est due à Mlle de Gournay, d'après une copie de l'exemplaire de Bordeaux, fournie par Mme de Montaigne et Pierre de Brach.

1613 : Traduction anglaise des *Essais* par John Florio.

1633 : Traduction italienne par Marco Ginammi.

1635 : Nouvelle édition par Melle de Gournay. C'est cette édition que le XVIIe et le XVIIIe siècle ont reprise. Mais de 1669 à 1724 aucune édition ne paraît.

1674 : Les *Essais* sont mis à l'index.

1774 : Publication du *Journal de voyage* découvert à Montaigne par l'abbé de Prunis.

1906-1920 : Publication de l'Edition municipale, par Strowski, Gebelin et Villey, qui reproduit l'exemplaire de Bordeaux. Elle est la base de toutes les éditions postérieures des *Essais*.

INTRODUCTION

Le lecteur d'aujourd'hui ne reprendrait pas à son compte le jugement de Pascal sur Montaigne reprochant à l'auteur des *Essais* de « faire trop d'histoires et de parler trop de soi ». Il dirait plutôt avec Mme de Sévigné : « Ah! l'aimable homme! Qu'il est de bonne compagnie! » L'éternelle séduction de ce livre, vieux bientôt de quatre siècles, vient de ce que nous y découvrons, dans un parler « serré et succulent », un homme qui se présente « debout et couché, le devant et le derrière, à droite et à gauche, et en tous ses naturels plis ».

Montaigne a pleinement conscience de la nouveauté de son entreprise : « C'est, dit-il, le seul livre au monde de son espèce. » Il faut lui en laisser la gloire, car les *Confessions* de saint Augustin sont d'autres intentions et d'autres propos. Sans doute l'essai a-t-il ses origines, pour ne pas remonter à l'Antiquité, dans ces petites dissertations fort goûtées au XVIᵉ siècle, dont l'*Honnête discipline* de Crinitus (1504) ou les *Leçons antiques* de Cælius Rhodiginus (1516) sont de bons exemples. Mais Montaigne est bien le créateur du genre et ce n'est, au reste, pas d'emblée que les *Essais* ont trouvé leur véritable objet : Michel. Pierre Villey a tracé les étapes de cette évolution : l'essai impersonnel qui relate un fait historique accompagné d'une courte réflexion morale ou qui part d'une réflexion morale pour l'illustrer d'un certain nombre d'exemples s'est peu à peu enrichi, sous l'influence de certaines lectures ou grâce à certaines expériences (la perte de La Boétie, l'accident de cheval, etc.). Montaigne met davantage de lui-même; Plutarque l'aide à prendre conscience de l'infinie diversité de la « plante homme », dirait Stendhal, et vers 1579 il conçoit l'essai non plus seulement comme le « contrôle de ses fantaisies », mais comme la peinture du moi. Si dans son *Avis au lecteur* de 1580 comme aux chapitres 18 et 35 du livre II il n'a pas d'autre prétention que de se faire connaître à ses parents et à ses amis, dans les douze années qui suivent, jusqu'à sa mort, il veut « seulement parler de soi. »

Parallèlement il est possible de dessiner un itinéraire intellectuel. Les écrits de 1572-1574 ont une couleur stoïcienne, d'un stoïcisme éclectique, à la manière de Sénèque, et où entrent un peu de mode, un peu d'imagination juvénile. Montaigne se force à regarder la mort en face, mais se dispense d'inutiles prouesses de volonté. Vers 1576, la crise sceptique aboutit à la formule du *Que sais-je ?* et Montaigne fait frapper la médaille à la balance dont les deux plateaux sont horizontaux. Enfin il incline à une philosophie qui fait confiance au « doux guide » de la nature, à un art de vivre fondé sur le plaisir. Mais gardons-nous de distinguer trop rigoureusement ces moments : d'abord parce que par tempérament il répugne à la raideur stoïcienne, ensuite parce que son but reste le même, si les moyens varient, si alternativement préparation et diversion sont mises en œuvre : tout revient à fuir ou à amoindrir la douleur, à accepter la mort « sans regimber contre une nécessité ». Montaigne est peut-être plus confiant en ses forces de résistance vers la quarantaine (« Roidissons-nous »), plus détendu quinze ou vingt ans plus tard. De même pour la crise sceptique : on en décèle les annonces dès les premiers essais et elle laissera des séquelles inguérissables tout au long du livre III.

De la lecture des *Essais* nous remportons l'image d'un homme qui a voulu se déchiffrer pour élaborer une sagesse personnelle, à la fois par l'expérience, par la méditation et par la lecture. Ne le voyons pas pour autant enfermé dans sa librairie, « une des belles de village », ni dans son arrière-boutique de solitaire (I, 39), à l'écart de son siècle, de ses tumultes et de ses débats. Pas davantage béatement assoupi sur le mol « oreiller » de l'ignorance : rumeurs et légendes dont il faut faire justice. Toujours en marche vers la quiétude, Montaigne est contraint à la perpétuelle recherche d'un équilibre à chaque instant menacé.

La première tâche est d'assurer l'autonomie du moi, assiégé du dehors et du dedans. Ennemies du dedans, les passions : le remède est dans la « diversion » qui consiste à esquiver le mal, ou qui, comme une homéopathie, soigne et guérit une passion par une autre. Ennemie, l'obligation, hypothèque qu'autrui prend sur nous : ne contracter donc aucune dette de reconnaissance pour éviter tout « garrotage ». Ennemi, l'esprit partisan qui déforme notre jugement et conduit aux pires excès; ou même simplement l'excessive affection à l'égard du prince : le respect lui est dû, mais une réserve systématique nous gardera de tout attachement inconsidéré : « Nous devons la subjection et l'obéissance également à tous les rois, car elle regarde leur office, mais l'estimation non plus que l'affection nous ne la devons qu'à leur vertu. »

Les assauts extérieurs ne sont pas moins périlleux. C'est le ménage avec les mille tracas du maître de maison, comptes, contrôles, qui nous aliènent à nous-mêmes; ce sont les malheurs du temps qui portent atteinte à la liberté de l'individu. Montaigne entend ne pas devoir la vie à la faveur de ceux qui peuvent arbitrairement disposer de la sienne; le suprême détachement serait d'assister en spectateur curieux et serein à la tragédie qui se joue sous ses yeux. C'est la vie publique, où le risque est mortel de ne pas distinguer l'homme du personnage emprunté, de se composer un rôle dont on sera prisonnier et de faire « du masque et de l'apparence » une essence réelle.

Maire de Bordeaux, Montaigne s'est dépensé sans compter aux devoirs de sa charge : ils étaient lourds et dangereux dans une ville où s'affrontaient trois partis, Catholiques, Protestants, Ligueurs. S'il a réussi à éviter le pire en ces temps difficiles, c'est pour être resté un « empereur au-dessus de son empire », pour ne s'être pas laissé « ensevelir du poids des affaires » et pour avoir conservé cette lucidité et cette liberté intérieure à quoi on reconnaît le vrai politique. Non qu'il ne lui en ait coûté, et il l'avoue : « De ce peu que je me suis essayé en cette vacation, je m'en suis d'autant dégoûté. La liberté et l'oisiveté qui sont mes maîtresses qualités sont qualités diamétralement opposées à ce métier-là. » Et voilà qui l'absout du reproche d'incompétence qu'il s'est adressé par coquetterie et de celui d'égoïsme dont quelques esprits chagrins l'ont trop vite accablé.

Le conservatisme constitue un dernier rempart contre les attaques qui viendraient ébranler la retraite du sage. Montaigne a trop souffert et trop vu souffrir autour de lui pour ne pas condamner les *nouvelletés*. Jeune, il aurait pris parti pour la Réforme à cause de « l'ambition du hasard et difficulté qui suivait cette récente entreprise » (I, 56).

Mais cet esprit d'aventure l'a vite abandonné : dès 1562, il s'engage dans une autre direction en prêtant serment auprès du Parlement de Paris. Il attaque la Réforme en tant qu'hérésie, condamne le libre examen; ce « cuidier » qui est présomption en face de problèmes fermés à la pauvre raison humaine. Mais les motifs déterminants de son attitude ne sont pas là : la querelle théologique ne l'intéresse pas, et en pareille matière le mieux est de rester fidèle à la tradition. La peur de perdre au change surtout l'invite à ne point secouer l'ordre établi ; ce sont moins des raisons d'ordre religieux que des raisons d'ordre pratique qui ont pesé dans son choix, car les nouveletés, ferment de désintégration, sont la source des guerres qui mettent le pays à feu et à sang. Dans le domaine de la pensée, la spéculation peut tout remettre en cause, comme La Boétie l'a fait dans le *Contr'un ;* il en est autrement dans le domaine de l'action. Le réformateur peut « étayer quelque pièce, si elle se démanche », mais « la règle des règles et générale loi des lois, c'est que chacun observe celles du lieu où il est ». De toutes les raisons qui ont poussé Montaigne au conservatisme, prudence intellectuelle, calcul de probabilité, crainte de la violence, la plus impérieuse a été la sauvegarde de sa mobilité intérieure, le désir « de retirer son âme de la presse, de la tenir en puissance de juger librement des choses », comme si par une économie de forces compensatrices l'aisance du dedans ne pouvait être assurée que par le figement au-dehors. Montaigne ne croit pas à la valeur en soi de ce qu'il conserve; ce conservateur est dans une posture inconfortable, ce n'est pas impunément que la tête bien faite juge malgré elle ce qui est, qui est mal fait.

La grande affaire est la possession et la jouissance de soi : royal plaisir que de s'explorer toujours, de s'interroger, de surprendre les plus secrets mouvements de sa pensée, car ce sont ses *cogitations* que peint d'abord Montaigne. Plaisir, mais aussi profit, s'il est vrai que cette investigation est le fondement de toute sagesse.

Que découvre Montaigne au cours de ces recherches sur soi et autour de soi ? D'abord l'existence de la « forme entière de l'humaine condition », c'est-à-dire une physionomie commune à tous : « on n'extirpe pas les qualités originelles, on les couvre, on les cache », et la coutume, seconde nature qui nivelle les individus, contribue à créer cet exemplaire où se référer. Cette nature humaine est faite de vices et de vertus, mais Montaigne croit à une aptitude spécifique : elle peut et doit être ordonnée, c'est la seule dignité qu'il lui reconnaisse.

Ensuite une « maîtresse forme », propre à chacun (III, 2). Certes le hasard a prise sur nous, certes nous « sommes maniés par le vent des accidents », mais il existe une complexion particulière, une structure mentale qui permettent pour tel homme une définition sommaire et globale. Il est, par exemple, des esprits naturellement dogmatiques, ou naturellement pyrrhoniens, des âmes plus aptes à la résistance, d'autres plus malléables, des hommes de « basse forme » ou au contraire tentés par l'héroïsme, les uns séduits par une existence de façade et d'illusoire activité, les autres par le recueillement fécond et silencieux.

Mais surtout ce qui charme Montaigne, c'est Michel, avec toutes ses singularités qui font de lui un être unique. Il les accueille, il les cultive, il éprouve une profonde délectation à se sentir et à se savoir différent, à se trouver d'autant moins qu'il se cherche. Il ébauche une classification qui met au bas la simplicité d'esprit, le bonheur des « hommes ruraux », qui ne se sont jamais posé de questions; au-dessus, le pseudo-savoir des esprits de moyenne vigueur (y compris toutes les variétés de pédants) où s'engendre l'erreur des opinions, portés à tout détruire pour avoir découvert le caractère irrationnel des lois. Au-dessus, ceux qui professent une « forte et généreuse ignorance », âmes réglées qui par d'autres voies goûtent, au moins par instants, l'heureuse sérénité de ceux du bas.

C'est à l'étage supérieur que se place Montaigne, mais non sans garder quelque nostalgie de la plus sûre béatitude réservée à ceux du « premier et naturel siège ». Mais il se complaît à accuser ses différences, se peint en s'opposant *(ils... moi...)*, de plus en plus attentif à ses contradictions, à son étrangeté qu'il étale : « Nulle espèce de train sans traverse et contrariété merveilleuse, nulle faculté simple, si que le plus vraisemblable qu'on pourra feindre (= imaginer) un jour, ce sera qu'il [Montaigne] affectait et étudiait de se rendre connu par être méconnaissable. » Écrire d'ailleurs oblige à accuser certains traits, dans la mesure où l'on en prend de plus en plus conscience : « Je n'ai pas plus fait mon livre que mon livre ne m'a fait » et « il m'a fallu si souvent dresser et compenser pour m'extraire que le patron s'en est fermi (affermi) et aucunement formé soi-même. Me peignant pour autrui je me suis peint en moi de couleurs bien plus nettes que n'étaient les miennes premières. » Le livre provoque donc un choc en retour, le rendu exact est interdit au peintre. Valéry nous dirait que toute confession est imposture.

Montaigne « s'épie » sans relâche. Aussi aperçoit-on au-delà de son sourire la curiosité inquiète d'un homme qui « se recherche jusqu'aux entrailles ». Amusé d'abord par les jeux du théâtre mental, il poursuit une réalité qui lui échappe, « une certaine image trouble » qui lui présente comme en songe une meilleure forme que celle qu'il a mise en besogne mais qu'il ne peut « saisir et exploiter ».

Le constat, au terme de cette enquête, est que le moi, le trésor le plus précieux, reste impénétrable, se dissout en une myriade d'états, de *lopins*, et de lopins en perpétuelle mutation « dont chacun à chaque moment fait son jeu ». Le temps opère sur nous sa longue et sûre désagrégation : « Moi à cette heure et moi tantôt sommes bien deux. » Marqué par ces stigmates, Montaigne s'étonne : « Combien de fois ce n'est plus moi ! » Il est de la sorte amené à peindre non l'être, mais le passage, à saisir dans l'instant ce qui dans l'instant devient autre. Aussi n'est-il pas rare d'entendre dans les *Essais*, faisant suite à des moments de gaillardise, des accents de découragement, un ton abattu qui veut malgré tout, suprême élégance de l'honnête homme, se parer d'un sourire. « Moi qui me vante d'embrasser si curieusement les commodités de la vie et si particulièrement n'y trouve, quand j'y regarde ainsi finement, à peu près que du vent. Mais quoi, nous sommes par tout vent. Et le vent encore plus sagement que nous s'aime à bruire, à s'agiter et se contente de ses propres offices, sans désirer la stabilité, la solidité, qualités non siennes. » (III, 13.) Nous voici tout près de l'*Ecclésiaste*.

Le terrain stable ou plutôt le fait permanent, où le trouver dans cet univers intérieur, mouvant et inconsistant ? Faute de mieux, dans l'acceptation même du devenir, dans ce que Montaigne appelle l'*irrésolution*. Renonçant à une inaccessible unité, à chaque instant détruite par les métamorphoses du moi, soucieux de se construire sans éliminer aucun des accidents dont la somme nous constitue, Montaigne prend le parti de se livrer à la diversité : « La seule diversité me paye, et la possession de la diversité, au moins si aucune chose me paye. » Malgré la prolifération des états qui l'émiettent, le moi trouve sa cohésion dans une sorte d'élan vital, analogue au devenir physiologique où, chaque cellule se transformant, l'organisme demeure. La *résolution* est réponse, elle est arrêt, enfermant l'esprit dans un cercle d'où il ne peut plus sortir. En revanche le « branle », le mouvement sont conditions de saine vitalité : mouvement que l'éducation (« qu'il le fasse trotter », conseille-t-il au maître), aisance et qualité de mouvement que la sagesse, mouvement la thérapeutique morale qui agit par diversion et dégagement. Film des démarches de la pensée, ou moyen de mesurer une force de poussée morale, ou ensemble de figures (au sens chorégraphique) sur un thème, l'essai appartient lui aussi au monde du mouvement. Le voyage, tel que l'aime Montaigne, sans itinéraire préétabli, sans but défini (« Je sais ce que je fuis, mais non pas ce que je cherche... Je ne trace aucune ligne certaine, ni droite, ni courbe... Je ne l'entreprends ni pour en revenir, ni pour le parfaire : j'entreprends seulement de me branler pendant que le branle me plaît ») est lui-même figure de la vie de l'esprit. Témoignage d'inquiétude et d'irrésolution, le voyage administre à Montaigne la preuve de sa liberté, il est la négation de la nécessité et de la contrainte, le règne bienheureux de la bonne fortune pour la pensée. « La vie est action imparfaite de sa propre essence », « Notre vie n'est que mouvement » : Montaigne s'accepte imparfait, c'est-à-dire inachevé dans un monde dont la discontinuité, le glissement et l'imprévu sont les lois.

Ce dilettantisme forcé laisse fort apparents néanmoins les fermes principes qui ont régi sa morale. Il ne la fonde ni sur l'approbation d'autrui ni sur un impératif religieux avec perspectives de sanctions. La « preud'homie » véritable est celle qui naît en nous « de ses propres racines par la semence de la raison universelle empreinte en tout homme non dénaturé » (III, 12). Nous avons « un patron au-dedans auquel toucher nos actions... J'ai mes lois et ma cour pour juger de moi. » Morale de la conscience donc, en somme assez proche de celle de Jean-Jacques, à cette différence que Montaigne, tout comme Rabelais avant lui, ne fait pas confiance au premier venu : l'homme non dénaturé est une réplique du Thélémite. Cette morale n'est cependant pas celle du sentiment : le jugement y garde, comme ailleurs, un « siège magistral ». Bien penser est le premier fondement de la morale, dira Pascal. Le couple de mots « les mœurs et l'entendement » qui revient si souvent sous la plume de Montaigne en dit assez le caractère intellectualiste où interviennent discernement et réflexion.

Le critère de l'acte moral est l'intention. Aussi Montaigne oppose-t-il à la stricte exigence intérieure la loi écrite, celle des codes qui absolvent ce que réprouve le tribunal de la conscience, et à plus forte raison la morale du monde, « à plusieurs plis, encoignures et coudes », qui admet les compromissions. Sans doute a-t-il logé (I, 26) la vertu dans une « belle plaine fertile et fleurissante » où l'on accède par des routes « ombrageuses et doux-fleurantes ». Il n'en rappelle pas moins que cette vertu est « délicieuse pareillement et *courageuse* », de même que dans un autre chapitre il nous avertit qu'il est plus aisé d'aller sur l'étroit chemin des morales de commande que sur la large route où l'on doit trouver sa ligne et régler son allure. L'âme et la raison seront maintenues en bonne trempe. L'acte moral n'existe pas sans un effort mesuré aux énergies de chacun, dont il retire son prix et sa beauté. « La contrariété et diversité roidit et resserre en soi le bien-faire, et l'enflamme par la jalousie de l'opposition et par la gloire. » Le sentiment du beau et même quelque espagnolisme entrent, on le voit, dans la morale de Montaigne. Le repentir provoqué par l'âge ou l'attiédissement des passions est sans valeur, tout comme le repentir verbal qui n'est suivi d'aucune refonte en profondeur. Etre vertueux à peu de frais n'est point l'affaire de Montaigne. Les âmes chétives, mais bien nées comme la sienne, fuient tout héroïsme tapageur; éprises de rectitude, elles ne manquent pas d'élévation sous une apparence de modestie.

Ce même choix apparaît dans son esquisse de déontologie politique. Les événements dont il a été le témoin et parfois l'acteur devaient tout naturellement le conduire à réfléchir sur les rapports de l'utile et de l'honnête (III, 1), ou de la morale et de la politique. Sur le plan intellectuel le problème est insoluble : il n'est pas possible de rester propre et intègre quand on s'occupe des affaires. « Le bien public requiert qu'on trahisse, qu'on mente et qu'on massacre. » Il a bien vu les servitudes morales de l'action politique, les souillures qu'elle inflige à l'homme de bien. Il dénonce la corruption et l'hypocrisie des grands hommes de son époque, leur ambition mal palliée de désintéressement. Ces basses conditions répugnent à son tempérament, il ne consent pas à se dégrader. Si un certain machiavélisme est la tare inévitable de l'homme d'action, s'abstenir est la seule issue possible. Mais il n'a pu esquiver la mairie de Bordeaux : maîtrise de soi et discipline intérieure sont alors ses meilleurs atouts. En face des intérêts du prince ou des empiétements de l'Etat, il défend hautement les droits imprescriptibles de l'individu qui deviendrait vite une facile victime : « L'intérêt commun ne doit pas tout requérir de nous contre l'intérêt privé. »

Nous pouvons dès lors tenter de définir l'humanisme de Montaigne. Est humaniste au XVIe siècle tout lettré qui a une bonne connaissance et le culte des lettres anciennes. Si le latin a été pour lui une seconde langue maternelle, Montaigne n'a jamais été à l'aise devant un texte grec. Admirateur des grands écrivains de l'Antiquité, il leur emprunte jusque dans ses dernières années citations et exemples. Mais il garde son habituel esprit critique devant les œuvres, les personnages et la civilisation de ces siècles prestigieux; il en retire une substantielle nourriture, mais le commerce des hommes n'est pas moins fécond à ses yeux.

Plus largement, l'humanisme fait de l'homme, selon la tradition antique, la valeur première et vise à son plein épanouissement. Et Montaigne d'exalter Socrate qui « a fait grande faveur à l'humaine nature de montrer combien elle peut d'elle-même ». Il nous faut conduire selon notre condition, « rien n'est si beau comme de bien faire l'homme », sans désirer être autre chose que ce que nous sommes, ni ange, ni bête. Et le corollaire : admettre notre être tel qu'il est, c'est-à-dire « cimenté de qualités maladives. » Toute mutilation, au nom de quelque ascétisme ou de quelque idéal utopique que ce soit, est un attentat stupide. Les imperfections et les tares de l'homme, il faut seulement, les connaissant, savoir les faire contribuer à une mise en valeur.

L'humanisme, parce qu'il repose sur la notion d'une communauté et d'une permanence humaines saisies dans le temps et dans l'espace, se colore volontiers de cosmopolitisme. Ainsi dans les *Essais* : « J'estime tous les hommes mes compatriotes et embrasse un Polonais comme un Français, postponant cette liaison nationale à l'universelle et commune. » Conscient des différences individuelles, cet humanisme s'ouvre sur la tolérance et l'accueil : « Pour me sentir engagé à une forme, je n'oblige pas le monde, comme chacun fait, et crois et conçois mille façons de vie. »

Toutefois nous sommes loin d'un humanisme triomphant qui ferait de l'homme le centre de tout[2]. « Il n'est pas dit que l'essence des choses se rapporte à l'homme seul », déclare une phrase de l'*Apologie*, et cette confession est de portée autrement considérable que les dissertations où Montaigne, à grand renfort d'érudition, replace l'homme à un échelon médiocre dans la hiérarchie des êtres vivants. Il n'est plus le roi, ni la raison d'être de la création, ce qu'il était dans l'humanisme médiéval. Copernic est venu, faisant éclater l'univers ancien, clos sur lui-même. Notre philosophe a entendu sa leçon.

Par ailleurs il conçoit malaisément l'espèce humaine comme un tout homogène, dont chaque membre aurait, en tant que tel, droit au titre d'homme : bonne volonté, culture, souci d'une élégance morale sont les conditions requises pour compter dans cette famille, hors de laquelle restent la « canaille du vulgaire », couarde et sanguinaire, et ceux qu'Erasme appelait déjà les barbares; car « il y a plus de distance de tel homme à tel homme que de tel homme à telle bête » (II, 27).

Quant aux notions de perfectibilité et de puissance de l'esprit humain, ou même de gloire, consolation qui rayonne sur l'humanisme depuis Pétrarque, elles sont totalement absentes des *Essais*. Montaigne reprend sous une forme originale le mythe de l'âge d'or, antithèse du mythe messianique des Temps futurs. Dans son réquisitoire contre les colonisateurs du Nouveau Monde, contre leur cruauté et leur rapacité (I, 32; III, 6), il oppose à la barbarie des civilisés l'innocent bonheur des Cannibales, tout proche de l'état de nature, sans lois, sans magistrats, ni lettres, ni nombres, ni riches, ni pauvres, ni propriété, ni successions, ni partages, ni trafic. Cet Eldorado où plus tard abordera Candide est un rêve qui ne récompense pas la lente ascension de l'humanité vers un avenir meilleur, mais où se réfugie un humaniste déçu par un monde que travaille le vice : le mal ronge le corps « vermoulu et véreux » du pays qui disparaîtra comme les empires de jadis. Civilisations mortelles, gouffre de l'oubli où tombent tout nom, toute œuvre, tout exploit — et à quoi bon alors un renom posthume dont nous ne jouirons pas ? — telle est, amère et désabusée, sa philosophie de l'histoire.

Le désenchantement n'est pas moindre pour l'appétit

de connaissance. Montaigne inaugure une méthode dont Francis Bacon et Descartes seront les héritiers : respect du fait dûment constaté (« J'ai appris que ce qu'on disait n'y était point »); attitude positiviste : ne pas conclure au miracle de ce qui n'est ni expliqué, ni présentement explicable; critique des témoignages : ni l'autorité du nombre, ni l'ancienneté du témoignage, ni le prestige personnel du témoin ne sont à retenir. Mais que de difficultés à mettre de l'ordre dans le pullulement des faits! Pourra-t-on même jamais les dénombrer ? Il n'est d'expérience que du particulier et de connaissance que du général : quel hiatus entre l'une et l'autre! Des sens qui nous pipent, des puissances trompeuses — coutume, intérêt, imagination — qui défigurent le réel, la précipitation qui nous fait chercher la cause de ce qui n'est pas, tous ces outils dérisoires pour une tâche si ardue nous condamnent à un savoir relatif et conditionnel. Précaire dans le domaine des faits, notre connaissance ne saurait à plus forte raison atteindre l'origine et l'essence des choses. Montaigne s'en remet ici à la foi. Après avoir décrit la « dénéantise » de l'homme dans l'*Apologie de R. Sebon* (« Car qui retentera son être et ses forces au-dedans comme au-dehors, qui verra l'homme sans le flatter, il n'y verra ni faculté efficace, ni faculté qui sente autre chose que la terre et la mort »), Montaigne conclut, de longues années plus tard, par un aveu d'humilité : « La reconnaissance de l'ignorance est un des plus beaux et plus sûrs témoignages de jugement que je trouve » (III, 10). Et nous voici fort loin de l'optimisme foncier de Rabelais, du siècle des lumières, ou d'Hugo. Montaigne n'a pas substitué une philosophie du progrès à une philosophie du salut, et il n'a pu ni intellectuellement se rallier à la première, ni spirituellement à la seconde.

Il parle peu volontiers de la chute, de la corruption originelle. Mais il rejoint la pensée religieuse par sa vision plutôt pessimiste de l'homme, débile de corps et d'âme [3], incurable à son insu (« Les maux de l'âme s'obscurcissent en leur force, le plus malade le sent le moins », III, 5), versatile et superficiel (« Peu de chose nous divertit, car peu de chose nous tient », III, 4), esclave d'une volupté qui le dégrade et éteint toute pensée. Rabelais exaltait les fonctions naturelles sans exception; Montaigne éprouve, au moins une fois (III, 5), du dégoût pour l'acte d'amour; la vieillesse loin d'être parée de noblesse n'est qu'infirmité et

déchéance. Mais on ne parlera pas pour autant de sentiment religieux. Tout philosophe qui souligne la précarité
de l'homme et surtout l'impuissance de la raison prépare
le terrain à la foi. Mais la foi n'est pas un besoin pour
Montaigne, elle est une commodité qui le décharge de
certains pensements fâcheux, tout comme le conservatisme.
Fidéiste dans la mesure où il soustrait la foi au contrôle
de la raison, il s'installe dans un bonheur terrestre, en
voisin respectueux qui se garde de toucher aux mystères
et aux dogmes. Engagé dans les « avenues de la vieillesse »,
il « empoigne » avec ce qui lui reste de forces ou saisit « de
toutes ses griffes » les moindres occasions de plaisir qu'il
peut rencontrer. Ni son art de vivre ni son art de mourir
ne doivent rien aux préceptes chrétiens. La mort qu'il
souhaite est un brusque saut dans le néant ; nulle préoc-
cupation des fins dernières de l'homme.

Bien plus que Providence (mais il n'ignore pas ce terme),
son Dieu, dépersonnalisé, est une lointaine puissance.
Montaigne sourit de ceux qui prétendent le doter de qualités en le façonnant à l'image de l'homme. Certes il nous
est révélé par l'Ecriture, il est la source des vérités et le
maître de l'ordre des choses (d'où le miracle, s'il y veut
modifier), mais ces professions de foi, purs principes,
nulle chaleur ne les anime. D'autres aveux, d'inspiration
épicurienne, révèlent un douloureux sentiment de dérélic-
tion : « Les dieux s'ébattent de nous à la pelote et nous
agitent à toutes mains... Je crois que les dieux jouent
avec nous comme avec des balles du jeu de paume... Je
crois qu'il est vrai, à ce que dit Platon, que les hommes ont
été créés par les dieux pour leur jouet. » La création est
un jeu, et quand la divinité daigne apercevoir les hommes
qu'elle a placés sur terre, c'est pour se distraire d'une
monotone éternité.

La religion de Montaigne révèle à nouveau une division,
des besoins d'esprit qui entrent en conflit les uns avec les
autres, la double nostalgie d'une connaissance rationnelle
et d'une certitude hors des prises de la raison, sans désir
d'un Dieu sensible au cœur. Cette religion est beaucoup
plus d'un philosophe pour qui « l'athéisme est monstrueux » que d'un chrétien soulevé par l'ardeur de la cha-
rité et vivifié par la présence d'un Dieu fait homme [4].

La séduction exercée par ce livre vient pour une bonne
part de son ambiguïté. La physionomie de son auteur ne

se laisse pas entièrement déchiffrer. Un sourire énigmatique, de familiarité et de réserve, de joie tempérée et de lassitude combattue, accueille le lecteur. L'enchanteur dont parle Sainte-Beuve éteint sa lampe au cours de la promenade où nous l'accompagnons pour réapparaître là où nous ne l'attendions pas, entre deux ombres, ou dans une lumière vite obscurcie.

Son explication de l'homme n'oublie aucun des éléments irrationnels, ni la complexité de nos états : une même cause produit des effets contraires, nous ne goûtons rien de pur (c'est le titre d'un essai, II, 20), nous restons inassouvis aussi bien dans la jouissance que dans les désirs; et ce sont encore : l'humeur dont on ne peut que constater les volteface, la sympathie qui « s'emporte de son propre poids », les « mouvements fortuits et imprémédités », les interférences entre la sincérité et l'insincérité (car simuler la douleur nous la fait vite éprouver), les réflexes, les volitions ou les embryons de pensée dont les racines plongent dans le terreau physiologique.

On comprend que ces plongées en des zones mal éclairées et, parallèlement, son analyse de la pensée consciente aient suscité son étonnement. « L'élément de tout esprit généreux est admiration, chasse, ambiguïté. » L'ambiguïté des *Essais* a sa source dans les contradictions de leur auteur, à la fois loin et proche du vulgaire, à la fois plein d'orgueil et d'humilité. Les jugements qu'il porte sur son livre en sont un suffisant exemple : livre tantôt d'inestimable utilité, tantôt de pur divertissement, qu'il « loge tantôt haut, tantôt bas, tantôt en gentilhomme qui ne voudrait passer à aucun prix pour un homme de lettres (« imaginations communes », « fricassée », « c'est une route où je puis aller sans travail, tant qu'il y aura d'encre et de papier au monde », etc.), tantôt en écrivain « affamé de se faire connaître » et qui reviendrait volontiers de l'autre monde pour corriger la fausse image qu'on aurait donnée de lui.

Elle a sa source aussi dans la nature même du modèle, dans ses réticences, dans une volonté ou une nécessité de ne pas parler en clair, dans ses précautions devant telles confidences « impubliables », surtout en matière de religion, car la religion n'est pas seulement vie intérieure, mais fait social : « Joint qu'à l'aventure ai-je quelque obligation particulière à ne dire qu'à demi, à dire confusément, à dire discordamment. » Il se joue du lecteur (« on aurait tort d'estimer à droit ce que je dis à feinte »), mais non toujours : « Ce que j'aurai pu dire en battelant, en me moquant, je le dirai demain sérieusement. » Quand fait-il l'un, quand fait-il l'autre ? La modulation de la voix serait une indication : « Je ne dis rien à l'un que je ne puisse dire à l'autre, l'accent seulement un peu changé. » Mais il y faut une oreille fine. L'accusera-t-on de pensées trop audacieuses ? « Au lieu de me tirer arrière de l'accusation, je m'y avance et la renchéris plutôt par une confession ironique et moqueuse, si je ne m'en tais tout à fait, comme de chose indigne de réponse. » Montaigne se dérobe par l'ironie, et il n'est de pire ironie que celle du silence. Quelle oreille cette fois la percevrait ?

Mais c'est l'artiste surtout qui garde aujourd'hui de fidèles lecteurs. Ce causeur est un poète, un des quatre grands poètes, au dire de Montesquieu, avec Platon, Malebranche et Shaftesbury. De l'art d'écrire il possède toutes les recettes grâce à sa longue fréquentation des modèles antiques. Jusque dans ses derniers essais on est frappé par son génie de la variation où la pensée se donne la fête du verbe, influence certaine de Sénèque. Il est malaisé de démêler ce qui dans ce style est de l'art ou est de la nature. Telle trouvaille heureuse, telle pointe brillante sont sans doute d'une franche spontanéité, jaillissant d'une verve toute gasconne. Ailleurs la recherche est plus sensible, quand il accumule une suite d'antithèses, affûte le trait, cultive le jeu de mots (« Les hommes laissent les choses et s'amusent à traiter les causes. Plaisants causeurs ! » ; « La mort est le bout, non le but de la vie » etc.). Le goût du brillant convient au reste à une pensée déliée, de combat ou de recherche.

« Un parler tel sur le papier qu'à la bouche », nous dit-il. Mais le naturel de Montaigne unit ici encore l'art à la nature. Le vocabulaire abstrait y est largement représenté, dans une langue de saveur concrète. Il aime l'épithète signifiante, souvent chargée de poésie (« Je loue une vie glissante, sombre et muette »), les tours proverbiaux de couleur familière, les expressions sorties du fond populaire, frappées en formules où s'exprime la gaillardise du siècle : « Au plus élevé trône du monde, si ne sommes nous assis que sur notre cul. »

Il pratique peu la période, sans ignorer la phrase longue ; il préfère les séquences de phrases courtes, juxtaposées. Il pense en images, et quelques grandes images illustrent par leur fréquence au cours des *Essais* les tendances et l'univers de l'auteur : images de la marche, de l'arrêt et du mouvement, de l'architecture, de la cuisine, de la médecine. L'idée tend à se transformer en tableau, la vertu dans sa plaine fleurie, la mort-précipice, la science versée dans un entonnoir, ou à propos des gens qui se prennent au sérieux cette rapide caricature : « Ils s'enflent et grossissent leur âme et leur discours naturel à la hauteur de leur siège magistral. »

L'ironie bonhomme, une feinte naïveté donnent à son langage ce ton de conversation abandonnée dont le charme s'est exercé déjà sur ses contemporains. Il y faut ajouter la sinuosité artiste d'une composition à l'opposé du devis scolastique. Les titres, on le sait, ne correspondent pas bien au contenu des chapitres. Un lecteur habitué au développement rectiligne peut être dérouté par cette nonchalance mi-native, mi-calculée. Mais si l'on passe par-dessus les additions de 1588-1592 qui brisent parfois la ligne première de la page, s'il faut reconnaître que Montaigne se permet quelques sauts et gambades, complète ses propos au gré des rencontres (« Je ne veux oublier ceci... J'avais à dire que... Au reste... Quant à... »), s'il néglige les transitions et pirouettes à l'occasion sur un mot, le désordre n'est pas aussi total qu'on l'a prétendu. Un thème fondamental circule d'ordinaire à travers l'essai, offrant la possibilité de variations librement rattachées : ainsi autour du motif de la *Vanité* (III, 9), vanité d'écrire, vanité du ménage, du voyage, vanité de la préparation à la mort, vanité des lois, avec un final où s'affirme la tonalité du thème conducteur. Socrate vrai philosophe, la nature guide, les malheurs des guerres civiles : un lien discret entre ces trois motifs complémentaires et alternatifs, c'est l'habile contrepoint sur lequel est bâti sans raideur le chapitre de la *Physionomie* (III, 12). La notion d'expérience forme le noyau autour duquel s'irradie le chapitre III, 13 : expérience dans le domaine des lois, dans celui de la médecine, expérience de la vie quotidienne, puis de la sagesse de Montaigne. Montaigne juge excellemment sa composition : « Je m'égare, mais plutôt par licence que par mégarde; mes fantaisies se suivent, mais parfois c'est de loin, et se regardent, mais d'une vue oblique. » Certaines habitudes enfin sont visibles, qui font progresser l'essai : symétries, antithèses, compléments, passage du général au particulier, ou de l'individuel au général.

La gloire de Montaigne n'a jamais connu d'éclipse. Son influence sur le XVIIᵉ siècle est profonde. Charron met laborieusement de l'ordre dans les *Essais*. Le doute systématique de Descartes prolonge dans une plus grande rigueur philosophique celui de Montaigne. Les *Essais* ont été le livre de chevet de Pascal qui le repense dans une perspective chrétienne. A des titres divers il annonce La Rochefoucauld et La Bruyère, et l'âge classique qui en des genres littéraires divers se propose de peindre les caractères et les passions. Il prélude à l'idéal de l'honnête homme, « l'homme mêlé » est celui qui a des clartés de tout et curiosité de tout. Il s'inscrit dans le courant rationaliste et épicurien où l'on va trouver Gassendi, Molière et La Fontaine. Le jansénisme n'a pas d'ennemi plus déclaré. On le traduit de bonne heure en anglais et en italien. Les travaux de Dréano suivent sa renommée en France au XVIIIᵉ siècle, ceux de Charles Dédéyan son audience chez les Anglo-Saxons.

Il éveille aujourd'hui des échos nombreux en nous. Dans une page de *Port-Royal* (tome III), Sainte-Beuve imaginait le cortège funèbre de Montaigne : il voyait derrière le cercueil La Fontaine, Bayle, Saint-Evremond, et « nous tous peut-être qui suivons ». Depuis un siècle le cortège s'est allongé. Parmi ceux de notre temps s'avance Valéry, celui de l'*Idée fixe* (« L'idée qui se prolonge un peu plus qu'il ne faudrait altère bientôt l'esprit, et une véritable pensée ne dure qu'un instant, comme le plaisir des amants »), celui de *Tel quel* (« L'esprit vole de sottise en sottise comme l'oiseau de branche en branche. L'essentiel est de ne point se sentir ferme sur aucune. »). La découverte de Valéry est à peu près celle de Montaigne, quand il nous confie dans *Variétés I* que « notre personnalité ellemême que nous prenons pour notre plus intime et plus profonde propriété n'est qu'une chose et muable et accidentelle auprès de ce moi le plus nu ». Quant à Monsieur Teste, n'est-il pas le proche parent de Michel ? « Je suis étant et me voyant, et me voyant me voir, et ainsi de suite. »

Sur une autre rangée que Valéry, s'avance encore André Gide dont tant d'aphorismes, jusque dans les termes, font écho à ceux de Montaigne : « Je ne suis jamais, je deviens » ou « Peu s'en faut que je ne voie dans l'irrésolution le secret de ne pas vieillir. » Pour lui, comme pour son aîné à qui il a consacré un essai, la sincérité est la valeur première, l'essentiel devoir est la libération de l'individu garrotté par les habitudes et les conventions, l'idéal est un héroïsme quotidien qui refuse les maximes du faux honneur ; et l'individu se modèle selon un devenir étranger à toute fin éthique : « Moi à cette heure et moi tantôt sommes bien deux, mais quand meilleur, je n'en puis rien dire » ; et Gide de son côté : « Je ne prétends pas que l'état qui suivit celui-ci soit supérieur. Il me suffit qu'il ne soit point tout à fait le même *(Numquid es tu ?)*

Et voici Proust enfin : en suivant le cercueil, il redit à voix basse, en guise de prière et d'hommage, des propos qu'a tenus avant lui le défunt : nous allons vers l'aval sur le fleuve de la durée ; nous sommes marqués par les stigmates du temps ; nous portons plusieurs êtres en nous, mais non simultanément disponibles, comme s'il y avait des éclipses et des intermittences. « Aussi en notre âme, notait déjà Montaigne, bien qu'il y ait divers mouvements qui l'agitent, si faut-il qu'il y en ait un à qui le champ demeure. Mais ce n'est pas avec si entier avantage que pour [à cause de] la volubilité et souplesse de notre âme, les plus faibles par occasion ne regagnent encore la place et ne fassent une courte charge à leur tour. »

« Nous tous peut-être », disait Sainte-Beuve. Est-ce vrai encore en 1969 ? Montaigne a encore ses fervents, peut-être de plus en plus rares en un temps de paresse intellectuelle et de mimétisme moutonnier. Il reste en tout cas beaucoup mieux qu'un maître à penser (rien ne vieillit plus vite) : un antidote à la sottise sous ses formes aiguë ou sournoise, une invitation amicale et répétée à nous maintenir dans une sérénité lucide, d'où ne sont rejetés ni les autres ni surtout nous-mêmes.

ALEXANDRE MICHA.

NOTES

1. Sur le glissement de l'éthique à l'esthétique (l'honnête n'est plus une catégorie morale, mais une source de plaisir), cf. G. Mathieu-Castellani, *Le paysage de « l'honnête » dans les* Essais, Actes du Colloque de Sommières « La Catégorie de l'honneste dans la culture du XVIe siècle » (1983), St Etienne, 1985, pp. 255 ss.

2. Sur les rapports de Montaigne et de la pensée humaniste, cf. A. Tournon, « De l'éloge à l'essai : le philosophe et les grands hommes », dans *Prose et prosateurs de la Renaissance*, Mélanges offerts à Robert Aulotte, Paris, 1988, pp. 187-201 (l'éloge, genre humaniste, détourné par Montaigne à d'autres fins).

3. Sur le corps et ses rapports avec l'intellect, cf. G. Nakam, « Etudes de

mains, la main dans les *Essais* », dans *L'Esprit et la Lettre*, Mélanges offerts à Jules Brody, Tubingen, 1991, pp. 47-55.

4. Sur la religion de Montaigne, cf. *Montaigne, Apologie de Raymond Sebond, De la « Theologia » à la « Théologie »*, études réunies sous la direction de Claude Blum, Paris, Champion, 1990, et Claude Blum, « L'Etre et le néant : Les *Essais* voyage au bout de la métaphysique », dans *Montaigne penseur et philosophe*, Actes du Congrès de Littérature française, ouverture de l'année de la francophonie, Paris, Champion, 1990 (Etudes montaignistes, t. V.

5. Sur l'ambiguïté de la parole de Montaigne, cf. G. Mathieu-Castellani, « La parole entr'ouverte, la règle de la confession et le droit au secret », Revue d'Histoire de la France, 198, n° 5, pp. 974-982.

6. Sur la rhétorique dans les *Essais*, cf. L. D. Kritzman, *Destruction-découverte, le fonctionnement de la rhétorique dans les* Essais, Lexington, 1980.

7. Sur la poétique de l'inachevé chez Montaigne, cf. Jean Lafond, « Achèvement/inachèvement dans les *Essais* », dans *Montaigne et les* Essais (1588-1988), Actes du Congrès de Paris, janvier 1988, Paris, Champion, 1990, pp. 175-188. Sur les citations dans les *Essais* (qui ne provoquent pas de rupture dans le texte, mais s'y incorporent le plus souvent), cf. A. Compagnon, *La Seconde Main*, Paris, 1979, et Ch. Brousseau-Beuermann, *La Copie de Montaigne, étude sur les citations dans les* Essais, Paris, 1989.

NOTE PRÉLIMINAIRE

Montaigne a donné deux éditions bien différentes des *Essais* : celle de 1580 qui ne comportait que les deux premiers livres, celle de 1588, en trois livres, avec des additions apportées aux deux premiers. L'édition posthume de 1595 contient enfin les additions que Montaigne a faites dans les quatre dernières années de sa vie.

Il est indispensable, pour bien suivre la pensée — toute en mouvement — de Montaigne, de noter les trois couches successives du texte.

Nous signalons d'un / ce qui est de 1580, d'un // ce qui est de 1588, d'un /// ce qui est de 1595.

BIBLIOGRAPHIE

ÉDITIONS

STROWSKI-GÉBELIN-VILLEY, Edition dite « municipale », Bordeaux, 1906-1933, 5 volumes.
P. VILLEY, en 3 volumes, Alcan, 1922 ; retirage de 1967.
J. PLATTARD, en 6 volumes, *Les Belles Lettres*, 1931-1932.
A. THIBAUDET, Collection de la Pléiade, 1934.

TRAVAUX :

a) *Sur l'œuvre en général :*

AULOTTE (R.), Montaigne, *Essais*, Paris, 1988.
BRODY (J.), *Lectures de Montaigne*, French Forum Publishers, 1982.
BRUNSCHVICG (L.), *Descartes et Pascal lecteurs de Montaigne*, 1945.
CLIVE (H. P.), *Bibliographie annotée des ouvrages relatifs à Montaigne* (1976-1985), Paris, 1990.
CROQUETTE (B.), *Etude du Livre III des* Essais *de Montaigne*, Collection Unichamp, Champion, 1985.
FRIEDRICH (H.), *Montaigne, Berne, Francke*, 1949. — Traduction en français.
GIDE, *Essai sur Montaigne*, La Pléiade, 1929 (repris dans *les Pages immortelles de Montaigne*, Paris, Corréa).
JEANSON (F.), *Montaigne par lui-même*, Paris, Le Seuil, 1951.
LANSON (G.), *Les Essais de Montaigne*, Paris, Mellotée, 1930.
MERLEAU-PONTY, *Lecture de Montaigne, Les Temps modernes*, déc. 1947.
MICHA (A.), *Le Singulier Montaigne*, Paris, Nizet, 1964.
MOREAU (P.), *Montaigne, l'homme et l'œuvre*, Paris, Boivin, 1939.
NAKAM (G.), *Montaigne en son temps, I : Les Evénements et les Essais*, Nizet, 1982 ; *II : Les Essais de Montaigne, Miroir et procès de leur temps*, Nizet, 1984.
POUILLOUX (J.-Y.), *Lire les Essais de Montaigne*, Maspéro, 1969.
SAINTE-BEUVE, *Port-Royal*, t. III, chap. I à III.
STAROBINSKI (J.), *Montaigne en mouvement*, Gallimard, 1983.
STROWSKI (F.), *Montaigne*, Paris, Alcan, 1906 ; 2e éd. 1931.
THIBAUDET (A.), *Montaigne*, Paris, Gallimard.

TOURNON (A.), *Montaigne. La glose et l'essai*, Presses Universitaires de Lyon, 1983.
— *Montaigne en toutes lettres*, Bordas, 1989.
VILLEY (P.), *Les Sources et l'Evolution des Essais de Montaigne*, 2 vol., Paris, 1908.

REVUES :

Œuvres et Critiques, G. NARR et J. M. PLACE, numéro spécial, VIII, 1-2, 1983.
Montaigne, Les derniers Essais, Cahiers textuels 33/34, n° 2, 1986.

   b) *Sur la vie :*

BONNEFON (P.), *Montaigne, l'homme et l'œuvre*, 1893 (a vieilli pour l'étude de l'œuvre, mais utile pour la vie de M.).
STROWSKI (F.), *Montaigne, sa vie publique et privée, Nouv. Revue Crit.*, 1938.
PRÉVOST (J.), *La Vie de Montaigne*, N.R.F., 1926.
PLATTARD (J.), *Montaigne et son temps*, Paris, Boivin, 1933.
NICOLAÏ (A.), *Montaigne intime*, Paris, Aubier, 1941 ; et autres ouvrages, du même : *Les Belles Amies de Montaigne, Les Amis de Montaigne*, etc.

   c) *Sur la pensée religieuse :*

Dr ARMAINGAUD, Préface de son édition des *Essais*, 1924.
CHAMPION (Edme), *Introduction aux Essais de Montaigne*, 1900.
DRÉANO (M.), *La Pensée religieuse de Montaigne*, Paris, Beauchesne, 1937.
REYMOND (M.), *L'Attitude religieuse de Montaigne, Cahiers du Rhône*, 4e Cahier, Génie de la France, 1942.
SCLAFERT (C.), *L'Ame religieuse de Montaigne*, Paris, Nouv. Ed. Latines, 1951.

   d) *Sur le style :*

COPPIN (J.), *Etude sur la langue et le vocabulaire de Montaigne d'après les variantes des* Essais, Lille, Morel, 1925.
GRAY (F.), *Le Style de Montaigne*, Paris, Nizet, 1958.

   e) *Sur l'influence :*

VILLEY (P.), Notes relatives à l'influence et à la fortune des *Essais* en France et en Angleterre, dans son édition, tome III, pages 697-860.
BOASE (A. M.), *The fortune of Montaigne. A history of the* Essais *in* France (1580-1669), Londres, 1935.
DRÉANO (M.), *La Renommée de Montaigne en France au XVIIIe siècle*, Nizet, 1952.
DÉDÉYAN (C.), *Montaigne chez ses amis anglo-saxons*, Paris, Boivin, 1946, 2 vol.

ESSAIS I

AU LECTEUR

/ C'est icy un livre de bonne foy, lecteur. Il t'advertit dés l'entrée, que je ne m'y suis proposé aucune fin, que domestique et privée. Je n'y ay eu nulle consideration de ton service, ny de ma gloire. Mes forces ne sont pas capables d'un tel dessein. Je l'ay voué à la commodité particuliere de mes parens et amis : à ce que m'ayant perdu (ce qu'ils ont à faire bien tost) ils y puissent retrouver aucuns traits de mes conditions et humeurs, et que par ce moyen ils nourrissent plus entiere et plus vifve la connoissance qu'ils ont eu de moy. Si c'eust esté pour rechercher la faveur du monde, je me fusse mieux paré et me presenterois en une marche estudiée. Je veus qu'on m'y voie en ma façon simple, naturelle et ordinaire, sans contantion [1] et artifice : car c'est moy que je peins. Mes defauts s'y liront au vif, et ma forme naïfve, autant que la reverence publique me l'a permis. Que si j'eusse esté entre ces nations qu'on dict vivre encore sous la douce liberté des premieres loix de nature, je t'asseure que je m'y fusse très-volontiers peint tout entier, et tout nud. Ainsi, lecteur, je suis moymesmes la matiere de mon livre : ce n'est pas raison que tu employes ton loisir en un subject si frivole et si vain. A Dieu donq; de Montaigne, ce premier de Mars mille cinq cens quatre ving [2].

LIVRE PREMIER

CHAPITRE PREMIER

PAR DIVERS MOYENS ON ARRIVE A PAREILLE FIN

/ La plus commune façon d'amollir les cœurs de ceux qu'on a offensez, lors qu'ayant la vengeance en main, ils nous tiennent à leur mercy, c'est de les esmouvoir par submission à commiseration et à pitié. Toutesfois la braverie, et la constance, moyens tous contraires, ont quelquefois servi à ce mesme effect.

Edouard, prince de Galles [1], celuy qui regenta si long temps nostre Guienne, personnage duquel les conditions et la fortune ont beaucoup de notables parties de grandeur, ayant esté bien fort offencé par les Limosins, et prenant leur ville par force, ne peut etre aresté par les cris du peuple et des femmes et enfans abandonnez à la boucherie, luy criants mercy, et se jettans à ses pieds, jusqu'à ce que passant tousjours outre dans la ville, il apperceut trois gentilshommes François, qui d'une hardiesse incroyable soustenoyent seuls l'effort de son armée victorieuse. La consideration et le respect d'une si notable vertu reboucha [2] premierement la pointe de sa cholere; et commença par ces trois, à faire misericorde à tous les autres habitans de la ville.

Scanderberch, prince de l'Epire, suyvant un soldat des siens pour le tuer, et ce soldat ayant essayé, par toute espece d'humilité et de supplication, de l'appaiser, se resolut à toute extremité de l'attendre l'espée au poing. Cette sienne resolution arresta sus bout [3] la furie de son maistre, qui, pour luy avoir vu prendre un si honorable party, le receut en grace. Cet exemple pourra souffrir autre interpretation de ceux qui n'auront leu la prodigieuse force et vaillance de ce prince là.

L'Empereur Conrad troisiesme, ayant assiegé Guelphe, duc de Bavieres, ne voulut condescendre à plus douces conditions, quelques viles et laches satisfactions qu'on luy

offrit, que de permettre seulement aux gentils-femmes qui
estoyent assiegées avec le Duc, de sortir, leur honneur
sauve, à pied, avec ce qu'elles pourroyent emporter sur
elles. Elles, d'un cœur magnanime, s'aviserent de charger
sur leurs espaules leurs maris, leurs enfans et le Duc
mesme. L'Empereur print si grand plaisir à voir la gentillesse de leur courage, qu'il en pleura d'aise, et amortit
toute cette aigreur d'inimitié mortelle et capitale, qu'il avoit
portée contre ce Duc, et dès lors en avant le traita humainement luy et les siens [4].

// L'un et l'autre de ces deux moyens m'emporteroit
aysement. Car j'ay une merveilleuse lascheté vers la misericorde et la mansuetude. Tant y a qu'à mon advis je
serois pour me rendre plus naturellement à la compassion,
qu'à l'estimation; si est la pitié, passion vitieuse aux
Stoïques : ils veulent qu'on secoure les affligez, mais non
pas qu'on flechisse et compatisse avec eux.

/ Or ces exemples me semblent plus à propos : d'autant
qu'on voit ces ames assaillies et essayées par ces deux
moyens, en soustenir l'un sans s'esbranler, et courber
sous l'autre. Il se peut dire, que de rompre son cœur à la
commiseration, c'est l'effect de la facilité, débonnaireté et
mollesse, d'où il advient que les natures plus foibles,
comme celles des femmes, des enfans et du vulgaire y sont
plus subjettes; mais ayant eu à desdaing les larmes et les
prières, de se rendre à la seule reverence de la saincte
image de la vertu, que c'est l'effect d'une ame forte et
imployable, ayant en affection et en honneur une vigueur
masle et obstinée. Toutefois ès ames moins genereuses,
l'estonnement et l'admiration peuvent faire naistre un
pareil effect. Tesmoin le peuple Thebain, lequel ayant mis
en justice d'accusation capitale ses capitaines, pour avoir
continué leur charge outre le temps qui leur avait esté
prescrit et preordonné, absolut à toutes peines [5] Pelopidas,
qui plioit sous le faix de telles objections et n'employoit
à se garantir que requestes et supplications; et, au contraire,
Epaminondas, qui vint à raconter magnifiquement les
choses par luy faites, et à les reprocher au peuple, d'une
façon fière /// et arrogante, / il n'eut pas le cœur de prendre
seulement les balotes [6] en main; et se departit l'assemblée,
louant grandement la hautesse du courage de ce personnage.

/// Dionysius le vieil, après des longueurs et difficultez
extremes, ayant prins la ville de Rege, et en icelle le
capitaine Phyton, grand homme de bien, qui l'avoit si

obstinéement defendue, voulut en tirer un tragique exemple de vengeance. Il luy dict premierement comment, le jour avant, il avoit faict noyer son fils et tous ceux de sa parenté. A quoi Phyton respondit seulement, qu'ils en estoient d'un jour plus heureux que luy. Après, il le fit despouiller et saisir à des bourreaux et le trainer par la ville en le foitant très ignominieusement et cruellement, et en outre le chargeant de felonnes paroles et contumelieuses [7]. Mais il eut le courage tousjours constant, sans se perdre; et, d'un visage ferme, alloit au contraire ramentevant à haute voix l'honorable et glorieuse cause de sa mort, pour n'avoir voulu rendre son païs entre les mains d'un tyran; le menaçant d'une prochaine punition des dieux. Dionysius, lisant dans les yeux de la commune de son armée qu'au lieu de s'animer des bravades de cet ennemy vaincu, au mespris de leur chef et de son triomphe, elle alloit s'amollissant par l'estonnement d'une si rare vertu et marchandoit de se mutiner, estant à mesme d'arracher Phyton d'entre les mains de ses sergens, feit cesser ce martyre, et à cachettes l'envoya noyer en la mer.

/ Certes, c'est un subject merveilleusement vain, divers et ondoyant, que l'homme. Il est malaisé d'y fonder jugement constant et uniforme. Voyla Pompeius qui pardonna à toute la ville des Mamertins, contre laquelle il estoit fort animé, en consideration de la vertu et magnanimité du citoyen Zenon, qui se chargeoit seul de la faute publique, et ne requeroit autre grace que d'en porter seul la peine. Et l'hoste de Sylla ayant usé en la ville de Peruse de semblable vertu, n'y gaigna rien, ny pour soy ny pour les autres.

// Et directement contre mes premiers exemples, le plus hardy des hommes et si gratieux aux vaincus, Alexandre, forçant après beaucoup de grandes difficultez la ville de Gaza, rencontra Betis qui y commandoit, de la valeur duquel il avoit, pendant ce siege, senty des preuves merveilleuses, lors seul, abandonné des siens, ses armes despecées, tout couvert de sang et de playes, combatant encores au milieu de plusieurs Macedoniens, qui le chamailloient de toutes parts; et luy dict, tout piqué d'une si chere victoire, car entre autres dommages, il avoit receu deux fresches blessures sur sa personne : « Tu ne mourras pas comme tu as voulu, Betis; fais estat qu'il te faut souffrir toutes les sortes de tourmens qui se pourront inventer contre un captif. » L'autre, d'une mine non seulement asseurée, mais rogue et altiere, se tint sans mot dire à ces menaces. Lors Alexandre, voyant son fier et obstiné silence : « A-il flechi un genouil ? luy est-il eschappé quelque voix suppliante ? Vrayment je vainqueray ta taciturnité ; et si je n'en puis arracher parole, j'en arracheray au moins du gemissement. » Et tournant sa cholere en rage, commanda qu'on luy perçast les talons, et le fit ainsi trainer tout vif, deschirer et desmembrer au cul d'une charrete.

Seroit-ce que la hardiesse luy fut si commune que pour ne l'admirer point, il la respectast moins ? Ou qu'il l'estimast si proprement sienne qu'en cette hauteur il ne peust souffrir de la veoir en un autre sans le despit d'une passion envieuse, ou que l'impetuosité naturelle de la cholere fust incapable d'opposition ?

De vrai, si elle eust receu la bride [8], il est à croire qu'en la prinse et desolation de la ville de Thebes elle l'eust receue, à veoir cruellement mettre au fil de l'espée tant de vaillans hommes perdus et n'ayant plus moyen de desfense publique. Car il en fut tué bien six mille, desquels nul ne fut veu ny fuiant ny demandant merci, au rebours cerchans, qui çà, qui là, par les rues, à affronter les ennemis victorieux, les provoquant à les faire mourir d'une mort honorable. Nul ne fut veu si abatu de blessures qui n'essaiast en son dernier soupir de se venger encores, et à tout les armes du desespoir consoler sa mort en la mort de quelque ennemi. Si ne trouva l'affliction de leur vertu aucune pitié, et ne suffit la longueur d'un jour à assouvir sa vengeance. Dura ce carnage jusques à la derniere goute de sang qui se trouva espandable, et ne s'arresta que aux personnes désarmées, vieillards, femmes et enfans, pour en tirer trente mille esclaves.

CHAPITRE II

DE LA TRISTESSE

// Je suis des plus exempts de cette passion, /// et ne l'ayme ny l'estime, quoy que le monde ayt prins, comme à prix faict, de l'honorer de faveur particuliere. Ils en habillent la sagesse, la vertu, la conscience : sot et monstrueux ornement. Les Italiens ont plus sortablement baptisé de son nom la malignité. Car c'est une qualité tousjours nuisible, tousjours folle, et, comme tousjours couarde et basse, les Stoïciens en defendent le sentiment à leurs sages.

/ Mais le conte dit, que Psammenitus, Roy d'Egypte, ayant esté deffait et pris par Cambisez, Roy de Perse, voyant passer devant luy sa fille prisonniere habillée en servante, qu'on envoyoit puiser de l'eau, tous ses amis pleurans et lamentans autour de luy, se tint coy sans mot dire, les yeux fichez en terre; et voyant encore tantost qu'on menoit son fils à la mort, se maintint en ceste mesme contenance; mais qu'ayant apperçeu un de ses domestiques conduit entre les captifs, il se mit à battre sa teste et mener un deuil extreme.

Cecy se pourroit apparier à ce qu'on vid dernierement d'un Prince des nostres [1], qui, ayant ouy à Trante, où il estoit, nouvelles de la mort de son frere aisné, mais un frere en qui consistoit l'appuy et l'honneur de toute sa maison, et bien tost après d'un puisné, sa seconde esperance, et ayant soustenu ces deux charges d'une constance exemplaire, comme quelques jours après un de ses gens vint à mourir, il se laissa emporter à ce dernier accident, et, quittant sa resolution, s'abandonna au dueil et aux regrets, en maniere qu'aucuns en prindrent argument, qu'il n'avoit esté touché au vif que de cette derniere secousse. Mais à la verité ce fut, qu'estant d'ailleurs plein et comblé de tristesse, la moindre sur-charge brisa les barrieres de la patience. Il s'en pourroit (dis-je) autant juger de nostre histoire, n'estoit qu'elle adjouste que Cambises, s'enquerant à Psammenitus, pourquoy ne s'estant esmeu au malheur de son fils et de sa fille, il portoit si impatiemment celuy d'un de ses amis : « C'est, respondit-il, que ce seul denier desplaisir se peut signifier par larmes, les deux premiers surpassans de bien loin tout moyen de se pouvoir exprimer. »

A l'aventure reviendroit à ce propos l'invention de cet ancien peintre, lequel, ayant à representer au sacrifice de Iphigenia le dueil des assistans, selon les degrez de l'interest que chacun apportoit à la mort de cette belle fille innocente, ayant espuisé les derniers efforts de son art, quand se vint au pere de la fille, il le peignit le visage couvert, comme si nulle contenance ne pouvoit representer ce degré de dueil. Voyla pourquoy les poëtes feignent cette misérable mere Niobé, ayant perdu premierement sept fils, et puis de suite autant de filles, sur-chargée de pertes, avoir esté en fin transmuée en rochier,

Diriguisse malis [2],

pour exprimer cette morne, muette et sourde stupidité qui nous transit, lors que les accidens nous accablent surpassans nostre portée.

De vray, l'effort d'un desplaisir, pour estre extreme, doit estonner toute l'ame, et lui empescher la liberté de ses actions : comme il nous advient à la chaude alarme d'une bien mauvaise nouvelle, de nous sentir saisis, transis, et comme perclus de tous mouvemens, de façon que l'ame se relaschant après aux larmes et aux plaintes, semble se desprendre, se demesler et se mettre plus au large, et à son aise,

// *Et via vix tandem voci laxata dolore est* [3].

/// En la guerre que le Roy Ferdinand fit contre la veufve de Jean Roy de Hongrie, autour de Bude, Raïsciac, capitaine Allemand, voïant raporter le corps d'un homme de cheval, à qui chacun avoit veu excessivement bien faire en la meslée, le plaignoit d'une plainte commune; mais curieux avec les autres de reconnoistre qui il estoit, après qu'on l'eut désarmé, trouva que c'estoit son fils. Et, parmi les larmes publicques, luy seul se tint sans espandre ny vois, ny pleurs, debout sur ses pieds, ses yeux immobiles, le regardant fixement, jusques à ce que l'effort de la tris-

tesse venant à glacer ses esprits vitaux, le porta en cet estat
roide mort par terre.

    / *Chi puo dir com'egli arde é in picciol fuoco* [4],

disent les amoureux, qui veulent representer une passion
insupportable :

>   *misero quod omnes*
> *Eripit sensus mihi. Nam simul te,*
> *Lesbia, aspexi, nihil est super mi*
>   *Quod loquar amens.*
> *Lingua sed torpet, tenuis sub artus*
>
> *Flamma dimanat, sonitu suopte*
> *Tinniunt aures, gemina teguntur*
>   *Lumina nocte* [5].

// Aussi n'est ce pas en la vive et plus cuysante chaleur
de l'accès que nous sommes propres à desployer nos
plaintes et nos persuasions ; l'ame est lors aggravée de
profondes pensées, et le corps abbatu et languissant
d'amour.
/ Et de là s'engendre par fois la defaillance fortuite, qui
surprent les amoureux si hors de saison, et cette glace qui
les saisit par la force d'une ardeur extreme, au giron mesme
de la joüyssance. Toutes passions qui se laissent gouster
et digerer, ne sont que mediocres,

>   *Curæ leves loquuntur, ingentes stupent* [6].

// La surprise d'un plaisir inespéré nous estonne de
mesme,

> *Ut me conspexit venientem, et Troïa circum*
> *Arma amens vidit, magnis exterrita monstris,*
> *Diriguit visu in medio, calor ossa reliquit,*
> *Labitur, et longo vix tandem tempore fatur* [7].

/ Outre la femme Romaine, qui mourut surprise d'aise
de voir son fils revenu de la route de Cannes, Sophocles
et Denis le Tyran, qui trespasserent d'aise, et Talva qui
mourut en Corsegue [8], lisant les nouvelles des honneurs
que le Senat de Rome luy avoit decernez, nous tenons en
nostre siecle que le Pape Leon dixiesme, ayant esté adverty
de la prinse de Milan, qu'il avait extremement souhaitée,
entra en tel excez de joye, que la fievre l'en print et en
mourut. Et pour un plus notable tesmoignage de l'imbé-

cilité humaine, il a esté remarqué par les anciens que Dio-
dorus le Dialecticien mourut sur le champ, espris d'une
extreme passion de honte, pour en son eschole et en public
ne se pouvoir desvelopper d'un argument qu'on luy avoir
faict.

// Je suis peu en prise de ces violentes passions. J'ay
l'apprehension naturellement dure; et l'encrouste et
espessis tous les jours par discours.

CHAPITRE III

// Ceux qui accusent les hommes d'aller tousjours béant après les choses futures, et nous apprennent à nous saisir des biens presens et nous rassoir en ceux-là, comme n'ayant aucune prise sur ce qui est à venir, voire assez moins que nous n'avons sur ce qui est passé, touchent la plus commune des humaines erreurs, s'ils osent appeler erreur chose à quoy nature mesme nous achemine, pour le service de la continuation de son ouvrage, /// nous imprimant, comme assez d'autres, cette imagination fausse, plus jalouse de nostre action que de nostre science. // Nous ne sommes jamais chez nous, nous sommes toujours au delà. La crainte, le desir, l'esperance nous eslancent vers l'advenir, et nous desrobent le sentiment et la consideration de ce qui est, pour nous amuser à ce qui sera, voire quand nous ne serons plus. /// « *Calamitosus est animus futuri anxius* [1]. »

Ce grand precepte est souvent allegué en Platon : « Fay ton faict et te cognoy [2]. » Chascun de ces deux membres enveloppe generallement tout nostre devoir, et semblablement enveloppe son compagnon. Qui auroit à faire son faict, verroit que sa premiere leçon, c'est cognoistre ce qu'il est et ce qui luy est propre. Et qui se cognoist, ne prend plus l'estranger faict pour le sien; s'ayme et se cultive avant toute autre chose; refuse les occupations superflues et les pensées et propositions inutiles. « *Ut stultitia etsi adepta est quod concupivit nunquam se tamen satis consecutam putat : sic sapientia semper eo contenta est quod adest, neque eam unquam sui pœnitet* [3]. »

Epicurus dispense son sage de la prevoyance et sollicitude de l'avenir.

// Entre les loix qui regardent les trespassez, celle icy me semble autant solide, qui oblige les actions des Princes à estre examinées après leur mort. Ils sont compaignons, si

non maistres des loix; ce que la Justice n'a peu sur leurs
testes, c'est raison qu'elle l'ayt sur leur reputation, et biens
de leurs successeurs : choses que souvent nous preferons à
la vie. C'est une usance qui apporte des commoditez sin-
gulieres aux nations où elle est observée, et desirable à tous
bons princes /// qui ont à se plaindre de ce qu'on traitte
la memoire des meschans comme la leur. Nous devons
la subjection et l'obeissance egalement à tous Rois, car elle
regarde leur office : mais l'estimation, non plus que l'affection, nous ne la devons qu'à leur vertu. Donnons à l'ordre
politique de les souffrir patiemment indignes, de celer leurs
vices, d'aider de nostre recommandation leurs actions
indifferentes pendant que leur authorité a besoin de nostre
appuy. Mais nostre commerce finy, ce n'est pas raison de
refuser à la Justice et à nostre liberté l'expression de noz
vrays ressentimens, et nommément de refuser aux bons
subjects la gloire d'avoir reveremment et fidellement servi
un maistre, les imperfections duquel leur estoient si bien
cognues; frustrant la posterité d'un si utile exemple. Et
ceux qui, par respect de quelque obligation privée,
espousent iniquement la memoire d'un prince meslouable,
font justice particuliere aux despends de la justice publique.
Tite Live dict vray, que le langage des hommes nourris
sous la Royauté est tousjours plein de folles ostentations
et vains tesmoignages, chacun eslevant indifferemment son
Roy à l'extreme ligne de valeur et grandeur souveraine.

On peut réprouver la magnanimité de ces deux soldats
qui respondirent à Neron à sa barbe. L'un, enquis de luy
pourquoy il luy vouloit du mal : « Je t'aimoy quand tu le
valois, mais despuis que tu es venu parricide, boutefeu,
basteleur, cochier [4], je te hay comme tu merites. » L'autre,
pourquoy il le vouloit tuer : « Par ce que je ne trouve autre
remede à tes continuelles meschancetez. » Mais les publics
et universels tesmoignages qui après sa mort ont esté rendus, et le seront à tout jamais de ses tiranniques et vilains
desportements, qui de sain entendement les peut réprouver ?

Il me desplaist qu'en une si saincte police que la Lacedemonienne se fust meslée une si feinte ceremonie. A la
mort des Roys, tous les confederez et voysins, tous les
Ilotes, hommes, femmes, pesle-mesle, se descoupoient le
front pour tesmoignage de dueil et disoient en leurs cris
et lamentations que celuy là, quel qu'il eust esté, estoit le
meilleur Roy de tous les leurs : attribuans au reng le los
qui appartenoit au merite, et qui appartenoit au premier

merite au postreme et dernier reng. Aristote, qui remue
toutes choses, s'enquiert sur le mot de Solon que nul avant
sa mort ne peut estre dict heureux, si celuy là mesme qui a
vescu et qui est mort selon ordre, peut estre dict heureux,
si sa renommée va mal, si sa postérité est miserable.
Pendant que nous nous remuons, nous nous portons par
preoccupation où il nous plaist : mais estant hors de l'estre,
nous n'avons aucune communication avec ce qui est. Et
seroit meilleur de dire à Solon, que jamais homme n'est
donq heureux, puis qu'il ne l'est qu'après qu'il n'est plus.

> // *Quisquam*
> *Vix radicitus è vita se tollit, et ejicit :*
> *Sed facit esse sui quiddam super inscius ipse,*
> *Nec removet satis à projecto corpore sese, et*
> *Vindicat* [5].

/ Bertrand du Glesquin mourut au siege du chasteau
de Rancon près du Puy en Auvergne. Les assiegez s'estant
rendus après, furent obligez de porter les clefs de la place
sur le corps du trespassé.

Barthelemy d'Alviane, General de l'armée des Venitiens,
estant mort au service de leurs guerres en la Bresse [6], et
son corps ayant à estre raporté à Venise par le Veronois,
terre ennemie, la plupart de ceux de l'armée estoient d'avis
qu'on demandast saufconduit pour le passage à ceux de
Verone. Mais Theodore Trivolce y contredit; et choisit
plustost de le passer par vive force, au hazard du combat :
« N'estant convenable, disoit-il, que celuy qui en sa vie
n'avoit jamais eu peur de ses ennemis, estant mort fist
demonstration de les craindre. »

// De vray, en chose voisine, par les loix Grecques, celuy
qui demandoit à l'ennemy un corps pour l'inhumer, renon-
çoit à la victoire, et ne luy estoit plus loisible d'en dresser
trophée. A celuy qui en estoit requis, c'estoit tiltre de gain.
Ainsi perdit Nicias l'avantage qu'il avoit nettement gaigné
sur les Corinthiens. Et au rebours, Agesilaus asseura celuy
qui luy estoit bien doubteusement acquis sur les Bœotiens.

/ Ces traits se pourroient trouver estranges, s'il n'estoit
receu de tout temps, non seulement d'estendre le soing
que nous avons de nous au delà cette vie, mais encore de
croire que bien souvent les faveurs celestes nous accom-
paignent au tombeau, et continuent à nos reliques. Dequoy
il y a tant d'exemples anciens, laissant à part les nostres,
qu'il n'est besoing que je m'y estende. Edouard premier,

Roy d'Angleterre, ayant essayé aux longues guerres d'entre
luy et Robert, Roy d'Escosse, combien sa presence donnoit
d'advantage à ses affaires, rapportant tousjours la victoire
de ce qu'il entreprenoit en personne, mourant, obligea son
fils par solennel serment à ce qu'estant trespassé, il fist
bouillir son corps pour desprendre sa chair d'avec les os,
laquelle il fit enterrer; et quant aux os, qu'il les reservast
pour les porter avec luy et en son armée, toutes les fois
qu'il luy adviendroit d'avoir guerre contre les Escossois.
Comme si la destinée avoit fatalement attaché la victoire à
ses membres.

// Jean Vischa, qui troubla la Boheme pour la deffence
des erreurs de Wiclef, voulut qu'on l'escorchast après sa
mort et de sa peau qu'on fist un tabourin à porter à la
guerre contre ses ennemis, estimant que cela ayderoit à
continuer les avantages qu'il avoit eu aux guerres par luy
conduites contre eux. Certains Indiens portoient ainsin au
combat contre les Espagnols les ossemens de l'un de leurs
Capitaines, en consideration de l'heur qu'il avoit eu en
vivant. Et d'autres peuples en ce mesme monde, trainent
à la guerre les corps des vaillans hommes qui sont morts
en leurs batailles, pour leur servir de bonne fortune et
d'encouragement.

/ Les premiers exemples ne reservent au tombeau que
la reputation acquise par leurs actions passées; mais ceux-
cy y veulent encore mesler la puissance d'agir. Le fait du
capitaine Bayard est de meilleure composition, lequel, se
sentant blessé à mort d'une harquebusade dans le corps,
conseillé de se retirer de la meslée, respondit, qu'il ne
commenceroit point sur sa fin à tourner le dos à l'ennemy;
et, ayant combatu autant qu'il eut de force, se sentant
defaillir et eschapper de cheval, commanda à son maistre
d'hostel de le coucher au pied d'un arbre, mais que ce fut
en façon qu'il mourut le visage tourné vers l'ennemy,
comme il fit.

Il me faut adjouster cet autre exemple aussi remarquable
pour cette consideration que nul des precedens. L'Empereur Maximilian, bisayeul du Roy Philippes, qui est à
present [7], estoit prince doué de tout plein de grandes qualitez, et entre autres d'une beauté de corps singuliere.
Mais parmy ces humeurs, il avoit cette-cy bien contraire à
celle des princes, qui, pour despecher les plus importants
affaires, font leur throsne de leur chaire percée : c'est qu'il
n'eust jamais valet de chambre si privé, à qui il permit de
le voir en sa garderobbe. Il se desroboit pour tomber de

l'eau, aussi religieux qu'une pucelle à ne descouvrir ny à medecin, ny à qui que ce fut les parties qu'on a accoustumé de tenir cachées. // Moy, qui ay la bouche si effrontée, suis pourtant par complexion touché de cette honte. Si ce n'est à une grande suasion[8] de la necessité ou de la volupté, je ne communique guiere aux yeux de personne les membres et actions que nostre coustume ordonne estre couvertes. J'y souffre plus de contrainte, que je n'estime bien seant à un homme, et sur tout, à un homme de ma profession. Mais, luy, en vint / à telle superstition, qu'il ordonna par paroles expresses de son testament qu'on luy attachast des calessons, quand il seroit mort. Il devoit adjouster par codicille, que celuy qui les luy monteroit eut les yeux bandez. /// L'ordonnance que Cyrus faict à ses enfans, que ny eux ny autre ne voie et touche son corps après que l'ame en sera separée, je l'attribue à quelque sienne devotion. Car et son historien[9] et luy, entre leurs grandes qualitez, ont semé par tout le cours de leur vie un singulier soing et reverence à la religion.

// Ce conte me despleut qu'un grand me fit d'un mien allié, homme assez cogneu et en paix et en guerre. C'est que mourant bien vieil en sa court, tourmenté de douleurs extremes de la pierre, il amusa toutes ses heures dernieres avec un soing vehement, à disposer l'honneur et la ceremonie de son enterrement, et somma toute la noblesse qui le visitoit de luy donner parole d'assister à son convoy. A ce prince mesme, qui le vid sur ces derniers traits, il fit une instante supplication que sa maison fut commandée de s'y trouver, employant plusieurs exemples et raisons à prouver que c'estoit chose qui appartenoit à un homme de sa sorte; et sembla expirer content, ayant retiré cette promesse, et ordonné à son gré la distribution et ordre de sa montre[10]. Je n'ay guiere veu de vanité si perseverante.

Cette autre curiosité contraire, en laquelle je n'ay point aussi faute d'exemple domestique, me semble germaine à cette-cy, d'aller se soignant et passionnant à ce dernier poinct à regler son convoy, à quelque particuliere et inusitée parsimonie, à un serviteur et une lanterne. Je voy louer cett'humeur, et l'ordonnance de Marcus Æmilius Lepidus, qui deffendit à ses heritiers d'employer pour luy les cerimonies qu'on avoit accoustumé en telles choses. Est-ce encore temperance et frugalité, d'eviter la despence et la volupté, desquelles l'usage et la cognoissance nous est imperceptible ? Voila un'aisée reformation et de peu de coust. /// S'il estoit besoin d'en ordonner, je seroy d'advis

qu'en celle là, comme en toutes actions de la vie, chascun
en rapportast la regle à la forme de sa fortune. Et le philosophe Lycon prescrit sagement à ses amis de mettre son
corps où ils adviseront pour le mieux, et quant aux funerailles de les faire ny superflues ny mechaniques [11]. // Je
lairrai purement la coustume ordonner de cette cerimonie;
et m'en remettray à la discretion des premiers à qui je
tomberai en charge. /// « *Totus hic locus est contemnendus in
nobis, non negligendus in nostris* [12]. » Et est sainctement dict
à un sainct : « *Curatio funeris, conditio sepulturæ, pompa
exequiarum magis sunt vivorum solatia quam subsidia mortuo-
rum* [13]. » Pour tant Socrates à Crito, qui sur l'heure de sa
fin luy demande comment il veut estre enterré : « Comme
vous voudrez », respond-il. // Si j'avois à m'en empescher
plus avant, je trouverois plus galand d'imiter ceux qui
entreprennent, vivans et respirans, jouyr de l'ordre et
honneur de leur sepulture, et qui se plaisent de voir en
marbre leur morte contenance. Heureux, qui sçachent
resjouyr et gratifier leur sens par l'insensibilité, et vivre
de leur mort.

/// A peu que je n'entre en haine irreconciliable contre
toute domination populaire, quoy qu'elle me semble la plus
naturelle et equitable, quand il me souvient de cette inhu-
maine injustice du peuple Athenien, de faire mourir sans
remission et sans les vouloir seulement ouïr en leurs
defences ses braves capitaines, venans de gaigner contre les
Lacedemoniens la bataille navale près des isles Arginuses,
la plus contestée, la plus forte bataille que les Grecs aient
onques donnée en mer de leurs forces, par ce qu'après la
victoire ils avoient suivy les occasions que la loy de la
guerre leur presentoit, plustost que de s'arrester à recueillir
et inhumer leurs morts. Et rend cette execution plus
odieuse le faict de Diomedon. Cettuy cy est l'un des
condamnez, homme de notable vertu, et militaire et politique; lequel, se tirant avant pour parler, après avoir ouy
l'arrest de leur condemnation, et trouvant seulement lors
temps de paisible audience, au lieu de s'en servir au bien
de sa cause et à descouvrir l'evidente injustice d'une si
cruelle conclusion, ne representa qu'un soing de la conservation de ses juges, priant les dieux de tourner ce jugement
à leur bien; et à fin qu'à faute de rendre les vœux que luy
et ses compagnons avoient voué, en recognoissance d'une
si illustre fortune, ils n'attirassent l'ire des dieux sur eux,
les advertissant quels vœux c'estoient. Et sans dire autre
chose, et sans marchander, s'achemina de ce pas courageu-

sement au supplice. La fortune quelques années après les punit de mesmes pain souppe[14]. Car Chabrias, capitaine general de l'armée de mer des Atheniens, ayant eu le dessus du combat contre Pollis, admiral de Sparte, en l'isle de Naxe, perdit le fruict tout net et contant de sa victoire, très important à leurs affaires, pour n'encourir le malheur de cet exemple. Et pour ne perdre peu des corps morts de ses amis qui flottoyent en mer, laissa voguer en sauveté un monde d'ennemis vivants, qui depuis leur feirent bien acheter[15] cette importune superstition.

> *Quæris quo jaceas post obitum loco ?*
> *Quo non nata jacent[16].*

Cet autre redonne le sentiment du repos à un corps sans ame :

> *Neque sepulchrum quo recipiat, habeat portum corporis,*
> *Ubi, remissa humana vita, corpus requiescat a malis[17].*

Tout ainsi que nature nous faict voir que plusieurs choses mortes ont encore des relations occultes à la vie. Le vin s'altere aux caves, selon aucunes mutations des saisons de sa vigne. Et la chair de venaison change d'estat aux saloirs et de goust, selon les loix de la chair vive, à ce qu'on dit.

CHAPITRE IV

COMME L'AME DESCHARGE SES PASSIONS
SUR DES OBJECTS FAUX,
QUAND LES VRAIS LUY DEFAILLENT

Un gentilhomme des nostres merveilleusement subject à la goutte, estant pressé par les medecins de laisser du tout l'usage des viandes salées, avoit accoustumé de respondre fort plaisamment, que sur les efforts et tourments du mal, il vouloit avoir à qui s'en prendre, et que s'escriant et maudissant tantost le cervelat, tantost la langue de bœuf et le jambon, il s'en sentoit d'autant allegé. Mais en bon escient, comme le bras estant haussé pour frapper, il nous deult, si le coup ne rencontre et qu'il aille au vent; aussi que pour rendre une veuë plaisante, il ne faut pas qu'elle soit perduë et escartée dans le vague de l'air, ains qu'elle aye bute pour la soustenir à raisonnable distance,

> // *Ventus ut amittit vires, nisi robore densæ*
> *Occurrant silvæ, spatio diffusus inani* [1] *;*

/ de mesme il semble que l'ame esbranlée et esmeuë se perde en soy-mesme, si on ne luy donne prinse; il faut tousjours luy fournir d'object où elle s'abutte et agisse. Plutarque dit, à propos de ceux qui s'affectionnent aux guenons et petits chiens, que la partie amoureuse qui est en nous, à faute de prise legitime, plustost que de demeurer en vain, s'en forge ainsin une faulce et frivole. Et nous voyons que l'ame en ses passions se pipe plustost elle mesme, se dressant un faux subject et fantastique, voire contre sa propre creance, que de n'agir contre quelque chose.

// Ainsin emporte les bestes leur rage à s'attaquer à la pierre et au fer qui les a blessées, et à se venger à belles dents sur soy mesmes du mal qu'elles sentent,

> *Pannonis haud aliter post ictum sævior ursa*
> *Cum jaculum parva Lybis amentavit habena,*

Se rotat in vulnus, telùmque irata receptum
Impetit, et secum fugientem circuit hastam [2].

/ Quelles causes n'inventons nous des malheurs qui nous adviennent ? A quoy ne nous prenons nous à tort ou à droit, pour avoir où nous escrimer ? Ce ne sont pas ces tresses blondes que tu deschires, ny la blancheur de cette poictrine que, despite, tu bas si cruellement, qui ont perdu d'un malheureux plomb ce frere bien aymé : prens t'en ailleurs. /// Livius, parlant de l'armée Romaine en Espaigne après la perte des deux freres, ses grands capitaines : « *Flere omnes repente et offensare capita* [3]. » C'est un usage commun. Et le philosophe Bion, de ce Roy qui de dueil s'arrachoit les poils, fut il pas plaisant : « Cetuy-cy pense-il que la pelade soulage le dueil ? » / Qui n'a veu macher et engloutir les cartes, se gorger d'une bale de dets, pour avoir où se venger de la perte de son argent ? Xerxes foita la mer /// de l'Helespont, l'enforgea [4] et luy fit dire mille villanies, / et escrivit un cartel de deffi au mont Athos; et Cyrus amusa toute une armée plusieurs jours à se venger de la riviere de Gydnus pour la peur qu'il avoit eu en la passant; et Caligula ruina une très belle maison, pour le plaisir que sa mere y avoit eu.

/// Le peuple disoit en ma jeunesse qu'un Roy de noz voysins, ayant receu de Dieu une bastonade, jura de s'en venger : ordonnant que de dix ans on ne le priast, ny parlast de luy, ny, autant qu'il estoit en son auctorité, qu'on ne creust en luy. Par où on vouloit peindre non tant la sottise que la gloire naturelle à la nation de quoy estoit le compte. Ce sont vices tousjours conjoincts, mais telles actions tiennent, à la verité, un peu plus encore d'outre-cuidance que de bestise.

/ Augustus Cesar, ayant esté battu de la tampeste sur mer, se print à deffier le Dieu Neptunus et en la pompe des jeux Circenses [5] fit oster son image du reng où elle estoit parmy les autres dieux pour se venger de luy. En quoy il est encore moins excusable que les precedens, et moins qu'il ne fut depuis, lors qu'ayant perdu une bataille sous Quintilius Varus en Allemaigne, il alloit de colere et de desespoir, choquant sa teste contre la muraille, en s'escriant : « Varus, rens moy mes soldats. » Car ceux là surpassent toute follie, d'autant que l'impieté y est joincte, qui s'en adressent à Dieu mesmes, ou à la fortune, comme si elle avoit des oreilles subjectes à nostre batterie, /// à l'exemple des Thraces qui, quand il tonne ou esclaire, se mettent à tirer contre le ciel d'une vengeance titanienne, pour renger Dieu à raison, à coups de flesche. / Or, comme dit cet ancien poète chez Plutarque,

> *Point ne se faut courroucer aux affaires.*
> *Il ne leur chaut de toutes nos choleres.*

// Mais nous ne dirons jamais assez d'injures au desreglement de nostre esprit.

CHAPITRE V

SI LE CHEF D'UNE PLACE ASSIÉGÉE DOIT SORTIR POUR PARLEMENTER

/ Lucius Marcius, Legat des Romains, en la guerre contre Perseus, Roy de Macedoine, voulant gaigner le temps qu'il luy falloit encore à mettre en point son armée, sema des entregets [1] d'accord, desquels le Roy endormy accorda trefve pour quelques jours, fournissant par ce moyen son ennemy d'oportunité et loisir pour s'armer; d'où le Roy encourut sa derniere ruine. Si est ce, que les vieils du Senat, memoratifs des mœurs de leurs peres, accuserent cette pratique comme ennemie de leur stile ancien : /// qui fut, disoient-ils, combattre de vertu, non de finesse, ni par surprinses et rencontres de nuict, ny par fuittes apostées [2], et recharges inopinées, n'entreprenans guerre qu'après l'avoir denoncée, et souvent après avoir assigné l'heure et lieu de la bataille. De cette conscience ils renvoièrent à Pyrrhus son traistre medecin, et aux Falisques leur meschant maistre d'escole [3]. C'estoient les formes vrayment Romaines, non de la Grecque subtilité et astuce Punique, où le vaincre par force est moins glorieux que par fraude. Le tromper peut servir pour le coup; mais celuy seul se tient pour surmonté, qui sçait l'avoir esté ny par ruse ny de sort, mais par vaillance, de troupe à troupe, en une loyalle et juste guerre. / Il appert bien par le langage de ces bonnes gens qu'ils n'avoient encore receu cette belle sentence :

dolus an virtus quis in hoste requirat [4] *?*

/// Les Achaïens, dit Polybe, detestoient toute voye de tromperie en leurs guerres, n'estimans victoire, sinon où les courages des ennemis sont abbatus. « *Eam vir sanctus et sapiens sciet veram esse victoriam, quæ salva fide et integra dignitate parabitur* [5] », dict un autre.

Vos ne velit an me regnare hera quidve ferat fors
Virtute experiamur [6].

Au royaume de Ternate, parmy ces nations que si à
pleine bouche nous appelons barbares, la coustume porte
qu'ils n'entreprennent guerre sans l'avoir premierement
denoncée, y adjoustans ample declaration des moïens
qu'ils ont à y emploier : quels, combien d'hommes, quelles
munitions, quelles armes offensives et defensives. Mais
cela faict aussi, si leurs ennemis ne cedent et viennent à
accort, ils se donnent loy au pis faire et ne pensent pouvoir
estre reprochés de trahison, de finesse et de tout moïen
qui sert à vaincre.

Les anciens Florentins estoient si esloignés de vouloir
gaigner advantage sur leurs ennemis par surprise, qu'ils
les advertissoient un mois avant que de mettre leur exercité
aux champs [7] par le continuel son de la cloche qu'ils nommoient Martinella.

/ Quand à nous, moings superstitieux, qui tenons celuy
avoir l'honneur de la guerre, qui en a le profit, et qui
après Lysander, disons que où la peau du lion ne peut
suffire, il y faut coudre un lopin de celle du renard, les
plus ordinaires occasions de surprinse se tirent de cette
praticque ; et n'est heure, disons nous, où un chef doive
avoir plus l'œil au guet, que celle des parlemens et traités
d'accord. Et pour cette cause, c'est une reigle en la bouche
de tous les hommes de guerre de nostre temps, qu'il ne
faut jamais que le gouverneur en une place assiegée sorte
luy mesmes pour parlementer. Du temps de nos peres, cela
fut reproché aux seigneurs de Montmord et de l'Assigni,
deffendans Mouson contre le comte de Nansaut. Mais
aussi à ce conte, celuy là seroit excusable, qui sortiroit en
telle façon, que la seureté et l'advantage demeurast de
son costé : comme fit en la ville de Regge le comte Guy
de Rangon (s'il en faut croire du Bellay, car Guicciardin
dit que ce fut luy mesmes) lors que le Seigneur de l'Escut
s'en approcha pour parlementer ; car il abandonna de si
peu son fort, qu'un trouble s'estant esmeu pendant ce
parlement, non seulement Monsieur de l'Escut et sa
trouppe, qui estoit approchée avec luy, se trouva la plus
foible, de façon que Alexandre Trivulce y fut tué, mais
luy mesmes fust contrainct, pour le plus seur, de suivre le
Comte et se jetter sur sa foy à l'abri des coups dans la ville.

// Eumenes en la ville de Nora, pressé par Antigonus,
qui l'assiegeoit, de sortir parler à luy, et qui après plusieurs

autres entremises alleguoit que c'estoit raison qu'il vint devers luy, attendu qu'il estoit le plus grand et le plus fort, après avoir faict cette noble responce : « Je n'estimeray jamais homme plus grand que moy, tant que j'auray mon espée en ma puissance », n'y consentit, qu'Antigonus ne luy eust donné Ptolomæus son propre nepveu, ostage, comme il demandoit.

/// Si est-ce que encores en y a il, qui se sont très-bien trouvez de sortir sur la parole de l'assaillant. Tesmoing Henry de Vaux, chevalier Champenois, lequel estant assiegé dans le chasteau de Commercy par les Anglois, et Barthelemy de Bonnes, qui commandoit au siege, ayant par dehors faict sapper la plus part du Chasteau, si qu'il ne restoit que le feu pour accabler les assiegez sous les ruines, somma ledit Henry de sortir à parlementer pour son profict, comme il fit luy quatriesme [8], et son evidente ruyne luy ayant esté monstrée à l'œil, il s'en sentit singulierement obligé à l'ennemy ; à la discretion duquel, après qu'il se fut rendu et sa trouppe, le feu estant mis à la mine, les estansons de bois venus à faillir, le Chasteau fut emporté de fons en comble.

// Je me fie aysément à la foy d'autruy. Mais malaiséement le fairoy je lors que je donnerois à juger l'avoir plustost faict par desespoir et faute de cœur que par franchise et fiance de [9] sa loyauté.

CHAPITRE VI

/ Toutes-fois, je vis dernierement en mon voisinage de Mussidan, que ceux qui en furent délogez à force par nostre armée, et autres de leur party, crioient comme de trahison, de ce que pendant les entremises d'accord, et le traicté se continuant encores, on les avoit surpris et mis en pièces; chose qui eust eu à l'avanture apparence en un autre siecle; mais, comme je viens de dire, nos façons sont entierement esloignées de ces reigles; et ne se doit attendre fiance des uns aux autres, que le dernier seau d'obligation n'y soit passé; encore y a il lors assés affaire.

/// Et a tousjours esté conseil hazardeux de fier à la licence d'une armée victorieuse l'observation de la foy qu'on a donné à une ville qui vient de se rendre par douce et favorable composition et d'en laisser sur la chaude l'entrée libre aux soldats. L. Æmylius Regillus, Preteur Romain, ayant perdu son temps à essayer de prendre la ville de Phocées à force, pour la singuliere prouesse des habitans à se bien defendre, feit pache [1] avec eux de les recevoir pour amis du peuple Romain et d'y entrer comme en ville confederée, leur ostant toute crainte d'action hostile. Mais y ayant quand et luy introduict son armée, pour s'y faire voir en plus de pompe, il ne fut en sa puissance, quelque effort qu'il y employast, de tenir la bride à ses gens; et veit devant ses yeux fourrager bonne partie de la ville, les droicts de l'avarice et de la vengeance suppeditant [2] ceux de son autorité et de la discipline militaire.

/ Cleomenes disoit que, quelque mal qu'on peut faire aux ennemis en guerre, cela estoit par dessus la justice, et non subject à icelle, tant envers les dieux, qu'envers les hommes. Et, ayant faict treve avec les Argiens pour sept jours, la troisieme nuict après il les alla charger tous endormis et les défict, alleguant qu'en sa treve il n'avoit pas esté parlé des nuicts. Mais les dieux vengerent cette perfide subtilité.

/// Pendant le parlement et qu'ils musoient sur leurs seurtez, la ville de Casilinum fust saisie par surprinse, et cela pourtant aux siecles et des plus justes capitaines et de la plus parfaicte milice Romaine. Car il n'est pas dict, que, en temps et lieu, il ne soit permis de nous prevaloir de la sottise de nos ennemis, comme nous faisons de leur lascheté. Et certes la guerre a naturellement beaucoup de privileges raisonnables au prejudice de la raison; et icy faut la regle : « *neminem id agere ut ex alterius prædetur inscitia* [3]. »

Mais je m'estonne de l'estendue que Xenophon leur donne, et par les propos et par divers exploits de son parfaict empereur : autheur de merveilleux poids en telles choses, comme grand capitaine et philosophe des premiers disciples de Socrates. Et ne consens pas à la mesure de sa dispense, en tout et par tout.

/ Monsieur d'Aubigny, assiegeant Cappoüe, et après y avoir fait une furieuse baterie, le Seigneur Fabrice Colonne, Capitaine de la Ville, ayant commancé à parlementer de dessus un bastion, et ses gens faisant plus molle garde, les nostres s'en amparerent et mirent tout en pièces. Et de plus fresche memoire, à Yvoy, le Seigneur Jullian Rommero, ayant fait ce pas de clerc de sortir pour parlementer avec Monsieur le Connestable, trouva au retour sa place saisie. Mais afin que nous ne nous en aillions pas sans revanche, le marquis de Pesquaire assiegeant Genes, où le duc Octavian Fregose commandoit soubs nostre protection, et l'accord entre eux ayant esté poussé si avant, qu'on le tenoit pour fait, sur le point de la conclusion, les Espagnols s'estans coullés dedans, en userent comme en une victoire planière. Et depis, en Ligny en Barrois, où le Comte de Brienne commandoit, l'Empereur l'ayant assiegé en personne, et Bertheuille, Lieutenant dudict Comte, estant sorty pour parler, pendant le marché la ville se trouva saisie.

> *Fu il vincer sempre mai laudabil cosa,*
> *Vincasi o per fortuna o per ingegno* [4],

disent-ils. Mais le philosophe Chrisippus n'eust pas esté de cet advis, et moy aussi peu : car il disoit que ceux qui courent à l'envy, doivent bien employer toutes leurs forces à la vistesse; mais il ne leur est pourtant aucunement loisible de mettre la main sur leur adversaire pour l'arrester, ny de luy tendre la jambe pour le faire cheoir.

// Et plus genereusement encore ce grand Alexandre à Polypercon, qui lui suadoit [5] de se servir de l'avantage que l'obscurité de la nuict luy donnoit pour assaillir Darius : « Point, fit-il, ce n'est pas à moy d'employer des victoires desrobées : *malo me fortunæ pœniteat, quam victoriæ pudeat* [6] » ;

> *Atque idem fugientem haud est dignatus Orodem*
> *Sternere, nec jacta cæcum dare cuspide vulnus :*
> *Obvius, adversoque occurrit, seque viro vir*
> *Contulit, haud furto melior, sed fortibus armis* [7].

CHAPITRE VII

QUE L'INTENTION JUGE NOS ACTIONS

/ La mort, dict-on, nous acquitte de toutes nos obligations. J'en sçay qui l'ont prins en diverse façon. Henry septiesme, Roy d'Angleterre, fist composition avec Dom Philippe, fils de l'Empereur Maximilian, ou, pour le confronter plus honnorablement, pere de l'Empereur Charles cinquiesme, que ledict Philippe remettoit entre ses mains le Duc de Suffolc, de la rose blanche, son ennemy, lequel s'en estoit fuy et retiré au pays bas, moyennant qu'il promettoit de n'attenter rien sur la vie dudict Duc; toutesfois, venant à mourir, il commanda par son testament à son fils de le faire mourir, soudain après qu'il seroit decédé.

Dernierement, en cette tragedie que le Duc d'Albe nous fit voir à Bruxelles ès Comtes de Horne et d'Aiguemond, il y eust tout plein de choses remarquables, et entre autres que ledict Comte d'Aiguemond, soubs la foy et asseurance duquel le Comte de Horne s'estoit venu rendre au Duc d'Albe, requit avec grande instance qu'on le fit mourir le premier : affin que sa mort l'affranchist de l'obligation qu'il avoit audict Comte de Horne. Il semble que la mort n'ait point deschargé le premier de sa foy donnée, et que le second en estoit quite, mesmes sans mourir. Nous ne pouvons estre tenus au delà de nos forces et de nos moyens. A cette cause, par ce que les effects et executions ne sont aucunement en nostre puissance et qu'il n'y a rien en bon escient [1] en nostre puissance que la volonté : en celle là se fondent par necessité et s'establissent toutes les reigles du devoir de l'homme. Par ainsi le Comte d'Aiguemond, tenant son ame et volonté endebtée à sa promesse, bien que la puissance de l'effectuer ne fut pas en ses mains, estoit sans doute absous de son devoir, quand il eust survescu le Comte de Horne. Mais le Roy d'Angleterre, faillant à sa

parolle par son intention, ne se peut excuser pour avoir
retardé jusques après sa mort l'execution de sa desloyauté;
non plus que le masson de Herodote, lequel, ayant loyalle-
ment conservé durant sa vie le secret des thresors du Roy
d'Egypte son maistre, mourant les descouvrit à ses enfans.

/// J'ay veu plusieurs de mon temps convaincus par leur
conscience retenir de l'autruy, se disposer à y satisfaire
par leur testament et après leur decès. Ils ne font rien qui
vaille, ny de prendre terme à chose si pressante, ny de
vouloir restablir une injure avec si peu de leur ressantiment
et interest [2]. Ils doivent du plus leur. Et d'autant qu'ils
payent plus poisamment, et incommodéement, d'autant
en est leur satisfaction plus juste et meritoire. La penitence
demande à se charger.

Ceux là font encore pis, qui reservent la revelation de
quelque haineuse volonté envers le proche [3] à leur dernière
volonté, l'ayans cachée pendant la vie; et monstrent avoir
peu de soin du propre honneur, irritans l'offencé à l'encontre de leur memoire, et moins de leur conscience,
n'ayants, pour le respect de la mort mesme, sceu faire
mourir leur maltalent, et en estendant la vie outre la leur.
Iniques juges, qui remettent à juger alors qu'ils n'ont
plus de cognoissance de cause.

Je me garderay, si je puis, que ma mort die chose que
ma vie n'ayt premierement dit.

CHAPITRE VIII

DE L'OISIVETÉ

/ Comme nous voyons des terres oysives, si elles sont grasses et fertilles, foisonner en cent mille sortes d'herbes sauvages et inutiles, et que, pour les tenir en office [1], il les faut assubjectir et employer à certaines semences, pour nostre service ; et comme nous voyons que les femmes produisent bien toutes seules des amas et pieces de chair informes, mais que pour faire une generation bonne et naturelle, il les faut embesoigner d'une autre semence : ainsin est-il des espris. Si on ne les occupe à certain sujet, qui les bride et contreigne, ils se jettent desreiglez, par-cy par-là, dans le vague champ des imaginations.

> // *Sicut aquæ tremulum labris ubi lumen ahenis*
> *Sole repercussum, aut radiantis imagine Lunæ*
> *Omnia pervolitat latè loca, jâmque sub auras*
> *Erigitur, summique ferit laquearia tecti* [2].

/ Et n'est folie ny réverie, qu'ils ne produisent en cette agitation,

> *velut ægri somnia, vanæ*
> *Finguntur species* [3].

L'ame qui n'a point de but estably, elle se perd : car, comme on dict, c'est n'estre en aucun lieu, que d'estre par tout.

> // *Quisquis ubique habitat, Maxime, nusquam habitat* [4].

/ Dernierement que je me retiray chez moy, deliberé autant que je pourroy, ne me mesler d'autre chose que de passer en repos et à part ce peu qui me reste de vie, il me sembloit ne pouvoir faire plus grande faveur à mon esprit,

que de le laisser en pleine oysiveté, s'entretenir soy mesmes,
et s'arrester et rasseoir en soy : ce que j'esperois qu'il peut
meshuy faire plus aisement, devenu avec le temps plus
poisant, et plus meur. Mais je trouve,

variam semper dant otia mentem [5],

que au rebours, faisant le cheval eschappé, il se donne cent
fois plus d'affaire à soy mesmes, qu'il n'en prenoit pour
autruy; et m'enfante tant de chimeres et monstres fantasques les uns sur les autres, sans ordre et sans propos, que
pour en contempler à mon aise l'ineptie et l'estrangeté, j'ay
commancé de les mettre en rolle, esperant avec le temps
luy en faire honte à luy mesmes.

CHAPITRE IX

/ Il n'est homme à qui il siese si mal de se mesler de parler de memoire. Car je n'en reconnoy quasi trasse en moy, et ne pense qu'il y en aye au monde une autre si monstrueuse en defaillance. J'ay toutes mes autres parties viles et communes. Mais en cette-là je pense estre singulier et très-rare, et digne de gaigner par là nom et reputation.

// Outre l'inconvenient naturel que j'en souffre, /// — car certes, veu sa nécessité, Platon araison de la nommer une grande et puissante deesse, // si en mon païs on veut dire qu'un homme n'a poinct de sens[1], ils disent qu'il n'a point de memoire, et quand je me plains du defaut de la mienne, ils me reprennent et mescroient, comme si je m'accusois d'estre insensé. Ils ne voyent pas de chois entre memoire et entendement. C'est bien empirer mon marché. Mais ils me font tort, car il se voit par experience plustost au rebours que les memoires excellentes se joignent volontiers aux jugements debiles. Ils me font tort aussi en cecy, qui ne sçay rien si bien faire qu'estre amy, que les mesmes paroles qui accusent ma maladie, representent l'ingratitude. On se prend de mon affection à ma memoire; et d'un defaut naturel, on en faict un defaut de conscience. Il a oublié, dict-on, cette priere ou cette promesse. Il ne se souvient point de ses amys. Il ne s'est point souvenu de dire, ou faire, ou taire cela, pour l'amour de moy. Certes je puis aisémeent oublier, mais de mettre à nonchalloir la charge que mon amy m'a donnée, je ne le fay pas. Qu'on se contente de ma misere, sans en faire une espece de malice, et de la malice autant ennemye de mon humeur.

/// Je me console aucunement. Premierement sur ce que c'est un mal duquel principallement j'ay tiré la raison de corriger un mal pire qui se fust facilement produit en moy, sçavoir est l'ambition, car c'est une deffaillance insupor-

table à qui s'empesche des negotiations du monde;
que, comme disent plusieurs pareils exemples du progrès
de nature, elle [2] a volontiers fortifié d'autres facultés en
moy, à mesure que cette-cy s'est affoiblie, et irois facilement couchant et allanguissant mon esprit et mon jugement sur les traces d'autruy, comme faict le monde, sans
exercer leurs propres forces, si les inventions et opinions
estrangieres m'estoient presentes par le benefice de la
memoire; // que mon parler en est plus court, car le
magasin de la memoire est volontiers plus fourny de
matiere que n'est celuy de l'invention; /// si elle m'eust
tenu bon [3], j'eusse assourdi tous mes amys de babil, les
subjects esveillans cette telle quelle faculté que j'ay de les
manier et emploier, eschauffant et attirant mes discours.
// C'est pitié. Je l'essaye par la preuve d'aucuns de mes
privez amys : à mesure que la memoire leur fournit la
chose entiere et presente, ils reculent si arriere leur narration, et la chargent de vaines circonstances, que si le conte
est bon, ils en estouffent la bonté; s'il ne l'est pas, vous
estes à maudire ou l'heur de leur memoire, ou le malheur
de leur jugement. /// Et c'est chose difficile de fermer un
propos et de le coupper, despuis qu'on est arroutté. Et
n'est rien où la force d'un cheval se cognoisse plus qu'à
faire un arrest rond et net. Entre les pertinens [4] mesmes,
j'en voy qui veulent et ne se peuvent deffaire de leur course.
Ce pendant qu'ils cerchent le point de clorre le pas, ils
s'en vont balivernant et trainant comme des hommes qui
deffaillent de foiblesse. Sur tout les vieillards sont dangereux à qui la souvenance des choses passées demeure et
ont perdu la souvenance de leurs redites. J'ay veu des
recits bien plaisans devenir très-ennuyeux en la bouche
d'un seigneur, chascun de l'assistance en ayant esté abbreu-
vé cent fois. // Secondement, qu'il me souvient moins des
offenses receuës, ainsi que disoit cet ancien; /// il me faudroit un protocolle [5], comme Darius, pour n'oublier l'offence qu'il avoit receu des Atheniens, faisoit qu'un page à
touts les coups qu'il se mettoit à table, luy vinst rechanter
par trois fois à l'oreille : « Sire, souvienne vous des Atheniens »; // et que les lieux et les livres que je revoy me rient
tousjours d'une fresche nouvelleté.

/ Ce n'est pas sans raison qu'on dit que qui ne se sent
point assez ferme de memoire, ne se doit pas mesler d'estre
menteur. Je sçay bien que les grammairiens font différence entre dire mensonge et mentir; et disent que dire
mensonge, c'est dire chose fauce, mais qu'on a pris pour

vraye, et que la definition du mot de mentir en Latin, d'où nostre François est party, porte autant comme aller contre sa conscience, et que par consequent cela ne touche que ceux qui disent contre ce qu'ils sçavent, desquels je parle. Or ceux icy, ou ils inventent marc [6] et tout, ou ils déguisent et alterent un fons veritable. Lors qu'ils déguisent et changent, à les remettre souvent en ce mesme conte, il est mal-aisé qu'ils ne se desferrent, par ce que la chose, comme elle est, s'estant logée la premiere dans la memoire et s'y estant empreincte, par la voye de la connoissance et de la science, il est mal-aisé qu'elle ne se représente à l'imagination, délogeant la faulceté, qui n'y peut avoir le pied si ferme, ny si rassis, et que les circonstances du premier aprentissage, se coulant à tous coups dans l'esprit, ne facent perdre le souvenir des pieces raportées, faulses ou abastardies. En ce qu'ils inventent tout à faict, d'autant qu'il n'y a nulle impression contraire, qui choque leur faulceté, ils semblent avoir d'autant moins à craindre de se mesconter. Toutesfois, encore cecy, par ce que c'est un corps vain et sans prise, eschappe volontiers à la memoire, si elle n'est bien asseurée. // Dequoy j'ay souvent veu l'experience, et plaisamment, aux despens de ceux qui font profession de ne former autrement leur parole, que selon qu'il sert aux affaires qu'ils negotient, et qu'il plaist aux grands à qui ils parlent. Car ces circonstances, à quoy ils veulent asservir leur foy et leur conscience, estans subjettes à plusieurs changemens, il faut que leur parole se diversifie quand et quand; d'où il advient que de mesme chose ils disent gris tantost, tantost jaune; à tel homme d'une sorte, à tel d'une autre; et si par fortune ces hommes raportent en butin leurs instructions si contraires, que devient cette belle art ? Outre ce qu'imprudemment ils se desferrent eux-mesmes si souvent; car quelle memoire leur pourroit suffire à se souvenir de tant de diverses formes, qu'ils ont forgées à un mesme subject ? J'ay veu plusieurs de mon temps, envier la reputation de cette belle sorte de prudence, qui ne voyent pas que, si la reputation y est, l'effect n'y peut estre.

En vérité le mentir est un maudit vice. Nous ne sommes hommes et ne nous tenons les uns aux autres que par la parole. Si nous en connoissions l'horreur et le poids, nous le poursuivrions à feu plus justement que d'autres crimes. Je trouve qu'on s'amuse ordinairement à chastier aux enfans des erreurs innocentes très-mal à propos et qu'on les tourmente pour des actions temeraires qui n'ont ny

impression, ny suite. La menterie seule et, un peu au-
dessous, l'opiniastreté me semblent estre celles desquelles
on devroit à toute instance combattre la naissance et le
progrez. Elles croissent quand et eux. Et depuis qu'on a
donné ce faux train à la langue, c'est merveille combien il
est impossible de l'en retirer. Par où il advient que nous
voyons des honnestes hommes d'ailleurs y estre subjects
et asservis. J'ay un bon garçon de tailleur à qui je n'ouy
jamais dire une vérité, non pas quand elle s'offre pour luy
servir utilement.

Si, comme la verité, le mensonge n'avoit qu'un visage,
nous serions en meilleurs termes. Car nous prendrions
pour certain l'opposé de ce que diroit le menteur. Mais le
revers de la verité a cent mille figures et un champ indefiny.

Les Pythagoriens font le bien certain et finy, le mal
infiny et incertain. Mille routtes desvoient du blanc [7],
une y va. Certes je ne m'asseure pas que je peusse venir à
bout de moy, à guarentir un danger evident et extresme
par une effrontée et solemne mensonge.

Un ancien pere dit que nous sommes mieux en la
compagnie d'un chien cognu qu'en celle d'un homme
duquel le langage nous est inconnu. « *Ut externus alieno
non sit hominis vice* [8]. » Et de combien est le langage faux
moins sociable que le silence.

/ Le Roy François premier se vantoit d'avoir mis au
rouet [9] par ce moyen Francisque Taverna, ambassadeur de
François Sforce, Duc de Milan, homme très-fameux en
science de parlerie. Cettuy-cy avoit esté depesché pour
excuser son maistre envers sa Majesté, d'un fait de grande
consequence, qui estoit tel. Le Roy pour maintenir tousjours quelques intelligences en Italie, d'où il avoit esté
dernierement chassé, mesme au Duché de Milan, avoit
advisé d'y tenir près du Duc un gentil-homme de sa part [10],
ambassadeur par effect, mais par apparence homme privé,
qui fit la mine d'y estre pour ses affaires particulieres ; d'autant que le Duc, qui dependoit beaucoup plus de l'Empereur, lors principalement qu'il estoit en traicté de mariage
avec sa niepce, fille du Roy de Dannemarc, qui est à present
douairiere de Lorraine, ne pouvoit descouvrir avoir aucune
praticque et conference avecques nous, sans son grand
interest. A cette commission se trouva propre un gentil'-
homme Milanois, escuyer d'escurie chez le Roy, nommé
Merveille. Cettuy-cy despesché avecques lettres secrettes
de creance et instructions d'ambassadeur, et avecques
d'autres lettres de recommandation envers le Duc en faveur

de ses affaires particuliers pour le masque et la montre, fut si long temps auprès du Duc, qu'il en vint quelque resentiment à l'Empereur, qui donna cause à ce qui s'ensuivit après, comme nous pensons ; qui fut, que soubs couleur de quelque meurtre, voilà le Duc qui luy faict trancher la teste de belle nuict, et son procez faict en deux jours. Messire Francisque estant venu prest d'une longue deduction [11] contrefaicte de cette histoire, — car le Roy s'en estoit adressé, pour demander raison, à tous les princes de Chrestienté et au Duc mesmes, — fuy ouy aux affaires du matin, et ayant establi pour le fondement de sa cause et dressé, à cette fin, plusieurs belles apparences du faict : que son maistre n'avoit jamais pris nostre homme, que pour gentil-homme privé, et sien suject, qui estoit venu faire ses affaires à Milan, et qui n'avoit jamais vescu là soubs autre visage, desadvouant mesme avoir sceu qu'il fut en estat [12] de la maison du Roy, ny connu de luy, tant s'en faut qu'il le prit pour ambassadeur ; le Roy à son tour, le pressant de diverses objections et demandes, et le chargeant de toutes pars, l'accula en fin sur le point de l'exécution faite de nuict, et comme à la desrobée. A quoy le pauvre homme embarrassé respondit, pour faire l'honneste, que, pour le respect de sa Majesté, le Duc eust esté bien marry que telle execution se fut faicte de jour. Chacun peut penser comme il fut relevé, s'estant si lourdement couppé, et à l'endroit d'un tel nez que celuy du Roy François.

Le pape Jule second ayant envoyé un ambassadeur vers le Roy d'Angleterre, pour l'animer contre le Roy François [13], l'ambassadeur ayant esté ouy sur sa charge et le Roy d'Angleterre s'estant arresté en sa responce aux difficultez qu'il trouvoit à dresser les preparatifs qu'il faudroit pour combattre un Roy si puissant, et en alleguant quelques raisons, l'ambassadeur repliqua mal à propos qu'il les avoit aussi considerées de sa part et les avoit bien dictes au Pape. De cette parole si esloingnée de sa proposition, qui estoit de le pousser incontinent à la guerre, le Roy d'Angleterre print le premier argument de ce qu'il trouva depuis par effect, que cet ambassadeur, de son intention particuliere, pendoit [14] du costé de France. Et en ayant adverty son maistre, ses biens furent confisquez et ne tint à guere qu'il n'en perdit la vie.

CHAPITRE X

DU PARLER PROMPT OU TARDIF

/ *Onc ne furent à tous toutes graces données* [1].

Aussi voyons nous qu'au don d'eloquence les uns ont la
facilité et la promptitude, et ce qu'on dict, le boute-hors
si aisé, qu'à chaque bout de champ ils sont prests ; les autres
plus tardifs ne parlent jamais rien qu'élabouré et premedité. Comme on donne des regles aux dames de prendre les
jeux et les exercices du corps, selon l'advantage de ce
qu'elles ont le plus beau, si j'avois à conseiller de mesmes,
en ces deux divers advantages de l'eloquence, de laquelle il
semble en nostre siecle que les prescheurs et les advocats
facent principale profession, le tardif seroit mieux prescheur, ce me semble, et l'autre mieux advocat : par ce que
la charge de celuy-là luy donne autant qu'il luy plaist de
loisir pour se preparer, et puis sa carriere se passe d'un fil
et d'une suite, sans interruption, là où les commoditez de
l'advocat le pressent à toute heure de mettre en lice, et les
responces improuveues [2] de sa partie adverse le rejettent
hors de son branle, où il luy faut sur le champ prendre
nouveau party.

Si est-ce qu'à l'entrevue du Pape Clement et du Roy
François à Marseille, il advint tout au rebours, que
monsieur Poyet, homme toute sa vie nourry au barreau,
en grande reputation, ayant charge de faire la harangue
au Pape, et l'ayant de longue main pourpensée, voire, à
ce qu'on dict, apportée de Paris toute preste, le jour mesme
qu'elle devoit estre prononcée, le Pape se craignant qu'on
luy tint propos qui peut offencer les ambassadeurs des
autres princes, qui estoient autour de luy, manda au Roy
l'argument qui luy sembloit estre le plus propre au temps
et au lieu, mais de fortune tout autre que celuy sur lequel
monsieur Poyet s'estoit travaillé ; de façon que sa harangue
demeuroit inutile, et luy en falloit promptement refaire

un autre. Mais, s'en sentant incapable, il fallut que Monsieur le Cardinal du Bellay en print la charge.

// La part de l'Advocat est plus difficile que celle du Prescheur, et nous trouvons pourtant, ce m'est advis, plus de passables Advocats que Prescheurs, au moins en France.

/ Il semble que ce soit plus le propre de l'esprit d'avoir son operation [3] prompte et soudaine, et plus le propre du jugement de l'avoir lente et posée. Mais qui demeure du tout muet, s'il n'a loisir de se preparer, et celuy aussi à qui le loisir ne donne advantage de mieux dire, ils sont en pareil degré d'estrangeté. On recite de Severus Cassius qu'il disoit mieux sans y avoir pensé; qu'il devoit plus à la fortune qu'à sa diligence; qu'il luy venoit à profit d'estre troublé en parlant, et que ses adversaires craignoyent de le picquer, de peur que la colere ne luy fit redoubler son eloquence. Je cognois, par experience, cette condition de nature, qui ne peut soustenir une vehemente premeditation et laborieuse. Si elle ne va gayement et librement, elle ne va rien qui vaille. Nous disons d'aucuns ouvrages qu'ils puent l'huyle et la lampe, pour certaine aspreté et rudesse que le travail imprime en ceux où il a grande part. Mais, outre cela, la solicitude de bien faire, et cette contention de l'ame trop bandée et trop tenduë à son entreprise, la met au rouet, la rompt et l'empesche, ainsi qu'il advient à l'eau qui, par force de [4] se presser de sa violence et abondance, ne peut trouver issuë en un goulet ouvert.

En cette condition de nature, de quoy je parle, il y a quant et quant aussi cela, qu'elle demande à estre non pas esbranlée et piquée par ces passions fortes, comme la colere de Cassius (car ce mouvement seroit trop aspre), elle veut estre non pas secoüée, mais solicitée; elle veut estre eschauffée et reveillée par les occasions estrangeres, presentes et fortuites. Si elle va toute seule, elle ne fait que trainer et languir. L'agitation est sa vie et sa grace.

// Je ne me tiens pas bien en ma possession et disposition. Le hazard y a plus de droict que moy. L'occasion, la compaignie, le branle mesme de ma voix tire plus de mon esprit que je n'y trouve lors que je le sonde et employe à part moy.

/ Ainsi les paroles en valent mieux que les escripts, s'il y peut avoir chois où il n'y a point de pris.

/// Ceci m'advient aussi : que je ne me trouve pas où je me cherche; et me trouve plus par rencontre que par l'inquisition de mon jugement. J'auray eslancé quelque subtilité en escrivant. (J'entens bien : mornée [5] pour un autre, affilée pour moy. Laissons toutes ces honnestetez. Cela se dit par chacun selon sa force.) Je l'ay si bien perdue que je ne sçay ce que j'ay voulu dire; et l'a l'estranger descouverte par fois avant moy. Si je portoy le rasoir par tout où cela m'advient, je me desferoy tout [6]. Le rencontre m'en offrira le jour [7] quelque autre fois plus apparent que celuy du midy; et me fera estonner de mon hesitation.

CHAPITRE XI

DES PROGNOSTICATIONS

/ Quant aux oracles, il est certain que, bonne piece [1] avant la venuë de Jesus-Christ, ils avoyent commencé à perdre leur credit : car nous voyons que Cicero se met en peine de trouver la cause de leur defaillance ; /// et ces mots sont à luy : « *Cur isto modo jam oracula Delphis non eduntur non modo nostra ætate sed jamdiu, ut modo nihil possit esse contemptius* [2]. » / Mais quant aux autres prognostiques, qui se tiroyent de l'anatomie des bestes aux sacrifices, /// ausquels Platon attribue en partie la constitution naturelle des membres internes d'icelles, / du trepignement des poulets, du vol des oyseaux, /// « *aves quasdam rerum augurandarum causa natas esse putamus* [3] », / des foudres, du tournoiement des rivieres, /// « *multa cernunt aruspices, multa augures provident, multa oraculis declarantur, multa vaticinationibus, multa somniis, multa portentis* [4] », / et autres sur lesquels l'ancienneté appuioit la plus part des entreprinses, tant publiques que privées, nostre religion les a abolies. Et encore qu'il reste entre nous quelques moyens de divination és astres, és esprits, és figures du corps, és songes, et ailleurs, — notable exemple de la forcenée curiosité de nostre nature, s'amusant à preoccuper les choses futures, comme si elle n'avoit pas assez affaire à digerer les presentes :

//   *cur hanc tibi rector Olympi*
Sollicitis visum mortalibus addere curam,
Noscant venturas ut dira per omina clades.
Sit subitum quodcunque paras, sit cœca futuri
Mens hominum fati, liceat sperare timenti [5].

/// « *Ne utile quidem est scire quid futurum sit. Miserum est enim nihil proficientem angi* [6] », / si est-ce qu'elle est de beaucoup moindre auctorité.

Voyla pourquoy l'exemple de François Marquis de
Sallusse m'a semblé remarquable. Car, lieutenant du Roy
François en son armée de là les monts, infiniment favorisé
de nostre cour, et obligé au Roy du Marquisat mesmes,
qui avoit esté confisqué de son frere, au reste ne se presentant occasion de le faire [7], son affection mesme y
contredisant, se laissa si fort espouvanter (comme il a esté
adveré) aux belles prognostications qu'on faisoit lors courir
de tous costez à l'advantage de l'Empereur Charles cinquiesme et à nostre des-advantage, mesmes en Italie, où ces
folles propheties avoyent trouvé tant de place, qu'à Rome
fut baillé grande somme d'argent au change, pour cette
opinion de nostre ruine, qu'après s'estre souvent condolu [8]
à ses privez des maux qu'il voyoit inevitablement preparez
à la couronne de France et aux amis qu'il y avoit, se revolta
et changea de party; à son grand dommage pourtant,
quelque constellation qu'il y eut. Mais il s'y conduisit en
homme combatu de diverses passions. Car ayant et villes
et forces en sa main, l'armée ennemye soubs Antoine de
Leve à trois pas de luy, et nous sans soubçons de son faict,
il estoit en luy de faire pis qu'il ne fist. Car, pour sa trahison, nous ne perdismes ny homme, ny ville que Fossan;
encore après l'avoir long temps contestée.

> *Prudens futuri temporis exitum*
> *Caliginosa nocte premit Deus,*
> *Ridetque si mortalis ultra*
> *Fas trepidat.*

> *Ille potens sui*
> *Lætusque deget, cui licet in diem*
> *Dixisse, vixi, cras vel atra*
> *Nube polum pater occupato*
> *Vel sole puro [9].*

> *Lætus in præsens animus, quod ultra est,*
> *Oderit curare [10].*

/// Et ceux qui croyent ce mot au contraire, le croyent
à tort : « *Ista sic reciprocantur, ut et, si divinatio sit, dii sint;
et, si dii sint, sit divinatio [11].* » Beaucoup plus sagement
Pacuvius :

> *Nam istis qui linguam avium intelligunt,*
> *Plusque ex alieno jecore sapiunt, quam ex suo,*
> *Magis audiendum quam auscultandum censeo [12].*

Cette tant celebrée art de diviner des Toscans nasquit ainsi. Un laboureur, perçant de son coultre profondement la terre, en veid sourdre Tages, demi-dieu d'un visage enfantin, mais de senile prudence. Chacun y accourut, et furent ses paroles et science recueillie et conservée à plusieurs siecles, contenant les principes et moyens de cette art. Naissance conforme à son progrez.

// J'aymerois bien mieux regler mes affaires par le sort des dez que par ces songes.

/// Et de vray en toutes republiques on a tousjours laissé la bonne part d'authorité au sort. Platon en la police qu'il forge à discretion luy attribue la decision de plusieurs effects d'importance et veut entre autres choses que les mariages se facent par sort entre les bons; et donne si grand poids à cette election fortuite que les enfans qui en naissent, il ordonne qu'ils soyent nourris au païs; ceux qui naissent des mauvais en soyent mis hors; toutesfois si quelqu'un de ces bannis venoit par cas d'adventure à montrer en croissant quelque bonne esperance de soy, qu'on le puisse rappeller, et exiler aussi celuy d'entre les retenus qui montrera peu d'esperance de son adolescence.

// J'en voy qui estudient et glosent leurs Almanachs, et nous en alleguent l'authorité aux choses qui se passent. A tant dire, il faut qu'ils dient et la verité et le mensonge : /// « *Quis est enim qui totum diem jaculans non aliquando conlineet* [13]. » // Je ne les estime de rien mieux, pour les voir tomber [14] en quelque rencontre : ce seroit plus de certitude, s'il y avoit regle et verité à mentir tousjours. /// Joint que personne ne tient registre de leurs mescontes, d'autant qu'ils sont ordinaires et infinis; et fait-on valoir leurs divinations de ce qu'elles sont rares, incroïables et prodigieuses. Ainsi respondit Diagoras qui fut surnommé l'Athée, estant en la Samothrace, à celuy qui en luy montant au temple force vœuz et tableaux de ceux qui avoyent eschapé le naufrage, luy dict : « Et bien, vous qui pensez que les dieux mettent à nonchaloir les choses humaines, que dittes vous de tant d'hommes sauvez par leur grace ? Il se fait ainsi, respondit-il : ceux-là ne sont pas peints qui sont demeurez noyez, en bien plus grand nombre. » Cicero dit que le seul Xenophanes Colophonius, entre tous les philosophes qui ont advoué les dieux, a essayé desraciner toute sorte de divination. // D'autant est-il moins de merveille si nous avons veu par fois à leur dommage aucunes de noz ames principesques s'arrester à ces vanitez.

/// Je voudrois bien avoir reconnu de mes yeux ces deux

merveilles : du livre de Joachim, abbé calabrois [15], qui predisoit tous les papes futurs, leurs noms et formes; et celuy de Leon l'Empereur, qui predisoit les empereurs et patriarches de Grece. Cecy ay-je reconnu de mes yeux, qu'és confusions publiques les hommes estonnez de leur fortune se vont rejettant, comme à toute superstition, à rechercher au ciel les causes et menaces ancienes de leur malheur. Et y sont si estrangement heureux de mon temps, qu'ils m'ont persuadé, qu'ainsi que c'est un amusement d'esperits aiguz et oisifs, ceux qui sont duicts à ceste subtilité de les replier et desnouer, seroyent en tous escrits capables de trouver tout ce qu'ils y demandent. Mais sur tout leur preste beau jeu le parler obscur, ambigu et fantastique du jargon prophetique, auquel leurs autheurs ne donnent aucun sens clair, afin que la posterité y en puisse appliquer de tel qu'il luy plaira.

// Le demon de Socrates estoit à l'advanture certaine impulsion de volonté, qui se présentoit à luy, sans attendre le conseil de son discours. En une ame bien espurée, comme la sienne, et preparée par continuel exercice de sagesse et de vertu, il est vray semblable que ces inclinations, quoy que temeraires et indigestes, estoyent tousjours importantes et dignes d'estre suyvies. Chacun sent en soy quelque image de telles agitations /// d'une opinion prompte, vehemente et fortuite. C'est à moy de leur donner quelque authorité, qui en donne si peu à nostre prudence. // Et en ay eu /// de pareillement foibles en raison et violentes en persuasion ou en dissuasion, qui estoient plus ordinaires en Socrates, // ausquelles je me laissay emporter si utilement et heureusement qu'elles pourroyent estre jugées tenir quelque chose d'inspiration divine.

CHAPITRE XII

DE LA CONSTANCE

/ La Loy de la resolution et de la constance ne porte pas que nous ne nous devions couvrir, autant qu'il est en nostre puissance, des maux et inconveniens qui nous menassent, ny par consequent d'avoir peur qu'ils nous surpreignent. Au rebours, tous moyens honnestes de se garentir des maux sont non seulement permis, mais loüables. Et le jeu de la constance se joüé principalement à porter patiemment les inconveniens, où il n'y a point de remede. De maniere qu'il n'y a souplesse de corps, ny mouvement aux armes de main, que nous trouvions mauvais, s'il sert à nous garantir du coup qu'on nous ruë.

/// Plusieurs nations très-belliqueuses se servoyent en leurs faits d'armes de la fuite pour advantage principal et montroyent le dos à l'ennemy plus dangereusement que leur visage.

Les Turcs en retiennent quelque chose.

Et Socrates en Platon, se moquant de Lachez qui avoit defini la fortitude [1] : se tenir ferme en son reng contre les ennemys. « Quoy, feit-il, seroit-ce donq lascheté de les battre en leur faisant place ? » Et luy allegue Homere qui loue en Æneas la science de fuir. Et parce que Lachez, se r'advisant, advoue cet usage aux Scythes, et enfin generalement aux gens de cheval, il luy allegue encore l'exemple des gens de pied Lacedemoniens, nation sur toutes duitte à combattre de pied ferme, qui en la journée de Platées, ne pouvant ouvrir la phalange Persienne [2], s'adviserent de s'escarter et sier arriere [3], pour par l'opinion de leur fuitte faire rompre et dissoudre cette masse en les poursuivant. Par où ils se donnerent la victoire.

Touchant les Scythes, on dict d'eux, quand Darius alla pour les subjuguer, qu'il manda à leur Roy force reproches pour le voir tousjours reculant devant luy et gauchissant la

meslée. A quoy Indathyrse, car ainsi se nommoit-il, fit
responce que ce n'estoit pour avoir peur ny de luy, ny
d'homme vivant, mais que c'estoit la façon de marcher de
sa nation, n'ayant ny terre cultivée, ny ville, ny maison à
deffendre, et à craindre que l'ennemy en peust faire profit.
Mais s'il avoit si grand faim d'y mordre, qu'il approchast
pour voir le lieu de leurs anciennes sepultures et que là il
trouveroit à qui parler.

/ Toutes-fois aux canonades, depuis qu'on [4] leur est
planté en bute, comme les occasions de la guerre portent
souvent, il est messeant de s'esbranler pour la menasse du
coup; d'autant que pour sa violence et vitesse nous le
tenons inevitable. Et en y a meint un [5], qui pour avoir
ou haussé la main, ou baissé la teste, en a pour le moins
appresté à rire à ses compagnons.

Si est-ce qu'au voyage que l'Empereur Charles cinquiesme fit contre nous en Provence, le Marquis de Guast
estant allé recognoistre la Ville d'Arle, et s'estant jetté hors
du couvert d'un moulin à vent, à la faveur duquel il
s'estoit approché, fut apperceu par les Seigneurs de Bon-
neval et Seneschal d'Agenois, qui se promenoient sus le
theatre aux arenes. Lesquels, l'ayant monstré au Seigneur
de Villier, Commissaire de l'artillerie, il braqua si à propos
une coulouvrine, que sans ce que ledict Marquis, voyant
mettre le feu, se lança à quartier [6], il fut tenu qu'il en avoit
dans le corps. Et de mesmes quelques années auparavant,
Laurens de Medicis, Duc d'Urbin, pere de la Royne,
mere du Roy, assiegeant Mondolphe, place d'Italie, aux
terres qu'on nomme du Vicariat, voyant mettre le feu à
une piece qui le regardoit, bien luy servit de faire la cane [7].
Car autrement le coup, qui ne luy rasa que le dessus de la
teste, luy donnoit sans doute dans l'estomach [8]. Pour en
dire le vray, je ne croy pas que ces mouvemens se fissent
avecques discours; car quel jugement pouvez vous faire de
la mire haute ou basse en chose si soudaine? Et est bien
plus aisé à croire que la fortune favorisa leur frayeur, et
que ce seroit moyen un'autre fois aussi bien pour se jetter
dans le coup que pour l'eviter.

// Je ne me puis deffendre, si le bruit esclattant d'une
harquebusade vient à me frapper les oreilles à l'improuveu,
en lieu où je ne le deusse pas attendre, que je n'en tres-
saille; ce que j'ay veu encores advenir à d'autres qui valent
mieux que moy.

/// N'y n'entendent les Stoïciens que l'ame de leur sage
puisse resister aux premieres visions et fantaisies qui luy

surviennent, ains comme à une subjection naturelle consentent qu'il cede au grand bruit du ciel, ou d'une ruine [9], pour exemple, jusques à la palleur et contraction. Ainsin aux autres passions, pourveu que son opinion demeure sauve et entiere et que l'assiette de son discours n'en souffre atteinte ny alteration quelconque et qu'il ne preste nul consentement à son effroi et souffrance. De celuy qui n'est pas sage il en va de mesmes en la premiere partie, mais tout autrement en la seconde. Car l'impression des passions ne demeure pas en luy superficielle, ains va penetrant jusques au siege de sa raison, l'infectant et la corrompant. Il juge selon icelles et s'y conforme. Voyez bien disertement et plainement l'estat du sage Stoïque.

Mens immota manet, lachrimæ volvuntur inanes [10].

Le sage Peripateticien ne s'exempte pas des perturbations, mais il les modere.

CHAPITRE XIII

CEREMONIE DE L'ENTREVEUË DES ROYS

/ Il n'est subject si vain qui ne merite un rang en cette rapsodie. A nos regles communes, ce seroit une notable discourtoisie, et à l'endroit d'un pareil et plus à l'endroict d'un grand, de faillir à vous trouver chez vous, quand il vous auroit adverty d'y devoir venir. Voire, adjoustoit la Royne de Naverre Marguerite à ce propos, que c'estoit incivilité à un Gentil-homme de partir de sa maison, comme il se faict le plus souvent, pour aller au devant de celuy qui le vient trouver, pour grand qu'il soit; et qu'il est plus respectueux et civil de l'attendre, pour le recevoir, ne fust que de peur de faillir sa route; et qu'il suffit de l'accompagner à son partement.

// Pour moy, j'oublie souvent l'un et l'autre de ces vains offices, comme je retranche en ma maison toute ceremonie. Quelqu'un s'en offence : qu'y ferois-je ? Il vaut mieux que je l'offence pour une fois, que à moy tous les jours; ce seroit une subjection continuelle. A quoy faire fuyt-on la servitude des cours, si on l'en traine jusques en sa taniere.

/ C'est aussi une reigle commune en toutes assemblées, qu'il touche aux moindres de se trouver les premiers à l'assignation [1], d'autant qu'il est mieux deu aux plus apparans de se faire attendre. Toutesfois à l'entreveuë qui se dressa du Pape Clement et du Roy François à Marseille, le Roy y ayant ordonné les apprest necessaires, s'esloigna de la ville et donna loisir au Pape de deux ou trois jours pour son entrée et refreschissement [2], avant qu'il le vint trouver. Et de mesmes à l'entrée aussi du Pape et de l'Empereur à Bouloigne, l'Empereur donna moyen au Pape d'y estre le premier, et y survint après luy. C'est, disent-ils, une ceremonie ordinaire aux abouchemens de tels Princes, que le plus grand soit avant les autres au lieu assigné, voyre avant celuy chez qui se faict l'assemblée; et le prennent de

ce biais, que c'est affin que cette apparence tesmoigne que
c'est le plus grand que les moindres vont trouver, et le
recherchent, non pas luy eux.

/// Non seulement chasque païs, mais chasque cité a sa
civilité particulière, et chasque vacation. J'y ay esté assez
soigneusement dressé en mon enfance et ay vescu en assez
bonne compaignie, pour n'ignorer pas les loix de la nostre
françoise; et en tiendrois eschole. J'aime à les ensuivre,
mais non pas si couardement que ma vie en demeure
contraincte. Elles ont quelques formes penibles, lesquelles,
pourveu qu'on oublie par discretion, non par erreur, on
n'en a pas moins de grace. J'ay veu souvent des hommes
incivils par trop de civilité, et importuns de courtoisie.

C'est, au demeurant, une très utile science que la science
de l'entregent. Elle est, comme la grace et la beauté, conci-
liatrice des premiers abords de la société et familiarité; et
par consequent nous ouvre la porte à nous instruire par les
exemples d'autruy, et à exploiter et produire nostre
exemple, s'il a quelque chose d'instruisant et communi-
cable.

CHAPITRE XIV [1]

QUE LE GOUST DES BIENS ET DES MAUX
DEPEND EN BONNE PARTIE
DE L'OPINION QUE NOUS EN AVONS

/ Les hommes (dit une sentence Grecque ancienne) sont tourmentez par les opinions qu'ils ont des choses, non par les choses mesmes. Il y auroit un grand poinct gaigné pour le soulagement de nostre miserable condition humaine, qui pourroit establir cette proposition vraye tout par tout. Car si les maux n'ont entrée en nous que par nostre jugement, il semble qu'il soit en nostre pouvoir de les mespriser ou contourner à bien. Si les choses se rendent à nostre mercy, pourquoy n'en chevirons nous [2], ou ne les accommoderons nous à nostre advantage ? Si ce que nous appellons mal et tourment n'est ny mal ny tourment de soy, ains seulement que nostre fantasie luy donne cette qualité, il est en nous de la changer. Et en ayant le choix, si nul ne nous force, nous sommes estrangement fols de nous bander pour le party qui nous est le plus ennuyeux, et de donner aux maladies, à l'indigence et au mespris un aigre et mauvais goust, si nous le leur pouvons donner bon, et si, la fortune fournissant simplement de matiere, c'est à nous de luy donner la forme. Or que ce que nous appellons mal ne le soit pas de soy, ou au moins tel qu'il soit, qu'il depende de nous de luy donner autre saveur et autre visage, car tout revient à un, voyons s'il se peut maintenir.

Si l'estre originel de ces choses que nous craignons, avoit credit de se loger en nous de son authorité, il logeroit pareil et semblable en tous ; car les hommes sont tous d'une espece, et sauf le plus et le moins, se trouvent garnis de pareils outils et instrumens pour concevoir et juger. Mais la diversité des opinions que nous avons de ces choses là montre clerement qu'elles n'entrent en nous que par composition ; tel à l'adventure les loge chez soy en leur vray estre, mais mille autres leur donnent un estre nouveau et contraire chez eux.

Nous tenons la mort, la pauvreté et la douleur pour nos principales parties [3].

Or cette mort que les uns appellent des choses horribles la plus horrible, qui ne sçait que d'autres la nomment l'unique port des tourmens de ceste vie ? le souverain bien de nature ? seul appuy de nostre liberté ? et commune et prompte recepte à tous maux ? et comme les uns l'attendent tremblans et effrayez, /// d'autres la supportent plus aysément que la vie.

// Celuy là se plaint de sa facilité :

> *Mors, utinam pavidos vita subducere nolles,*
> *Sed virtus te sola daret* [4].

/// Or laissons ces glorieux courages. Theodorus respondit à Lysimachus menaçant de le tuer : « Tu feras un grand coup, d'arriver à la force d'une cantharide!... » La plus part des philosophes se treuvent avoir ou prevenu par dessein ou hasté et secouru leur mort.

/ Combien voit-on de personnes populaires, conduictes à la mort, et non à une mort simple, mais meslée de honte et quelque fois de griefs tourmens, y apporter une telle asseurance, qui par opiniatreté, qui par simplesse naturelle, qu'on n'y apperçoit rien de changé de leur estat ordinaire; establissans leurs affaires domestiques, se recommandans à leurs amis, chantans, preschans et entretenans le peuple; voire y meslans quelque-fois des mots pour rire, et beuvans à leurs cognoissans [5], aussi bien que Socrates. Un qu'on menoit au gibet, disoit que ce ne fut pas par telle ruë, car il y avoit danger qu'un marchand luy fist mettre la main sur le collet, à cause d'un vieux debte. Un autre disoit au bourreau qu'il ne le touchast pas à la gorge, de peur de le faire tressaillir de rire, tant il estoit chatoüilleux. L'autre respondit à son confesseur, qui luy promettoit qu'il souperoit ce jour là avec nostre Seigneur : « Allez vous y en, vous, car de ma part je jeusne. » Un autre, ayant demandé à boire, et le bourreau ayant beu le premier, dict ne vouloir boire après luy, de peur de prendre la verolle. Chacun a ouy faire le conte du Picard, auquel, estant à l'eschelle, on presenta une garse, et que (comme nostre justice permet quelque fois) s'il la vouloit espouser, on luy sauveroit la vie : luy, l'ayant un peu contemplée, et apperçeu qu'elle boitoit : « Attache, attache, dict-il, elle cloche. » Et on dict de mesmes qu'en Dannemarc un homme condamné à avoir la teste tranchée, estant sur l'eschaffaut, comme on luy presenta une pareille condition, la refusa, par ce que la fille qu'on luy offrit avoit les joues avallées [6] et le nez trop pointu. Un valet à Thoulouse, accusé d'heresie, pour toute raison de sa creance se rapportoit à celle de son maistre, jeune escholier prisonnier avec luy; et ayma mieux mourir que se laisser persuader que son maistre peust faillir. Nous lisons de ceux de la ville d'Arras, lors que le Roy Loys unziesme la print, qu'il s'en trouva bon nombre parmy le peuple qui se laisserent pendre, plustost que de dire : « Vive le Roy! »

/// Au Royaume de Narsinque, encores aujourd'huy les femmes de leurs prestres sont vives ensevelies avec leurs maris morts. Toutes autres femmes sont brûlées vives non constamment seulement, mais gaïement aux funerailles de leurs maris. Et quand on brule le corps de leur Roy trespassé, toutes ses femmes et concubines, ses mignons et toute sorte d'officiers et serviteurs qui font un peuple, accourent si allegrement à ce feu pour s'y jetter quand et leur maistre, qu'ils semblent tenir à honneur d'estre compaignons de son trespas.

/ Et de ces viles ames de bouffons il s'en est trouvé qui n'ont voulu abandonner leur gaudisserie [7] en la mort mesme. Celuy à qui le bourreau donnoit le branle s'escria : « Vogue la gallée [8]! » qui estoit son refrain ordinaire. Et l'autre qu'on avoit couché, sur le point de rendre sa vie, le long du foier sur une paillasse, à qui le médecin demandant où le mal le tenoit : « Entre le banc et le feu », respondit-il. Et le prestre, pour luy donner l'extreme onction, cherchant ses pieds, qu'il avoit reserrez et contraints par la maladie : « Vous les trouverez, dit-il, au bout de mes jambes. » A l'homme qui l'exhortoit de se recommander à Dieu : « Qui y va ? » demanda-il; et l'autre respondant : « Ce sera tantost vous mesmes, s'il luy plait. — Y fusse-je bien demain au soir, replica-il. — Recommandez vous seulement à luy, suivit l'autre, vous y serez bien tost. — Il vaut donc mieux, adjousta-il, que je luy porte mes recommandations moy-mesmes. »

Pendant nos dernieres guerres de Milan et tant de prises et récousses, le peuple, impatient de si divers changemens de fortune, print telle resolution à la mort, que j'ay ouy dire à mon pere, qu'il y veist tenir conte de bien vingt et cinq maistres de maison [9], qui s'estoient deffaits eux mesmes en une sepmaine. Accident approchant à celuy de la ville de Xantiens, lesquels, assiegez par Brutus, se precipiterent pesle mesle, hommes, femmes et enfans, à un si

furieux appetit de mourir, qu'on ne fait rien pour fuir la
mort, que ceux-cy ne fissent pour fuir la vie ; en maniere
qu'à peine peut Brutus en sauver un bien petit nombre.

/// Toute opinion est assez forte pour se faire espouser au
pris de la vie. Le premier article de ce beau serment que la
Grece jura et maintint en la guerre Medoise [10], ce fut que
chacun changeroit plustost la mort à la vie, que les loix
Persiennes [11] aux leurs. Combien void-on de monde, en la
guerre des Turcs et des Grecs, accepter plustost la mort très-
aspre que de se descirconcire pour se babtizer ? Exemple
de quoy nulle sorte de religion n'est incapable.

Les Roys de Castille ayants banni de leurs terres les
Juifs, le Roy Jehan de Portugal leur vendit à huit escus
pour teste la retraicte aux siennes, en condiction que dans
certain jour ils auroient à les vuider ; et luy, promettoit leur
fournir de vaisseaux à les trajecter [12] en Afrique. Le jour
venu, lequel passé il estoit dict que ceux qui n'auroient
obeï demeureroient esclaves, les vaisseaux leur furent fournis escharcement [13], et ceux qui s'y embarquerent, rudement et villainement traittez par les passagers, qui, outre
plusieurs autres indignitez, les amuserent sur mer, tantost
avant, tantost arriere, jusques à ce qu'ils eussent consommé
leurs victuailles et fussent contreints d'en acheter d'eux si
cherement et si longuement qu'ils fussent randus à bord [14]
après avoir esté du tout mis en chemise. La nouvelle de
cette inhumanité rapportée à ceux qui estoient en terre, la
plus part se resolurent à la servitude ; aucuns firent contenance de changer de religion. Emmanuel, venu à la couronne, les meit premierement en liberté ; et, changeant
d'advis depuis, leur donna temps de vuider ses païs, assi-
gnant trois ports à leur passage. Il esperoit, dit l'evesque
Osorius, le meilleur historien Latin de noz siecles, que la
faveur de la liberté, qu'il leur avoit rendue, aïant failli de
les convertir au Christianisme, la difficulté de se commettre, comme leurs compaignons, à la volerie des mariniers, d'abandonner un païs où ils estoient habituez avec
grandes richesses, pour s'aller jetter en region incognue et
estrangere, les y rameineroit. Mais, se voyant decheu de
son esperance, et eux tous deliberez au passage, il retrancha
deux des ports qu'il leur avoit promis, affin que la longueur
et incommodité du traject en ravisast aucuns ; ou pour les
amonceller tous à un lieu, pour une plus grande commodité de l'execution qu'il avoit destinée [15]. Ce fut qu'il
ordonna qu'on arrachast d'entre les mains des peres et des
meres tous les enfans au dessous de quatorze ans, pour les

transporter hors de leur veue et conversation, en lieu où ils fussent instruits à nostre religion. Ils disent que cet effect produisit un horrible spectacle ; la naturelle affection d'entre les peres et les enfans et de plus le zele à leur ancienne créance combattant à l'encontre de cette violente ordonnance. Il y fut veu communement des peres et meres se deffaisant eux mesmes ; et, d'un plus rude exemple encore, precipitant par amour et compassion leurs jeunes enfans dans des puits pour fuir à la loy. Au demeurant, le terme qu'il leur avoit prefix expiré, par faute de moiens, ils se remirent en servitude. Quelques-uns se firent Chrestiens ; de la foi desquels, ou de leur race, encores aujourd'huy cent ans après peu de Portugois s'asseurent, quoy que la coustume et la longueur du temps soient bien plus fortes conseilleres que toute autre contreinte. « *Quoties non modo ductores nostri*, dit Cicero, *sed universi etiam exercitus ad non dubiam mortem concurrerunt* [16]. »

// J'ay veu quelqu'un de mes intimes amis courre la mort à force, d'une vraye affection et enracinée en son cueur par divers visages de discours, que je ne luy sceu rabatre, et, à la premiere qui s'offrit coiffée d'un lustre d'honneur, s'y precipiter hors de toute apparence, d'une faim aspre et ardente.

/ Nous avons plusieurs exemples en nostre temps de ceux, jusques aux enfans, qui, de crainte de quelque legiere incommodité, se sont donnez à la mort. Et, à ce propos, que ne craindrons nous, dict un ancien [17], si nous craignons ce que la couardise mesme a choisi pour sa retraite ? D'enfiler icy un grand rolle de ceux de tous sexes et conditions et de toutes sectes és siecles plus heureux, qui ont ou attendu la mort constamment, ou recherchée volontairement, et recherchée non seulement pour fuir les maux de cette vie, mais aucuns pour fuir simplement la satieté de vivre, et d'autres pour l'esperance d'une meilleure condition ailleurs, je n'auroy jamais faict. Et en est le nombre si infiny, qu'à la vérité j'auroy meilleur marché de mettre en compte ceux qui l'ont crainte.

Cecy seulement. Pyrrho le Philosophe, se trouvant un jour de grande tourmente dans un batteau, montroit à ceux qu'il voyoit les plus effrayez autour de luy, et les encourageoit par l'exemple d'un pourceau, qui y estoit, nullement soucieux de cet orage. Oserons-nous donc dire que cet avantage de la raison, dequoy nous faisons tant de feste, et pour le respect duquel nous nous tenons maistres et empereurs du reste des creatures, ait esté mis en nous pour

nostre tourment ? A quoy faire la cognoissance des choses,
si nous en perdons le repos et la tranquillité, où nous
serions sans cela, et si elle nous rend de pire condition que
le pourceau de Pyrrho ? L'intelligence qui nous a esté
donnée pour nostre plus grand bien, l'employerons-nous
à nostre ruine, combatans le dessein de nature, et l'universel ordre des choses, qui porte que chacun use de ses utils
et moyens pour sa commodité ?

Bien, me dira l'on, vostre regle serve à la mort, mais que
direz vous de l'indigence ? Que direz vous encor de la douleur, que /// Aristippus, Hieronymus et / la plupart des
sages ont estimé le dernier mal ; et ceux qui le nioient de
parole, le confessoient par effect ? Possidonius estant extremement tourmenté d'une maladie aiguë et douloureuse,
Pompeius le fut voir, et s'excusa d'avoir prins heure si
importune pour l'ouyr deviser de la Philosophie : « Ja à
Dieu ne plaise, luy dit Possidonius, que la douleur gaigne
tant sur moy, qu'elle m'empesche d'en discourir et d'en
parler ! » et se jetta sur ce mesme propos du mespris de la
douleur. Mais cependant elle joüoit son rolle et le pressoit
incessamment. A quoy il s'escrioit : « Tu as beau faire,
douleur, si ne diray-je pas que tu sois mal. » Ce conte qu'ils
font tant valoir, que porte-il pour le mespris de la douleur ?
Il ne debat que du mot, et cependant si ces pointures [18] ne
l'esmeuvent, pourquoy en rompt-il son propos ? Pourquoy
pense-il faire beaucoup de ne l'appeller pas mal ?

Icy tout ne consiste pas en l'imagination. Nous opinons
du reste, c'est icy la certaine science, qui joüe son rolle.
Nos sens mesme en sont juges,

> *Qui nisi sunt veri, ratio quoque falsa sit omnis* [19].

Ferons nous à croire à nostre peau que les coups d'estri-
viere la chatoüillent ? Et à nostre goût que l'aloé soit du
vin de Graves ? Le pourceau de Pyrrho est icy de nostre
escot. Il est bien sans effroy à la mort, mais si on le bat, il
crie et se tourmente. Forcerons nous la generale habitude
de nature, qui se voit en tout ce qui est vivant sous le ciel,
de trembler sous la douleur ? Les arbres mesmes semblent
gemir aux offences qu'on leur faict. La mort ne se sent que
par le discours, d'autant que c'est le mouvement d'un instant :

> *Aut fuit, aut veniet, nihil est præsentis in illa* [20].
> *Morsque minus pœnæ quam mora mortis habet* [21].

Mille bestes, mille hommes sont plustot mors que menassés. Et à la verité ce que nous disons craindre principalement en la mort, c'est la douleur, son avant-coureuse coustumiere.

/// Toutesfois, s'il en faut croire un saint pere : « *Malam mortem non facit, nisi quod sequitur mortem* [22]. » Et je diroy encores plus vraysemblablement que ny ce qui va devant ny ce qui vient après, n'est des appartenances de la mort. Nous nous excusons faussement. Et je trouve par experience que c'est plus tost l'impatience de l'imagination de la mort qui nous rend impatiens de la douleur, et que nous la sentons doublement grieve de ce qu'elle nous menace de mourir. Mais la raison accusant nostre lascheté de craindre chose si soudaine, si inevitable, si insensible, nous prenons cet autre pretexte plus excusable.

Tous les maux qui n'ont autre danger que du mal, nous les disons sans danger; celuy des dents ou de la goutte, pour grief qu'il soit, d'autant qu'il n'est pas homicide, qui le met en conte de maladie ? Or bien presupposons le, qu'en la mort nous regardons principalement la douleur. / Comme aussi la pauvreté n'a rien à craindre que cela, qu'elle nous jette entre ses bras, par la soif, la faim, le froid, le chaud, les veilles, qu'elle nous fait souffrir.

Ainsi n'ayons affaire qu'à la douleur. Je leur donne que ce soit le pire accident de nostre estre, et volontiers; car je suis l'homme du monde qui luy veux autant de mal, et qui la fuis autant, pour jusques à present n'avoir pas eu, Dieu mercy! grand commerce avec elle. Mais il est en nous, si non de l'aneantir, au moins de l'amoindrir par la patience, et, quand bien le corps s'en esmouveroit, de maintenir ce neant-moins l'ame et la raison en bonne trampe.

Et s'il ne l'estoit, qui auroit mis en credit parmy nous la vertu, la vaillance, la force, la magnanimité et la resolution ? Où jouëroyent elles leur rolle, s'il n'y a plus de douleur à deffier : « *avida est periculi virtus* [23] ». S'il ne faut coucher sur la dure, soustenir armé de toutes pieces la chaleur du midy, se paistre d'un cheval et d'un asne, se voir detailler en pieces, et arracher une balle d'entre les os, se souffrir recoudre, cauterizer et sonder, par où s'acquerra l'advantage que nous voulons avoir sur le vulgaire ? C'est bien loing de fuir le mal et la douleur, ce que disent les Sages, que des actions également bonnes, celle-là est plus souhaitable à faire, où il y a plus de peine. /// « *Non enim hilaritate, nec lascivia, nec risu, aut joco comite levitatis, sed sæpe etiam tristes firmitate et constantia sunt beati* [24]. » / Et à cette cause il a esté impossible de persuader à nos peres que les conquestes faites par vive force, au hazard de la guerre, ne fussent plus advantageuses, que celles qu'on faict en toute seureté par pratiques et menées :

Lætius est, quoties magno sibi constat honestum [25].

D'avantage, cela doit nous consoler : que naturellement, si la douleur est violente, elle est courte ; si elle est longue, elle est legiere, /// « *si gravis brevis, si longus levis* [26] ». / Tu ne la sentiras guiere long temps, si tu la sens trop ; elle mettra fin à soy, ou à toy : l'un et l'autre revient à un. /// Si tu ne la portes, elle t'emportera. « *Memineris maximos morte finiri ; parvos multa habere intervalla requietis ; mediocrium nos esse dominos : ut si tolerabiles sint, feramus ; sin minus, e vita quum ea non placeat, tanquam e theatro exeamus* [27]. »
/ Ce qui nous fait souffrir avec tant d'impatience la douleur, c'est de n'estre pas accoustumez de prendre nostre principal contentement en l'ame, /// de ne nous attendre [28] point assez à elle, qui est seule et souveraine maistresse de nostre condition et conduite. Le corps n'a, sauf le plus et le moins, qu'un train et qu'un pli. Elle est variable en toute sorte de formes, et renge à soy et à son estat, quel qu'il soit, les sentimens du corps et tous autres accidens. Pourtant la faut-il estudier et enquerir, et esveiller en elle ses ressors tout-puissans. Il n'y a raison, ny prescription, ny force, qui puisse contre son inclination et son chois. De tant de milliers de biais qu'elle a en sa disposition, donnons-luy en un propre à nostre repos et conservation, nous voilà non couvers seulemant de toute offence, mais gratifiez mesmes et flattez, si bon luy semble, des offences et des maux.

Elle faict son profit de tout indifferemment. L'erreur, les songes, luy servent utilement, comme une loyale matiere à nous mettre à garant et en contentement.

Il est aisé à voir que ce qui aiguise en nous la douleur et la volupté, c'est la pointe de nostre esprit. Les bestes, qui le tiennent sous boucle [29], laissent aux corps leurs sentimens, libres et naïfs, et par consequent uns, à peu près en chaque espece, comme nous voions par la semblable application de leurs mouvemens. Si nous ne troublions pas en noz membres la jurisdiction qui leur appartient en cela, il est à croire que nous en serions mieux et que nature leur a donné un juste et moderé temperament envers la volupté et envers la douleur. Et ne peut faillir d'estre juste, estant esgal et commun. Mais puis que nous nous sommes

emancipez de ses regles, pour nous abandonner à la vaga-
bonde liberté de noz fantaisies, au moins aydons nous à les
plier du costé le plus aggreable.

Platon craint nostre engagement aspre à la douleur et à
la volupté, d'autant qu'il oblige et attache par trop l'ame
au corps. Moy plustost au rebours, d'autant qu'il l'en des-
prent et descloüe.

/ Tout ainsi que l'ennemy se rend plus aigre à nostre
fuite, aussi s'enorgueillit la douleur à nous voir trembler
soubs elle. Elle se rendra de bien meilleure composition à
qui luy fera teste. Il se faut opposer et bander contre. En
nous acculant et tirant arriere, nous appellons à nous et
attirons la ruine qui nous menasse. /// Comme le corps est
plus ferme à la charge en le roidissant, aussi est l'ame.

/ Mais venons aux exemples, qui sont proprement du
gibier des gens foibles de reins, comme moy, où nous
trouverons qu'il va de la douleur, comme des pierres qui
prennent couleur ou plus haute ou plus morne selon la
feuille où l'on les couche, et qu'elle ne tient qu'autant de
place en nous que nous luy en faisons. « *Tantum doluerunt*,
dict S. Augustin, *quantum doloribus se inseruerunt* [30]. » Nous
sentons plus un coup de rasoir du Chirurgien que dix coups
d'espée en la chaleur du combat. Les douleurs de l'enfan-
tement par les medecins et par Dieu mesme estimées
grandes, et que nous passons avec tant de ceremonies, il y
a des nations entieres qui n'en font nul conte. Je laisse à
part les femmes Lacedemonienes; mais aux Souisses,
parmy nos gens de pied [31], quel changement y trouvez
vous ? Sinon que trottant après leurs maris, vous leur
voyez aujourd'huy porter au col l'enfant qu'elles avoyent
hier au ventre. Et ces Egyptiennes contre-faictes [32], ramas-
sées d'entre nous [33], vont, elles mesmes, laver les leurs, qui
viennent de naistre, et prennent leur baing en la plus prochaine riviere. /// Outre tant de garces qui desrobent tous
les jours leurs enfans tant en la generation qu'en la conception, cette honneste femme de Sabinus, patricien Romain,
pour l'interest d'autruy supporta le travail de l'enfante-
ment de deux jumeaux, seule, sans assistance, et sans voix
et gemissement. / Un simple garçonnet de Lacedemone,
ayant desrobé un renard (car ils craignoient encore plus la
honte de leur sottise au larecin que nous ne craignons sa
peine) et l'ayant mis sous cape, endura plustost qu'il luy
eut rongé le ventre que de se découvrir. Et un autre donnant de l'encens à un sacrifice, le charbon luy estant tombé
dans la manche, se laissa brusler jusques à l'os, pour ne

troubler le mystere. Et s'en est veu un grand nombre pour
le seul essay de vertu, suivant leur institution, qui ont souffert en l'aage de sept ans d'estre foëtez jusques à la mort,
sans alterer leur visage. /// Et Cicero les a veuz se battre
à trouppes, de poings, de pieds et de dents, jusques à
s'evanouir avant que d'advouer estre vaincus. « *Nunquam
naturam mos vinceret : est enim ea semper invicta ; sed nos
umbris, deliciis, otio, languore, desidia animum infecimus ;
opinionibus maloque more delinitum mollivimus* [34]. » / Chacun
sçait l'histoire de Scevola qui, s'estant coulé dans le camp
ennemy pour en tuer le chef et ayant failli d'attaincte [35],
pour reprendre son effect d'une plus estrange invention et
descharger sa patrie, confessa à Porsenna, qui estoit le Roy
qu'il vouloit tuer, non seulement son desseing, mais
adjousta qu'il y avoit en son camp un grand nombre de
Romains complices de son entreprise tels que luy. Et pour
montrer quel il estoit, s'estant faict apporter un brasier,
veit et souffrit griller et rostir son bras, jusques à ce que
l'ennemy mesme en ayant horreur commanda oster le brasier. Quoy, celuy qui ne daigna interrompre la lecture de
son livre pendant qu'on l'incisoit ? Et celuy qui s'obstina
à se mocquer et à rire à l'envy des maux qu'on luy faisoit :
de façon que la cruauté irritée des bourreaux qui le
tenoyent, et toutes les inventions des tourmens redoublez
les uns sur les autres luy donnerent gaigné. Mais c'estoit
un philosophe. Quoi ? un gladiateur de Cæsar endura toujours riant qu'on luy sondat et detaillat ses playes. /// « *Quis
mediocris gladiator ingemuit ; quis vultum mutavit unquam ?
Quis non modo stetit, verum etiam decubuit turpiter ? Quis cum
decubuisset, ferrum recipere jussus, collum contraxit* [36] ? »
/ Meslons y les femmes. Qui n'a ouy parler à Paris de celle
qui se fit escorcher pour seulement en acquerir le teint
plus frais d'une nouvelle peau ? Il y en a qui se sont fait
arracher des dents vives et saines pour en former la voix
plus molle et plus grasse, ou pour les ranger en meilleur
ordre. Combien d'exemples du mespris de la douleur
avons nous en ce genre ? Que ne peuvent-elles ? Que
craignent elles ? pour peu qu'il y ait d'agencement à esperer
en leur beauté :

> // *Vellere queis cura est albos a stirpe capillos
> Et faciem dempta pelle referre novam* [37].

/ J'en ay veu engloutir du sable, de la cendre, et se tra-
vailler à poinct nommé [38] de ruiner leur estomac, pour

acquerir les pasles couleurs. Pour faire un corps bien
espaignolé [39], quelle geine ne souffrent elles, guindées et
sanglées, à tout de grosses coches [40] sur les costez, jusques
à la chair vive ? Ouy quelques fois à en mourir.

/// Il est ordinaire à beaucoup de nations de nostre
temps de se blesser, pour donner foy à leur parole ; et nostre
Roy [41] en recite des notables exemples de ce qu'il en a veu
en Poloigne et en l'endroit de luy mesmes. Mais, outre ce
que je sçay en avoir esté imité en France par aucuns, j'ay
veu une fille, pour tesmoigner l'ardeur de ses promesses
et aussi sa constance, se donner du poinçon qu'elle portoit
en son poil [42], quatre ou cinq bons coups dans le bras, qui
lui faisoient craquetter la peau et la saignoient bien en bon
escient. Les Turcs se font des grandes escarres pour leurs
dames ; et, affin que la marque y demeure, ils portent soudain du feu sur la playe et l'y tiennent un temps incroïable,
pour arrester le sang et former la cicatrice. Gens qui l'ont
veu, l'ont escrit et me l'ont juré. Mais pour dix aspres [43], il
se trouve tous les jours entre eux qui se donnera une bien
profonde taillade dans le bras ou dans les cuisses.

/ Je suis bien ayse que les tesmoins nous sont plus à
main, où nous en avons plus affaire ; car la Chrestienté
nous en fournit à suffisance. Et, après l'exemple de nostre
sainct guide, il y en a eu force qui par devotion ont voulu
porter la croix. Nous apprenons par tesmoing très-digne
de foy, que le Roy S. Loys porta la here jusques à ce que,
sur sa vieillesse, son confesseur l'en dispensa, et que, tous
les vendredis, il se faisoit battre les espaules par son
prestre de cinq chainettes de fer, que pour cet effet il portoit tousjours dans une boite. Guillaume, nostre dernier
duc de Guyenne, pere de cette Alienor qui transmit ce
Duché aux maisons de France et d'Angleterre, porta les
dix ou douze derniers ans de sa vie, continuellement, un
corps de cuirasse, soubs un habit religieux, par penitence.
Foulques, Comte d'Anjou, alla jusques en Jerusalem, pour
là se faire foëter à deux de ses valets, la corde au col,
devant le Sepulchre de nostre Seigneur. Mais ne voit-on
encore tous les jours le Vendredy S. en divers lieux un
grand nombre d'hommes et femmes se battre jusques à se
déchirer la chair et percer jusques aux os ? Cela ay-je veu
souvent et sans enchantement ; et disoit-on (car ils vont
masquez) qu'il y en avoit, qui pour de l'argent entrepre-
noient en cela de garantir la religion d'autruy, par un
mespris de la douleur d'autant plus grand que plus
peuvent les éguillons de la devotion que de l'avarice.

/// Q. Maximus enterra son fils consulaire, M. Cato le sien preteur designé; et L. Paulus les siens deux en peu de jours, d'un visage rassis et ne portant aulcun tesmoignage de deuil. Je disois, en mes jours, de quelqu'un [44] en gossant [45], qu'il avoit choué [46] la divine justice; car la mort violente de trois grands enfans luy ayant esté envoyée en un jour pour un aspre coup de verge, comme il est à croire, peu s'en fallut qu'il ne la print à gratification. Et j'en ay perdu, mais en nourrice, deux ou trois, sinon sans regret, au moins sans fascherie. Si n'est il guere accident qui touche plus au vif les hommes. Je voy assez d'autres communes occasions d'affliction qu'à peine sentiroy-je, si elles me venoyent, et en ay mesprisé quand elles me sont venuës, de celles ausquelles le monde donne une si atroce figure, que je n'oserois m'en vanter au peuple sans rougir. « *Ex quo intelligitur non in natura, sed in opinione esse ægritudinem* [47]. »

// L'opinion est une puissante partie, hardie et sans mesure. Qui rechercha jamais de telle faim la seurté et le repos, qu'Alexandre et Cæsar ont faict l'inquietude et les difficultez ? Terez, le Pere de Sitalcez souloit dire que quand il ne faisoit point la guerre, il luy estoit adviz qu'il n'y avoit point difference entre luy et son pallefrenier.

/// Caton consul, pour s'asseurer d'aucunes villes en Espaigne, ayant seulement interdit aux habitans d'icelles de porter les armes, grand nombre se tuèrent : « *ferox gens nullam vitam rati sine armis esse* [48] ». // Combien en sçavons nous qui ont fuy la douceur d'une vie tranquille, en leurs maisons, parmi leurs cognoissans, pour suivre l'horreur des desers inhabitables; et qui se sont jettez à l'abjection, vilité et mespris du monde, et s'y sont pleuz jusques à l'affectation. Le Cardinal Borromé, qui mourut dernierement à Milan, au milieu de la desbauche, à quoy le convioit et sa noblesse, et ses grandes richesses, et l'air de l'Italie, et sa jeunesse, se maintint en une forme de vie si austere, que la mesme robe qui luy servoit en esté, luy servoit en hyver; n'avoit pour son coucher que la paille; et les heures qui luy restoyent des occupations de sa charge, il les passoit estudiant continuellement, planté sur ses genouz, ayant un peu d'eau et de pain à costé de son livre, qui estoit toute la provision de ses repas, et tout le temps qu'il y employoit. J'en sçay qui à leur escient ont tiré et proffit et avancement du cocuage, dequoy le seul nom effraye tant de gens. Si la veuë n'est le plus necessaire de nos sens, il est au moins

le plus plaisant; mais et les plus plaisans et utiles de nos
membres semblent estre ceux qui servent à nous engendrer : toutesfois assez de gens les ont pris en hayne mortelle, pour cela seulement qu'ils estoyent trop aymables,
et les ont rejettez à cause de leur pris et valeur. Autant en
opina des yeux celuy qui se les creva.

/// La plus commune et la plus saine part des hommes
tient à grand heur l'abondance des enfans; moy et
quelques autres à pareil heur le defaut.

Et quand on demande à Thales pourquoy il ne se marie
point, il respond qu'il n'ayme point à laisser lignée de
soy.

Que nostre opinion donne pris aus choses, il se void par
celles en grand nombre ausquelles nous ne regardons pas
seulement pour les estimer, ains à nous; et ne considerons
ny leurs qualités, ny leurs utilitez, mais seulement nostre
coust à les recouvrer; comme si c'estoit quelque piece de
leur substance; et appelons valeur en elles non ce qu'elles
apportent, mais ce que nous y apportons. Sur ce quoy je
m'advise que nous sommes grands mesnagers de nostre
mise. Selon qu'elle poise, elle sert de ce mesmes qu'elle
poise. Nostre opinion ne la laisse jamais courir à faux
fret [49]. L'achat donne titre au diamant, et la difficulté à
la vertu, et la douleur à la devotion, et l'aspreté à la
medecine.

// Tel, pour arriver à la pauvreté, jetta ses escuz en cette
mesme mer que tant d'autres fouillent de toutes pars pour
y pescher des richesses. Epicurus dict que l'estre riche
n'est pas soulagement, mais changement d'affaires. De
vray, ce n'est pas la disette, c'est plustost l'abondance qui
produict l'avarice. Je veux dire mon experience autour de
ce subject.

J'ay vescu en trois sortes de condition, depuis estre sorty
de l'enfance. Le premier temps, qui a duré près de vingt
années, je le passay, n'ayant autres moyens que fortuites,
et despendant de l'ordonnance et secours d'autruy, sans
estat certain [50] et sans prescription [51]. Ma despence se faisoit d'autant plus allegrement et avec moins de soing
qu'elle estoit toute en la temerité de la fortune. Je ne fu
jamais mieux. Il ne m'est oncques advenu de trouver la
bourçe de mes amis close; m'estant enjoint au delà de
toute autre necessité la necessité de ne faillir au terme que
j'avoy prins à m'acquiter. Lequel ils m'ont mille fois
alongé, voyant l'effort que je me faisoy pour leur satisfaire;
en maniere que j'en rendoy une loyauté mesnagere et

aucunement piperesse. Je sens naturellement quelque
volupté à payer, comme si je deschargeois mes espaules
d'un ennuyeux poix et de cette image de servitude ; aussi,
qu'il y a quelque contentement qui me chatouille à faire
une action juste et contenter autruy. J'excepte les paye-
ments où il faut venir à marchander et conter, car si je ne
trouve à qui en commettre la charge, je les esloingne hon-
teusement et injurieusement tant que je puis, de peur de
cette altercation, à laquelle et mon humeur et ma forme de
parler est du tout incompatible. Il n'est rien que je haïsse
comme à marchander. C'est un pur commerce de tricho-
terie et d'impudence : après une heure de debat et de bar-
quignage [52], l'un et l'autre abandonne sa parolle et ses
serments pour cinq sous d'amandement. Et si, empruntois
avec desadvantage ; car n'ayant point le cœur de requerir
en presence, j'en renvoyois le hazard sur le papier, qui ne
faict guiere d'effort, et qui preste grandement la main au
refuser. Je me remettois de la conduite de mon besoing
plus gayement aux astres, et plus librement, que je n'ay
faict depuis à ma providence [53] et à mon sens.

La plus part des mesnagers estiment horrible de vivre
ainsin en incertitude, et ne s'advisent pas, premierement,
que la plus part du monde vit ainsi. Combien d'honnestes
hommes ont rejetté tout leur certain à l'abandon, et le font
tous les jours, pour chercher le vent de la faveur des Roys
et de la fortune ? Cæsar s'endebta d'un million d'or outre
son vaillant [54] pour devenir Cæsar. Et combien de marchans commencent leur trafique par la vente de leur metai-
rie, qu'ils envoyent aux Indes

Tot per impotentia freta [55] !

En une si grande siccite [56] de devotion, nous avons mille
et mille colleges, qui la passent commodéement, attendant
tous les jours de la liberalité du ciel ce qu'il faut à leur
disner.

Secondement, ils ne s'advisent pas que cette certitude
sur laquelle ils se fondent n'est guiere moins incertaine et
hazardeuse que le hazard mesme. Je voy d'aussi près la
misere, au delà de deux mille escuz de rente, que si elle
estoit tout contre moy. Car, outre ce que le sort a dequoy
ouvrir cent breches à la pauvreté au travers de nos richesses,
/// n'y ayant souvent nul moyen entre la supreme et infime
fortune :

Fortuna vitrea est ; tunc cum splendet frangitur [57] ;

// et envoyer cul sur pointe toutes nos deffences et levées [58], je trouve que par diverses causes l'indigence se voit autant ordinairement logée chez ceux qui ont des biens que chez ceux qui n'en ont point, et qu'à l'avanture est elle aucunement moins incommode, quand elle est seule, que quand elle se rencontre en compagnie des richesses. /// Elles viennent plus de l'ordre que de la recepte : « *Faber est suæ quisque fortunæ* [59]. » // Et me semble plus miserable un riche malaisé, necessiteux, affaireux, que celuy qui est simplement pauvre. /// « *In divitiis inopes, quod genus egestatis gravissimum est* [60]. »

Les plus grands princes et plus riches sont par pauvreté et disette poussez ordinairement à l'extreme necessité. Car en est-il de plus extreme que d'en devenir tyrans et injustes usurpateurs des biens de leurs subjects ?

// Ma seconde forme, ç'a esté d'avoir de l'argent. A quoy m'estant prins, j'en fis bien tost des reserves notables selon ma condition; n'estimant que ce fut avoir, sinon autant qu'on possede outre sa despence ordinaire, ny qu'on se puisse fier du bien qui est encore en esperance de recepte, pour claire qu'elle soit. Car, quoy ? disoy-je, si j'estois surpris d'un tel, ou d'un tel accident ? Et, à la suite de ces vaines et vitieuses imaginations, j'allois, faisant l'ingenieux à prouvoir par cette superflue reserve à tous inconveniens; et sçavois encore respondre à celuy qui m'alleguoit que le nombre des inconveniens estoit trop infiny, que si ce n'estoit à tous, c'estoit à aucuns et plusieurs. Cela ne se passoit pas sans penible sollicitude. /// J'en faisoy un secret; et moy, qui ose tant dire de moy, ne parloy de mon argent qu'en mensonge, comme font les autres, qui s'appauvrissent riches, s'enrichissent pauvres, et dispensent leur conscience de jamais tesmoigner sincerement de ce qu'ils ont. Ridicule et honteuse prudence. // Allois-je en voyage, il ne me sembloit estre jamais suffisamment prouveu. Et plus je m'estois chargé de monnoye, plus aussi je m'estois chargé de crainte; tantost de la seurté des chemins, tantost de la fidelité de ceux qui conduisoient mon bagage, duquel, comme d'autres que je cognoys, je ne m'asseurois jamais assez si je ne l'avois devant mes yeux. Laissoy-je ma boyte [61] chez moy, combien de soubçons et pensements espineux, et, qui pis est, incommunicables ! J'avois tousjours l'esprit de ce costé. /// Tout compté, il y a plus de peine à garder l'argent qu'à l'acquerir. // Si je n'en faisois du tout tant que j'en dis, au moins il me coustoit à m'empescher de le faire. De

commodité, j'en tirois peu ou rien : /// pour avoir plus de
moyen de despence, elle ne m'en poisoit pas moins. // Car,
comme disoit Bion, autant se fache le chevelu comme le
chauve, qu'on luy arrache le poil; et depuis que vous estes
accoustumé et avez planté vostre fantaisie sur certain monceau [62], il n'est plus à vostre service; /// vous n'oseriez
l'escorner. // C'est un bastiment qui, comme il vous
semble, crollera tout, si vous y touchez. Il faut que la
necessité vous prenne à la gorge pour l'entamer. Et au
paravant j'engageois mes hardes et vendois un cheval avec
bien moins de contrainte et moins envys, que lors je ne
faisois bresche à cette bourçe favorie, que je tenois à part.
Mais le danger estoit, que mal ayséement peut-on establir
bornes certaines à ce desir /// (elles sont difficiles à trouver
és choses qu'on croit bonnes) // et arrester un poinct à
l'espargne. On va tousjours grossissant cet amas et l'augmentant d'un nombre à autre, jusques à se priver vilaine-
ment de la jouyssance de ses propres biens, et l'establir
toute en la garde et à n'en user point.

/// Selon cette espece d'usage, ce sont les plus riches gens
de monoie, ceux qui ont charge de la garde des portes et
murs d'une bonne ville. Tout homme pecunieux est ava-
ritieux à mon gré.

Platon renge ainsi les biens corporels ou humains : la
santé, la beauté, la force, la richesse. Et la richesse, dict-il,
n'est pas aveugle mais très clairvoyante, quand elle est illu-
minée par la prudence.

// Dionisius le fils eust sur ce propos bonne grace. On
l'advertit que l'un de ses Syracusains avoit caché dans terre
un thresor. Il luy manda de le luy apporter, ce qu'il fit,
s'en reservant à la desrobbée quelque partie, avec laquelle
il s'en alla en une autre ville, où, ayant perdu cet appetit
de thesaurizer, il se mit à vivre plus liberallement. Ce
qu'entendant Dionysius luy fit rendre le demeurant de son
thresor, disant que puis qu'il avoit appris à en sçavoir user,
il le luy rendoit volontiers.

Je fus quelques années en ce point. Je ne sçay quel bon
dæmon m'en jetta hors très-utilement, comme le Siracu-
sain, et m'envoya toute cette conserve à l'abandon, le plaisir
de certain voyage de grande despence ayant mis au pied
cette sotte imagination. Par où je suis retombé à une tierce
sorte de vie (je dis ce que j'en sens) certes plus plaisante
beaucoup et plus reiglée : c'est que je faits courir ma despence quand et ma recepte; tantost l'une devance, tantost
l'autre; mais c'est de peu qu'elles s'abandonnent. Je vis

du jour à la journée, et me contente d'avoir dequoy suffire aux besoings presens et ordinaires; aux extraordinaires toutes les provisions du monde n'y sçauroyent baster [63]. /// Et est follie de s'attendre que fortune elle mesmes nous arme jamais suffisamment contre soy. C'est de nos armes qu'il la faut combattre. Les fortuites nous trahiront au bon du faict. // Si j'amasse, ce n'est que pour l'esperance de quelque voisine emploite [64] : non pour acheter des terres, /// de quoy je n'ai que faire, // mais pour acheter du plaisir. /// « *Non esse cupidum pecunia est, non esse emacem vectigal est* [65]. » // Je n'ay ni guere peur que bien me faille, ny nul desir qu'il m'augmente : /// « *Divitiarum fructus est in copia, copiam declarat satietas* [66]. » // Et me gratifie singulierement que cette correction me soit arrivée en un aage naturellement enclin à l'avarice, et que je me vois desfaict de cette maladie si commune aux vieux, et la plus ridicule de toutes les humaines folies.

/// Feraulez, qui avoit passé par les deux fortunes et trouvé que l'accroist [67] de chevance n'estoit pas accroist d'appetit au boire, manger, dormir et embrasser sa femme (et qui d'autre part santoit poiser sur ses espaules l'importunité de l'œconomie, ainsi qu'elle faict à moi), delibera [68] de contenter un jeune homme pauvre, son fidele amy, abboyant après les richesses, et luy feit present de toutes les siennes, grandes et excessives, et de celles encore qu'il estoit en train d'accumuler tous les jours par la liberalité de Cyrus son bon maistre et par la guerre; moyennant qu'il prinst la charge de l'entretenir et nourrir honnestement comme son hoste et son amy. Ils vescurent ainsi depuis très heureusement et esgalement contents du changement de leur condition. Voyla un tour que j'imiterois de grand courage [69].

Et louë grandement la fortune d'un vieil prelat [70], que je voy s'estre si purement demis de sa bourse, de sa recepte et de sa mise [71], tantost à un serviteur choisi, tantost à un autre, qu'il a coulé un long espace d'années, autant ignorant cette sorte d'affaires de son mesnage comme un estranger. La fiance de [72] la bonté d'autruy est un non leger tesmoignage de la bonté propre; partant la favorise Dieu volontiers. Et, pour son regard [73], je ne voy point d'ordre de maison, ny plus dignement, ny plus constamment conduit que le sien. Heureux qui ait réglé à si juste mesure son besoin que ses richesses y puissent suffire sans son soing et empeschement [74], et sans que leur dispensation ou assemblage interrompe d'autres occupations qu'il suit, plus sortables, tranquilles et selon son cœur.

// L'aisance donc et l'indigence despendent de l'opinion d'un chacun; et non plus la richesse, que la gloire, que la santé, n'ont qu'autant de beauté et de plaisir que leur en preste celuy qui les possede. /// Chascun est bien ou mal selon qu'il s'en trouve. Non de qui on le croid, mais qui le croid de soy est content. Et en cella seul la creance se donne essence et verité.

La fortune ne nous fait ny bien ny mal : elle nous en offre seulement la matiere et la semence, laquelle nostre ame, plus puissante qu'elle, tourne et applique comme il luy plait, seule cause et maistresse de sa condition heureuse ou malheureuse.

// Les accessions externes prennent saveur et couleur de l'interne constitution, comme les accoustremens nous eschauffent, non de leur chaleur, mais de la nostre, laquelle ils sont propres à couver et nourrir; qui en abrieroit [75] un corps froid, il en tireroit mesme service pour la froideur : ainsi se conserve la neige et la glace.

/ Certes tout en la maniere qu'à un fainéant l'estude sert de tourment, à un yvrongne l'abstinence du vin, la frugalité est supplice au luxurieux, et l'exercice geine à un homme delicat et oisif : ainsin est-il du reste. Les choses ne sont pas si douloreuses, ny difficiles d'elles mesmes; mais nostre foiblesse et lascheté les fait telles. Pour juger des choses grandes et haultes, il faut un'ame de mesme, autrement nous leur attribuons le vice qui est le nostre. Un aviron droit semble courbe en l'eau. Il n'importe pas seulement qu'on voye la chose, mais comment on la voye.

Or sus, pourquoy de tant de discours, qui persuadent diversement les hommes de mespriser la mort et de porter la douleur, n'en trouvons nous quelcun qui face [76] pour nous ? Et de tant d'especes d'imaginations, qui l'ont persuadé à autruy, que chacun n'en applique il à soy une le plus selon son humeur ? S'il ne peut digerer la drogue forte et abstersive, pour desraciner le mal, au moins qu'il la preigne lenitive, pour le soulager. /// « *Opinio est quædam effæminata ac levis, nec in dolore magis, quam eadem in voluptate : qua, cum liquescimus fluimusque mollitia, apis aculeum sine clamore ferre non possumus. Totum in eo est, ut tibi imperes* [77]. » Au demeurant, on n'eschappe pas à la philosophie, pour faire valoir outre mesure l'aspreté des douleurs et l'humaine foiblesse. Car on la contraint de se rejetter à ces invincibles repliques : s'il est mauvais de vivre en necessité, au moins de vivre en necessité, il n'est aucune necessité.

/// Nul n'est mal long temps qu'à sa faute.

Qui n'a le cœur de souffrir ny la mort ny la vie, qui ne veut ny resister ny fuir, que luy feroit-on ?

CHAPITRE XV

/ La vaillance a ses limites, comme les autres vertus;
lesquels franchis, on se trouve dans le train du vice; en
maniere que par chez elle on se peut rendre à la temerité,
obstination et folie, qui [1] n'en sçait bien les bornes, malai-
séez en verité à choisir sur leurs confins. De cette consideration est née la coustume, que nous avons aux guerres,
de punir, voire de mort, ceux qui s'opiniastrent à defendre
une place qui, par les reigles militaires, ne peut estre sous-
tenuë. Autrement, soubs l'esperance de l'impunité, il n'y
auroit pouillier [2] qui n'arrestast une armée. Monsieur le
Connestable de Mommorency au siege de Pavie, ayant esté
commis pour passer le Tesin et se loger aux fauxbourgs
S. Antoine, estant empesché d'une tour au bout du pont,
qui s'opiniastra jusques à se faire battre, feist pendre tout
ce qui estoit dedans. Et encore depuis, accompaignant
Monsieur le Dauphin au voyage delà les monts, ayant pris
par force le chasteau de Villane, et tout ce qui estoit dedans
ayant esté mis en pieces par la furie des soldats, hormis le
Capitaine et l'enseigne, il les fit pendre et estrangler, pour
cette mesme raison; comme fit aussi le Capitaine Martin du
Bellay, lors gouverneur de Turin en cette mesme contrée,
le capitaine de S. Bony, le reste de ses gens ayant esté mas-
sacré à la prinse de la place. Mais, d'autant que le jugement
de la valeur et foiblesse du lieu se prend par l'estimation
et contrepois [3] des forces qui l'assaillent, car tel s'opinia-
streroit justement contre deux couleuvrines, qui feroit
l'enragé d'attendre trente canons; où se met encore en
conte la grandeur du prince conquerant, sa reputation, le
respect qu'on luy doit, il y a danger qu'on presse un peu
la balance de ce costé là. Et en advient par ces mesmes
termes, que tels ont si grande opinion d'eux et de leurs
moiens, que, ne leur semblant point raisonnable qu'il y ait

rien digne de leur faire teste, passent le cousteau par tout
où ils trouvent resistance, autant que fortune leur dure;
comm'il se voit par les formes de sommation et deffi que
les princes d'Orient et leurs successeurs, qui sont encores,
ont en usage, fiere, hautaine et pleine [4] d'un commandement barbaresque.

/// Et au quartier [5] par où les Portugalois escornerent les
Indes, ils trouverent des etasts avec cette loy universelle
et inviolable, que tout ennemy vaincu du Roy en presence,
ou de son Lieutenant, est hors de composition de rançon
et de mercy.

// Ainsi sur tout il se faut garder, qui [6] peut, de tomber
entre les mains d'un Juge ennemy, victorieux et armé.

CHAPITRE XVI

/ J'ouy autrefois tenir à un Prince et très-grand Capitaine, que pour lascheté de cœur un soldat ne pouvoit estre condamné à mort; luy estant, à table, fait recit du procez du Seigneur de Vervins, qui fut condamné à mort pour avoir rendu Boulogne.

A la verité, c'est raison qu'on face grande difference entre les fautes qui viennent de nostre foiblesse, et celles qui viennent de nostre malice. Car en celles icy nous nous sommes bandez à nostre escient contre les reigles de la raison, que nature a empreintes en nous; et en celles là, il semble que nous puissions appeller à garant cette mesme nature, pour nous avoir laissé en telle imperfection et deffaillance; de maniere que prou de gens ont pensé qu'on ne se pouvoit prendre à nous, que de ce que nous faisons contre nostre conscience; et sur cette regle est en partie fondée l'opinion de ceux qui condamnent les punitions capitales aux heretiques et mescreans, et celle qui establit qu'un advocat et un juge ne puissent estre tenuz de ce que par ignorance ils ont failly en leur charge.

Mais, quant à la coüardise, il est certain que la plus commune façon est de la chastier par honte et ignominie. Et tient on que cette regle a esté premierement mise en usage par le legislateur Charondas, et qu'avant luy les loix de Grece punissoyent de mort ceux qui s'en estoyent fuis d'une bataille, là où il ordonna seulement qu'ils fussent par trois jours assis emmy la place publique, vetus de robe de femme, esperant encores s'en pouvoir servir, leur ayant fait revenir le courage par cette honte. /// « *Suffundere malis hominis sanguinem quam effundere* [1]. » / Il semble aussi que les loix Romaines condamnoient anciennement à mort ceux qui avoient fuy. Car Ammianus Marcellinus raconte que l'Empereur Julien condamna dix de ses

soldats, qui avoyent tourné le dos en une charge contre les
Parthes, à estre dégradez et après à souffrir mort, suyvant,
dict-il, les loix anciennes. Toutes-fois ailleurs, pour une
pareille faute, il en condemne d'autres seulement à se tenir
parmy les prisonniers sous l'enseigne du bagage. /// L'aspre
condamnation du peuple Romain contre les soldats escha-
pez de Cannes et, en cette mesme guerre, contre ceux qui
accompaignerent Cn. Fulvius en sa desfaicte, ne vint pas à
la mort.

Si est il à craindre que la honte les desespere et les rende
non froids seulement, mais ennemis.

/ Du temps de nos Peres, le seigneur de Franget, jadis
Lieutenant de la compagnie de Monsieur le Mareschal de
Chastillon, ayant esté mis par Monsieur le Mareschal de
Chabanes, Gouverneur de Fontarrabie au lieu de Monsieur du Lude, et l'ayant rendue aux Espagnols, fut
condamné à estre degradé de noblesse, et tant luy que sa
posterité declaré roturier, taillable et incapable de porter
armes; et fut cette rude sentence executée à Lyon. Depuis
souffrirent pareille punition tous les gentils-hommes qui se
trouverent dans Guyse, lors que le Comte de Nansau y
entra; et autres encore depuis.

Toutes-fois, quand il y auroit une si grossiere et apparente ou ignorance ou coüardise, qu'elle surpassat toutes
les ordinaires, ce seroit raison de la prendre pour suffisante
preuve de meschanceté et de malice, et de la chastier pour
telle.

CHAPITRE XVII

/ J'observe en mes voyages cette practique, pour apprendre tousjours quelque chose par la communication d'autruy (qui est une des plus belles escholes qui puisse estre), de ramener tousjours ceux avec qui je confere, aux propos des choses qu'ils sçavent le mieux.

> *Basti al nocchiero ragionar de' venti,*
> *Al bifolco dei tori, e le sue piaghe*
> *Conti'l guerrier, conti'l pastor gli armenti* [1].

Car il advient le plus souvent au rebours, que chacun choisit plustost à discourir du mestier d'un autre que du sien, estimant que c'est autant de nouvelle reputation acquise : tesmoing le reproche qu'Archidamus feit à Periander, qu'il quittoit la gloire de bon medecin, pour acquerir celle de mauvais poëte.

/// Voyez combien Cesar se desploye largement à nous faire entendre ses inventions à bastir ponts et engins; et combien au prix il va se serrant, où il parle des offices de sa profession, de sa vaillance et conduite de sa milice. Ses exploicts le verifient assez capitaine excellent : il se veut faire cognoistre excellent ingenieur, qualité aucunement estrangere.

Un homme de vocation juridique, mené ces jours passés voir une estude fournie de toutes sortes de livres de son mestier, et de toute autre sorte, n'y trouva nulle occasion de s'entretenir. Mais il s'arrete à gloser rudement et magistralement une barricade logée sur la vis [2] de l'estude, que cent capitaines et soldats rencontrent tous les jours, sans remarque et sans offence.

Le vieil Dionysius estoit très grand chef de guerre, comme il convenoit à sa fortune; mais il se travailloit à

donner principale recommendation de soy par la poësie :
et si, n'y sçavoit rien.

| *Optat ephippia bos piger, optat arare caballus* [3].

/// Par ce train vous ne faictes jamais rien qui vaille.
| Ainsin, il faut rejetter tousjours l'architecte, le peintre,
le cordonnier, et ainsi du reste, chacun à son gibier. Et,
à ce propos, à la lecture des histoires, qui est le sujet de
toutes gens, j'ay accoustumé de considerer qui en sont les
escrivains : si ce sont personnes qui ne facent autre profession que de lettres, j'en apren principalement le stile
et le langage; si ce sont medecins, je les croy plus volontiers en ce qu'ils nous disent de la temperature de l'air,
de la santé et complexion des Princes, des blessures et
maladies; si Jurisconsultes, il en faut prendre les controverses des droicts, les loix, l'establissement des polices
et choses pareilles; si Theologiens, les affaires de l'Eglise,
censures Ecclesiastiques, dispenses et mariages; si courtisans, les meurs et les ceremonies; si gens de guerre, ce qui
est de leur charge, et principalement les deductions [4] des
exploits où ils se sont trouvez en personne; si Ambassadeurs, les menées, intelligences et practiques, et maniere
de les conduire.

A cette cause, ce que j'eusse passé à un autre sans m'y
arrester, je l'ay poisé et remarqué en l'histoire du Seigneur
de Langey, très-entendu en telles choses. C'est qu'après
avoir conté ces belles remonstrances de l'Empereur Charles
cinquiesme, faictes au consistoire à Rome, present
l'Evesque de Mascon et le Seigneur du Velly, nos Ambassadeurs, où il avoit meslé plusieurs parolles outrageuses
contre nous, et entre autres que, si ses Capitaines, soldats
et subjects n'estoient d'autre fidelité et suffisance en l'art
militaire que ceux du Roy, tout sur l'heure il s'attacheroit
la corde au col, pour luy aller demander misericorde (et de
cecy il semble qu'il en creut quelque chose, car deux ou
trois fois en sa vie depuis il lui advint de redire ces mesmes
mots); aussi qu'il défia le Roy de le combattre en chemise
avec l'espée et le poignard, dans un bateau. Ledict seigneur
de Langey, suivant son histoire, adjouste que lesdicts
Ambassadeurs, faisans une despesche au Roy de ces choses,
lui en dissimulerent la plus grande partie, mesmes luy
celerent les deux articles precedens. Or j'ay trouvé bien
estrange qu'il fut en la puissance d'un Ambassadeur de
dispenser [5] sur les advertissemens qu'il doit faire à son

maistre, mesme de telle consequence, venant de telle personne, et dites en si grand'assemblée. Et m'eut semblé l'office du serviteur estre de fidelement representer les choses en leur entier, comme elles sont advenües, affin que la liberté d'ordonner, juger et choisir demeurast au maistre. Car de luy alterer eou cacher la verité, de peur qu'il ne la preigne autrement qu'il ne doit, et que cela ne le pousse à quelque mauvais party, et ce pendant le laisser ignorant de ses affaires, cela m'eut semblé appartenir à celuy qui donne la loy, non à celuy qui la reçoit, au curateur et maistre d'escholle, non à celuy qui se doit penser inférieur, non en authorité seulement, mais aussi en prudence et bon conseil. Quoy qu'il en soit, je ne voudroy pas estre servy de cette façon, en mon petit faict.

/// Nous nous soustrayons si volontiers du commandement sous quelque pretexte, et usurpons sur la maistrise; chacun aspire si naturellement à la liberté et authorité, qu'au superieur nulle utilité ne doibt estre si chere, venant de ceux qui le servent, comme luy doibt estre chere leur naïfve et simple obeissance.

On corrompt l'office du commander quand on y obeit par discretion, non par subjection. Et P. Crassus, celuy que les Romains estimerent cinq fois heureux, lors qu'il estoit en Asie consul, ayant mandé à un ingenieur Grec de luy faire mener le plus grand des deux mas de navire qu'il avoit veu à Athenes, pour quelque engin de batterie qu'il en vouloit faire, cetuy cy, sous titre de sa science, se donna loy de choisir autrement, et mena le plus petit et, selon la raison de son art, le plus commode. Crassus, ayant patiemment ouy ses raisons, luy feit très-bien donner le fouët, estimant l'interest de la discipline plus que l'interest de l'ouvrage.

D'autre part, pourtant, on pourroit aussi considerer que cette obeissance si contreinte n'appartient qu'aux commandemens precis et prefix. Les ambassadeurs ont une charge plus libre, qui, en plusieurs parties, depend souverainement de leur disposition; ils n'executent pas simplement, mais forment aussi et dressent par leur conseil la volonté du maistre. J'ay veu en mon temps des personnes de commandement reprins d'avoir plustost obei aux paroles des lettres du Roy, qu'à l'occasion des affaires qui estoient près d'eux.

Les hommes d'entendement accusent encore l'usage des Roys de Perse de tailler les morceaux si courts [6] à leurs agents et lieutenans, qu'aux moindres choses ils eussent à recourir à leur ordonnance; ce delay, en une si longue estendue de domination, ayant souvent apporté de notables dommages à leurs affaires.

Et Crassus, escrivant à un homme du mestier et luy donnant advis de l'usage auquel il destinoit ce mas, sembloit-il pas entrer en conference de sa deliberation [7] et le convier à interposer son decret ?

CHAPITRE XVIII

DE LA PEUR

Obstupui, steteruntque comæ, et vox faucibus hæsit [1].

/ Je ne suis pas bon naturaliste (qu'ils disent [2]) et ne sçay guiere par quels ressors la peur agit en nous; mais tant y a que c'est une estrange passion; et disent les medecins qu'il n'en est aucune qui emporte plustost nostre jugement hors de sa deuë assiette. De vray, j'ay veu beaucoup de gens devenus insensez de peur; et aux plus rassis, il est certain, pendant que son accès dure, qu'elle engendre de terribles esblouissemens. Je laisse à part le vulgaire à qui elle represente tantost les bisayeulx sortis du tombeau, enveloppez en leur suaire, tantost des Loups-garous, des Lutins et des chimeres. Mais, parmy les soldats mesme, où elle devroit trouver moins de place, combien de fois a elle changé un troupeau de brebis en esquadron de corselets [3] ? des roseaux et des cannes en gens-d'armes et lanciers ? nos amis en nos ennemis ? et la croix blanche à la rouge ?

Lors que Monsieur de Bourbon print Rome, un port'enseigne, qui estoit à la garde du bourg sainct Pierre, fut saisi d'un tel effroy à la premiere alarme, que, par le trou d'une ruine il se jetta, l'enseigne au poing, hors la ville, droit aux ennemis, pensant tirer vers le dedans de la ville; et à peine [4] en fin, voyant la troupe de Monsieur de Bourbon se renger pour le soustenir, estimant que ce fut une sortie que ceux de la ville fissent, il se recogneust, et, tournant teste, r'entra par ce mesme trou, par lequel il estoit sorty plus de trois cens pas avant en la campagne. Il n'en advint pas du tout si heureusement à l'enseigne du Capitaine Juille, lors que S. Pol fut pris sur nous par le Comte de Bures et Monsieur du Reu; car, estant si fort esperdu de la frayeur de se jetter à tout son enseigne hors

de la ville par une canonniere ⁵, il fut mis en pièces par les
assaillans. Et au mesme siege fut memorable la peur qui
serra, saisit et glaça si fort le cœur d'un gentil-homme,
qu'il en tomba roide mort par terre à la bresche, sans
aucune blessure.

// Pareille peur saisit par foys toute une multitude. En
l'une des rencontres de Germanicus contre les Allemans,
deux grosses trouppes prindrent d'effroy deux routes
opposites ; l'une fuyoit d'où l'autre partoit.

/ Tantost elle nous donne des aisles aux talons, comme
aux deux premiers ; tantost elle nous cloüe les pieds et
les entrave, comme on lit de l'Empereur Theophile, lequel,
en une bataille qu'il perdit contre les Agarenes ⁶, devint
si estonné et si transi, qu'il ne pouvoit prendre party de
s'enfuyr : // « *adeo pavor etiam auxilia formidat* ⁷ », / jusques
à ce que Manuel, l'un des principaux chefs de son armée,
l'ayant tirassé et secoüé comme pour l'esveiller d'un profond somme, luy dit : « Si vous ne me suivez, je vous
tueray ; car il vaut mieux que vous perdiez la vie, que si,
estant prisonnier, vous veniez à perdre l'Empire. »

/// Lors exprime elle sa derniere force, quand pour son
service elle nous rejette à la vaillance qu'elle a soustraite
à nostre devoir et à nostre honneur. En la premiere juste ⁸
bataille que les Romains perdirent contre Hannibal, sous
le consul Sempronius, une troupe de bien dix mille hommes
de pied ayant pris l'espouvante, ne voyant ailleurs par où
faire passage à sa lacheté, s'alla jetter au travers le gros des
ennemis, lequel elle perça d'un merveilleux effort, avec
grand meurtre de Carthaginois, achetant une honteuse fuite
au mesme prix qu'elle eust eu d'une glorieuse victoire.
C'est ce dequoy j'ay le plus de peur que la peur.

Aussi surmonte-elle en aigreur tous autres accidans.

Quelle affection peut estre plus aspre et plus juste, que
celle des amis de Pompeius, qui estoient en son navire,
spectateurs de cet horrible massacre ? Si est ce que la peur
des voiles Egyptiennes, qui commençoient à les approcher,
l'estouffa, de maniere qu'on a remerqué qu'ils ne s'amuserent qu'à haster les mariniers de diligenter et de se sauver
à coups d'avirons ; jusques à ce qu'arrivez à Tyr, libres de
crainte, ils eurent loy ⁹ de tourner leur pensée à la perte
qu'ils venoient de faire, et lascher la bride aux lamentations
et aux larmes, que cette autre plus forte passion avoit sus-
pendües.

Tum pavor sapientiam omnem mihi ex animo expectorat ¹⁰.

Ceux qui auront esté bien frottez en quelque estour [11] de guerre, tous blessez encor et ensanglantez, on les rameine bien le lendemain à la charge. Mais ceux qui ont conçeu quelque bonne peur des ennemis, vous ne les leur feriez pas seulement regarder en face. Ceux qui sont en pressante crainte de perdre leur bien, d'estre exilez, d'estre subjuguez, vivent en continuelle angoisse, en perdant le boire, le manger et le repos; là où les pauvres, les bannis, les serfs vivent souvent aussi joyeusement que les autres. Et tant de gens qui de l'impatience des pointures de la peur se sont pendus, noyez et precipitez, nous ont bien apprins qu'elle est encores plus importune et insupportable que la mort.

Les Grecs en recognoissent une autre espece qui est outre l'erreur de nostre discours, venant, disent-ils, sans cause apparente et d'une impulsion celeste. Des peuples entiers s'en voyent souvent saisis, et des armées entieres. Telle fut celle qui apporta à Carthage une merveilleuse desolation. On n'y oyoit que cris et voix effrayées. On voyoit les habitans sortir de leurs maisons, comme à l'alarme, et se charger, blesser et entretuer les uns les autres, comme si ce fussent ennemis qui vinssent à occuper leur ville. Tout y estoit en desordre et en tumulte; jusques à ce que, par oraisons et sacrifices, ils eussent appaisé l'ire des dieux. Ils nomment cela terreurs Paniques.

CHAPITRE XIX

¡ Scilicet ultima semper
Expectanda diest homini est, dicique beatus
Ante obitum nemo, supremaque funera debet [1].

Les enfans sçavent le conte du Roy Crœsus à ce propos ;
lequel, ayant esté pris par Cyrus et condamné à la mort,
sur le point de l'execution, il s'escria : « O Solon, Solon ! »
Cela rapporté à Cyrus, et s'estant enquis que c'estoit à
dire, il luy fist entendre qu'il verifioit lors à ses despens
l'advertissement qu'autrefois luy avoit donné Solon, que
les hommes, quelque beau visage que fortune leur face,
ne se peuvent appeller heureux, jusques à ce qu'on leur
aye veu passer le dernier jour de leur vie, pour l'incertitude
et variété des choses humaines, qui d'un bien leger mouvement se changent d'un estat en autre, tout divers. Et
pourtant [2] Agesilaus, à quelqu'un qui disoit heureux le
Roy de Perse, de ce qu'il estoit venu fort jeune à un si
puissant estat. « Ouy mais, dit-il, Priam en tel aage ne fut
pas malheureux. » Tantost, des Roys de Macedoine, successeurs de ce grand Alexandre, il s'en faict des menui-
siers et greffiers à Rome [3] ; des tyrans de Sicile, des
pedantes à Corinthe [4]. D'un conquerant de la moitié du
monde, et Empereur de tant d'armées, il s'en faict un
miserable suppliant des belitres officiers d'un Roy
d'Egypte ; tant cousta à ce grand Pompeius la prolongation
de cinq ou six mois de vie. Et, du temps de nos peres, ce
Ludovic Sforce, dixiesme Duc de Milan, soubs qui avoit
si long temps branslé toute l'Italie, on l'a veu mourir
prisonnier à Loches ; mais après y avoir vescu dix ans,
qui est le pis de son marché. /// La plus belle Royne [5],
veufve du plus grand Roy de la Chrestienté, vient elle pas
de mourir par main de bourreau ? / Et mille tels exemples.

Car il semble que, comme les orages et tempestes se piquent
contre l'orgueil et hautaineté de nos bastimens, il y ait
aussi là haut des esprits envieux des grandeurs de ça bas.

> *Usque adeo res humanas vis abdita quædam*
> *Obterit, et pulchros fasces sævasque secures*
> *Proculcare, ac ludibrio sibi habere videtur* [6].

Et semble que la fortune quelquefois guette à point nommé
le dernier jour de nostre vie, pour montrer sa puissance
de renverser en un moment ce qu'elle avoit basty en
longues années; et nous fait crier, après Laberius : « *Nimi-*
rum hac die una plus vixi, mihi quam vivendum fuit [7]. »

Ainsi se peut prendre avec raison ce bon advis de Solon.
Mais d'autant que c'est un philosophe, à l'endroit desquels
les faveurs et disgraces de la fortune ne tiennent rang ny
d'heur, ny de mal'heur et sont les grandeurs et puissances
accidens de qualité à peu près indifferente, je trouve vray-
semblable qu'il aye regardé plus avant, et voulu dire que ce
mesme bon-heur de nostre vie, qui dépend de la tranquillité
et contentement d'un esprit bien né, et de la resolution et
asseurance d'un'ame reglée, ne se doive jamais attribuer à
l'homme, qu'on ne luy aye veu joüer le dernier acte de
sa comedie, et sans doute le plus difficile. En tout le reste
il y peut avoir du masque : ou ces beaux discours de la
Philosophie ne sont en nous que par contenance; ou les
accidens, ne nous essayant pas jusques au vif, nous
donnent loysir de maintenir tousjours nostre visage rassis.
Mais à ce dernier rolle de la mort et de nous, il n'y a plus
que faindre, il faut parler François, il faut montrer ce qu'il
y a de bon et de net dans le fond du pot,

> *Nam veræ voces tum demum pectore ab imo*
> *Ejiciuntur, et eripitur persona, manet res* [8].

Voylà pourquoy se doivent à ce dernier traict toucher [9]
et esprouver toutes les autres actions de nostre vie. C'est
le maistre jour, c'est le jour juge de tous les autres : c'est
le jour, dict un ancien, qui doit juger de toutes mes
années passées. Je remets à la mort l'essay du fruict de mes
estudes. Nous verrons là si mes discours me partent de la
bouche, ou du cœur.

// J'ay veu plusieurs donner par leur mort reputation en
bien ou en mal à toute leur vie. Scipion, beau pere de
Pompeius, rabilla en bien mourant la mauvaise opinion

qu'on avoit eu de luy jusques lors. Epaminondas, interrogé lequel des trois il estimoit le plus, ou Chabrias, ou Iphicrates, ou soy-mesme : « Il nous faut voir mourir, fit-il, avant que d'en pouvoir resoudre [10]. » De vray, on desroberoit beaucoup à celuy là, qui le poiseroit [11] sans l'honneur et grandeur de sa fin. Dieu l'a voulu comme il luy a pleu; mais en mon temps, trois les plus execrables personnes que je cogneusse en toute abomination de vie, et les plus infames, ont eu des morts reglées et en toutes circonstances composées jusques à la perfection.

Il est des morts braves et fortunées. Je luy ay veu trancher le fil d'un progrez de merveilleux avancement, et dans la fleur de son croist [12], à quelqu'un, d'une fin si pompeuse, qu'à mon avis ses ambitieux et courageux desseins n'avoient rien de si hault que fut leur interruption. Il arriva sans y aller où il pretendoit, plus grandement et glorieusement que ne portoit son desir et esperance. Et devança par sa cheute le pouvoir et le nom où il aspiroit par sa course.

Au Jugement de la vie d'autruy, je regarde tousjours comment s'en est porté le bout; et des principaux estudes de la mienne, c'est qu'il se porte bien, c'est à dire quietement et sourdement.

CHAPITRE XX

/ Cicero dit que Philosopher ce n'est autre chose que s'aprester à la mort. C'est d'autant que l'estude et la contemplation retirent aucunement nostre ame hors de nous, et l'embesongnent à part du corps, qui est quelque aprentissage et ressemblance de la mort; ou bien, c'est que toute la sagesse et discours du monde se resout en fin à ce point, de nous apprendre à ne craindre point à mourir. De vray, ou la raison se mocque, ou elle ne doit viser qu'à nostre contentement, et tout son travail, tendre en somme à nous faire bien vivre, et à nostre aise, comme dict la Sainte Escriture. Toutes les opinions du monde en sont là, /// que le plaisir est nostre but, / quoy qu'elles en prennent divers moyens; autrement, on les chasseroit d'arrivée, car qui escouteroit celuy qui pour sa fin establiroit nostre peine et mesaise ?

/// Les dissentions des sectes Philosophiques, en ce cas, sont verbales. « *Transcurramus solertissimas nugas* [1]. » Il y a plus d'opiniastreté et de picoterie qu'il n'appartient à une si saincte profession. Mais quelque personnage que l'homme entrepraigne, il joue tousjours le sien parmy. Quoy qu'ils dient, en la vertu mesme, de dernier but de nostre visée, c'est la volupté. Il me plaist de battre leurs oreilles de ce mot qui leur est si fort à contrecœur. Et s'il signifie quelque supreme plaisir et excessif contentement, il est mieux deu à l'assistance de la vertu qu'à nulle autre assistance. Cette volupté, pour estre plus gaillarde, nerveuse, robuste, virile, n'en est que plus serieusement voluptueuse. Et luy devions donner le nom du plaisir, plus favorable, plus doux et naturel : non celuy de la vigueur, duquel nous l'avons denommée. Cette autre volupté plus basse, si elle meritoit ce beau nom, ce devoit estre en concurrence, non par privilege. Je la trouve moins pure

d'incommoditez et de traverses que n'est la vertu. Outre que
son goust est plus momentanée, fluide et caduque, elle a
ses veillées, ses jeusnes et ses travaux et la sueur et le sang;
et en outre particulierement ses passions trenchantes de tant
de sortes, et à son costé une satieté si lourde qu'elle equi-
polle [2] à pénitence. Nous avons grand tort d'estimer que
ces incommoditez luy servent d'aiguillon et de condiment à
sa douceur, comme en nature le contraire se vivifie par son
contraire, et de dire, quand nous venons à la vertu, que
pareilles suittes et difficultez l'accablent, la rendent austere
et inacessible, là où, beaucoup plus proprement qu'à la
volupté, elles anoblissent, aiguisent et rehaussent le plaisir
divin et parfaict qu'elle nous moienne [3]. Celuy-là est
certes bien indigne de son accointance, qui contrepoise [4]
son coust à son fruit, et n'en cognoist ny les graces ny
l'usage. Ceux qui nous vont instruisant que sa queste est
scabreuse et laborieuse, sa jouïssance agréable, que nous
disent-ils par là, sinon qu'elle est tousjours desagreable?
Car quel moien humain arriva jamais à sa jouïssance? Les
plus parfaicts se sont bien contentez d'y aspirer et de
l'approcher sans la posseder. Mais ils se trompent: veu
que de tous les plaisirs que nous cognoissons, la poursuite
mesme en est plaisante. L'entreprise se sent de la qualité
de la chose qu'elle regarde, car c'est une bonne portion
de l'effect et consubstancielle. L'heur et la beatitude qui
reluit en la vertu, remplit toutes ses appartenances et
avenues [5], jusques à la premiere entrée et extreme barriere.
Or des principaux bienfaicts de la vertu est le mepris de la
mort, moyen qui fournit nostre vie d'une molle tranquillité,
nous en donne le goust pur et aimable, sans qui toute autre
volupté est esteinte?

/ Voyla pourquoy toutes les regles se rencontrent et
conviennent à cet article. Et, bien qu'elles nous conduisent
aussi toutes d'un commun accord à mespriser la douleur,
la pauvreté et autres accidens à quoy la vie humaine est
subjecte, ce n'est pas d'un pareil soing, tant par ce que ces
accidens ne sont pas de telle nécessité (la plupart des
hommes passent leur vie sans gouster de la pauvreté, et
tels encore sans sentiment de douleur et de maladie, comme
Xenophilus le Musicien, qui vescut cent et six ans d'une
entiere santé), qu'aussi d'autart qu'au pis aller la mort
peut mettre fin, quand il nous plaira, et coupper broche
à [6] tous autres inconveniens. Mais quant à la mort, elle
est inevitable,

// Omnes eodem cogimur, omnium
Versatur urna, serius ocius
Sors exitura et nos in æter-
Num exitium impositura cymbæ [7].

Et par consequent, si elle nous faict peur, c'est un subject continuel de tourment, et qui ne se peut aucunement soulager. /// Il n'est lieu d'où elle ne nous vienne; nous pouvons tourner sans cesse la teste çà et là comme en pays suspect : « *quæ quasi saxum Tantalo semper impendet* [8] ». / Nos parlemens renvoyent souvent executer les criminels au lieu où le crime est commis : durant le chemin, promenez les par des belles maisons, faictes leur tant de bonne chere qu'il vous plaira,

// non Siculæ dapes
/ Dulcem elaborabunt saporem,
Non avium cytharæque cantus
Somnum reducent [9],

/ pensez vous qu'ils s'en puissent resjouir, et que la finale intention de leur voyage, leur estant ordinairement devant les yeux, ne leur ait alteré et affadi le goust à toutes ces commoditez ?

// Audit iter, numeratque dies, spacioque viarum
Metitur vitam, torquetur peste futura [10].

/ Le but de nostre carriere, c'est la mort, c'est l'object necessaire de nostre visée : si elle nous effraye, comme est il possible d'aller un pas avant, sans fiebvre ? Le remede du vulgaire, c'est de n'y penser pas. Mais de quelle brutale stupidité luy peut venir un si grossier aveuglement ? Il luy faut faire brider l'asne par la queuë,

Qui capite ipse suo instituit vestigia retro [11].

Ce n'est pas de merveille s'il est si souvent pris au piege. On faict peur à nos gens, seulement de nommer la mort, et la pluspart s'en seignent [12], comme du nom du diable. Et par ce qu'il s'en faict mention aux testamens, ne vous attendez pas qu'ils y mettent la main, que le medecin ne leur ait donné l'extreme sentence; et Dieu sçait lors, entre la douleur et la frayeur, de quel bon jugement ils vous le patissent.

// Parce que cette syllabe frappoit trop rudement leurs oreilles, et que cette voix leur sembloit malencontreuse, les Romains avoyent appris de l'amollir ou de l'estendre en perifrazes. Au lieu de dire : il est mort ; il a cessé de vivre, disent-ils, il a vescu. Pourveu que ce soit vie, soit elle passée, ils se consolent. Nous en avons emprunté nostre feu Maistre-Jehan [13].

/ A l'adventure, est-ce que, comme on dict, le terme vaut l'argent [14]. Je nasquis entre unze heures et midi, le dernier jour de Febvrier mil cinq cens trente trois, comme nous contons à cette heure [15], commençant l'an en Janvier. Il n'y a justement que quinze jours que j'ay franchi 39 ans, il m'en faut pour le moins encore autant ; cependant s'empescher du pensement de chose si esloignée, ce seroit folie. Mais quoy, les jeunes et les vieux laissent la vie de mesme condition. /// Nul n'en sort autrement que comme si tout presentement il y entroit. / Joinct qu'il n'est homme si decrepite, tant qu'il voit Mathusalem devant [16], qui ne pense avoir encore vint ans dans le corps. D'avantage, pauvre fol que tu es, qui t'a estably les termes de ta vie ? Tu te fondes sur les contes des Medecins. Regarde plustost l'effect et l'experience. Par le commun train des choses, tu vis pieça par faveur extraordinaire. Tu as passé les termes accoustumez de vivre. Et qu'il soit ainsi, conte de tes cognoissans combien il en est mort avant ton aage, plus qu'il n'en y a qui l'ayent atteint ; et de ceux mesme qui ont annobli leur vie par renommée, fais en registre, et j'entreray en gageure d'en trouver plus qui sont morts avant qu'après trente cinq ans. Il est plein de raison et de pieté de prendre exemple de l'humanité mesme de Jesus-Christ : or il finit sa vie à trente et trois ans. Le plus grand homme, simplement homme, Alexandre, mourut aussi à ce terme.

Combien a la mort de façons de surprise ?

> *Quid quisque vitet, nunquam homini satis*
> *Cautum est in horas* [17].

Je laisse à part les fiebvres et les pleuresies. Qui eut jamais pensé qu'un Duc de Bretaigne deut estre estouffé de la presse, comme fut celuy là à l'entrée du Pape Clement, mon voisin, à Lyon ? N'as-tu pas veu tuer un de nos roys en se jouant [18] ? Et un de ses ancestres mourut-il pas choqué par un pourceau ? Æschilus, menassé de la cheute d'une maison, a beau se tenir à l'airte [19] : le voyla assommé d'un toict de tortue, qui eschappa des pates d'un' Aigle en l'air. L'autre mourut d'un grein de raisin; un Empereur, de l'esgrafigneure d'un peigne, en se testonnant [20]; Æmilius Lepidus, pour avoir heurté du pied contre le seuil de son huis, et Aufidius, pour avoir choqué en entrant contre la porte de la chambre du conseil; et entre les cuisses des femmes, Cornelius Gallus, preteur, Tigillinus, Capitaine du guet à Rome, Ludovic, fils de Guy de Gonsague, Marquis de Mantouë, et d'un encore pire exemple, Speusippus, Philosophe Platonicien, et l'un de nos Papes [21]. Le pauvre Bebius, juge, cependant qu'il donne delay de huictaine à une partie, le voyla saisi, le sien de vivre estant expiré. Et Caius Julius, medecin, gressant les yeux d'un patient, voyla la mort qui clost les siens. Et s'il m'y faut mesler, un mien frere, le Capitaine S. Martin, aagé de vint et trois ans, qui avoit desja faict assez bonne preuve de sa valeur, jouant à la paume, receut un coup d'esteuf [22] qui l'assena un peu au-dessus de l'oreille droite, sans aucune apparence de contusion, ny de blessure. Il ne s'en assit, ny reposa, mais cinq ou six heures après il mourut d'une Apoplexie que ce coup luy causa. Ces exemples si frequens et si ordinaires nous passant devant les yeux, comme est-il possible qu'on se puisse deffaire du pensement de la mort, et qu'à chaque instant il ne nous semble qu'elle nous tient au collet?

Qu'import'il, me direz vous, comment que ce soit, pourveu qu'on ne s'en donne point de peine? Je suis de cet advis, et en quelque maniere qu'on se puisse mettre à l'abri des coups, fut ce soubs la peau d'un veau, je ne suis pas homme qui y reculasse. Car il me suffit de passer [23] à mon aise; et le meilleur jeu que je me puisse donner, je le prens, si peu glorieux au reste et exemplaire que vous voudrez,

prætulerim delirus, inersque videri,
Dum mea delectent mala me, vel denique fallant,
Quam sapere et ringi [24].

Mais c'est folie d'y penser arriver par là. Ils vont, ils viennent, ils trottent, ils dansent, de mort nulles nouvelles. Tout cela est beau. Mais aussi quand elle arrive, ou à eux, ou à leurs femmes, enfans et amis, les surprenant en dessoude [25] et à decouvert [26], quels tourmens, quels cris, quelle rage, et quel desespoir les acable? Vites-vous jamais rien si rabaissé, si changé, si confus? Il y faut prouvoir de meilleur heure : et cette nonchalance bestiale, quand elle pourroit loger en la teste d'un homme d'entendement, ce

que je trouve entierement impossible, nous vend trop cher
ses denrées. Si c'estoit ennemy qui se peut éviter, je
conseillerois d'emprunter les armes de la coüardise. Mais
puis qu'il ne se peut, // puis qu'il vous attrape fuyant et
poltron aussi bien qu'honeste homme,

> / Nempe et fugacem persequitur virum,
> Nec parcit imbellis juventæ
> Poplitibus, timidoque tergo [27],

// et que nulle trampe de cuirasse vous couvre,

> Ille licet ferro cautus se condat ære,
> Mors tamen inclusum protrahet inde caput [28],

/ aprenons à le soutenir de pied ferme, et à le combattre. Et
pour commencer à luy oster son plus grand advantage
contre nous, prenons voye toute contraire à la commune.
Ostons luy l'estrangeté, pratiquons le, accoustumons le,
n'ayons rien si souvent en la teste que la mort. A tous
instans representons la à nostre imagination et en tous
visages. Au broncher d'un cheval, à la cheute d'une tuille,
à la moindre piqueure d'espleingue, remachons soudain :
« Et bien, quand ce seroit la mort mesme ? » et là dessus,
roidissons nous et efforçons nous. Parmy les festes et la
joye, ayons toujours ce refrein de la souvenance de nostre
condition, et ne nous laissons pas si fort emporter au plaisir, que par fois il ne nous repasse en la memoire, en
combien de sortes cette nostre allegresse est en bute à la
mort et de combien de prinses elle la menasse. Ainsi faisoyent les Egyptiens, qui, au milieu de leurs festins, et
parmy leur meilleure chere, faisoient aporter l'Anatomie
seche [29] d'un corps d'homme mort, pour servir d'advertissement aux conviez.

> Omnem crede diem tibi diluxisse supremum.
> Grata superveniet, quæ non sperabitur hora [30].

Il est incertain où la mort nous attende, attendons la partout. La premeditation de la mort est premeditation de la
liberté. Qui a apris à mourir, il a desapris à servir. Le
sçavoir mourir nous afranchit de toute subjection et
contrainte. /// Il n'y a rien de mal en la vie pour celuy qui
a bien comprins que la privation de la vie n'est pas mal.
/ Paulus Æmilius respondit à celuy que ce miserable Roy

de Macedoine, son prisonnier, luy envoyoit pour le prier de ne le mener pas en son triomphe : « Qu'il en face la requeste à soy mesme. »

A la verité, en toutes choses, si nature ne preste un peu, il est malaisé que l'art et l'industrie aillent guiere avant. Je suis de moy-mesme non melancholique, mais songecreux. Il n'est rien dequoy je me soye dès toujours plus entretenu que des imaginations de la mort : voire en la saison la plus licentieuse de mon aage,

// Jucundum cum ætas florida ver ageret [31],

/ parmy les dames et les jeux, tel me pensoit empesché à digerer à par moy quelque jalousie, ou l'incertitude de quelque esperance, cependant que je m'entretenois de je ne sçay qui, surpris les jours precedens d'une fievre chaude, et de sa fin, au partir d'une feste pareille, et la teste pleine d'oisiveté, d'amour et de bon temps, comme moy, et qu'autant m'en pendoit à l'oreille :

// Jam fuerit, nec post unquam revocare licebit [32].

/ Je ne ridois non plus le front de ce pensement là, que d'un autre. Il est impossible que d'arrivée nous ne sentions des piqueures de telles imaginations. Mais en les maniant et repassant, au long aller, on les aprivoise sans doubte. Autrement de ma part je fusse en continuelle frayeur et frenesie; car jamais homme ne se défia tant de sa vie, jamais homme ne feit moins d'estat de sa durée. Ny la santé, que j'ay jouy jusques à present très vigoureuse et peu souvent interrompue, ne m'en alonge l'esperance, ny les maladies ne me l'acourcissent. A chaque minute il me semble que je m'eschape. /// Et me rechante sans cesse : « Tout ce qui peut estre faict un autre jour, le peut estre aujourd'huy. » / De vray, les hazards et dangiers nous approchent peu ou rien de nostre fin; et si nous pensons combien il en reste, sans cet accident qui semble nous menasser le plus, de millions d'autres sur nos testes, nous trouverons que, gaillars et fievreux, en la mer et en nos maisons, en la bataille et en repos, elle nous est également près. /// « *Nemo altero fragilior est : nemo in crastinum sui certior* [33]. »

/ Ce que j'ay affaire avant mourir, pour l'achever tout loisir me semble court, fut ce d'un'heure. Quelcun, feuilletant l'autre jour mes tablettes, trouva un memoire de

quelque chose que je vouloy estre faite après ma mort. Je
luy dy, comme il estoit vray, que, n'estant qu'à une lieuë
de ma maison, et sain et gaillard, je m'estoy hasté de
l'escrire là, pour ne m'asseurer point [34] d'arriver jusques
chez moy. /// Comme celuy qui continuellement me couve
de mes pensées et les couche en moy, je suis à tout'heure
preparé environ ce que je puis estre. Et ne m'advertira de
rien de nouveau la survenance de la mort.

/ Il faut estre tousjours boté et prest à partir, en tant
qu'en nous est, et sur tout se garder qu'on n'aye lors affaire
qu'a soy :

> // *Quid brevi fortes jaculamur ævo*
> *Multa* [35] *?*

/ Car nous y aurons assez de besongne, sans autre sur-
croit. L'un se pleint plus que de la mort, dequoy elle luy
rompt le train d'une belle victoire ; l'autre, qu'il luy faut
desloger avant qu'avoir marié sa fille, ou contrerolé l'institution de ses enfans ; l'un pleint la compagnie de sa
femme, l'autre de son fils, comme commoditez principales
de son estre.

/// Je suis pour cette heure en tel estat, Dieu mercy, que
je puis desloger quand il luy plaira, sans regret de chose
quelconque, si ce n'est de la vie, si sa perte vient à me
poiser. Je me desnoue par tout ; mes adieux sont à demi
prins de chacun, sauf de moy. Jamais homme ne se pre-
para à quitter le monde plus purement et pleinement, et
ne s'en desprint plus universellement que je m'attens de
faire [36].

> // *Miser ô miser, aiunt, omnia ademit*
> *Una dies infesta mihi tot præmia vitæ* [37].

/ Et le bastisseur :

> *Manent* (dict-il) *opera interrupta, minæque*
> *Murorum ingentes* [38].

Il ne faut rien desseigner [39] de si longue haleine, ou au
moins avec telle intention de se passionner pour n'en voir
la fin. Nous sommes nés pour agir :

> *Cum moriar, medium solvar et inter opus* [40].

Je veux qu'on agisse, /// et qu'on allonge les offices de
la vie tant qu'on peut, / et que la mort me treuve plantant

mes chous, mais nonchalant d'elle, et encore plus de mon jardin imparfait. J'en vis mourir un, qui, estant à l'extremité, se pleignoit incessamment, de quoy sa destinée coupoit le fil de l'histoire qu'il avoit en main, sur le quinziesme ou seiziesme de nos Roys.

> *// Illud in his rebus non addunt, nec tibi earum
> Jam desderium rerum super insidet una* [41].

/ Il faut se descharger de ces humeurs vulgaires et nuisibles. Tout ainsi qu'on a planté nos cimetieres joignant les Eglises, et aux lieux les plus frequentez de la ville, pour accoustumer, disoit Lycurgus, le bas populaire, les femmes et les enfans à ne s'effaroucher point de voir un homme mort, et affin que ce continuel spectacle d'ossemens, de tombeaus et de convois nous advertisse de nostre condition :

> *// Quin etiam exhilarare viris convivia cæde
> Mis olim, et miscere epulis spectacula dira
> Certantum ferro, sæpe et super ipsa caodentum
> Pocula respersis non parco sanguine mensis* [42];

/// et comme les Egyptiens, après leurs festins, faisoient presenter aux assistans une grand'image de la mort par un qui leur crioit : « Boy et t'esjouy, car, mort, tu seras tel »; / aussi ay-je pris en coustume d'avoir, non seulement en l'imagination, mais continuellement la mort en la bouche; et n'est rien dequoy je m'informe si volontiers, que de la mort des hommes : quelle parole, quel visage, quelle contenance ils y ont eu; ny endroit des histoires, que je remarque si attantifvement.

/// Il y paroist à la farcissure de mes exemples; et que j'ay en particuliere affection cette matiere. Si j'estoy faiseur de livres, je feroy un registre commenté des morts diverses. Qui apprendroit les hommes à mourir, leur apprendroit à vivre.

Dicearchus en feit un de pareil titre, mais d'autre et moins utile fin.

/ On me dira que l'effect surmonte de si loing l'imagination, qu'il n'y a si belle escrime qui ne se perde, quand on en vient là. Laissez les dire : le premediter donne sans doubte grand avantage. Et puis n'est-ce rien, d'aller au moins jusques là sans alteration et sans fiévre ? Il y a plus : Nature mesme nous preste la main, et nous donne cou-

rage. Si c'est une mort courte et violente, nous n'avons pas
loisir de la craindre; si elle est autre, je m'aperçois qu'à
mesure que je m'engage dans la maladie, j'entre naturellement en quelque desdein de la vie. Je trouve que j'ay
bien plus affaire à digerer cette resolution de mourir quand
je suis en santé, que quand je suis en fiévre. D'autant que
je ne tiens plus si fort aux commoditez de la vie, à raison
que je commance à en perdre l'usage et le plaisir, j'en voy
la mort d'une veuë beaucoup moins effrayée. Cela me fait
esperer que, plus je m'eslongneray de celle-là, et appro-
cheray de cette-cy, plus aisément j'entreray en composition
de leur eschange. Tout ainsi que j'ay essayé en plusieurs
autres occurrences ce que dit Cesar, que les choses nous
paroissent souvent plus grandes de loing que de près, j'ay
trouvé que sain j'avois eu les maladies beaucoup plus en
horreur, que lors que je les ay senties; l'alegresse où je suis,
le plaisir et la force me font paroistre l'autre estat si dispro-
portionné à celuy-là, que par imagination je grossis ces
incommoditez de moitié, et les conçoy plus poisantes, que
je ne les trouve, quand je les ay sur les espaules. J'espere
qu'il m'en adviendra ainsi de la mort.

// Voyons à ces mutations et declinaisons [43] ordinaires
que nous souffrons, comme nature nous desrobbe le goust
de nostre perte et empirement. Que reste-il à un vieillard
de la vigueur de sa jeunesse, et de sa vie passée ?

Heu senibus vitæ portio quanta manet [44].

/// Cesar à un soldat de sa garde, recreu et cassé, qui
vint en la ruë luy demander congé de se faire mourir, regardant son maintien decrepite, respondit plaisamment : « Tu
penses donc estre en vie. » // Qui y tomberoit tout à un
coup, je ne crois pas que nous fussions capables de porter
un tel changement. Mais, conduicts par sa main, d'une
douce pente et comme insensible, peu à peu, de degré en
degré, elle nous roule dans ce miserable estat et nous y
apprivoise; si que nous ne sentons aucune secousse, quand
la jeunesse meurt en nous qui est en essence et en verité
une mort plus dure que n'est la mort entiere d'une vie lan-
guissante, et que n'est la mort de la vieillesse. D'autant
que le sault n'est pas si lourd du mal estre au non estre,
comme il est d'un estre doux et fleurissant à un estre
penible et douloureux.

/ Le corps, courbe et plié, a moins de force à soustenir
un fais; aussi a nostre ame : il la faut dresser et eslever

contre l'effort de cet adversaire. Car, comme il est impossible qu'elle se mette en repos pendant qu'elle le craint; si elle s'en asseure aussi, elle se peut venter, qui est chose comme surpassant l'humaine condition, qu'il est impossible que l'inquietude, le tourment, la peur, non le moindre desplaisir loge en elle,

> // *Non vultus instantis tyranni*
> *Mente quatit solida, neque Auster*
> *Dux inquieti turbidus Adriæ,*
> *Nec fulminantis magna Jovis manus* [45].

/ Elle est renduë maistresse de ses passions et concupiscences, maistresse de l'indigence, de la honte, de la pauvreté et de toutes autres injures de fortune. Gaignons cet advantage qui pourra; c'est icy la vraye et souveraine liberté, qui nous donne dequoy faire la figue à la force et à l'injustice, et nous moquer des prisons et des fers :

> *in manicis, et*
> *Compedibus, sævo te sub custode tenebo.*
> *Ipse Deus simul atque volam, me solvet : opinor,*
> *Hoc sentit, moriar. Mors ultima linea rerum est* [46].

Nostre religion n'a point eu de plus asseuré fondement humain, que le mespris de la vie. Non seulement le discours de la raison nous y appelle, car pourquoy craindrions nous de perdre une chose, laquelle perduë ne peut estre regrettée; et puis que nous sommes menassez de tant de façons de mort, n'y a il pas plus de mal à les craindre toutes, qu'à en soustenir une ?

/// Que chaut-il quand ce soit, puis qu'elle est inevitable ? A celuy qui disoit à Socrates : « Les trente tyrans t'ont condamné à la mort. — Et nature a eux », respondit-il.

Quelle sottise de nous peiner sur le point du passage à l'exemption de toute peine!

Comme nostre naissance nous apporta la naissance de toutes choses, aussi fera la mort de toutes choses, nostre mort. Parquoy c'est pareille folie de pleurer de ce que d'icy à cent ans nous ne vivrons pas, que de pleurer de ce que nous ne vivions pas il y a cent ans. La mort est origine d'une autre vie. Ainsi pleurasmes-nous; ainsi nous cousta-il d'entrer en cette-cy; ainsi nous despouillasmes-nous de nostre ancien voile, en y entrant.

Rien ne peut estre grief, qui n'est qu'une fois. Est-ce
raison de craindre si long temps chose de si brief temps ?
Le long temps vivre et le peu de temps vivre est rendu
tout un par la mort. Car le long et le court n'est point aux
choses qui ne sont plus. Aristote dit qu'il y a des petites
bestes sur la riviere de Hypanis, qui ne vivent qu'un jour.
Celle qui meurt à huict heures du matin, elle meurt en
jeunesse; celle qui meurt à cinq heures du soir, meurt en
sa décrepitude. Qui de nous ne se moque de voir mettre
en consideration d'heur ou de malheur ce moment de
durée ? Le plus et le moins en la nostre, si nous la compa-
rons à l'eternité, ou encores à la durée des montagnes, des
rivieres, des estoilles, des arbres, et mesmes d'aucuns animaux, n'est pas moins ridicule.

/ Mais nature nous y force. Sortez, dit-elle, de ce monde,
comme vous y estes entrez. Le mesme passage que vous
fites de la mort à la vie, sans passion et sans frayeur,
refaites le de la vie à la mort. Vostre mort est une des
pieces de l'ordre de l'univers; c'est une piece de la vie du
monde,

> // *inter se mortales mutua vivunt*
> *Et quasi cursores vitæ lampada tradunt* [47].

/ Changeray-je pas pour vous cette belle contexture des
choses ? C'est la condition de vostre creation, c'est une
partie de vous que la mort; vous vous fuyez vous mesmes.
Cettuy vostre estre, que vous joüyssez, est egalement party
à la mort et à la vie. Le premier jour de vostre naissance
vous achemine à mourir comme à vivre,

> *Prima, quæ vitam dedit, hora carpsit* [48].
> *Nascentes morimur, finisque ab origine pendet* [49].

/// Tout ce que vous vivez, vous le desrobez à la vie;
c'est à ses despens. Le continuel ouvrage de vostre vie,
c'est bastir la mort. Vous estes en la mort pendant que
vous estes en vie. Car vous estes après la mort quand vous
n'estes plus en vie.

Ou si vous aymez mieux ainsi, vous estes mort après la
vie; mais pendant la vie vous estes mourant, et la mort
touche bien plus rudement le mourant que le mort, et plus
vivement et essentiellement.

// Si vous avez faict vostre proufit de la vie, vous en
estes repeu, allez vous en satisfaict,

> *Cur non ut plenus vitæ conviva recedis* [50] *?*

Si vous n'en avez sçeu user, si elle vous estoit inutile, que vous chault-il de l'avoir perduë, à quoy faire la voulez-vous encores ?

> *Cur amplius addere quæris*
> *Rursum quod pereat male, et ingratum occidat omne* [51] *?*

/// La vie n'est de soy ny bien ny mal : c'est la place du bien et du mal selon que vous la leur faictes.

/ Et si vous avez vescu un jour, vous avez tout veu. Un jour est égal à tous jours. Il n'y a point d'autre lumière, ny d'autre nuict. Ce Soleil, cette Lune, ces Estoilles, cette disposition, c'est celle mesme que vos ayeuls ont jouye, et qui entretiendra vos arriere-nepveux :

> /// *Non alium videre patres : aliumve nepotes*
> *Aspicient* [52].

/ Et, au pis aller, la distribution et varieté de tous les actes de ma comedie se parfournit [53] en un an. Si vous avez pris garde au branle de mes quatre saisons, elles embrassent l'enfance, l'adolescence, la virilité et la vieillesse du monde. Il a joüé son jeu. Il n'y sçait autre finesse que de recomencer. Ce sera tousjours cela mesme,

> // *versamur ibidem, atque insumus usque* [54].
> *Atque in se sua per vestigia volvitur annus* [55].

/ Je ne suis pas deliberée de vous forger autres nouveaux passe-temps,

> *Nam tibi præterea quod machiner, inveniamque*
> *Quod placeat, nihil est, eadem sunt omnia semper* [56].

Faites place aux autres, comme d'autres vous l'ont faite. /// L'equalité est la premiere piece de l'equité. Qui se peut plaindre d'estre comprins, où tous sont comprins ? / Aussi avez-vous beau vivre, vous n'en rebattrez rien du temps que vous avez à estre mort ; c'est pour neant : aussi long temps serez vous en cet estat là, que vous craignez, comme si vous estiez mort en nourrisse,

> *licet, quod vis, vivendo vincere secla,*
> *Mors æterna tamen nihilominus illa manebit* [57].

// Et si vous metteray en tel poinct, auquel vous n'aurez aucun mescontentement,

> *In vera nescis nullum fore morte alium te,*
> *Qui possit vivus tibi te lugere peremptum,*
> *Stansque jacentem* [58].

Ny ne desirerez la vie que vous plaingnez [59] tant,

> *Nec sibi enim quisquam tum se vitamque requirit,*
> *Nec desiderium nostri nos afficit ullum* [60].

La mort est moins à craindre que rien, s'il y avoit quelque chose de moins,

> *multo mortem minus ad nos esse putandum*
> *Si minus esse potest quam quod nihil esse videmus* [61].

/// Elle ne vous concerne ny mort ny vif : vif, parce que vous estes ; mort, parce que vous n'estes plus.
/ Nul ne meurt avant son heure. Ce que vous laissez de temps n'estoit non plus vostre que celuy qui s'est passé avant vostre naissance ; // et ne vous touche non plus,

> *Respice enim quam nil ad nos ante acta vetustas*
> *Temporis æterni fuerit* [62].

/ Où que vostre vie finisse, elle y est toute. /// L'utilité du vivre n'est pas en l'espace, elle est en l'usage : tel a vescu long temps, qui a peu vescu ; attendez vous y pendant que vous y estes. Il gist en vostre volonté, non au nombre des ans, que vous ayez assez vescu. / Pensiez vous jamais n'arriver là, où vous alliez sans cesse ? /// Encore n'y a il chemin qui n'aye son issuë.
/ Et si la compagnie vous peut soulager, le monde ne va-il pas mesme train que vous allez ?

> // *omnia te vita perfuncta sequentur* [63].

/ Tout ne branle-il pas vostre branle ? Y a-il chose qui ne vieillisse quant et vous ? Mille hommes, mille animaux et mille autres creatures meurent en ce mesme instant que vous mourez :

> // *Nam nox nulla diem, neque noctem aurora sequuta est,*
> *Quæ non audierit mistos vagitibus ægris*
> *Ploratus, mortis comites et funeris atri* [64].

/// A quoy faire y reculez-vous, si vous ne pouvez tirer arriere. Vous en avez assez veu, qui se sont bien trouvez de mourir, eschevant [65] par là des grandes miseres. Mais quelqu'un qui s'en soit mal trouvé, en avez-vous veu ? Si est-ce grande simplesse de condamner chose que vous n'avez esprouvée ny par vous, ny par autre. Pourquoy te pleins-tu de moy et de la destinée ? te faisons-nous tort ? Est ce à toy de nous gouverner, ou à nous toy ? Encore que ton aage ne soit pas achevé, ta vie l'est. Un petit homme est homme entier, comme un grand.

Ny les hommes, ny leurs vies ne se mesurent à l'aune. Chiron refusa l'immortalité, informé des conditions d'icelle par le Dieu mesme du temps et de la durée, Saturne, son pere. Imaginez de vray combien seroit une vie perdurable, moins supportable à l'homme et plus penible, que n'est la vie que je luy ay donnée. Si vous n'aviez la mort, vous me maudiriez sans cesse de vous en avoir privé. J'y ay à escient meslé quelque peu d'amertume pour vous empescher, voyant la commodité de son usage, de l'embrasser trop avidement et indiscretement. Pour vous loger en cette moderation, ny de fuir la vie, ny de refuir à la mort, que je demande de vous, j'ay temperé l'une et l'autre entre la douceur et l'aigreur.

J'apprins à Thales, le premier de voz sages, que le vivre et le mourir estoit indifferent; par où, à celuy qui luy demanda pourquoy donc il ne mouroit, il respondit très sagement : « Parce qu'il est indifferent. »

L'eau, la terre, le feu et autres membres de ce mien bastiment ne sont non plus instrumens de ta vie qu'instrumens de ta mort. Pourquoy crains-tu ton dernier jour ? il ne confere [66] non plus à ta mort que chascun des autres. Le dernier pas ne faict pas la lassitude : il la declare. Tous les jours vont à la mort, le dernier y arrive.

/ Voilà les bons advertissemens de nostre mere nature. Or j'ay pensé souvent d'où venoit celà, qu'aux guerres le visage de la mort, soit que nous la voyons en nous ou en autruy, nous semble sans comparaison moins effroyable qu'en nos maisons, autrement ce seroit un'armée de medecins et de pleurars; et, elle estant tousjours une, qu'il y ait toutes-fois beaucoup plus d'asseurance parmy les gens de village et de basse condition qu'és autres. Je croy à la verité que ce sont ces mines et appareils effroyables, dequoy nous l'entournons [67], qui nous font plus peur qu'elle : une toute nouvelle forme de vivre, les cris des meres, des femmes et des enfans, la visitation de personnes

estonnées et transies, l'assistance d'un nombre de valets
pasles et éplorés, une chambre sans jour, des cierges allu-
mez, nostre chevet assiegé de medecins et de prescheurs;
somme, tout horreur et tout effroy autour de nous. Nous
voylà desjà ensevelis et enterrez. Les enfans ont peur de
leurs amis mesmes quand ils les voyent masquez; aussi
avons nous. Il faut oster le masque aussi bien des choses
que des personnes; osté qu'il sera, nous ne trouverons au
dessoubs que cette mesme mort, qu'un valet ou simple
chambriere passerent dernierement sans peur. Heureuse
la mort, qui oste le loisir aux apprests de tel equipage!

CHAPITRE XXI

DE LA FORCE DE L'IMAGINATION

/ « *Fortis imaginatio generat casum* [1] », disent les clercs. Je suis de ceux qui sentent très-grand effort de l'imagination. /// Chacun en est heurté, mais aucuns en sont renversez. Son impression me perse. Et mon art est de luy eschapper, non pas de luy resister. Je vivroye de la seule assistance de personnes saines et gaies. La veue des angoisses d'autruy m'angoisse materiellement, et a mon sentiment souvent usurpé le sentiment d'un tiers. Un tousseur continuel irrite mon poulmon et mon gosier. Je visite plus mal volontiers les malades ausquels le devoir m'interesse, que ceux ausquels je m'attens moins [2] et que je considere moins. Je saisis le mal que j'estudie, et le couche en moy. Je ne trouve pas estrange qu'elle donne et les fievres et la mort à ceux qui la laissent faire et qui luy applaudissent. Simon Thomas estoit un grand medecin de son temps. Il me souvient que, me rencontrant un jour chez un riche vieillard pulmonique, et traitant avec luy des moyens de sa guarison, il luy dist que c'en estoit l'un de me donner occasion de me plaire en sa compagnie, et que, fichant ses yeux sur la frescheur de mon visage et sa pensée sur cette allegresse et vigueur qui regorgeoit de mon adolescence, et remplissant tous ses sens de cet estat florissant en quoy j'estoy, son habitude s'en pourroit amender. Mais il oublioit à dire que la mienne s'en pourroit empirer aussi. / Gallus Vibius banda si bien son ame à comprendre l'essence et les mouvemens de la folie, qu'il emporta son jugement hors de son siege, si qu'onques puis il ne l'y peut remettre; et se pouvoit vanter d'estre devenu fol par sagesse. Il y en a qui, de frayeur, anticipent la main du bourreau. Et celuy qu'on debandoit pour luy lire sa grace, se trouva roide mort sur l'eschafaut du seul coup de son imagination. Nous tressuons, nous tremblons, nous pallissons et rougissons aux secousses de nos imaginations, et renversez dans la plume sentons nostre corps agité à leur bransle, quelques-fois jusques à en expirer. Et la jeunesse bouillante s'eschauffe si avant en son harnois, tout'endormie, qu'elle assouvit en songe ses amoureux désirs,

> *Ut quasi transactis sæpe omnibus rebus profundant*
> *Fluminis ingentes fluctus, vestemque cruentent* [3].

Et encore qu'il ne soit pas nouveau de voir croistre la nuict des cornes à tel qui ne les avoit pas en se couchant, toutesfois l'evenement de Cyppus, Roy d'Italie, est memorable, lequel pour avoir assisté le jour avec grande affection au combat des taureaux, et avoir eu en songe toute la nuict des cornes en la teste, les produisit en son front par la force de l'imagination. La passion donna au fils de Crœsus la voix que nature luy avoit refusée [4]. Et Antiochus print la fievre de la beauté de Stratonicé trop vivement empreinte en son ame. Pline dict avoir veu Lucius Cossitius de femme changé en homme le jour de ses nopces. Pontanus et d'autres racontent pareilles metamorphoses advenuës en Italie ces siecles passez. Et par vehement desir de luy et de sa mère,

> *Vota puer solvit, quæ fœmina voverat Iphis* [5].

// Passant à Victry le Françoys, je peuz voir un homme que l'Evesque de Soissons avoit nommé Germain en confirmation, lequel tous les habitans de là ont cogneu et veu fille, jusques à l'aage de vingt deux ans, nommée Marie. Il estoit à cett'heure-là fort barbu, et vieil, et point marié. Faisant, dict-il, quelque effort en sautant, ses membres virils se produisirent; et est encore en usage, entre les filles de là, une chanson, par laquelle elles s'entradvertissent de ne faire point de grandes enjambées, de peur de devenir garçons, comme Marie Germain. Ce n'est pas tant de merveille, que cette sorte d'accident se rencontre frequent; car si l'imagination peut en telles choses, elle est si continuellement et si vigoureusement attachée à ce subject, que, pour n'avoir si souvent à rechoir en mesme pensée et aspreté de desir, elle a meilleur compte d'incorporer, une fois pour toutes, cette virile partie aux filles.

/ Les uns attribuent à la force de l'imagination les cicatrices du Roy Dagobert et de Sainct François. On dict que les corps s'en-enlevent telle fois de leur place. Et

Celsus recite d'un Prebstre, qui ravissoit son ame en telle extase, que le corps en demeuroit longue espace sans respiration et sans sentiment. /// Sainct Augustin en nomme un autre, à qui il ne falloit que faire ouir des cris lamentables et plaintifs, soudain il defailloit et s'emportoit si vivement hors de soy, qu'on avoit beau le tempester et hurler, et le pincer, et le griller, jusques à ce qu'il fut resuscité : lors il disoit avoir ouy des voix, mais comme venant de loing, et s'apercevoit de ses eschaudures et meurtrissures. Et, que ce ne fust une obstination apostée [6] contre son sentiment, cela le montroit, qu'il n'avoit cependant ny poulx ny haleine.

/ Il est vray semblable que le principal credit des miracles, des visions, des enchantemens et de tels effects extraordinaires, vienne de la puissance de l'imagination agissant principalement contre les ames du vulgaire, plus molles. On leur a si fort saisi la creance qu'ils pensent voir ce qu'ils ne voyent pas.

Je suis encore de cette opinion, que ces plaisantes liaisons, dequoy nostre monde se voit si entravé, qu'il ne se parle d'autre chose, ce sont volontiers des impressions de l'apprehension et de la crainte. Car je sçay par experience, que tel, de qui je puis respondre comme de moy mesme, en qui il ne pouvoit choir soupçon aucune de foiblesse, et aussi peu d'enchantement, ayant ouy faire le conte à un sien compagnon, d'une defaillance extraordinaire, en quoy il estoit tombé sur le point qu'il en avoit le moins de besoin, se trouvant en pareille occasion, l'horreur de ce conte lui vint à coup si rudement frapper l'imagination, qu'il en encourut une fortune pareille; /// et de là en hors [7] fut subjet à y rechoir, ce villain souvenir de son inconvenient le gourmandant et tyrannisant. Il trouva quelque remede à cette resverie par une autre resverie. C'est que, advouant luy mesme et preschant avant la main cette sienne subjection, la contention de son ame se soulageoit sur ce, qu'apportant ce mal comme attendu, son obligation en amoindrissoit et luy en poisoit moins. Quand il a eu loy, à son chois (sa pensée desbrouillée et desbandée, son corps se trouvant en son deu) de le faire lors premierement tenter, saisir et surprendre à la cognoissance d'autruy, il s'est guari tout net à l'endroit de ce subjet.

A qui on a esté une fois capable, on n'est plus incapable, si non par juste foiblesse.

/ Ce malheur n'est à craindre qu'aux entreprinses où nostre ame se trouve outre mesure tandue de desir et de respect, et notamment si les commoditez se rencontrent improveues et pressantes; on n'a pas moyen de se ravoir de ce trouble. J'en sçay, à qui il a servy d'y apporter le corps mesme commencé à ressasier d'ailleurs, /// pour endormir l'ardeur de cette fureur, et qui par l'aage se trouve moins impuissant de ce qu'il est moins puissant. Et tel autre à qui il a servi aussi qu'un amy l'aye asseuré d'estre fourni d'une contrebatterie d'enchantemens certains à le preserver. Il vaut mieux que je die comment ce fut. Un comte de très bon lieu, de qui j'estoye fort privé, se mariant avec une belle dame qui avoit esté poursuivie de tel qui assistoit à la feste, mettoit en grand peine ses amis et nommément une vieille dame, sa parente, qui presidoit à ces nopces et les faisoit chez elle, craintive de ces sorcelleries; ce qu'elle me fit entendre. Je la priay s'en reposer sur moy. J'avoye de fortune en mes coffres certaine petite pièce d'or platte, où estoient gravées quelques figures celestes, contre le coup de soleil et oster la douleur de teste, la logeant à point sur la cousture du test[8]; et, pour l'y tenir, elle estoit cousue à un ruban propre à rattacher souz le menton. Resverie germaine à celle de quoy nous parlons. Jacques Peletier[9] m'avoit faict ce present singulier. J'advisay d'en tirer quelque usage. Et dis au comte qu'il pourroit courre fortune[10] comme les autres; y ayant là des hommes pour luy en vouloir prester d'une; mais que hardiment il s'allast coucher; que je luy feroy un tour d'amy; et n'espargneroys à son besoin un miracle, qui estoit en ma puissance, pourveu que, sur son honneur, il me promist de le tenir très fidelement secret; seulement, comme sur la nuit on iroit luy porter le resveillon, s'il luy estoit mal allé, il me fit un tel signe. Il avoit eu l'ame et les oreilles si battues, qu'il se trouva lié du trouble de son imagination, et me fit son signe. Je luy dis lors, qu'il se levast souz couleur de nous chasser, et prinst en se jouant la robbe de nuict que j'avoye sur moy (nous estions de taille fort voisine) et s'en vestist, tant qu'il auroit exécuté mon ordonnance, qui fut: quand nous serions sortis, qu'il se retirast à tomber de l'eau; dist trois fois telles oraisons, et fist tels mouvemens; qu'à chascune de ces trois fois, il ceignist le ruban que je luy mettoys en main, et couchast bien soigneusement la médaille qui y estoit attachée, sur ses roignons, la figure en telle posture; cela faict, ayant bien estreint ce ruban pour qu'il ne se peust ny desnouer, ny mouvoir de sa place, que, en toute asseurance, il s'en retournast à son prix faict, et n'oubliast de rejetter ma robbe sur son lict, en maniere qu'elle les abriast [11] tous deux. Ces singeries sont le principal de l'effect, nostre pensée ne se pouvant desmeler que moyens si estranges ne viennent de quelqu'abstruse science. Leur inanité leur donne poids et reverence. Somme, il fut certain que mes characteres [12] se trouverent plus Veneriens que Solaires, plus en action qu'en prohibition. Ce fut une humeur prompte et curieuse qui me convia à tel effect, esloigné de ma nature. Je suis ennemy des actions subtiles et feintes, et hay la finesse, en mes mains, non seulement recreative, mais aussi profitable. Si l'action n'est vicieuse, la route l'est.

Amasis, Roy d'Egypte, espousa Laodice, très belle fille Grecque; et luy, qui se montroit gentil compagnon par tout ailleurs, se trouva court à jouïr d'elle, et menaça de la tuer, estimant que ce fust quelque sorcerie. Comme és choses qui consistent en fantasie, elle le rejetta à la devotion, et ayant faict ses vœux et promesses à Venus, il se trouva divinement remis dès la premiere nuit d'emprès [13] ses oblations et sacrifices.

Or elles ont tort de nous recueillir [14] de ces contenances mineuses [15], querelleuses et fuyardes, qui nous esteignent en nous allumant. La bru de Pythagoras disoit que la femme qui se couche avec un homme, doit avec la cotte laisser aussy la honte, et la reprendre avec le cotillon. / L'ame de l'assaillant, troublée de plusieurs diverses allarmes, se perd aisement; et à qui l'imagination a faict une fois souffrir cette honte (et elle ne le fait souffrir qu'aux premieres accointances, d'autant qu'elles sont plus bouillantes et aspres, et aussi qu'en cette premiere connoissance, on craint beaucoup plus de faillir), ayant mal commencé, il entre en fievre et despit de cet accident qui luy dure aux occasions suivantes.

/// Les mariez, le temps estant tout leur, ne doivent ny presser, ny taster leur entreprinse, s'ils ne sont prests; et vaut mieux faillir indecemment à estreiner la couche nuptiale, pleine d'agitation et de fievre, attandant une et une autre commodité plus privée et moins allarmée, que de tomber en une perpetuelle misere, pour s'estre estonné et desesperé du premier refus. Avant la possession prinse, le patient se doit à saillies et divers temps legerement essayer et offrir, sans se piquer et opiniastrer à se convaincre definitivement soy-mesme. Ceux qui sçavent leurs membres de nature dociles, qu'ils se soignent seulement de contre-pipper leur fantaisie.

On a raison de remarquer l'indocile liberté de ce

membre, s'ingerant si importunément, lors que nous n'en
avons que faire, et defaillant si importunéement, lors que
nous en avons le plus affaire, et contestant de l'authorité si
imperieusement avec nostre volonté, refusant avec tant de
fierté et d'obstination noz solicitations et mentales et
manuelles. Si toutes-fois en ce qu'on gourmande sa rebellion, et qu'on en tire preuve de sa condemnation [16], il
m'avoit payé pour plaider sa cause, à l'adventure mettroy-je
en souspeçon noz autres membres, ses compagnons, de
luy estre allé dresser, par belle envie de l'importance et
douceur de son usage, cette querelle apostée [17], et avoir
par complot armé le monde à l'encontre de luy, le chargeant
malignement seul de leur faute commune. Car je vous
donne à penser, s'il y a une seule des parties de nostre corps
qui ne refuse à nostre volonté souvent son operation et
qui souvent ne l'exerce contre nostre volonté. Elles ont
chacune des passions propres, qui les esveillent et
endorment, sans nostre congé. A quant de fois tesmoignent
les mouvemens forcez de nostre visage les pensées que nous
tenions secretes, et nous trahissent aus assistans. Cette
mesme cause qui anime ce membre, anime aussi sans nostre
sceu le cœur, le poulmon et le pouls; la veue d'un object
agreable respandant imperceptiblement en nous la flamme
d'une emotion fievreuse. N'y a-il que ces muscles et ces
veines qui s'elevent et se couchent sans l'adveu, non seulement de nostre volonté, mais aussi de nostre pensée ?
Nous ne commandons pas à nos cheveux de se herisser
et à nostre peau de fremir de desir ou de crainte. La main
se porte souvent où nous ne l'envoyons pas. La langue se
transit et la voix se fige à son heure. Lors mesme que,
n'ayans de quoy frire, nous le luy deffendrions volontiers,
l'appetit de manger et de boire ne laisse pas d'esmouvoir
les parties qui luy sont subjettes, ny plus ny moins que cet
autre appetit; et nous abandonne de mesme, hors de propos, quand bon luy semble. Les utils qui servent à descharger le ventre ont leurs propres dilatations et compressions,
outre et contre nostre advis, comme ceux-cy destinez à
descharger nos roignons. Et ce que, pour autoriser la toute
puissance de nostre volonté, Sainct Augustin allegue avoir
veu quelqu'un qui commandoit à son derriere autant de
pets qu'il en vouloit, et que Vivès, son glossateur, encherit
d'un autre exemple de son temps, de pets organisez suivant le ton des vers qu'on leur prononçoit, ne suppose
non plus pure l'obeissance de ce membre; car en est il
ordinairement de plus indiscret et tumultuaire. Joint que

j'en sçay un si turbulent et revesche, qu'il y a quarante ans qu'il tient son maistre à peter d'une haleine et d'une obligation constante et irremittente, et le menne ainsin à la mort.

Mais nostre volonté, pour les droits de qui nous mettons en avant ce reproche, combien plus vraysemblablement la pouvons-nous marquer de rebellion et sedition par son desreglement et desobeissance! Veut-elle toujours ce que nous voudrions qu'elle voulsist ? Ne veut-elle pas souvent ce que nous luy prohibons de vouloir; et à nostre evident dommage ? Se laisse-elle non plus mener aux conclusions de nostre raison ? En fin je diroy pour monsieur ma partie [18], que « plaise à considerer, qu'en ce faict, sa cause estant inseparablement conjointe à un consort et indistinctement, on ne s'adresse pourtant qu'à luy, et par des argumens et charges telles, veu la condition des parties, qu'elles ne peuvent aucunement apartenir ny concerner sondit consort. Partant se void l'animosité et illegalité manifeste des accusateurs. » Quoy qu'il en soit, protestant que les advocats et juges ont beau quereller et sentencier, nature tirera cependant son train; qui n'auroit faict que raison, quand ell'auroit doüé ce membre de quelque particulier privilege, autheur du seul ouvrage immortel des mortels. Pour tant est à Socrates action divine que la generation; et amour, desir d'immortalité et Dæmon immortel luymesmes.

/ Tel, à l'adventure, par cet effect de l'imagination, laisse icy les escruelles, que son compagnon raporte en Espaigne. Voylà pourquoy, en telles choses, l'on a accoustumé de demander une ame preparée. Pourquoy praticquent les medecins avant main [19] la creance de leur patient avec tant de fauces promesses de sa guerison, si ce n'est afin que l'effect de l'imagination supplisse [20] l'imposture de leur aposeme [21] ? Ils sçavent qu'un des maistres de ce mestier leur a laissé par escrit, qu'il s'est trouvé des hommes à qui la seule veuë de la Medecine faisoit l'operation [22].

Et tout ce caprice m'est tombé presentement en main, sur le conte que me faisoit un domestique apotiquaire de feu mon pere, homme simple et Souysse, nation peu vaine et mensongiere, d'avoir cogneu long temps un marchand à Toulouse, maladif et subject à la pierre, qui avoit souvent besoing de clisteres; et se les faisoit diversement ordonner aux medecins, selon l'occurrence de son mal. Apportez qu'ils estoyent, il n'y avoit rien obmis des formes accoustumées; souvent il tastoit s'ils estoyent trop chauds. Le voylà couché, renversé, et toutes les approches faictes, sauf qu'il ne s'y faisoit aucune injection. L'apotiquaire retiré après cette ceremonie, le patient accommodé, comme s'il avoit veritablement pris le clystere, il en sentoit pareil effect à ceux qui les prennent. Et si le medecin n'en trouvoit l'operation suffisante, il luy en redonnoit deux ou trois autres, de mesme forme. Mon tesmoin jure que, pour espargner la despence (car il les payoit comme s'il les eut receus), la femme de ce malade ayant quelquefois essayé d'y faire seulement mettre de l'eau tiede, l'effect en descouvrit la fourbe, et pour avoir trouvé ceux là inutiles, qu'il fausit [23] revenir à la premiere façon.

Une femme, pensant avoir avalé un'esplingue [24] avec son pain, crioit et se tourmentoit comme ayant une douleur insupportable au gosier, où elle pensoit la sentir arrestée; mais, par ce qu'il n'y avoit ny enfleure ny alteration par le dehors, un habil'homme, ayant jugé que ce n'estoit que fantasie et opinion, prise de quelque morceau de pain qui l'avoit piquée en passant, la fit vomir et jetta à la desrobée, dans ce qu'elle rendit, une esplingue tortue. Cette femme, cuidant l'avoir rendue, se sentit soudain deschargée de sa douleur. Je sçay qu'un gentil'homme, ayant traicté chez luy une bonne compagnie, se vanta trois ou quatre jours après; par maniere de jeu (car il n'en estoit rien), de leur avoir faict menger un chat en paste; dequoy une damoyselle de la troupe print telle horreur, qu'en estant tombée en un grand dévoyement d'estomac et fievre, il fut impossible de la sauver. Les bestes mesmes se voyent comme nous subjectes à la force de l'imagination. Tesmoing les chiens qui se laissent mourir de dueil de la perte de leurs maistres. Nous les voyons aussi japper et tremousser en songe, hannir les chevaux et se debattre.

Mais tout cecy se peut raporter à l'estroite cousture de l'esprit et du corps s'entre-communiquants leurs fortunes. C'est autre chose que l'imagination agisse quelque fois, non contre son corps seulement, mais contre le corps d'autruy. Et tout ainsi qu'un corps rejette son mal à son voisin, comme il se voit en la peste, en la verolle, et au mal des yeux, qui se chargent [25] de l'un à l'autre :

> *Dum spectant cculi læsos, læduntur et ipsi :*
> *Multaque corporibus transitione nocent* [26] *;*

pareillement, l'imagination esbranlée avecques vehemence, eslance des traits qui puissent offencer l'object estrangier.

L'ancienneté [27] a tenu de certaines femmes en Scythie, qu'animées et courroussées contre quelqu'un, elles le tuoient du seul regard. Les tortues et les autruches couvent leurs œufs de la seule veuë, signe qu'ils y ont quelque vertu ejaculatrice. Et quant aux sorciers, on les dit avoir des yeux offensifs et nuisans,

Nescio quis teneros oculus mihi fascinat agnos [28].

Ce sont pour moy mauvais respondans, que magiciens. Tant y a que nous voyons par experience les femmes envoyer aux corps des enfans qu'elles portent au ventre des marques de leurs fantasies, tesmoing celle qui engendra le more [29]. Et il fut presenté à Charles, Roy de Boheme et Empereur, une fille d'auprès de Pise, toute velue et herissée, que sa mere disoit avoir esté ainsi conceuë, à cause d'une image de Sainct Jean Baptiste pendue en son lit. Des animaux il en est de mesmes, tesmoing les brebis de Jacob, et les perdris et les lievres, que la neige blanchit aux montaignes. On vit dernierement chez moy un chat guestant un oyseau au haut d'un arbre, et, s'estant fichez la veuë ferme l'un contre l'autre quelque espace de temps, l'oyseau s'estre laissé choir comme mort entre les pates du chat, ou ennyvré par sa propre imagination, ou attiré par quelque force attractive du chat. Ceux qui ayment la volerie ont ouy faire le conte du fauconnier qui, arrestant obstinément sa veuë contre un milan en l'air, gageoit de la seule force de sa veuë le ramener contre-bas; et le faisoit, à ce qu'on dit. Car les Histoires que j'emprunte, je les renvoye sur la conscience de ceux de qui je les prens.

// Les discours sont à moy, et se tiennent par la preuve de la raison, non de l'experience; chacun y peut joindre ses exemples : et qui n'en a point, qu'il ne laisse pas de croire qu'il en est, veu le nombre et varieté des accidens.

/// Si je ne comme [30] bien, qu'un autre comme pour moy. Aussi en l'estude que je traitte de noz mœurs et mouvemens, les tesmoignages fabuleux, pourveu qu'ils soient possibles, y servent comme les vrais. Advenu ou non advenu, à Paris ou à Rome, à Jean ou à Pierre, c'est tousjours un tour de l'humaine capacité, duquel je suis utilement advisé par ce recit. Je le voy et en fay mon profit egalement en ombre que en corps. Et aux diverses leçons qu'ont souvent les histoires, je prens à me servir de celle qui est la plus rare et memorable. Il y a des autheurs desquels la fin c'est dire les evenements. La mienne, si j'y

sçavoye advenir, seroit dire sur ce qui peut advenir. Il est
justement permis aux escholes de supposer des similitudes,
quand ilz n'en ont point. Je n'en fay pas ainsi pourtant, et
surpasse de ce costé là en religion superstitieuse toute foy
historiale [31]. Aux exemples que je tire ceans, de ce que jay
ouï, faict ou dict, je me suis defendu d'oser alterer jusques
aux plus legieres et inutiles circonstances. Ma conscience
ne falsifie pas un iota, ma science je ne sçay. Sur ce propos,
j'entre par fois en pensée qu'il puisse assez bien convenir
à un Theologien, à un philosophe, et telles gens d'exquise
et exacte conscience et prudence, d'escrire l'histoire. Comment peuvent ils engager leur foy sur une foy populaire ?
Comment respondre des pensées de personnes incognues
et donner pour argent contant leurs conjectures ? Des
actions à divers membres [32], qui se passent en leur presence,
ils refuseroient d'en rendre tesmoignage, assermentez par
un juge ; et n'ont homme si familier, des intentions duquel
ils entreprennent de pleinement respondre. Je tiens moins
hazardeux d'escrire les choses passées que presentes ;
d'autant que l'escrivain n'a à rendre compte que d'une
verité empruntée. Aucuns me convient d'escrire les affaires
de mon temps, estimans que je les voy d'une veuë moins
blessée de passion qu'un autre, et de plus près, pour l'accez
que fortune m'a donné aux chefs de divers partis. Mais ils
ne disent pas que, pour la gloire de Salluste, je n'en pren-
droys pas la peine ; ennemy juré d'obligation, d'assiduité,
de constance ; qu'il n'est rien si contraire à mon stile qu'une
narration estendue : je me recouppe si souvent à faute
d'haleine, je n'ay ny composition, ny explication [33] qui
vaille, ignorant au-delà d'un enfant des frases et vocables
qui servent aux choses plus communes ; pourtant ay-je
prins à dire ce que je sçay dire, accommodant la matiere à
ma force ; si j'en prenois qui me guidast, ma mesure pourroit faillir à la sienne ; que [34] ma liberté, estant si libre,
j'eusse publié des jugemens, à mon gré mesme et selon
raison, illegitimes et punissables. Plutarche nous diroit
volontiers de ce qu'il en a faict, que c'est l'ouvrage d'autruy
que ses exemples soient en tout et pour tout veritables ;
qu'ils soient utiles à la posterité, et presentez d'un lustre
qui nous esclaire à la vertu, que c'est son ouvrage. Il n'est
pas dangereux, comme en une drogue medicinale, en un
compte ancien, qu'il soit ainsin ou ainsi.

CHAPITRE XXII

LE PROFIT DE L'UN EST DOMMAGE DE L'AULTRE

/ Demades, Athenien, condamna un homme de sa ville, qui faisoit mestier de vendre les choses necessaires aux enterremens, soubs tiltre de ce qu'il en demandoit trop de profit, et que ce profit ne luy pouvoit venir sans la mort de beaucoup de gens. Ce jugement semble estre mal pris, d'autant qu'il ne se fait aucun profit qu'au dommage d'autruy, et qu'à ce conte il faudroit condamner toute sorte de guein.

Le marchand ne fait bien ses affaires qu'à la débauche de la jeunesse; le laboureur, à la cherté des bleds; l'architecte, à la ruine des maisons; les officiers de la justice, aux procez et querelles des hommes; l'honneur mesme et pratique des ministres de la religion se tire de nostre mort et de nos vices. Nul medecin ne prent plaisir à la santé de ses amis mesmes, dit l'ancien Comique Grec, ny soldat à la paix de sa ville : ainsi du reste. Et qui pis est, que chacun se sonde au dedans, il trouvera que nos souhaits interieurs pour la plus part naissent et se nourrissent aux depens d'autruy.

Ce que considerant, il m'est venu en fantasie, comme nature ne se dement point en cela de sa generale police, car les Physiciens tiennent que la naissance, nourrissement et augmentation de chaque chose, est l'alteration et corruption d'un'autre :

Nam quodcumque suis mutatum finibus exit,
Continuo hoc mors est illius, quod fuit ante [1].

CHAPITRE XXIII

DE LA COUSTUME ET DE NE CHANGER AISÉMENT
UNE LOY RECEÜE

/ Celuy me semble avoir très-bien conceu la force de la coustume, qui premier forgea ce conte, qu'une femme de village, ayant apris de caresser et porter entre ses bras un veau dès l'heure de sa naissance, et continuant tousjours à ce faire, gaigna cela par l'accoustumance, que tout grand beuf qu'il estoit, elle le portoit encore. Car c'est à la verité une violente et traistresse maistresse d'escole que la coustume. Elle establit en nous, peu à peu, à la desrobée, le pied de son authorité; mais par ce doux et humble commencement, l'ayant rassis et planté avec l'ayde du temps, elle nous descouvre tantost un furieux et tyrannique visage, contre lequel nous n'avons pas la liberté de hausser seulement les yeux. Nous luy voyons forcer tous les coups les reigles de nature. /// « *Usus efficacissimus rerum omnium magister* [1]. »

/ J'en croy /// l'antre de Platon en sa *Republique*, et croy / les medecins, qui quitent si souvent à son authorité les raisons de leur art; et ce Roy [2] qui, par son moyen, rengea [3] son estomac à se nourrir de poison; et la fille qu'Albert recite s'estre accoustumée à vivre d'araignées.

// Et en ce monde des Indes nouvelles on trouva des grands peuples et en fort divers climats, qui en vivoient, en faisoient provision, et les apastoient, comme aussi des sauterelles, formiz, laizards, chauvessouriz, et fut un crapault vendu six escus en une necessité de vivres; ils les cuisent et apprestent à diverses sauces. Il en fut trouvé d'autres ausquels noz chairs et noz viandes estoyent mortelles et venimeuses. /// « *Consuetudinis magna vis est. Pernoctant venatores in nive; in montibus uri se patiuntur. Pugiles cæstibus contusi ne ingemiscunt quidem* [4]. »

Ces exemples estrangers ne sont pas estranges, si nous considerons, ce que nous essayons ordinairement, combien l'accoustumance hebete nos sens. Il ne nous faut pas aller cercher ce qu'on dit des voisins des cataractes du Nil[5], et ce que les philosophes estiment de la musique celeste, que les corps de ces cercles, estant solides et venant à se lescher et frotter l'un à l'autre en roullant, ne peuvent faillir de produire une merveilleuse harmonie, aux couppures[6] et nuances[7] de la quelle se manient les contours et changemens des caroles[8] des astres; mais qu'universellement les ouïes[9] des creatures, endormies comme celles des Ægiptiens par la continuation de ce son, ne le peuvent appercevoir[10], pour grand qu'il soit. Les mareschaux, meulniers, armuriers ne sçauroient durer au bruit qui les frappe, s'ils s'en estonnoient comme nous. Mon collet de fleur sert à mon nez, mais, après que je m'en suis vestu trois jours de suitte, il ne sert qu'aux nez assistants. Cecy est plus estrange, que, nonobstant des longs intervalles et intermissions, l'accoustumance puisse joindre et establir l'effect de son impression sur noz sens; comme essayent les voisins des clochiers. Je loge chez moy en une tour où, à la diane et à la retraitte, une fort grosse cloche sonne tous les jours l'*Ave Maria*. Ce tintamarre effraye ma tour mesme; et, aux premiers jours me semblant insupportable, en peu de temps m'apprivoise, de maniere que je l'oy sans offense et souvent sans m'en esveiller.

Platon tansa un enfant qui jouoit aux noix. Il luy respondit : « Tu me tanses de peu de chose. — L'accoustumance, repliqua Platon, n'est pas chose de peu. »

Je trouve que nos plus grands vices prennent leur ply de nostre plus tendre enfance, et que nostre principal gouvernement est entre les mains des nourrices. C'est passetemps aux meres de veoir un enfant tordre le col à un poulet et s'esbatre à blesser un chien et un chat; et tel pere est si sot de prendre à bon augure d'une ame martiale, quand il voit son fils gourmer injurieusement[11] un païsant ou un laquay qui ne se defend point, et à gentillesse, quand il le void affiner[12] son compagnon par quelque malicieuse desloyauté et tromperie. Ce sont pourtant les vrayes semences et racines de la cruauté, de la tyrannie, de la trahyson; elles se germent là, et s'eslevent après gaillardement, et profittent à force entre les mains de la coustume. Et est une très dangereuse institution d'excuser ces villaines inclinations par la foiblesse de l'aage et legiereté du subjet. Premierement, c'est nature qui parle, de qui la voix est lors plus pure et plus forte qu'elle est plus gresle. Secondement, la laideur de la piperie ne despend pas de la difference des escus aux

esplingues [13]. Elle despend de soy. Je trouve bien plus juste
de conclurre ainsi : « Pourquoy ne tromperoit il aux escus,
puisqu'il trompe aux esplingues ? » que, comme ils font :
« Ce n'est qu'aux esplingues, il n'auroit garde de le faire
aux escus. » Il faut apprendre soigneusement aux enfans
de haïr les vices de leur propre contexture [14], et leur en faut
apprendre la naturelle difformité, à ce qu' [15] ils les fuient,
non en leur action seulement, mais sur tout en leur cœur;
que la pensée mesme leur en soit odieuse, quelque masque
qu'ils portent. Je sçay bien que, pour m'estre duict en
ma puerilité [16] de marcher tousjours mon grand et plein
chemin, et avoir eu à contrecœur de mesler ny tricotterie [17],
ny finesse à mes jeux enfantins (comme de vray il faut
noter que les jeux des enfans ne sont pas jeux, et les faut
juger en eux comme leurs plus serieuses actions), il n'est
passetemps si leger où je n'apporte du dedans, d'une pro-
pension naturelle, et sans estude, une extreme contradiction [18] à tromper. Je manie les cartes pour les doubles [19] et
tiens compte, comme pour les doubles doublons [20], lors que
le gaigner et le perdre contre ma femme et ma fille m'est
indifferent, comme lors qu'il y va de bon. En tout et par
tout il y a assés de mes yeux à me tenir en office; il n'y
en a point qui me veillent de si près, ny que je respecte plus.
/ Je viens de voir chez moy un petit homme natif de
Nantes, né sans bras, qui a si bien façonné ses pieds au
service que luy devoyent les mains, qu'ils en ont à la verité
à demy oublié leur office naturel. Au demourant il les
nomme ses mains, il trenche, il charge un pistolet et le
lâche, il enfille son eguille, il coud, il escrit, il tire le bonnet,
il se peigne, il joüe aux cartes et aux dez, et les remue avec
autant de dexterité que sçauroit faire quelqu'autre; l'argent
que je luy ay donné (car il gaigne sa vie à se faire voir);
il l'a emporté en son pied, comme nous faisons en nostre
main. J'en vy un autre, estant enfant, qui manioit un'espée
à deux mains et un'hallebarde, du pli du col, à faute de
mains, les jettoit en l'air et les reprenoit, lançoit une dague,
et faisoit craqueter un foët aussi bien que charretier de
France.
Mais on decouvre bien mieux ses effets aux estranges
impressions qu'elle fait en nos ames, où elle ne trouve pas
tant de resistance. Que ne peut elle en nos jugemens et en
nos creances ? Y a il opinion si bizarre (je laisse à part la
grossiere imposture des religions, dequoy tant de grandes
nations et tant de suffisans personnages se sont veus enyvrez; car cette partie estant hors de nos raisons humaines,

il est plus excusable de s'y perdre, à qui n'y est extraordinairement esclairé par faveur divine), mais d'autres opinions y en a il de si estranges, qu'elle n'aye planté et estably par loix és regions que bon luy a semblé ? /// Et est très-juste cette ancienne exclamation : « *Non pudet physicum, id est speculatorem venatoremque naturæ, ab animis consuetudine imbutis quærere testimonium veritatis* [21]. »

// J'estime qu'il ne tombe en l'imagination humaine aucune fantasie si forcenée qui ne rencontre l'exemple de quelque usage public, et par consequent que nostre discours n'estaie et ne fonde. Il est des peuples où on tourne le doz à celuy qu'on salue, et ne regarde l'on jamais celuy qu'on veut honorer. Il en est où, quand le Roy crache, la plus favorie des dames de sa Cour tend la main ; et en autre nation les plus apparents [22] qui sont autour de luy, se baissent à terre pour amasser en du linge son ordure.

/// Desrobons icy la place d'un conte. Un Gentilhomme François se mouchoit tousjours de sa main ; chose très-ennemie de nostre usage. Defendant là-dessus son faict (et estoit fameux en bonnes rencontres [23]) il me demanda quel privilege avoit ce salle excrement que nous allassions lui apprestant un beau linge delicat à le recevoir, et puis, qui plus est, à l'empaqueter et serrer soigneusement sur nous ; que cela devoit faire plus de horreur et de mal au cœur, que de le voir verser où que ce fust, comme nous faisons tous autres excremens. Je trouvay qu'il ne parloit pas du tout sans raison ; et m'avoit la coustume osté l'appercevance de cette estrangeté, laquelle pourtant nous trouvons si hideuse, quand elle est recitée d'un autre païs.

Les miracles sont selon l'ignorance en quoy nous sommes de la nature, non selon l'estre de la nature. L'assuefaction [24] endort la veuë de nostre jugement. Les barbares ne nous sont de rien plus merveilleux, que nous sommes à eux, ny avec plus d'occasion ; comme chacun advoüeroit, si chacun sçavoit, après s'estre promené par ces nouveaux exemples, se coucher sur les propres [25] et les conferer sainement. La raison humaine est une teinture infuse environ de pareil pois à toutes nos opinions et mœurs, de quelque forme qu'elles soient : infinie en matiere, infinie en diversité. Je m'en retourne. Il est des peuples // où sauf sa femme et ses enfans aucun ne parle au Roy que par sarbatane [26]. En une mesme nation, et les vierges montrent à descouvert leurs parties honteuses, et les mariées les couvrent et cachent soigneusement ; à quoy cette autre coustume qui est ailleurs a quelque relation : la chasteté n'y est en pris que pour le service du mariage, car les filles se peuvent abandonner à leur poste, et, engroissées, se faire avorter par medicamens propres, au veu d'un chacun. Et ailleurs, si c'est un marchant qui se marie, tous les marchans conviez à la nopce couchent avec l'espousée avant luy; et plus il y en a, plus a elle d'honneur et de recommandation de fermeté et de capacité; si un officier se marie, il en va de mesme; de mesme si c'est un noble, et ainsi des autres, sauf si c'est un laboureur ou quelqu'un du bas peuple : car lors c'est au Seigneur à faire; et si, on ne laisse pas d'y recommander estroitement la loyauté, pendant le mariage. Il en est où il se void des bordeaux publicz de masles, voire et des mariages; où les femmes vont à la guerre quand et leurs maris, et ont rang, non au combat seulement, mais aussi au commandement. Où non seulement les bagues se portent au nez, aux levres, aux joues, et aux orteils des pieds, mais des verges d'or bien poisantes au travers des tetins et des fesses. Où en mangeant on s'essuye les doigts aux cuisses et à la bourse des genitoires et à la plante des pieds. Où les enfans se sont pas heritiers, ce sont les freres et nepveux; et ailleurs les nepveux seulement, sauf en la succession du Prince. Où pour reigler la communauté des biens, qui s'y observe, certains Magistrats souverains ont charge universelle de la culture des terres et de la distribution des fruits, selon le besoing d'un chacun. Où l'on pleure la mort des enfans et festoye l'on celle des vieillarts. Où ils couchent en des licts dix ou douze ensemble avec leurs femmes. Où les femmes qui perdent leurs maris par mort violente se peuvent remarier, les autres non. Où l'on estime si mal de la condition des femmes, qu'on y tuë les femelles qui y naissent, et achepte l'on des voisins des femmes pour le besoing. Où les maris peuvent repudier sans alleguer aucune cause les femmes, non pour cause quelconque. Où les maris ont loy de les vendre, si elles sont steriles. Où ils font cuire le corps du trespassé, et puis piler, jusques à ce qu'il se forme comme en bouillie, laquelle ils meslent à leur vin et la boivent. Où la plus desirable sepulture est d'estre mangé des chiens, ailleurs des oiseaux. Où l'on croit que les ames heureuses vivent en toute liberté, en des champs plaisans, fournis de toutes commoditez; et que ce sont elles qui font cet echo que nous oyons. Où ils combatent en l'eau, et tirent seurement de leurs arcs en nageant. Où, pour signe de subjection, il faut hausser les espaules et baisser la teste, et deschausser ses souliers quand on entre au logis du Roy. Où

les Eunuques qui ont les femmes religieuses en garde, ont
encore le nez et levres à dire [27], pour ne pouvoir estre
aymez; et les prestres se crevent les yeux pour accointer
leurs demons, et prendre les oracles. Où chacun faict un
Dieu de ce qui luy plaist, le chasseur d'un lyon ou d'un
renard, les pescheur de certain poisson, et des Idoles de
chaque action ou passion humaine; le soleil, la lune, et la
terre sont les dieux principaux; la forme de jurer, c'est
toucher la terre, regardant le soleil; et y mange l'on la
chair et le poisson crud. /// Où le grand serment, c'est
jurer le nom de quelque homme trespassé qui a esté en
bonne reputation au païs, touchant de la main sa tumbe.
Où les estrenes annuelles que le Roy envoye aux princes
ses vassaux, c'est du feu. L'ambassadeur qui l'apporte,
arrivant, l'ancien feu est esteint tout par tout en la maison.
Et de ce feu nouveau, le peuple despendant de ce prince
en doit venir prendre chacun pour soy, sur peine de crime
de leze majesté. Où quand le Roy, pour s'adonner du tout à
la devotion (comme ils font souvent), se retire de sa charge,
son premier successeur est obligé d'en faire autant, et passe
le droit du Royaume au troisieme successeur. Où l'on
diversifie la forme de la police, selon que les affaires le
requierent; on depose le Roy quand il semble bon, et substitue l'on des anciens à prendre le gouvernement de l'estat et
le laisse l'on par fois aussi ès mains de la commune. Où
hommes et femmes sont circoncis et pareillement baptisés.
Où le soldat qui en un ou divers combats est arrivé à presenter à son Roy sept testes d'ennemis, est faict noble.
// Où l'on vit soubs cette opinion si rare et incivile de la
mortalité des ames. Où les femmes s'accouchent sans
plaincte et sans effroy. /// Où les femmes en l'une et l'autre
jambe portent des greves [28] de cuivre; et, si un pouil les
mord, sont tenues par devoir de magnanimité de le
remordre; et n'osent espouser, qu'elles n'ayent offert à leur
Roy s'il veut de leur pucellage. // Où l'on saluë mettant
le doigt à terre, et puis le haussant vers le ciel. Où les
hommes portent les charges sur la teste, les femmes sur les
espaules; elles pissent debout, les hommes accroupis.
Où ils envoient de leur sang en signe d'amitié, et encensent
comme les Dieux les hommes qu'ils veulent honnorer.
Où non seulement jusques au quatriesme degré, mais en
aucun plus esloingné, la parenté n'est soufferte aux
mariages. Où les enfans sont quatre ans en nourrisse, et
souvent douze; et là mesme, il est estimé mortel de donner
à l'enfant à tetter tout le premier jour. Où les peres ont

charge du chastiment des masles; et les meres à part, des femelles; et est le chastiment de les fumer, pendus par les pieds. Où on faict circoncire les femmes. Où l'on mange toute sorte d'herbes, sans aucre discretion que de refuser celles qui leur semblent avoir mauvaise senteur. Où tout est ouvert, et les maisons pour belles et riches qu'elles soyent, sans porte, sans fenestre, sans coffre qui ferme; et sont les larrons doublement punis qu'ailleurs. Où ils tuent les pouils [29] avec les dents, comme les Magots, et trouvent horrible de les voir escacher [30] soubs les ongles. Où l'on ne couppe en toute la vie ny poil ni ongle; ailleurs où l'on ne couppe que les ongles de la droicte, celles de la gauche se nourrissent par gentillesse. /// Où ils nourrissent tout le poil du corps du costé droit, tant qu'il peut croistre, et tiennent ras le poil de l'autre costé. Et en voisines provinces celle icy nourrit le poil de devant, cette là le poil de derriere, et rasent l'opposite. // Où les peres prestent leurs enfans, les maris leurs femmes, à jouyr aux hostes, en payant. Où on peut honnestement faire des enfans à sa mère, les pere se mesler à leurs filles, et à leurs fils. /// Où, aux assemblées des festins, ils s'entreprestent les enfans les uns aux autres.

/ Icy on vit de chair humaine; là c'est office de pieté de tuer son pere en certain aage; ailleurs les peres ordonnent des enfans encore au ventre des meres, ceux qu'ils veulent estre nourris et conservez, et ceux qu'ils veulent estre abandonnez et tuez; ailleurs les vieux maris prestent leurs femmes à la jeunesse pour s'en servir; et ailleurs elles sont communes sans peché; voire en tel pays portent pour merque d'honneur autant de belles houpes frangées au bord de leurs robes, qu'elles ont accointé de masles. N'a pas faict la coustume encore une chose publique de femmes à part [31]? leur a elle pas mis les armes à la main? faict dresser des armées, et livrer des batailles? Et ce que toute la philosophie ne peut planter en la teste des plus sages, ne l'apprend elle pas de sa seule ordonnance au plus grossier vulgaire? car nous sçavons des nations entieres où non seulement la mort estoit mesprisée, mais festoyée, où les enfans de sept ans souffroyent à estre foëttez jusques à la mort, sans changer de visage; où la richesse estoit en tel mespris, que le plus chetif citoyen de la ville n'eust daigné baisser le bras pour amasser une bource d'escus. Et sçavons des regions très-fertiles en toutes façons de vivres, où toutefois les plus ordinaires mez et les plus savoureux, c'estoyent du pain, du nasitort [32] et de l'eau.

// Fit elle pas encore ce miracle en Cio [33], qu'il s'y passa
sept cens ans, sans memoire que femme ny fille y eust
faict faute à son honneur ?

/ Et somme, à ma fantaisie, il n'est rien qu'elle ne face,
ou qu'elle ne puisse; et avec raison l'appelle Pindarus, à
ce qu'on m'a dict, la Royne et Emperiere du monde.

/// Celuy qu'on rencontra battant son pere, respondit
que c'estoit la coustume de sa maison : que son pere avoit
ainsi batu son ayeul; son ayeul, son bisayeul; et, montrant
son fils : « Et cettuy-cy me battra quand il sera venu au
terme de l'aage où je suis. »

Et le pere que le fils tirassoit et sabouloit emmy la ruë,
luy commanda de s'arrester à certain huis; car luy n'avoit
trainé son pere que jusques là; que c'estoit la borne des
injurieux traitemens hereditaires que les enfans avoient en
usage faire aux peres en leur famille. Par coustume, dit
Aristote, aussi souvent que par maladie, des femmes
s'arrachent le poil, rongent leurs ongles, mangent des
charbons et de la terre; et autant par coustume que par
nature les masles se meslent aux masles.

Les loix de la conscience, que nous disons naistre de
nature, naissent de la coustume; chacun ayant en venera-
tion interne les opinions et mœurs approuvées et receuës
autour de luy, ne s'en peut desprendre sans remors, ny s'y
appliquer sans applaudissement.

// Quand ceux de Crete vouloyent au temps passé
maudire quelqu'un, ils prioyent les dieux de l'engager en
quelque mauvaise coustume.

/ Mais le principal effect de sa puissance, c'est de nous
saisir et empieter [34] de telle sorte, qu'à peine soit-il en nous
de nous r'avoir de sa prinse et de r'entrer en nous, pour
discourir et raisonner de ses ordonnances. De vray, parce
que nous les humons avec le laict de nostre naissance, et
que le visage du monde se presente en cet estat à nostre
premiere veuë, il semble que nous soyons nais à la condition
de suyvre ce train. Et les communes imaginations, que
nous trouvons en credit autour de nous et infuses en nostre
ame par la semence de nos peres, il semble que ce soyent
les generalles et naturelles.

/// Par où il advient que ce qui est hors des gonds de
coustume, on le croid hors des gonds de raison; Dieu sçait
combien desraisonnablement, le plus souvent. Si, comme
nous, qui nous estudions, avons apprins de faire, chascun
qui oit une juste sentence regardoit incontinent par où
elle luy appartient en son propre [35], chascun trouveroit que

cettecy n'est pas tant un bon mot, qu'un bon coup de foët à la bestise ordinaire de son jugement. Mais on reçoit les advis de la verité et ses preceptes comme adressez au peuple, non jamais à soy ; et, au lieu de les coucher sur ses mœurs, chascun les couche en sa memoire, très-sottement et très-inutilement. Revenons à l'empire de la coustume.

Les peuples nourris à la liberté et à se commander [36] eux mesmes, estiment toute autre forme de police monstrueuse et contre nature. Ceux qui sont duicts à la monarchie en font de mesme. Et quelque facilité que leur preste fortune au changement, lors mesme qu'ils se sont, avec grandes difficultez, deffaitz de l'importunité d'un maistre, ils courent à en replanter un nouveau avec pareilles difficultez, pour ne se pouvoir resoudre de prendre en haine la maistrise [37].

/ Darius demandoit à quelques Grecs pour combien ils voudroient prendre la coustume des Indes, de manger leurs peres trespassez (car c'estoit leur forme [38], estimans ne leur pouvoir donner plus favorable sepulture, que dans eux-mesmes), ils luy respondirent que pour chose du monde ils ne le feroient ; mais, s'estant aussi essayé de persuader aux Indiens de laisser leur façon et prendre celle de Grece, qui estoit de brusler les corps de leurs peres, il leur fit encore plus d'horreur. Chacun en fait ainsi, d'autant que l'usage nous desrobbe le vray visage des choses,

> *Nil adeo magnum, nec tam mirabile quicquam*
> *Principio, quod non minuant mirarier omnes*
> *Paulatim* [39].

Autrefois, ayant à faire valoir quelqu'une de nos observations [40], et receüe avec resolue authorité bien loing autour de nous, et ne voulant point, comme il se faict, l'establir seulement par la force des loix et des exemples, mais questant tousjours jusques à son origine, j'y trouvai le fondement si foible, qu'à peine que je ne m'en dégoutasse, moy qui avois à la confirmer en autruy.

/// C'est cette recepte, de quoy Platon entreprend de chasser les amours desnaturées de son temps, qu'il estime souveraine et principale : assavoir que l'opinion publique les condamne, que les poëtes, que chacun en face des mauvais comptes. Recepte par le moyen de laquelle les plus belles filles n'attirent plus l'amour des peres, ny les freres plus excellens en beauté l'amour des sœurs, les fables mesmes de Thyestes, d'Œdipus, de Macareus ayant, avec le plaisir de leur chant, infus cette utile creance en la tendre cervelle des enfans.

De vrai, la pudicité est une belle vertu, et de laquelle l'utilité est assez connuë; mais de la traitter et faire valoir selon nature, il est autant mal-aysé, comme il est aisé de la faire valoir selon l'usage, les loix et les preceptes. Les premieres et universelles raisons sont de difficile perscrutation. Et les passent noz maistres en escumant, ou, ne les osant pas seulement taster, se jettent d'abordée dans la franchise de la coustume, où ils s'enflent et triomphent à bon compte. Ceux qui ne se veulent laisser tirer hors de cette originelle source faillent encore plus et s'obligent à des opinions sauvages, comme Chrysippus qui sema en tant de lieux de ses escrits le peu de compte en quoy il tenoit les conjonctions incestueuses, quelles qu'elles fussent. / Qui voudra se desfaire de ce violent prejudice [41] de la coustume, il trouvera plusieurs choses receues d'une resolution indubitable, qui n'ont appuy qu'en la barbe chenue et rides de l'usage qui les accompaigne; mais, ce masque arraché, rapportant les choses à la verité et à la raison, il sentira son jugement comme tout bouleversé, et remis pourtant en bien plus seur estat. Pour exemple, je luy demanderay lors, quelle chose peut estre plus estrange, que de voir un peuple obligé à suivre des loix qu'il n'entendit onques, attaché en tous ses affaires domestiques, mariages, donations, testamens, ventes et achaps, à des regles qu'il ne peut sçavoir, n'estant escrites ny publiées en sa langue, et desquelles par necessité il luy faille acheter l'interpretation et l'usage ? /// non selon l'ingenieuse opinion d'Isocrates, qui conseille à son Roy de rendre les trafiques et negociations de ses subjects libres, franches et lucratives, et leurs debats et querelles onereuses, les chargeant de poisans subsides; mais selon une opinion monstrueuse, de mettre en trafique la raison mesme et donner aux lois cours de marchandise. / Je sçay bon gré à la fortune, dequoy, comme disent nos historiens, ce fut un Gentil'homme Gascon et de mon pays, qui le premier s'opposa à Charlemaigne nous voulant donner les loix Latines et Imperiales. Qu'est-il plus farouche que de voir une nation, où par legitime coustume la charge de juger se vende, et les jugemens soyent payez à purs deniers contans, et où legitimement la justice soit refusée à qui n'a dequoy la payer, et aye cette marchandise si grand credit, qu'il se face en une police un quatriesme estat, de gens maniants les procés, pour le joindre aux trois anciens, de l'Eglise, de la Noblesse et du Peuple ? lequel estat, ayant la charge des loix et souveraine authorité des biens et des vies, face un corps à part de celuy de la noblesse; d'où il avienne qu'il y ayt doubles loix, celles de l'honneur, et celles de la justice, en plusieurs choses fort contraires, (aussi rigoureusement condamnent celles-là un démanti souffert, comme celles icy un démanti revanché); par le devoir des armes, celuy-là soit degradé d'honneur et de noblesse, qui souffre une injure, et, par le devoir civil, celuy qui s'en venge, encoure une peine capitale (qui s'adresse aux loix, pour avoir raison d'une offence faite à son honneur, il se deshonnore; et qui ne s'y adresse, il en est puny et chastié par les loix); et, de ces deux pieces [42] si diverses se raportant toutesfois à un seul chef [43], ceux-là ayent la paix, ceux-cy la guerre en charge; ceux-là ayent le gaing, ceux-cy l'honneur; ceux-là le sçavoir, ceux-cy la vertu; ceux-là la parole, ceux-cy l'action; ceux-là la justice, ceux-cy la vaillance; ceux-là la raison, ceux-cy la force; ceux-là la robbe longue, ceux-cy la courte en partage.

Quand aux choses indifferentes, comme vestemens, qui les voudra ramener à leur vraye fin, qui est le service et commodité du corps, d'où dépend leur grace et bien seance originelle, pour les plus monstrueux à mon gré qui se puissent imaginer, je luy donray entre autres nos bonnets carrez, cette longue queuë de veloux plissé qui pend aux testes de nos femmes avec son attirail bigarré et ce vain modelle et inutile d'un membre que nous ne pouvons seulement honnestement nommer, duquel toutesfois nous faisons montre et parade en public. Ces considerations ne destournent pourtant pas un homme d'entendement de suivre le stille commun; ains, au rebours, il me semble que toutes façons escartées et particulieres partent plustost de folie ou d'affectation ambitieuse, que de vraye raison; et que le sage doit au dedans retirer son ame de la presse, et la tenir en liberté et puissance de juger librement des choses; mais, quant au dehors, qu'il doit suivre entierement les façons et formes receues. La société publique n'a que faire de nos pensées; mais le demeurant, comme nos actions, nostre travail, nos fortunes et nostre vie propre, il la faut préter et abandonner à son service et aux opinions communes, comme ce bon et grand Socrates refusa de sauver sa vie par la desobeissance du magistrat, voire d'un magistrat très-injuste et très-inique. Car c'est la regle des regles, et generale loy des loix, que chacun observe celles du lieu où il est :

Νόμοις ἕπεσθαι τοῖσιν ἐγχώροις καλόν [44].

En voicy d'un' autre cuvée. Il y a grand doute, s'il se
peut trouver si evident profit au changement d'une loy
receue, telle qu'elle soit, qu'il y a de mal à la remuer, d'autant qu'une police, c'est comme un bastiment de diverses
pieces jointes ensemble, d'une telle liaison, qu'il est impossible d'en esbranler une que tout le corps ne s'en sente.
Le legislateur des Thuriens [45] ordonna que quiconque
voudroit ou abolir une des vieilles loix, ou en establir une
nouvelle, se presenteroit au peuple la corde au col; afin
que si la nouvelleté n'estoit approuvée d'un chacun, il fut
incontinent estranglé. Et celuy de Lacedemone [46] employa
sa vie pour tirer de ses citoyens une promesse asseurée de
n'enfraindre aucune de ses ordonnances. L'ephore qui
coupa si rudement les deux cordes que Phrinys avoit
adjousté à la musique, ne s'esmaie [47] pas si elle en vaut
mieux, ou si les accords en sont mieux remplis; il luy suffit
pour les condamner que ce soit une alteration de la vieille
façon. C'est ce que signifioit cette espée roüillée de la justice de Marseille.

// Je suis desgousté de la nouvelleté, quelque visage
qu'elle porte, et ay raison, car j'en ay veu des effets très-
dommageables. Celle qui nous presse depuis tant d'ans [48],
elle n'a pas tout exploicté [49], mais on peut dire avec apparence [50], que par accident elle a tout produict et engendré,
voire et les maux et ruines qui se font depuis sans elle, et
contre elle; c'est à elle à s'en prendre au nez,

Heu patior telis vulnera facta meis [51].

Ceux qui donnent le branle à un estat sont volontiers les
premiers absorbez en sa ruyne. /// Le fruict du trouble ne
demeure guere à celuy qui l'a esmeu; il bat et brouille
l'eaue pour d'autres pescheurs. // La liaison et contexture
de cette monarchie et ce grand bastiment ayant été desmis
et dissout, notamment sur ses vieux ans, par elle, donne
tant qu'on veut d'ouverture et d'entrée à pareilles injures.
/// La majesté royale, dict un ancien, s'avale plus difficile-
ment du sommet au milieu qu'elle ne se precipite du milieu
à fons.

Mais si les inventeurs sont plus dommageables, les imi-
tateurs sont plus vicieux, de se jetter en des exemples,
desquels ils ont senty et puny l'horreur et le mal. Et s'il y
a quelque degré d'honneur, mesmes au mal faire, ceux-cy

doivent aux autres la gloire de l'invention et le courage du premier effort.

// Toutes sortes de nouvelle desbauche puisent heureusement en cette premiere et fœconde source les images et patrons à troubler nostre police. On lict en nos loix mesmes, faites pour le remede de ce premier mal, l'aprentissage et l'excuse de toute sorte de mauvaises entreprises; et nous advient, ce que Thucidides dict des guerres civiles de son temps, qu'en faveur des vices publiques on les battisoit de mots nouveaux plus doux, pour leur excuse, abastardissant et amolissant leurs vrais titres. C'est pourtant pour reformer nos consciences et nos creances. « *Honesta oratio est* [52]. » Mais le meilleur pretexte de nouvelleté est très-dangereux : /// « *adeo nihil motum ex antiquo probabile est* [53] ». // Si me semble-il, à le dire franchement, qu'il y a grand amour de soy et presomption, d'estimer ses opinions jusque-là que, pour les establir, il faille renverser une paix publique et introduire tant de maux inévitables et une si horrible corruption de meurs que les guerres civiles apportent, et les mutations d'estat, en chose de tel pois; et les introduire en son pays propre. /// Est-ce pas mal mesnagé, d'advancer tant de vices certains et cognus, pour combattre des erreurs contestées et debatables ? Est-il quelque pire espece de vice, que ceux qui choquent la propre conscience et naturelle cognoissance ?

Le Senat osa donner en payement cette deffaitte, sur le different d'entre luy et le peuple, pour le ministere de leur religion : « *Ad deo id magis quam ad se pertinere, ipsos visuros ne sacra sua polluantur* [54] », conforméement à ce que respondit l'oracle à ceux de Delphes en la guerre Medoise [55]. Craignans l'invasion des Perses, ils demanderent au Dieu ce qu'ils avoient à faire des tresors ascrez de son temple, ou les cacher, ou les emporter. Il leur respondit qu'ils ne bougeassent rien; qu'ils se soignassent d'eux; qu'il estoit suffisant pour pourvoir à ce qui luy estoit propre.

// La religion Chestienne a toutes les marques d'extreme justice et utilité; mais nulle plus apparente, que l'exacte recommandation de l'obeissance du Magistrat et manutention [56] des polices. Quel merveilleux exemple nous en a laissé la sapience divine, qui, pour establir le salut du genre humain et conduire cette sienne glorieuse victoire contre la mort et le peché, ne l'a voulu faire qu'à la mercy de nostre ordre politique; et a soubmis son progrez, et la conduicte d'un si haut effect et si salutaire, à l'aveuglement et injustice de nos observations et usances [57], y laissant courir le sang innocent de tant d'esleuz ses favoriz, et souffrant une longue perte d'années à meurir ce fruict inestimable.

Il y a grand à dire, entre la cause de celui qui suyt les formes et les loix de son pays, et celui qui entreprend de les regenter et changer. Celuy là allegue pour son excuse la simplicité, l'obeissance et l'exemple; quoy qu'il face, ce ne peut estre malice, c'est, pour le plus, malheur. /// « *Quis est enim quem non moveat clarissimis monumentis testata consignataque antiquitas* [58] ? »

Outre ce que dict Isocrates, que la defectuosité a plus de part à la moderation que n'a l'excès. // L'autre est en bien plus rude party, car qui se mesle de choisir et de changer, usurpe l'authorité de juger, et se doit faire fort de voir la faute de ce qu'il chasse, et le bien de ce qu'il introduit. /// Cette si vulgaire consideration m'a fermi en mon siege, et tenu ma jeunesse mesme, plus temeraire, en bride : de ne charger mes espaules d'un si lourd faix, que de me rendre respondant d'une science de telle importance, et oser en cette cy ce qu'en sain jugement je ne pourroy oser en la plus facile de celles ausquelles on m'avoit instruit, et ausquelles la temerité de juger est de nul prejudice; me semblant très-inique de vouloir sousmettre les constitutions et observances publiques et immobiles à l'instabilité d'une privée fantasie (la raison privée n'a qu'une jurisdiction privée) et entreprendre sur les loix divines ce que nulle police ne supporteroit aux civiles, ausquelles encore que l'humaine raison aye beaucoup plus de commerce, si sont elles souverainement juges de leurs juges; et l'extreme suffisance sert à expliquer et estendre l'usage qui en est receu, non à le destourner et innover. Si quelques fois la Providence divine a passé par-dessus les regles ausquelles elle nous a necessairement astreints, ce n'est pas pour nous en dispenser. Ce sont coups de sa main divine, qu'il nous faut, non pas imiter, mais admirer, et exemples extraordinaires, marquez d'un exprez et particulier adveu, du genre des miracles qu'elle nous offre, pour tesmoignage de sa toute puissance, au-dessus de noz ordres et de noz forces, qu'il est folie et impieté d'essayer à representer [59], et que nous ne devons pas suivre, mais contempler avec estonnement. Actes de son personnage, non pas du nostre.

Cotta proteste bien opportunement [60] : « *Quum de religione agitur T. Coruncanium, P. Scipionem, P. Scævolam, pontifices maximos, non Zenonem aut Cleanthem aut Chrysippum sequor.* »

// Dieu le sçache, en nostre presente querelle, où il y a cent articles à oster et remettre, grands et profonds articles, combien ils sont qui se puissent vanter d'avoir exactement recogneu les raisons et fondements de l'un et l'autre party ? C'est un nombre, si c'est nombre, qui n'auroit pas grand moyen de nous troubler. Mais toute cette autre presse, où va elle ? soubs quelle enseigne se jette elle ? Il advient de la leur, comme des autres medecines foibles et mal appliquées ; les humeurs qu'elle vouloit purger en nous, elle les a eschaufées, exasperées et aigries par le conflict, et si nous est demeurée dans le corps. Elle n'a sceu nous purger par sa foiblesse, et nous a cependant affoiblis, en maniere que nous ne la pouvons vuider non plus, et ne recevons de son operation que des douleurs longues et intestines.

/ Si est-ce que la fortune, reservant tousjours son authorité au-dessus de nos discours, nous presente aucunefois la necessité si urgente, qu'il est besoing que les loix luy facent quelque place.

// Et quand on resiste à l'accroissance d'une innovation qui vient par violence à s'introduire, de se tenir, en tout et par tout, en bride et en reigle contre ceux qui ont la clef des champs, ausquels tout cela est loisible qui peut avancer leur dessein, qui n'ont ny loy ny ordre que de suyvre leur advantage, c'est une dangereuse obligation et inequalité : /// « *Aditum nocendi perfido præstat fides* [61]. » // D'autant que la discipline ordinaire d'un Estat qui est en sa santé ne pourvoit pas à ces accidens extraordinaires ; elle presuppose un corps qui se tient en ses principaux membres et offices, et un commun consentement à son observation et obeïssance. /// L'aller [62] legitime est un aller froid, poisant et contraint, et n'est pas pour tenir bon à un aller licentieux et effrené.

/ On sçait qu'il est encore reproché à ces deux grands personnages, Octavius et Caton, aux guerres civiles l'un de Sylla, l'autre de Cesar, d'avoir plustost laissé encourir toutes extremitez à leur patrie, que de la secourir aux despens de ses loix et que de rien remuer. Car, à la verité, en ces dernieres necessitez où il n'y a plus que tenir [63], il seroit à l'avanture plus sagement fait de baisser la teste et prester un peu au coup, que, s'ahurtant [64] outre la possibilité à ne rien relascher, donner occasion à la violance de fouler tout aux pieds ; et vaudroit mieux faire vouloir aux loix ce qu'elles peuvent, puis qu'elles ne peuvent ce qu'elles veulent. Ainsi feit celuy [65] qui ordonna qu'elles

dormissent vint et quatre heures, et celuy [66] qui remua
pour cette fois un jour du calendrier, et cet autre qui du
mois de Juin fit le second May. Les Lacedemoniens
mesmes, tant religieux observateurs des ordonnances de
leur païs, estans pressez de leur loy qui defendoit d'eslire
par deux fois Admiral un mesme personnage, et de l'autre
part leurs affaires requerans de toute necessité que Lysander print de rechef cette charge, ils firent bien un Aracus
Admiral, mais Lysander surintendant de la marine. Et de
mesme subtilité, un de leurs ambassadeurs, estant envoyé
vers les Atheniens pour obtenir le changement de quelqu'ordonnance, et Pericles luy alleguant qu'il estoit
defendu d'oster le tableau où une loy estoit une fois posée,
luy conseilla de le tourner seulement, d'autant que cela
n'estoit pas defendu. C'est ce dequoy Plutarque loue Phi-
lopæmen, qu'estant né pour commander, il sçavoit non
seulement commander selon les loix, mais aux lois mesme,
quand la necessité publique le requeroit.

CHAPITRE XXIV

DIVERS EVENEMENS DE MESME CONSEIL

/ Jacques Amiot, grand Aumosnier de France, me recita
un jour cette Histoire à l'honneur d'un Prince des nostres
(et nostre estoit-il à très-bonnes enseignes, encore que son
origine fut estrangere [1]), que durant nos premiers troubles,
au siege de Roüan, ce Prince ayant esté adverti par la
Royne, mère du Roy, d'une entreprinse qu'on faisoit sur
sa vie, et instruit particulierement par ses lettres de celuy
qui la devoit conduire à chef [2], qui estoit un gentil'homme
Angevin ou Manceau, frequentant lors ordinairement pour
cet effect la maison de ce Prince, il ne communiqua à
personne cet advertissement; mais, se promenant l'ende-
main au mont saincte Catherine, d'où se faisoit nostre
baterie à Roüan (car c'estoit au temps que nous la tenions
assiegée), ayant à ses costez ledit Seigneur grand Aumosnier et un autre Evesque, il aperceut ce gentil'homme qui
lui avoit esté remarqué [3], et le fit appeller. Comme il fut
en sa presence, il luy dict ainsi, le voyant desjà pallir et
fremir des alarmes de sa conscience : « Monsieur de tel
lieu, vous vous doutez bien de ce que je vous veux, et
vostre visage le montre. Vous n'avez rien à me cacher, car
je suis instruict de vostre affaire si avant, que vous ne
feriez qu'empirer vostre marché d'essayer à le couvrir.
Vous sçavez bien telle chose et telle (qui estoyent les
tenans et aboutissans des plus secretes pieces de cette
menée); ne faillez sur vostre vie à me confesser la verité de
tout ce dessein. » Quand ce pauvre homme se trouva pris
et convaincu (car le tout avoit esté descouvert à la Royne
par l'un des complisses), il n'eust qu'à joindre les mains et
requerir la grace et misericorde de ce Prince, aux pieds
duquel il se voulut jetter; mais il l'en garda, suyvant ainsi
son propos : « Venez çà; vous ay-je autres-fois fait desplaisir ? ay-je offencé quelqu'un des vostres par haine par-

ticuliere ? Il n'y a pas trois semaines que je vous congnois, quelle raison vous a peu mouvoir à entreprendre ma mort ? » Le gentil'homme respondit à cela d'une voix tremblante, que ce n'estoit aucune occasion particuliere qu'il en eust, mais l'interest de la cause generale de son party; et qu'aucuns luy avoyent persuadé que ce seroit une execution pleine de pieté, d'extirper, en quelque maniere que ce fut, un si puissant ennemy de leur religion. « Or, suyvit ce Prince, je vous veux montrer combien la religion que je tiens est plus douce que celle dequoy vous faictes profession. La vostre vous a conseillé de me tuer sans m'ouir, n'ayant receu de moy aucune offence; et la mienne me commande que je vous pardonne, tout convaincu que vous estes de m'avoir voulu homicider sans raison. Allez vous en, retirez vous, que je ne vous voye plus icy; et, si vous estes sage, prenez doresnavant en voz entreprinses des conseillers plus gens de bien que ceux là. »

L'Empereur Auguste, estant en la Gaule, receut certain advertissement d'une conjuration que luy brassoit Lucius Cinna; il delibera de s'en venger, et manda pour cet effect au lendemain le Conseil de ses amis; mais la nuict d'entredeux il la passa avec grande inquietude, considerant qu'il avoit à faire mourir un jeune homme de bonne maison et nepveu du grand Pompeius; et produisoit en se pleignant plusieurs divers discours : « Quoy donq, faisoit-il, sera il dict que je demeureray en crainte et en alarme, et que je lairray mon meurtrier se promener cependant à son ayse ? S'en ira il quitte, ayant assailly ma teste que j'ay sauvée de tant de guerres civiles, de tant de batailles, par mer et par terre ? et, après avoir estably la paix universelle du monde, sera il absouz, ayant deliberé non de me meurtrir seulement, mais de me sacrifier ? » Car la conjuration estoit faicte de le tuer, comme il feroit quelque sacrifice.

Après cela, s'estant tenu coy quelque espace de temps, il recommençoit d'une vois plus forte, et s'en prenoit à soy-mesme : « Pourquoi vis tu, s'il importe à tant de gens que tu meures ? N'y aura-il point de fin à tes vengeances et à tes cruautez ? Ta vie vaut elle que tant de dommage se face pour la conserver ? » Livia, sa femme, le sentant en ces angoisses : « Et les conseils des femmes y seront-ils receuz, lui fit-elle ? Fais ce que font les medecins, quand les receptes accoustumées ne peuvent servir : ils en essayent de contraires. Par severité tu n'as jusques à cette heure rien profité : Lepidus a suivy Salvidienus; Murena, Lepidus; Cæpio, Murena; Egnatius, Cæpio. Commence à experimenter comment te succederont [4] la douceur et la clemence. Cinna est convaincu : pardonne luy ; de te nuire desormais il ne pourra, et profitera à ta gloire. »

Auguste fut bien ayse d'avoir trouvé un Advocat de son humeur, et, ayant remercié sa femme et contremandé ses amis qu'il avoit assignez au Conseil, commanda qu'on fit venir à luy Cinna tout seul ; et, ayant fait sortit tout le monde de sa chambre et fait donner un siege à Cinna, il lui parla en cette maniere : « En premier lieu je te demande, Cinna, paisible audience. N'interrons pas mon parler, je te donneray temps et loisir d'y respondre. Tu sçais, Cinna, que t'ayant pris au camp de mes ennemis, non seulement t'estant faict mon ennemy, mais estant né tel, je te sauvay, je te mis entre mains tous tes biens, et t'ay en fin rendu si accommodé et si aisé, que les victorieux sont envieux de la condition du vaincu. L'office du sacerdoce que tu me demandas, je te l'ottroiay, l'ayant refusé à d'autres, desquels les peres avoyent tousjours combatu avec moy. T'ayant si fort obligé, tu as entrepris de me tuer. » A quoy Cinna s'estant escrié, qu'il estoit bien esloigné d'une si meschante pensée : « Tu ne me tiens pas, Cinna, ce que tu m'avois promis, suyvit Auguste ; tu m'avois asseuré que je ne serois pas interrompu : ouy, tu as entrepris de me tuer, en tel lieu, tel jour, en telle compagnie, et de telle façon. » Et le voyant transi de ces nouvelles, et en silence, non plus pour tenir le marché de se taire, mais de la presse de sa conscience [5] : « Pourquoy, adjouta-il, le fais tu ? Est-ce pour estre Empereur ? Vrayement il va bien mal à la chose publique, s'il n'y a que moy qui t'empesche d'arriver à l'Empire. Tu ne peus pas seulement deffendre ta maison, et perdis dernierement un procez par la faveur d'un simple libertin [6]. Quoy, n'as tu moyen ny pouvoir en autre chose, qu'à entreprendre [7] Cæsar ? Je le quitte [8], s'il n'y a que moy qui empesche tes esperances. Penses tu que Paulus, que Fabius, que les Cosseens et Serviliens te souffrent ? et une si grande trouppe de nobles, non seulement nobles de nom, mais qui par leur vertu honorent leur noblesse ? » Après plusieurs autres propos (car il parla à luy plus de deux heures entieres) : « Or va, luy dit-il ; je te donne, Cinna, la vie, à traitre et à parricide, que je te donnay autres-fois à ennemy : que l'amitié commence de ce jour-d'huy entre nous ; essayons qui de nous deux, de meilleure foy, moy t'aye donné ta vie, ou tu l'ayes receüe. »

Et se despartit d'avec lui en cette maniere. Quelque temps après il lui donna le consulat, se pleignant dequoy

il ne le luy avoit osé demander. Il l'eut depuis pour fort
amy et fut seul faict par luy heritier de ses biens. Or depuis
cet accidant, qui advint à Auguste au quarantiesme an de
son aage, il n'y eut jamais de conjuration n'y d'entreprinse
contre luy et receut une juste recompense de cette sienne
clemence. Mais il n'en advint pas de mesmes au nostre :
car sa douceur ne le sceut garentir qu'il ne cheut depuis
aux lacs de pareille trahison [9]. Tant c'est chose vaine et frivole que l'humaine prudence ; et au travers de tous nos
projects, de nos conseils et precautions, la fortune maintient tousjours la possession des evenemens.

Nous appelons les medecins heureux, quand ils arrivent
à quelque bonne fin ; comme s'il n'y avoit que leur art, qui
ne se peut [10] maintenir d'elle mesme, et qui eust les fondemens trop frailes pour s'appuyer de sa propre force ; et
comme s'il n'y avoit qu'elle, qui aye besoin que la fortune
preste la main à ses operations. Je croy d'elle tout le pis
ou le mieux qu'on voudra. Car nous n'avons, Dieu mercy,
nul commerce ensemble ; je suis au rebours des autres, car
je la mesprise bien tousjours ; mais quand je suis malade,
au lieu d'entrer en composition, je commence encore à la
haïr et à la craindre ; et respons à ceux qui me pressent de
prendre medecine, qu'ils attendent au moins que je sois
rendu à mes forces et à ma santé, pour avoir plus de moyen
de soustenir l'effort et le hazart de leur breuvage. Je laisse
faire nature, et presuppose qu'elle se soit pourveüe de
dents et de griffes, pour se deffendre des assaus qui luy
viennent, et pour maintenir cette contexture, dequoy elle
fuit la dissolution. Je crain, au lieu de l'aller secourir, ainsi
comme elle est aux prises bien estroites et bien jointes avec
la maladie, qu'on secoure son adversaire au lieu d'elle, et
qu'on la recharge de nouveaux affaires.

Or je dy que, non en la medecine seulement, mais en
plusieurs arts plus certaines, la fortune y a bonne part. Les
saillies poëtiques, qui emportent leur autheur et le ravissent
hors de soy, pourquoy ne les attribuerons nous à son
bonheur ? puis qu'il confesse luy mesme qu'elles surpassent sa suffisance et ses forces, et les reconnoit venir
d'ailleurs que de soy, et ne les avoir aucunement en sa
puissance ; non plus que les orateurs ne disent avoir en la
leur ces mouvemens et agitations extraordinaires, qui les
poussent au delà de leur dessein. Il en est de mesmes en la
peinture, qu'il eschappe par fois des traits de la main du
peintre, surpassans sa conception et sa science, qui le tirent
luy mesmes en admiration et qui l'estonnent. Mais la for-

tune montre bien encores plus evidemment la part qu'elle
a en tous ces ouvrages, par les graces et beautez qui s'y
treuvent, non seulement sans l'intention, mais sans la
cognoissance mesme de l'ouvrier. Un suffisant lecteur descouvre souvant ès escrits d'autruy des perfections autres
que celles que l'autheur y a mises et apperceües, et y preste
des sens et des visages plus riches.

Quant aux entreprinses militaires, chacun void comment
la fortune y a bonne part. En nos conseils mesmes et en
nos deliberations, il faut certes qu'il y ait du sort et du
bonheur meslé parmy; car tout ce que nostre sagesse peut,
ce n'est pas grand chose; plus elle est aiguë et vive, plus
elle trouve en soy de foiblesse, et se deffie d'autant plus
d'elle mesme. Je suis de l'advis de Sylla; et quand je me
prens garde de prez aux plus glorieux exploicts de la
guerre, je voi, ce me semble, que ceux qui les conduisent
n'y emploient la deliberation et le conseil que par acquit,
et que la meilleure part de l'entreprinse ils l'abandonnent
à la fortune, et, sur la fiance qu'ils ont à son secours,
passent à tous les coups au delà des bornes de tout discours.
Il survient des allegresses fortuites et des fureurs estrangeres parmy leurs deliberations, qui les poussent le plus
souvent à prendre le party le moins fondé en apparence,
et qui grossissent leur courage au-dessus de la raison. D'où
il est advenu à plusieurs grands Capitaines anciens, pour
donner credit à ces conseils temeraires, d'aleguer à leurs
gens qu'ils y estoyent conviez par quelque inspiration, par
quelque signe et prognostique.

Voylà pourquoy, en cette incertitude et perplexité que
nous aporte l'impuissance de voir et choisir ce qui est le
plus commode, pour les difficultez que les divers accidens
et circonstances de chaque chose tirent, le plus seur, quand
autre consideration ne nous y convieroit, est, à mon advis,
de se rejetter au parti où il y a plus d'honnesteté et de justice; et puis qu'on est en doute du plus court chemin,
tenir tousjours le droit; comme, en ces deux exemples,
que je vien de proposer[11], il n'y a point de doubte, qu'il
ne fut plus beau et plus genereux à celuy qui avoit receu
l'offence, de la pardonner, que s'il eust fait autrement. S'il
en est mes-advenu au premier, il ne s'en faut pas prendre
à ce sien bon dessein; et ne sçait on, quand il eust pris le
party contraire, s'il eust eschapé la fin à laquelle son destin
l'appeloit; et si, eust perdu la gloire d'une si notable bonté.

Il se void dans les histoires force gens en cette crainte,
d'où la plus part ont suivi le chemin de courir au devant

des conjurations qu'on faisoit contr'eux, par vengeance et
par supplices; mais j'en voy fort peu ausquels ce remede
ait servy, tesmoing tant d'Empereurs Romains. Celuy qui
se trouve en ce dangier ne doibt pas beaucoup esperer ny
de sa force, ny de sa vigilance. Car combien est-il mal aisé
de se garantir d'un ennemy, qui est couvert du visage du
plus officieux amy que nous ayons ? et de connoistre les
volontez et pensemens interieurs de ceux qui nous
assistent ? Il a beau employer des nations estrangieres pour
sa garde et estre tousjours ceint d'une haye d'hommes
armez : quiconque aura sa vie à mespris, se rendra tousjours maistre de celle d'autruy. Et puis ce continuel soupçon, qui met le Prince en doute de tout le monde, luy doibt
servir d'un merveilleux [12] tourment.

// Pourtant, Dion, estant adverty que Callipus espioit
les moyens de le faire mourir, n'eust jamais le cœur d'en
informer, disant qu'il aymoit mieux mourir que vivre en
cette misere, d'avoir à se garder non de ses ennemys seulement, mais aussi de ses amis. Ce qu'Alexandre representa
bien plus vivement par effect [13], et plus roidement, quand
ayant eu advis par une lettre de Parmenion, que Philippus,
son plus cher medecin, estoit corrompu par l'argent de
Darius pour l'empoisonner, en mesme temps qu'il donnoit
à lire sa lettre à Philippus, il avala le bruvage qu'il luy
avoit presenté. Fut ce pas exprimer cette resolution, que,
si ses amys le vouloient tuer, il consentoit qu'ils le peussent
faire ? Ce prince est le souverain patron des actes hazardeux; mais je ne sçay s'il y a traict en sa vie, qui ayt plus
de fermeté que cestuy-cy, ny une beauté illustre par tant
de visages [14].

Ceux qui preschent aux princes la deffiance si attentive,
soubs couleur de leur prescher leur seurté, leur preschent
leur ruyne et leur honte. Rien de noble ne se faict sans
hazard. J'en sçay un [15], /// de courage très martial de sa
complexion, et entreprenant, // de qui tous les jours on corrompt la bonne fortune par telles persuasions : qu'il se resserre entre les siens, qu'il n'entende à aucune reconciliation de ses anciens ennemys, se tienne à part, et ne se
commette entre mains plus fortes, quelque promesse qu'on
luy face, quelque utilité qu'il y voye. /// J'en sçay un
autre [16], qui a inesperement advancé sa fortune, pour avoir
pris conseil tout contraire. La hardiesse, dequoy ils
cherchent si avidement la gloire, se represente, quand il
est besoin, aussi magnifiquement en pourpoint qu'en
armes, en un cabinet qu'en un camp, le bras pendant que

le bras levé. // La prudence si tendre et circonspecte est mortelle ennemye de hautes executions. /// Scipion sceut, pour pratiquer la volonté de Syphax [17], quittant son armée et abandonnant l'Espaigne, doubteuse encore sous sa nouvelle conqueste, passer en Afrique dans deux simples vaisseaux, pour se commettre en terre ennemie, à la puissance d'un Roy barbare, à une foy incognue, sans obligation, sans hostage, sous la seule seureté de la grandeur de son propre courage, de son bon heur et de la promesse de ses hautes esperances : « *Habita fides ipsam plerumque fidem obligat* [18]. »

// A une vie ambitieuse et fameuse il faut, au rebours, prester peu et porter la bride courte aux soubçons; la crainte et la deffiance attirent l'offence [19] et la convient. Le plus deffiant de nos Roys [20] establit ses affaires, principallement pour avoir volontairement abandonné et commis sa vie et sa liberté entre les mains de ses ennemis, montrant avoir entiere fiance d'eux, affin qu'ils la prinsent de luy. A ses legions, mutinées et armées contre luy, Cæsar opposoit seulement l'authorité de son visage et la fierté de ses paroles; et se fioit tant à soy et à sa fortune, qu'il ne craingnoit point de l'abandonner et commettre à une armée seditieuse et rebelle.

> /// *Stetit aggere fulti*
> *Cespitis, intrepidus vultu, meruitque timeri*
> *Nil metuens* [21].

// Mais il est bien vray que cette forte asseurance ne se peut representer bien entiere et naifve, que par ceux ausquels l'imagination de la mort et du pis qui peut advenir après tout, ne donne point d'effroy; car de la presenter tremblante, encore doubteuse et incertaine, pour le service d'une importante reconciliation, ce n'est rien faire qui vaille. C'est un excellent moyen de gaigner le cœur et volonté d'autruy, de s'y aller soubsmettre et fier, pourveu que ce soit librement et sans contrainte d'aucune necessité, et que ce soit en condition qu'on y porte une fiance pure et nette, le front au moins deschargé de tout scrupule. Je vis en mon enfance un Gentil-homme, commandant à une grande ville, empressé à l'esmotion [22] d'un peuple furieux. Pour esteindre ce commencement de trouble, il print party de sortir d'un lieu très-asseuré où il estoit, et se rendre à cette tourbe mutine; d'où mal luy print, et y fut miserablement tué. Mais il ne me semble pas que sa faute fut tant d'estre sorty, ainsi qu'ordinairement on le reproche

à sa memoire, comme ce fut d'avoir pris une voye de soub-
mission et de mollesse, et d'avoir voulu endormir cette rage,
plustost en suivant que en guidant, et en requerant plustost
qu'en remontrant; et estime que une gracieuse severité,
avec un commandement militaire plein de securité, de
confiance, convenable à son rang et à la dignité de sa
charge, luy eust mieux succédé, au moins avec plus d'honneur et de bien-seance. Il n'est rien moins esperable de ce
monstre ainsin agité, que l'humanité et la douceur; il rece-
vra bien plus tost la reverence et la craincte. Je luy repro-
cherois aussi, qu'ayant pris une resolution, plustost brave,
à mon gré, que temeraire de se jetter foible et en pourpoint
emmy cette mer tempestueuse d'hommes insensez, il la
devoit avaller toute, et n'abandonner ce personnage, là où
il luy advint, après avoir recogneu le danger de près, de
saigner du nez [23] et d'alterer encore despuis cette contenance desmise [24] et flatteuse qu'il avoit entreprinse, en une
contenance effraïée; chargeant sa voix et ses yeux d'estonnement et de penitence. Cherchant à conniller [25] et se desrober, il les enflamma et appela sur soy.

On deliberoit de faire une montre [26] generale de diverses
trouppes en armes (c'est le lieu des vengeances secretes,
et n'est point où, en plus grande seurté, on les puisse
exercer); il y avoit publiques et notoires apparences qu'il
n'y faisoit pas fort bon pour aucuns, ausquels touchoit la
principalle et necessaire charge de les recognoistre [27]. Il s'y
proposa divers conseils, comme en chose difficile et qui
avoit beaucoup de poids et de suyte. Le mien fut, qu'on
evitast sur tout de donner aucun tesmoignage de ce
doubte [28], et qu'on s'y trouvast et meslast parmy les files,
la teste droicte et le visage ouvert, et qu'au lieu d'en retrancher aucune chose (à quoy les autres opinions visoyent le
plus), qu'au contraire on sollicitast les capitaines d'advertir
les soldats de faire leurs salves belles et gaillardes en l'honneur des assistans, et n'espargner leur poudre. Cela servit
de gratification envers ces troupes suspectes, et engendra
dés lors en avant une mutuelle et utile confiance.

/ La voye qu'y tint Julius Cæsar, je trouve que c'est la
plus belle qu'on y puisse prendre. Premierement il essaya,
par clemence et douceur, à se faire aymer de ses ennemis
mesmes, se contentant, aux conjurations qui luy estoient
descouvertes, de declarer simplement qu'il en estoit
adverty; cela faict, il print une très-noble resolution
d'attendre, sans effroy et sans solicitude, ce qui luy en
pourroit advenir, s'abandonnant et se remettant à la garde

des dieux et de la fortune; car certainement c'est l'estat où il estoit quand il fut tué.

// Un estranger, ayant dict et publié par tout qu'il pourroit instruire Dionysius, Tyran de Syracuse, d'un moyen de sentir et descouvrir en toute certitude les parties [29] que ses subjets machineroyent contre luy, s'il luy vouloit donner une bonne piece d'argent, Dionysius, en estant adverty, le fit appeler à soy pour l'esclarcir d'un art si necessaire à sa conservation; cet estrangier luy dict qu'il n'y avoit pas d'autre art, sinon qu'il luy fit delivrer un talent et se ventast d'avoir apris de luy un singulier secret. Dionysius trouva cette invention bonne et luy fit compter six cens escus. Il n'estoit pas vray-semblable qu'il eust donné si grande somme à un homme incogneu, qu'en recompense d'un très-utile aprentissage; et servoit cette reputation à tenir ses ennemis en crainte. Pourtant, les Princes sagement publient les advis qu'ils reçoivent des menées qu'on dresse contre leur vie, pour faire croire qu'ils sont bien advertis et qu'il ne se peut rien entreprendre dequoy ils ne sentent le vent. /// Le duc d'Athenes fit plusieurs sottises en l'establissement de sa fresche [30] tyrannie sur Florence; mais cette-cy la plus notable, qu'ayant reçeu le premier advis des monopoles [31] que ce peuple dressoit contre luy, par Mattheo di Morozo, complice d'icelles, il le fit mourir, pour supprimer cet advertissement et ne faire sentir qu'aucun en la ville se peut ennuïer de son juste gouvernement.

/ Il me souvient avoir leu autrefois l'histoire de quelque Romain, personnage de dignité, lequel, fuyant la tyrannie du Triumvirat, avoit eschappé mille fois les mains de ceux qui le poursuivoyent, par la subtilité de ses inventions. Il advint un jour, qu'une troupe de gens de cheval, qui avoit charge de le prendre, passa tout joignant un halier où il s'estoit tapy, et faillit de le descouvrir; mais luy, sur ce point là, considerant la peine et les difficultez ausquelles il avoit desjà si long temps duré, pour se sauver des continuelles et curieuses recherches qu'on faisoit de luy par tout, le peu de plaisir qu'il pouvoit esperer d'une telle vie, et combien il luy valoit mieux passer une fois le pas que demeurer tousjours en cette transe, luy mesme les r'apella et leur trahit sa cachete, s'abandonnant volontairement à leur cruauté, pour oster eux et luy d'une plus longue peine. D'appeller les mains ennemies, c'est un conseil un peu gaillard; si croy-je qu'encore vaudroit-il mieux le prendre que de demeurer en la fievre continuelle d'un

accident qui n'a point de remede. Mais, puisque les provisions [32] qu'on y peut aporter sont pleines d'inquietude
et d'incertitude, il vaut mieux d'une belle asseurance se
preparer à tout ce qui en pourra advenir et tirer quelque
consolation de ce qu'on n'est pas asseuré qu'il advienne.

CHAPITRE XXV

DU PEDANTISME

/ Je me suis souvent despité, en mon enfance, de voir és comedies Italiennes tousjours un pedante [1] pour badin et le surnom de magister n'avoir guiere plus honorable signification parmy nous. Car, leur estant donné en gouvernement et en garde, que pouvois-je moins faire que d'estre jalous de leur reputation ? Je cherchois bien de les excuser par la disconvenance naturelle qu'il y a entre le vulgaire et les personnes rares et excellentes en jugement et en sçavoir; d'autant qu'ils vont un train entierement contraire les uns des autres. Mais en cecy perdois je mon latin, que les plus galans hommes c'estoient ceux qui les avoyent le plus à mespris, tesmoing nostre bon du Bellay :

Mais je hay par sur tout un sçavoir pedantesque [2].

// Et est cette coustume ancienne; car Plutarque dit que Grec et escholier estoient mots de reproche entre les Romains, et de mespris.

/ Depuis, avec l'eage, j'ay trouvé qu'on avoit une grandissime raison, et que « *magis magnos clericos non sunt magis magnos sapientes* [3] ». Mais d'où il puisse advenir qu'une ame riche de la connoissance de tant de choses n'en devienne pas plus vive et plus esveillée, et qu'un esprit grossier et vulgaire puisse loger en soy, sans s'amender, les discours et les jugemens des plus excellens esprits que le monde ait porté, j'en suis encore en doute.

// A recevoir tant de cervelles estrangeres, et si fortes, et si grandes, il est necessaire (me disoit une fille, la premiere de nos Princesses, parlant de quelqu'un), que la sienne se foule, se contraingne [4] et rapetisse, pour faire place aux autres.

/ Je dirois volontiers que, comme les plantes s'estouffent

de trop d'humeur [5], et les lampes de trop d'huile; aussi
l'action de l'esprit par trop d'estude et de matiere, lequel,
saisi et embarrassé d'une grande diversité de choses, perde
le moyen de se desmesler; et que cette charge le tienne
courbe et croupi [6]. Mais il en va autrement; car nostre ame
s'eslargit d'autant plus qu'elle se remplit; et aux exemples
des vieux temps il se voit, tout au rebours, des suffisans
hommes aux maniemens des choses publiques, des grands
capitaines et grands conseillers aux affaires d'estat avoir
esté ensemble très-sçavans.

Et, quant aux philosophes retirez de toute occupation
publique, ils ont esté aussi quelque fois, à la verité, mesprisez par la liberté Comique [7] de leur temps, /// leurs opinions et façons les rendant ridicules. Les voulez-vous faire
juges des droits d'un procès, des actions d'un homme ? Ils
en sont bien prests! Ils cerchent encore s'il y a vie, s'il y a
mouvement, si l'homme est autre chose qu'un bœuf; que
c'est qu'agir et souffrir; quelles bestes ce sont que loix et
justice. Parlent ils du magistrat, ou parlent ils à luy ? C'est
d'une liberté irreverente et incivile. Oyent ils louer leur
prince ou un roy ? c'est un pastre pour eux, oisif comme
un pastre, occupé à pressurer et tondre ses bestes, mais bien
plus rudement qu'un pastre. En estimez vous quelqu'un
plus grand, pour posseder deux mille arpens de terre ? eux
s'en mocquent, accoustumez d'embrasser tout le monde
comme leur possession. Vous ventez-vous de vostre
noblesse pour compter sept ayeulx riches ? ils vous
estiment de peu, ne concevant l'image universelle de
nature, et combien chascun de nous a eu de predecesseurs :
riches, pauvres, roys, valets, Grecs et barbares. Et quand
vous seriez cinquantiesme descendant de Hercules, ils vous
trouvent vain de faire valoir ce present de la fortune. Ainsi
les desdeignoit le vulgaire, comme ignorans les premieres
choses et communes, comme presomptueux et insolens.
Mais cette peinture Platonique est bien esloignée de celle
qu'il faut à noz gens. / On envioit ceux là comme estans
au dessus de la commune façon, comme mesprisans les
actions publiques, comme ayans dressé une vie particuliere
et inimitable, reglée à certains discours hautains [8] et hors
d'usage. Ceux-cy on les desdeigne, comme estans au dessoubs de la commune façon, comme incapables des charges
publiques, comme trainans une vie et des meurs basses et
viles après le vulgaire.

/// *Odi homines ignava opera, philosopha sententia* [9].

/ Quant à ces philosophes, dis-je, comme ils estoient grands en science, ils estoient encore plus grands en tout' action. Et tout ainsi qu'on dit de ce Geometrien de Siracuse, lequel, ayant esté destourné de sa contemplation pour en mettre quelque chose en practique à la deffence de son païs, qu'il mit soudain en train des engins espouvantables et des effets surpassans toute creance humaine, .esdaignant toutefois luy mesme toute cette sienne manufacture [10], et pensant en cela avoir corrompu la dignité de son art, de laquelle ses ouvrages n'estoient que l'aprentissage et le jouet; aussi eux, si quelquefois on les a mis à la preuve de l'action, on les a veu voler d'une aisle si haute, qu'il paroissoit bien leur cœur et leur ame s'estre merveilleusement grossie et enrichie par l'intelligence des choses. Mais /// aucuns, voyants la place du gouvernement politique saisie par hommes incapables, s'en sont reculés; et celuy qui demanda à Crates jusques à quand il faudroit philosopher, en receut cette responce : « Jusques à tant que ce ne soient plus des asniers qui conduisent noz armées. » Heraclitus resigna la royauté à son frere; et aux Ephesiens qui luy reprochoient à quoy il passoit son temps à jouer avec les enfans devant le temple : « Vaut-il pas mieux faire cecy, que gouverner les affaires en vostre compagnie ? » / D'autres, ayant leur imagination logée au dessus de la fortune et du monde, trouverent les sieges de la justice et les thrones mesmes des Roys, bas et viles. /// Et refusa Empedocles la Royauté que les Agrigentins luy offrirent. / Thales accusant quelque fois le soing du mesnage et de s'enrichir, on luy reprocha que c'estoit à la mode du renard, pour n'y pouvoir advenir. Il luy print envie, par passetemps, d'en montrer l'experience; et, ayant pour ce coup ravalé son sçavoir au service du proffit et du gain, dressa une trafique, qui dans un an rapporta telles richesses, qu'à peine en toute leur vie les plus experimentez de ce mestier là en pouvoient faire de pareilles.

// Ce qu'Aristote recite d'aucuns qui appelloyent et celuy-là et Anaxagoras et leurs semblables, sages et non prudens, pour n'avoir assez de soing des choses plus utiles, outre ce que je ne digere pas bien cette difference de mots, cela ne sert point d'excuse à mes gens; et, à voir la basse et necessiteuse fortune dequoy ils se payent, nous aurions plustost occasion de prononcer tous les deux, qu'ils sont et non sages et non prudents.

/ Je quitte cette premiere raison, et croy qu'il vaut mieux dire que ce mal vienne de leur mauvaise façon de

se prendre aux sciences; et qu'à la mode dequoy nous
sommes instruicts, il n'est pas merveille si ny les escholiers,
ny les maistres n'en deviennent pas plus habiles, quoy
qu'ils s'y facent plus doctes. De vray, le soing et la despence de nos peres ne vise qu'à nous meubler la teste de
science; du jugement et de la vertu, peu de nouvelles.
/// Criez d'un passant à nostre peuple : « O le sçavant
homme! » Et d'un autre : « O le bon homme! » Il ne faudra [11] pas de tourner les yeux et son respect vers le premier.
Il y faudroit un tiers crieur : « O les lourdes testes! »
/ Nous nous enquerons volontiers : « Sçait-il du Grec ou
du Latin ? escrit-il en vers ou en prose ? » Mais s'il est
devenu meilleur ou plus advisé, c'estoit le principal, et
c'est ce qui demeure derriere. Il falloit s'enquerir qui est
mieux sçavant, non qui est plus sçavant.

Nous ne travaillons qu'à remplir la memoire, et laissons
l'entendement /// et la conscience vuide. / Tout ainsi que
les oyseaux vont quelquefois à la queste du grein et le
portent au bec sans le taster [12], pour en faire bechée à leurs
petits, ainsi nos pedantes vont pillotant [13] la science dans
les livres, et ne la logent qu'au bout de leurs lévres, pour
la dégorger seulement et mettre au vent.

/// C'est merveille combien proprement la sottise se
loge sur mon exemple. Est-ce pas faire de mesme, ce que
je fay en la plupart de cette composition ? Je m'en vay
escorniflant par cy par là des livres les sentences qui me
plaisent, non pour les garder, car je n'ay point de gardoires,
mais pour les transporter en cettuy-cy, où, à vray dire, elles
ne sont plus miennes qu'en leur premiere place. Nous ne
sommes, ce croy-je, sçavants que de la science presente,
non de la passée, aussi peu que de la future.

/ Mais, qui pis est, leurs escholiers et leurs petits ne
s'en nourrissent et alimentent non plus; ains elle passe de
main en main, pour cette seule fin d'en faire parade, d'en
entretenir autruy, et d'en faire des contes, comme une
vaine monnoye inutile à tout autre usage et emploite [14]
qu'à compter et jetter [15].

« *Apud alios loqui didicerunt, non ipsi secum* [16]. » —
/// « *Non est loquendum, sed gubernandum* [17]. »

Nature, pour montrer qu'il n'y a rien de sauvage en
ce qui est conduit par elle, faict naistre és nations moins
cultivées par art des productions d'esprit souvent, qui
luittent les plus artistes productions. Comme sur mon
propos, le proverbe Gascon est-il delicat : « *Bouha prou
bouha, mas a remuda lous dits qu'em; souffler prou souffler,*

mais nous en sommes à remuer les doits [18] », tiré d'une cha-
lemie [19].

/ Nous sçavons dire : « Cicero dit ainsi; voilà les meurs
de Platon; ce sont les mots mesmes d'Aristote. » Mais nous,
que disons nous nous mesmes ? que jugeons nous ? que
faisons-nous ? Autant en diroit bien un perroquet. Cette
façon me fait souvenir de ce riche Romain, qui avoit esté
soigneux, à fort grande despence, de recouvrer des hommes
suffisans en tout genre de sciences, qu'il tenoit continuellement autour de luy, affin que, quand il escherroit entre
ses amis quelque occasion de parler d'une chose ou
d'autre, ils supplissent sa place et fussent tous prets à luy
fournir, qui d'un discours, qui d'un vers d'Homere, chacun selon son gibier; et pensoit ce sçavoir estre sien par ce
qu'il estoit en la teste de ses gens; et comme font aussi
ceux desquels la suffisance loge en leurs somptueuses librairies.

/// J'en cognoy à qui, quand je demande ce qu'il sçait,
il me demande un livre pour me le montrer; et n'oseroit
me dire qu'il a le derriere galeux, s'il ne va sur le champ
estudier en son lexicon, que c'est que galeux, et que c'est
que derriere.

/ Nous prenons en garde les opinions et le sçavoir d'autruy, et puis c'est tout. Il les faut faire nostres. Nous sem-
blons proprement celuy qui, ayant besoing de feu, en iroit
querir chez son voisin, et, y en ayant trouvé un beau et
grand, s'arresteroit là à se chauffer, sans plus se souvenir
d'en raporter chez soy. Que nous sert-il d'avoir la panse
pleine de viande, si elle ne se digere ? si elle ne se transforme en nous ? si elle ne nous augmente et fortifie ?
Pensons nous que Lucullus, que les lettres rendirent et for-
merent si grand capitaine sans l'experience, les eut prises
à nostre mode ?

// Nous nous laissons si fort aller sur les bras d'autruy,
que nous aneantissons nos forces. Me veus-je armer contre
la crainte de la mort ? c'est aux despens de Seneca. Veus-je
tirer de la consolation pour moy, ou pour un autre ? je
l'emprunte de Cicero. Je l'eusse prise en moy-mesme, si
on m'y eust exercé. Je n'ayme point cette suffisance rela-
tive et mendiée.

/ Quand bien nous pourrions estre sçavans du sçavoir
d'autruy, au moins sages ne pouvons nous estre que de
nostre propre sagesse.

Μίσῶ σοφιστὴν, ὅστις οὐχ αὑτῷ σοφός [20].

/// « *Ex quo Ennius : Nequicquam sapere sapientem, qui
ipse sibi prodesse non quiret* [21]. »

// *si cupidus, si
Vanus et Euganea quamtumvis vilior agna* [22].

/// « *Non enim paranda nobis solum, sed fruenda sapientia
est* [23]. »

Dionysius se moquoit des grammariens qui ont soing
de s'enquerir des maux d'Ulysses, et ignorent les propres ;
des musiciens qui accordent leurs fleutes et n'accordent
pas leurs meurs ; des Orateurs qui estudient à dire justice,
non à la faire.

/ Si nostre ame n'en va un meilleur bransle, si nous
n'en avons le jugement plus sain, j'aymeroy aussi cher que
mon escolier eut passé le temps à jouer à la paume ; au
moins le corps en seroit plus allegre. Voyez le revenir de
là, après quinze ou seze ans employez : il n'est rien si mal
propre à mettre en besongne. Tout ce que vous y recognoissez d'avantage, c'est que son Latin et son Grec l'ont
rendu plus fier et plus outrecuidé qu'il n'estoit party de la
maison. /// Il en devoit rapporter l'ame pleine, il ne l'en
rapporte que bouffie ; et l'a seulement enflée au lieu de la
grossir.

Ces maistres icy, comme Platon dit des sophistes, leurs
germains [24], sont de tous les hommes ceux qui promettent
d'estre les plus utiles aux hommes, et, seuls entre tous les
hommes, qui non seulement n'amendent point ce qu'on
leur commet, comme fait un charpentier et un masson,
mais l'empirent, et se font payer de l'avoir empiré.

Si la loi que Protagoras proposoit à ses disciples estoit
suivie : ou qu'ils le payassent selon son mot [25], ou qu'ils
jurassent au temple combien ils estimoient le profit qu'ils
avoient receu de ses disciplines, et selon iceluy satisfissent
sa peine, mes pédagogues se trouveroient chouez [26], s'estant
remis au serment de mon experience.

/ Mon vulgaire [27] Perigordin appelle fort plaisamment
« Lettreferits » ces sçavanteaux, comme si vous disiez
« lettre-ferus », ausquels les lettres ont donné un coup
de marteau, comme on dict. De vray, le plus souvent ils
semblent estre ravalez, mesmes du sens commun. Car le
paisant et le cordonnier, vous leur voiez aller simplement
et naïfvement leur train, parlant de ce qu'ils sçavent ; ceux
cy, pour se vouloir eslever et gendarmer de ce sçavoir
qui nage en la superficie de leur cervelle, vont s'ambarras-
sant et enpestrant sans cesse. Il leur eschappe de belles

parolles, mais qu'un autre les accommode. Ils cognoissent
bien Galien, mais nullement le malade. Ils vous ont desjà
rempli la teste de loix, et si n'ont encore conçeu le nœud
de la cause. Ils sçavent la theorique de toutes choses, cherchez qui la mette en practique.

J'ay veu chez moy un mien amy, par maniere de passetemps, ayant affaire à un de ceux cy, contrefaire un jargon
de galimathias, propos sans suite, tissu de pieces rapportées,
sauf qu'il estoit souvent entrelardé de mots propres à
leur dispute, amuser ainsi tout un jour ce sot à debatre,
pensant [28] tousjours respondre aux objections qu'on luy
faisoit; et si estoit homme de lettres et de reputation, // et
qui avoit une belle robe.

> *Vos, ô patritius sanguis, quos vivere par est*
> *Occipiti cæco, posticæ occurrite sannæ* [29].

/ Qui regardera de bien près à ce genre de gens, qui
s'estend bien loing, il trouvera, comme moy, que le plus
souvent ils ne s'entendent, ny autruy, et qu'ils ont la
souvenance assez pleine, mais le jugement entierement
creux, sinon que leur nature d'elle mesme le leur ait autrement façonné; comme j'ay veu Adrianus Turnebus,
qui, n'ayant faict autre profession que des lettres, en
laquelle c'estoit, à mon opinion, le plus grand homme qui
fut il y a mil'ans, n'avoit toutesfois rien de pedantesque
que le port de sa robe, et quelque façon externe, qui
pouvoit n'estre pas civilisée à la courtisane, qui sont choses
de neant. // Et hai nos gens qui supportent plus malayse-
ment une robe qu'une ame de travers, et regardent à sa
reverence [30], à son maintien et à ses bottes, quel homme il
est. / Car au dedans c'estoit l'ame la plus polie [31] du monde.
Je l'ay souvent à mon esciant jetté en propos eslongnez de
son usage; il y voyoit si cler, d'une apprehension si
prompte, d'un jugement si vain, qu'il sembloit qu'il n'eut
jamais faict autre mestier que la guerre et affaires d'Estat.
Ce sont natures belles et fortes,

> // *queis arte benigna*
> *Et meliore luto finxit præcordia Titan* [32],

/ qui se maintiennent au travers d'une mauvaise institution. Or ce n'est pas assez que nostre institution ne nous
gaste pas, il faut qu'elle nous change en mieux.

Il y a aucuns de nos Parlemens, quand ils ont à recevoir

des officiers, qui les examinent seulement sur la science ;
les autres y adjoutent encores l'essay du sens [33], en leur
presentant le jugement de quelque cause. Ceux cy me
semblent avoir un beaucoup meilleur stile ; et encore que
ces deux pieces soyent necessaires et qu'il faille qu'elles
s'y trouvent toutes deux, si est-ce qu'à la verité celle du
sçavoir est moins prisable que celle du jugement. Cette cy
se peut passer de l'autre, et non l'autre de cette cy. Car,
comme dict ce vers grec,

'Ὡς οὐδὲν ἡ μάθησις, ἤν μὴ νοῦς παρῇ [34],

à quoy faire la science, si l'entendement n'y est ? Pleut à
Dieu que pour le bien de nostre justice ces compagnies là
se trouvassent aussi bien fournies d'entendement et de
conscience, comme elles sont encore de science ! /// « *Non
vitæ sed scholæ discimus* [35]. » / Or il ne faut pas attacher le
sçavoir à l'ame, il l'y faut incorporer ; il ne l'en faut pas
arrouser, il l'en faut teindre ; et, s'il ne la change, et meliore
son estat imparfaict, certainement il vaut beaucoup mieux
le laisser là. C'est un dangereux glaive, et qui empesche
et offence son maistre, s'il est en main foible et qui n'en
sçache l'usage, /// « *ut fuerit melius non didicisse* [36] ».
/ A l'adventure est ce la cause que et nous et la Theologie
ne requerons pas beaucoup de science aux fames, et que
François, Duc de Bretaigne, filz de Jean cinquiesme,
comme on luy parla de son mariage avec Isabeau, fille
d'Escosse, et qu'on luy adjousta qu'elle avoit esté nourrie
simplement et sans aucune instruction de lettres, respondit
qu'il l'en aymoit mieux, et qu'une fame estoit assez sçavante quand elle sçavoit mettre difference entre la chemise
et le pourpoint de son mary.

Aussi ce n'est pas si grande merveille, comme on crie,
que nos ancestres n'ayent pas faict grand estat des lettres,
et qu'encores aujourd'huy elles ne se trouvent que par
rencontre aux principaux conseils de nos Roys ; et, si cette
fin de s'en enrichir, qui seule nous est aujourd'huy proposée par le moyen de la Jurisprudence, de la Medecine,
du pedantisme [37], et de la Theologie encore, ne les tenoit
en credit, vous les verriez sans doubte aussi marmiteuses
qu'elles furent onques. Quel dommage, si elles ne nous
aprenent ny à bien penser, ny à bien faire ? /// « *Postquam
docti prodierunt, boni desunt* [38]. »

Toute autre science est dommageable à celuy qui n'a
la science de la bonté. Mais la raison que je cherchoys

tantost, seroit-elle point aussi de là : que nostre estude
en France n'ayant quasi autre but que le proufit, moins de
ceux que nature a faict naistre à plus genereux offices [39]
que lucratifs, s'adonnans aux lettres, ou si courtement
(retirez, avant que d'en avoir prins le goût, à une profession
qui n'a rien de commun aveq les livres, il ne reste plus
ordinairement, pour s'engager tout à faict à l'estude, que
les gens de basse fortune qui y questent des moyens à
vivre. Et de ces gens là les ames, estant et par nature et
par domestique institution et example du plus bas aloy,
rapportent [40] faucement le fruit de la science. Car elle
n'est pas pour donner jour à l'ame qui n'en a point, ny
pour faire voir un aveugle; son mestier est, non de luy
fournir de veuë, mais de la luy dresser, de luy regler ses
allures pourveu qu'elle aye de soy les pieds et les jambes
droites et capables. C'est une bonne drogue que la science;
mais nulle drogue n'est assez forte pour se preserver sans
alteration et corruption, selon le vice du vase qui l'estuye [41] :
Tel a la veuë claire, qui ne l'a pas droitte; et par consequent
void le bien et ne le suit pas; et void la science, et ne s'en
sert pas. La principale ordonnance de Platon en sa *Republique*, c'est donner à ses citoyens, selon leur nature, leur
charge. Nature peut tout et fait tout. Les boiteux sont
mal propres aux exercices du corps; et aux exercices de
l'esprit les ames boiteuses; les bastardes et vulgaires sont
indignes de la philosophie. Quand nous voyons un homme
mal chaussé, nous disons que ce n'est pas merveille, s'il
est chaussetier. De mesme il semble que l'experience nous
offre souvent un medecin plus mal medeciné, un theologien
moins reformé, un sçavant moins suffisant que tout autre.

Aristo Chius avoit anciennement raison de dire que
les philosophes nuisoient aux auditeurs, d'autant que la
plus part des ames ne se trouvent propres à faire leur
profit de telle instruction, qui, si elle ne se met à bien,
se met à mal : « *asotos ex Aristippi, acerbos ex Zenonis schola
exire* [42]. »

/ En cette belle institution que Xenophon preste
aux Perses, nous trouvons qu'ils apprenoient la vertu à
leurs enfans, comme les autres nations font les lettres.
/// Platon dit que le fils aisné, en leur succession royale,
estoit ainsi nourry. Après sa naissance, on le donnoit,
non à des femmes, mais à des Eunuches de la première
authorité autour des Roys, à cause de leur vertu. Ceus
cy prenoient charge de luy rendre le corps beau et sain,
et après sept ans le duisoient à monter à cheval et aller

à la chasse. Quand il estoit arrivé au quatorziesme, ils le deposoient entre les mains de quatre : le plus sage, le plus juste, le plus temperant, le plus vaillant de la nation. Le premier luy apprenoit la religion; le second à estre tousjours veritable; le tiers à se rendre maistre des cupiditez [43], le quart à ne rien craindre.

/ C'est chose digne de très-grande consideration que, en cette excellente police de Licurgus, et à la vérité monstrueuse [44] par sa perfection, si songneuse pourtant de la nourriture des enfans comme de sa principale charge, et au giste mesmes des Muses, il s'y face si peu de mention de la doctrine; comme si cette genereuse jeunesse, desdaignant tout autre joug que de la vertu, on luy aye deu fournir, au lieu de nos maistres de science, seulement des maistres de vaillance, prudence et justice, /// exemple que Platon en ses loix a suivy. / La façon de leur discipline, c'estoit leur faire des questions sur le jugement des hommes et de leurs actions; et, s'ils condamnoient et loüoient ou ce personnage ou ce faict, il falloit raisonner leur dire, et par ce moyen ils aiguisoient ensemble leur entendement et apprenoient le droit. Astiages, en Xenophon, demande à Cyrus conte de sa dernière leçon : « C'est, dict-il, qu'en nostre escole un grand garçon, ayant un petit saye [45], le donna à un de ses compaignons de plus petite taille, et luy osta son saye, qui estoit plus grand. Nostre precepteur m'ayant faict juge de ce different, je jugeay qu'il falloit laisser les choses en cet estat, et que l'un et l'autre sembloit estre mieux accommodé en ce point; sur quoy il me remontra que j'avois mal fait, car je m'estois arresté à considerer la bien seance, et il falloit premierement avoir proveu à la justice, qui vouloit que nul ne fust forcé en ce qui luy appartenoit. » Et dict qu'il en fut foité, tout ainsi que nous sommes en vos vilages pour avoir oublié le premier Aoriste de τύπτω [46]. Mon regent me feroit une belle harengue *in genere Demonstrativo* [47], avant qu'il me persuadat que son escole vaut cette là. Ils ont voulu couper chemin; et, puis qu'il est ainsi que les sciences, lors mesmes qu'on les prent de droit fil, ne peuvent que nous enseigner la prudence, la prud'hommie et la resolution, ils ont voulu d'arrivée mettre leurs enfans au propre des effects, et les instruire non par ouïr dire, mais par l'essay de l'action, en les formant et moulant vifvement, non seulement de preceptes et parolles, mais principalement d'exemples et d'œuvres, afin que ce ne fut pas une science en leur ame, mais sa complexion et habitude; que ce ne fut pas un acquest mais une naturelle possession. A ce propos, on demandoit à Agesilaus ce qu'il seroit d'advis que les enfans apprinsent : « Ce qu'ils doivent faire, estants hommes », respondit-il. Ce n'est pas merveille si une telle institution a produit des effects si admirables.

On alloit, dict-on, aux autres Villes de Grece chercher des Rhetoriciens, des peintres et des Musiciens; mais en Lacedemone, des legislateurs, des magistrats et empereurs [48] d'armée. A Athenes on aprenoit à bien dire, et icy à bien faire; là, à se desmeler d'un argument sophistique, et à rabattre l'imposture des mots captieusement entrelassez; icy, à se desmeler des appats de la volupté, et à rabattre d'un grand courage les menasses de la fortune et de la mort; ceux là s'embesongnoient après les parolles; ceux cy, après les choses; là, c'estoit une continuelle exercitation de la langue; icy, une continuelle exercitation de l'ame. Parquoy il n'est pas estrange si, Antipater leur demandant cinquante enfans pour ostages, ils respondirent, tout au rebours de ce que nous ferions, qu'ils aymoient mieux donner deux fois autant d'hommes faicts, tant ils estimoient la perte de l'education de leur païs. Quand Agesilaus convie Xenophon d'envoyer nourrir ses enfans à Sparte, ce n'est pas pour y apprendre la Rhetorique ou Dialectique, mais pour apprendre (ce dict-il) la plus belle science qui soit; asçavoir la science d'obeïr et de commander.

/// Il est très-plaisant de voir Socrates, à sa mode, se moquant de Hippias qui luy recite comment il a gaigné, specialement en certaines petites villettes de la Sicile, bonne somme d'argent à regenter [49], et qu'à Sparte il n'a gaigné pas un sol : que ce sont gens idiots, qui ne sçavent ny mesurer ny compter, ne font estat ny de grammaire ny de rythme, s'amusant seulement à sçavoir la suite des Roys, establissemens et decadences des estats, et tels fatras de comptes. Et au bout de cela Socrates, luy faisant advoüer par le menu l'excellence de leur forme de gouvernement publique, l'heur et vertu de leur vie, luy laisse deviner la conclusion de l'inutilité de ses arts.

Les exemples nous apprennent, et en cette martiale police et en toutes ses semblables, que l'estude des sciences amollit et effemine les courages, plus qu'il ne les fermit et aguerrit. Le plus fort estat qui paroisse pour le present au monde, est celuy des Turcs : peuples également duicts à l'estimation [50] des armes et mespris des lettres. Je trouve Rome plus vaillante avant qu'elle fust sçavante.

Les plus belliqueuses nations en nos jours sont les plus grossieres et ignorantes. Les Scythes, les Parthes, Tamburlan [51] nous servent à cette preuve. Quand les Gots ravagerent la Grece, ce qui sauva toutes les librairies d'estre passées au feu, ce fut un d'entre eux qui sema cette opinion, qu'il faloit laisser ce meuble entier aux ennemis, propre à les destourner de l'exercice militaire et amuser à des occupations sedentaires et oysives. Quand nostre Roy Charles huictieme, sans tirer l'espée du fourreau, se veid maistre du Royaume de Naples et d'une bonne partie de la Toscane, les seigneurs de sa suite attribuerent cette inesperée facilité de conqueste à ce que les princes et la noblesse d'Italie s'amusoient plus à se rendre ingenieux et sçavans que vigoureux et guerriers.

CHAPITRE XXVI

DE L'INSTITUTION DES ENFANS

A Madame Diane de Foix, Contesse de Gurson.

/ Je ne vis jamais pere, pour teigneux ou bossé [1] que fut
son fils, qui laissast de l'avoüer [2]. Non pourtant, s'il n'est
du tout enyvré de cet'affection, qu'il ne s'aperçoive de sa
defaillance; mais tant y a qu'il est sien. Aussi moy, je voy,
mieux que tout autre, que ce ne sont icy que resveries
d'homme qui n'a gousté des sciences que la crouste premiere, en son enfance, et n'en a retenu qu'un general et
informe visage : un peu de chaque chose, et rien du tout [3],
à la Françoise. Car, en somme, je sçay qu'il y a une Medecine, une Jurisprudence, quatre parties en la Mathema-
tique [4], et grossierement ce à quoy elles visent. /// Et à
l'adventure encore sçay-je la pretention des sciences en
general au service de nostre vie. / Mais, d'y enfoncer plus
avant, de m'estre rongé les ongles à l'estude d'Aristote,
/// monarque de la doctrine moderne, / ou opiniatré après
quelque science, je ne l'ay jamais faict; /// ny n'est art
dequoy je sceusse peindre seulement les premiers lineamens
ments. Et n'est enfant des classes moyennes qui ne se
puisse dire plus sçavant que moy, qui n'ay seulement pas
dequoy l'examiner sur sa premiere leçon, au moins selon
icelle. Et, si l'on m'y force, je suis contraint, assez inepte-
ment, d'en tirer quelque matiere de propos universel,
sur quoy j'examine son jugement naturel : leçon qui leur
est autant incognue, comme à moy la leur.

Je n'ay dressé commerce avec aucun livre solide, sinon
Plutarque et Seneque, où je puyse comme les Danaïdes,
remplissant et versant sans cesse. J'en attache quelque
chose à ce papier; à moy, si peu que rien. /

L'Histoire, c'est plus mon gibier, ou la poësie, que
j'ayme d'une particuliere inclination. Car, comme disoit
Cleantes [5], tout ainsi que la voix, contrainte dans l'étroit
canal d'une trompette, sort plus aiguë et plus forte, ainsi

me semble il que la sentence, pressée aux pieds nombreux [6] de la poësie, s'eslance bien plus brusquement et
me fiert d'une plus vive secousse. Quant aux facultez
naturelles qui sont en moy, dequoy c'est icy l'essay, je les
sens flechir sous la charge. Mes conceptions et mon jugement ne marche qu'à tastons, chancelant, bronchant et
chopant; et quand je suis allé le plus avant que je puis,
si ne me suis-je aucunement satisfaict; je voy encore du
païs au delà, mais d'une veuë trouble et en nuage, que je
ne puis desmeler. Et, entreprenant de parler indifferemment de tout ce qui se présente à ma fantaisie et n'y
employant que mes propres et naturels moyens, s'il m'advient, comme il faict souvent, de rencontrer de fortune
dans les bons autheurs ces mesmes lieux que j'ay entrepris
de traiter, comme je vien de faire chez Plutarque tout
presentement son discours de la force de l'imagination, à
me reconnoistre, au prix de ces gens là, si foible et si chetif,
si poisant et si endormy, je me fay pitié ou desdain à moy
mesmes. Si me gratifie-je [7] de cecy, que mes opinions ont
cet honneur de rencontrer souvent aux leurs; /// et que je
vais au moins de loing après, disant que voire. / Aussi que
j'ay cela, qu'un chacun n'a pas, de connoistre l'extreme
difference d'entre eux et moy. Et laisse, ce neant-moins,
courir mes inventions ainsi foibles et basses, comme je
les ay produites, sans en replastrer et recoudre les defaux
que cette comparaison m'y a descouvert. /// Il faut avoir
les reins bien fermes pour entreprendre de marcher front
à front avec ces gens là. / Les escrivains indiscrets de nostre
siecle, qui, parmy leurs ouvrages de neant, vont semant
des lieux entiers des anciens autheurs pour se faire honneur,
font le contraire. Car cett'infinie dissemblance de lustres
rend un visage si pasle, si terni et si laid à ce qui est leur,
qu'ils y perdent beaucoup plus qu'ils n'y gaignent.

/// C'estoit deux contraires fantasies. Le philosophe
Chrysippus [8] mesloit à ses livres, non les passages seulement, mais des ouvrages entiers d'autres autheurs, et, en
un, la *Medée* d'Euripides; et disoit Apollodorus que, qui en
retrancheroit ce qu'il y avoit d'estranger, son papier demeu-
reroit en blanc. Epicurus au rebours, en trois cens volumes
qu'il laissa, n'avoit pas semé une seule allegation estrangiere. /

Il m'advint l'autre jour de tomber sur un tel passage.
J'avois trainé languissant après des parolles Françoises
si exangues, si descharnées et si vuides de matiere et de
sens que ce n'estoient voirement que parolles Françoises;

au bout d'un long et ennuyeux chemin, je vins à rencontrer
une piece haute, riche et eslevée jusques aux nuës. Si
j'eusse trouvé la pente douce et la montée un peu alongée,
cela eust esté excusable; c'estoit un precipice si droit et si
coupé que, des six premieres paroles, je conneuz que je
m'envolois en l'autre monde. De là je descouvris la fon-
driere d'où je venois, si basse et si profonde, que je n'eus
onques plus le cœur de m'y ravaler. / Si j'estoffois l'un de
mes discours de ces riches despouilles, il esclaireroit par
trop la bestise des autres. ///

Reprendre en autruy mes propres fautes ne me semble
non plus incompatible que de reprendre, comme je fay
souvent, celles d'autruy en moy. Il les faut accuser par
tout et leur oster tout lieu de franchise [9]. Si sçay-je bien
combien audacieusement j'entreprens moy mesmes à tous
coups de m'esgaler à mes larrecins, d'aller pair à pair
quand et eux, non sans une temeraire esperance que je
puisse tromper les yeux des juges à les discerner. Mais
c'est autant par le benefice de mon application que par le
benefice de mon invention et de ma force. Et puis, je ne
luitte point en gros ces vieux champions là, et corps à
corps : c'est par reprinses, menues et legieres attaintes. Je
ne m'y aheurte [10] pas; je ne fay que les taster; et ne vais
point tant comme je marchande d'aller.

Si je leur pouvoy tenir palot [11], je serois honneste
homme, car je ne les entreprens que par où ils sont les
plus roides.

De faire ce que j'ay descouvert d'aucuns, se couvrir
des armes d'autruy, jusques à ne montrer pas seulement le
bout de ses doigts, conduire son dessein, comme il est
aysé aux sçavans en une matiere commune, sous les inventions anciennes rappiecées par cy par là; à ceux qui les
veulent cacher et faire propres, c'est premierement injustice et lascheté, que, n'ayant rien en leur vaillant par où se
produire, ils cherchent à se presenter par une valeur
estrangere, et puis, grande sottise, se contentant par piperie
de s'acquerir l'ignorante approbation du vulgaire, se des-
crier envers les gens d'entendement qui hochent du nez
nostre incrustation empruntée, desquels seuls la louange
a du poids. De ma part, il n'est rien que je veuille moins
faire. Je ne dis les autres, sinon pour d'autant plus me dire.
Cecy ne touche pas des centons qui se publient pour
centons; et j'en ay veu de très-ingenieux en mon temps,
entre autres un, sous le nom de Capilupus [12], outre les
anciens. Ce sont des esprits qui se font voir et par ailleurs

et par là, comme Lipsius [13] en ce docte et laborieux tissu
de ses *Politiques*.

/ Quoy qu'il en soit, veux-je dire, et quelles que soyent
ces inepties, je n'ay pas deliberé de les cacher, non plus
qu'un mien pourtraict chauve et grisonnant, où le peintre
auroit mis non un visage parfaict, mais le mien. Car aussi
ce sont icy mes humeurs et opinions; je les donne pour ce
qui est en ma creance, non pour ce qui est à croire. Je ne
vise icy qu'à découvrir moy mesmes, qui seray par
adventure autre demain, si nouveau apprentissage me
change. Je n'ay point l'authorité d'estre creu, ny ne le
desire, me sentant trop mal instruit pour instruire
autruy.

Quelcun donq', ayant veu l'article precedant, me disoit
chez moy, l'autre jour, que je me devoy estre un peu
estendu [14] sur le discours de l'institution des enfans. Or
Madame, si j'avoy quelque suffisance en ce subject, je ne
pourroi la mieux employer que d'en faire un present à ce
petit homme qui vous menasse de faire tantost une belle
sortie de chez vous (vous estes trop genereuse pour
commencer autrement que par un masle). Car, ayant eu
tant de part à la conduite de vostre mariage, j'ay quelque
droit et interest à la grandeur et prosperité de tout ce qui
en viendra, outre ce que l'ancienne possession que vous
avez sur ma servitude m'oblige assez à desirer honneur,
bien et advantage à tout ce qui vous touche. Mais, à la
verité, je n'y entens sinon cela, que la plus grande difficulté et importante de l'humaine science semble estre en
cet endroit où il se traite de la nourriture et institution
des enfans.

/// Tout ainsi qu'en l'agriculture, les façons qui vont
avant le planter sont certaines et aysées, et le planter
mesme; mais depuis que ce qui est planté vient à prendre
vie, à l'eslever il y a une grande varieté de façons et difficulté : pareillement aux hommes, il y a peu d'industrie à les
planter; mais, depuis qu'ils sont naiz, on se charge d'un
soing divers, plein d'enbesoignement et de crainte, à les
dresser et nourrir.

/ La montre de leurs inclinations est si tendre en ce bas
aage, et si obscure, les promesses si incertaines et fauces,
qu'il est mal-aysé d'y establir aucun solide jugement.

// Voyez Cimon, voyez Themistocles et mille autres,
combien ils se sont disconvenuz à eux-mesme. Les petits
des ours, des chiens, montrent leur inclination naturelle;
mais les hommes, se jettans incontinent en des accoustu-

mances, en des opinions, en des loix, se changent ou se deguisent facilement.

/ Si est-il difficile de forcer les propensions naturelles. D'où il advient que, par faute d'avoir bien choisi leur route, pour neant se travaille on souvent et employe l'on beaucoup d'aage à dresser des enfans aux choses ausquelles ils ne peuvent prendre pied. Toutesfois, en cette difficulté, mon opinion est de les acheminer tousjours aux meilleures choses et plus profitables, et qu'on se doit peu appliquer à ces legieres divinations et prognostiques que nous prenons des mouvemens de leur enfance. /// Platon mesme, en sa *République*, me semble leur donner beaucoup d'auto-rité.

/ Madame, c'est un grand ornement que la science, et un util de merveilleux service, notamment aux personnes élevées en tel degré de fortune, comme vous estes. A la verité, elle n'a point son vray usage en mains viles et basses. Elle est bien plus fiere de préter ses moyens à conduire une guerre, à commander un peuple, à pratiquer [15] l'amitié d'un prince ou d'une nation estrangiere, qu'à dresser un argument dialectique, ou à plaider un appel, ou ordonner une masse [16] de pillules. Ainsi, Madame, par ce que je croy que vous n'oublierez pas cette partie en l'institution des vostres, vous qui en avez savouré la douceur, et qui estes d'une race lettrée (car nous avons encore les escrits de ces anciens Comtes de Foix, d'où monsieur le Comte vostre mary et vous estes descendus; et François, monsieur de Candale, vostre oncle, en faict naistre tous les jours d'autres, qui estendront la connoissance de cette qualité de vostre famille à plusieurs siecles), je vous veux dire là dessus une seule fantasie que j'ay contraire au commun usage; c'est tout ce que je puis conferer à vostre service en cela.

La charge du gouverneur que vous luy donrez, du chois duquel depend tout l'effect de son institution, ell'a plusieurs autres grandes parties; mais je n'y touche point, pour n'y sçavoir rien apporter qui vaille; et de cet article, sur lequel je me mesle de luy donner advis, il m'en croira autant qu'il y verra d'apparence. A un enfant de maison qui recherche les lettres, non pour le gaing (car une fin si abjecte est indigne de la grace et faveur des Muses, et puis elle regarde et depend d'autrui), ny tant pour les commo-ditez externes que pour les sienes propres, et pour s'en enrichir et parer au dedans, ayant plustost envie d'en tirer un habil'homme qu'un homme sçavant, je voudrois aussi qu'on fut soigneux de luy choisir un conducteur qui eust plutost la teste bien faicte que bien pleine, et qu'on y requit tous les deux, mais plus les meurs et l'entendement que la science; et qu'il se conduisist en sa charge d'une nouvelle maniere.

On ne cesse de criailler à nos oreilles, comme qui verse-roit dans un antonnoir, et nostre charge ce n'est que redire ce qu'on nous a dict. Je voudrois qu'il corrigeast cette partie, et que, de belle arrivée [17], selon la portée de l'ame qu'il a en main, il commençast à la mettre sur la montre, luy faisant gouster les choses, les choisir et discerner d'elle mesme; quelquefois luy ouvrant chemin, quelquefois le luy laissant ouvrir. Je ne veux pas qu'il invente et parle seul, je veux qu'il escoute son disciple parler à son tour. /// Socrates et, depuis, Archesilas faisoient premierement parler leurs disciples, et puis ils parloient à eux. « *Obest plerumque iis qui discere volunt auctoritas eorum qui docent* [18]. »

Il est bon qu'il le face trotter devant luy pour juger de son train, et juger jusques à quel point il se doibt ravaler pour s'accommoder à sa force. A faute de cette proportion nous gastons tout; et de la sçavoir choisir, et s'y conduire bien mesuréement, c'est l'une des plus ardues besongnes que je sçache; et est l'effect d'une haute ame et bien forte, sçavoir condescendre à ses allures pueriles et les gui-der. Je marche plus seur et plus ferme à mont qu'à val.

Ceux qui, comme porte nostre usage, entreprennent d'une mesme leçon et pareille mesure de conduite regenter plusieurs esprits de si diverses mesures et formes, ce n'est pas merveille si, en tout un peuple d'enfans, ils en ren-contrent à peine deux ou trois qui rapportent quelque juste fruit de leur discipline.

/ Qu'il ne luy demande pas seulement compte des mots de sa leçon, mais du sens et de la substance, et qu'il juge du profit qu'il aura fait, non par le tesmoignage de sa memoire, mais de sa vie. Que ce qu'il viendra d'apprendre, il le lui face mettre en cent visages et accommoder à autant de divers subjets, pour voir s'il l'a encore bien pris et bien faict sien, /// prenant l'instruction de son progrez des pædagogismes [19] de Platon. / C'est tesmoignage de crudité et indigestion que de regorger [20] la viande comme on l'a avallée. L'estomac n'a pas faict son operation, s'il n'a faict changer la façon et la forme à ce qu'on luy avoit donné à cuire.

// Nostre ame ne branle qu'à credit, liée et contrainte à

l'appetit des fantasies d'autruy, serve et captivée soubs l'authorité de leur leçon. On nous a tant assubjectis aux cordes [21] que nous n'avons plus de franches allures. Nostre vigueur et liberté est esteinte. /// « *Nunquam tutelæ suæ fiunt* [22]. » // Je vy privéement à Pise un honneste homme, mais si Aristotélicien, que le plus general de ses dogmes est : que la touche et regle de toutes imaginations solides et de toute verité, c'est la conformité à la doctrine d'Aristote; que, hors de là, ce ne sont que chimeres et inanité; qu'il a tout veu et tout dict. Cette proposition, pour avoir esté un peu trop largement et iniquement interpretée, le mit autrefois et tint long temps en grand accessoire [23] à l'inquisition à Rome.

/ Qu'il luy face tout passer par l'estamine [24] et ne loge rien en sa teste par simple authorité et à credit; les principes d'Aristote ne luy soyent principes, non plus que ceux des Stoiciens ou Epicuriens. Qu'on luy propose cette diversité de jugemens : il choisira s'il peut, sinon il en demeurera en doubte. /// Il n'y a que les fols certains et resolus.

/ *Che non men che saper dubbiar m'aggrada* [25].

Car s'il embrasse les opinions de Xenophon et de Platon par son propre discours, ce ne seront plus les leurs, ce seront les siennes. /// Qui suit un autre, il ne suit rien. Il ne trouve rien, voire il ne cerche rien. « *Non sumus sub rege; sibi quisque se vindicet* [26]. » Qu'il sache qu'il sçait, au moins. / Il faut qu'il emboive leurs humeurs, non qu'il aprenne leurs preceptes. Et qu'il oublie hardiment, s'il veut, d'où il les tient, mais qu'il se les sçache approprier. La verité et la raison sont communes à un chacun, et ne sont non plus à qui les a dites premierement, qu'à qui les dict après. /// Ce n'est non plus selon Platon que selon moy, puis que luy et moi l'entendons et voyons de mesme. / Les abeilles pillotent [27] deçà delà les fleurs, mais elles en font après le miel, qui est tout leur; ce n'est plus thin ny marjolaine : ainsi les pieces empruntées d'autruy, il les transformera et confondera, pour en faire un ouvrage tout sien, à sçavoir son jugement. Son institution, son travail et estude ne vise qu'à le former.

/// Qu'il cele tout ce dequoy il a esté secouru, et ne produise que ce qu'il en a faict. Les pilleurs, les emprunteurs mettent en parade leurs bastiments, leurs achapts, non pas ce qu'ils tirent d'autruy. Vous ne voyez pas les espices d'un homme de parlement, vous voyez les alliances qu'il a

gaignées et honneurs à ses enfans. Nul ne met en compte
publique sa recette; chacun y met son acquest.

Le guain de nostre estude, c'est en estre devenu meilleur et plus sage.

/ C'est, disoit Epicharmus [28], l'entendement qui voyt et
qui oyt, c'est l'entendement qui approfite tout, qui dispose
tout, qui agit, qui domine et qui regne : toutes autres
choses sont aveugles, sourdes et sans ame. Certes nous le
rendons servile et coüard, pour ne luy laisser la liberté de
rien faire de soy. Qui demanda jamais à son disciple ce
qu'il luy semble // de la Rhetorique et de la Grammaire de
telle / ou telle sentence de Ciceron ? On nous les placque
en la memoire toutes empennées [29], comme des oracles où
les lettres et les syllabes sont de la substance de la chose.
/// Sçavoir par cœur n'est pas sçavoir : c'est tenir ce qu'on
a donné en garde à sa memoire. Ce qu'on sçait droitte-
ment, on en dispose, sans regarder au patron, sans tourner
les yeux vers son livre. Facheuse suffisance, qu'une suffisance pure livresque! Je m'attens qu'elle serve d'ornement, non de fondement, suivant l'advis de Platon, qui
dict la fermeté, la foy, la sincerité estre la vraye philosophie, les autres sciences et qui visent ailleurs, n'estre que
fard.

/ Je voudrois que le Paluël [30] ou Pompée, ces beaux
danseurs de mon temps, apprinsent [31] des caprioles à les
voir seulement faire, sans nous bouger de nos places,
comme ceux-cy veulent instruire notre entendement, sans
l'esbranler; /// ou qu'on nous apprinst à manier un cheval,
ou une pique, ou un luth, ou la voix, sans nous y exercer,
comme ceux icy nous veulent apprendre à bien juger et à
bien parler, sans nous exercer ny à parler, ny à juger. / Or,
à cet apprentissage, tout ce qui se presente à nos yeux sert
de livre suffisant : la malice d'un page, la sottise d'un valet,
un propos de table, ce sont autant de nouvelles matieres.

A cette cause, le commerce des hommes y est merveilleusement propre, et la visite des pays estrangers, non pour
en rapporter seulement, à la mode de nostre noblesse
Françoise, combien de pas a Santa Rotonda [32], ou la
richesse des calessons de la Signora Livia [33], ou, comme
d'autres, combien le visage de Neron, de quelque vieille
ruyne de là, est plus long ou plus large que celuy de
quelque pareille medaille, mais pour en rapporter principalement les humeurs de ces nations et leurs façons, et
pour frotter et limer nostre cervelle contre celle d'autruy.
Je voudrois qu'on commençast à le promener dès sa tendre

enfance, et premierement, pour faire d'une pierre deux coups, par les nations voisines où le langage est plus esloigné du nostre, et auquel, si vous ne la formez de bon'heure, la langue ne se peut plier.

Aussi bien est-ce une opinion receuë d'un chacun, que ce n'est pas raison de nourrir un enfant au giron de ses parents. Cette amour naturelle les attendrist trop et relasche, voire les plus sages. Ils ne sont capables ny de chastier ses fautes, ny de le voir nourry grossierement, comme il faut, et hasardeusement. Ils ne le sçauroient souffrir revenir suant et poudreux de son exercice, /// boire chaud, boire froid, / ny le voir sur un cheval rebours [34], ny contre un rude tireur, le floret au poing, ny la premiere harquebouse. Car il n'y a remede : qui en veut faire un homme de bien, sans doubte il ne le faut espargner en cette jeunesse, et souvent choquer les regles de la medecine :

> // *Vitamque sub dio et trepidis agat*
> *In rebus* [35].

/// Ce n'est pas assez de luy roidir l'ame ; il luy faut aussi roidir les muscles. Elle est trop pressée, si elle n'est secondée, et a trop à faire de seule fournir à deux offices. Je sçay combien ahanne la mienne en compagnie d'un corps si tendre, si sensible, qui se laisse si fort aller sur elle. Et apperçoy souvent en ma leçon, qu'en leurs escris mes maistres font valoir, pour maganimité et force de courage, des exemples qui tiennent volontiers plus de l'espessissure de la peau et durté des os. J'ay veu des hommes, des femmes et des enfans ainsi nays [36] qu'une bastonade leur est moins qu'à moy une chiquenaude ; qui ne remuent ny langue ny sourcil aux coups qu'on leur donne. Quand les Athletes contrefont les philosophes en patience, c'est plus tost vigueur de nerfs que de cœur. Or l'accoustumance à porter le travail est accoustumance à porter la doleur : « *labor callum obducit dolori* [37]. » Il le faut rompre à la peine et aspreté des exercices, pour le dresser à la peine et aspreté de la desloueure [38], de la colique, du caustere, et de la geaule, et de la torture. Car de ces derniers icy encore peut-il estre en prinse, qui regardent les bons, selon le temps, comme les meschans. Nous en sommes à l'espreuve. Quiconque combat les loix, menace les plus gens de bien d'escourgées [39] et de la corde.

/ Et puis, l'authorité du gouverneur, qui doit estre souveraine sur luy, s'interrompt et s'empesche par la presence des parens. Joint que ce respect que la famille luy porte, la connoissance des moyens et grandeurs de sa maison, ce ne sont à mon opinion pas legieres incommoditez en cet aage.

En cette eschole du commerce des hommes, j'ay souvent remarqué ce vice, qu'au lieu de prendre connoissance d'autruy, nous ne travaillons qu'à la donne de nous, et sommes plus en peine d'emploiter [40] nostre marchandise que d'en acquerir de nouvelle. Le silence et la modestie sont qualitez très-commodes à la conversation. On dressera cet enfant à estre espargnant et mesnagier de sa suffisance, quand il l'aura acquise ; à ne se formalizer point des sottises et fables qui se diront en sa presence, car c'est une incivile importunité de choquer tout ce qui n'est pas de nostre appetit. /// Qu'il se contente de se corriger soy mesme, et ne semble pas reprocher à autruy tout ce qu'il refuse à faire, ny contraster aux mœurs publiques. « *Licet sapere sine pompa, sine invidia* [41]. » Fuie [42] ces images regenteuses et inciviles, et cette puerile ambition de vouloir paroistre plus fin pour estre autre, et tirer nom [43] par reprehensions [44] et nouvelletez. Comme il n'affiert [45] qu'aux grands poëtes d'user des licences de l'art, aussi n'est-il supportable qu'aux grandes ames et illustres de se privilegier au dessus de la coustume. « *Si quid Socrates et Aristippus contra morem et consuetudinem fecerint, idem sibi ne arbitretur licere : magnis enim illi et divinis bonis hanc licentiam assequebantur* [46]. » / On luy apprendra de n'entrer en discours ou contestation que où il verra un champion digne de sa luite, et là mesmes à n'employer pas tous les tours qui luy peuvent servir, mais ceux-là seulement qui luy peuvent le plus servir. Qu'on le rende delicat au chois et triage de ses raisons, et aymant la pertinence, et par consequent la briefveté. Qu'on l'instruise sur tout à se rendre et à quitter les armes à la verité, tout aussi tost qu'il l'appercevra ; soit qu'elle naisse és mains de son adversaire, soit qu'elle naisse en luy-mesmes par quelque ravisement. Car il ne sera pas mis en chaise [47] pour dire un rolle prescript. Il n'est engagé à aucune cause, que par ce qu'il l'appreuve. Ny ne sera du mestier où se vent à purs deniers contans la liberté de se pouvoir repentir et reconnoistre. /// « *Neque, ut omnia quæ præscripta et imperata sint defendat, necessitate ulla cogitur* [48]. »

Si son gouverneur tient de mon humeur, il luy formera la volonté à estre très-loyal serviteur de son prince et très-affectionné et très-courageux ; mais il luy refroidira l'envie de s'y attacher autrement que par un devoir publique. Outre plusieurs autres inconveniens qui blessent nostre franchise par ces obligations particulieres, le jugement d'un homme gagé et achetté, ou il est moins entier et moins libre, ou il est taché [49] et d'imprudence et d'ingratitude.

Un courtisan ne peut avoir ny loy, ny volonté de dire et penser que favorablement d'un maistre qui, parmi tant de milliers d'autres subjects, l'a choisi pour le nourrir et eslever de sa main. Cette faveur et utilité corrompent non sans quelque raison sa franchise, et l'esblouissent. Pourtant void on coustumierement le langage de ces gens-là divers à tout autre langage d'un estat, et de peu de foy en telle matiere.

/ Que sa conscience et sa vertu reluisent en son parler, /// et n'ayent que la raison pour guide. / Qu'on luy face entendre que de confesser la faute qu'il descouvrira en son propre discours, encore qu'elle ne soit aperceuë que par luy, c'est un effet de jugement et de sincerité, qui sont les principales parties qu'il cherche; /// que l'opiniatrer et contester sont qualitez communes, plus apparentes aux plus basses ames; que se raviser et se corriger, abandonner un mauvais party sur le cours de son ardeur, ce sont qualitez rares, fortes et philosophiques.

/ On l'advertira, estant en compaignie, d'avoir les yeux par tout; car je trouve que les premiers sieges sont communément saisis par les hommes moins capables, et que les grandeurs de fortune ne se trouvent guieres meslées à la suffisance.

J'ay veu, cependant qu'on s'entretenoit, au haut bout d'une table, de la beauté d'une tapisserie ou du goust de la malvoisie, se perdre beaucoup de beaux traicts à l'autre bout.

Il sondera la portée d'un chacun : un bouvier, un masson, un passant; il faut tout mettre en besongne, et emprunter chacun selon sa marchandise, car tout sert en mesnage; la sottise mesme et foiblesse d'autruy luy sera instruction. A contreroller les graces et façons d'un chacun, il s'engendrera envie des bonnes et mespris des mauvaises.

Qu'on luy mette en fantasie une honeste curiosité de s'enquerir de toutes choses; tout ce qu'il y aura de singulier autour de luy, il le verra : un bastiment, une fontaine, un homme, le lieu d'une bataille ancienne, le passage de Cæsar ou de Charlemaigne :

// Quæ tellus sit lenta gelu, quæ putris ab æstu,
Ventus in Italiam quis bene vela ferat [50].

/ Il s'enquerra des meurs, des moyens et des alliances
de ce Prince, et de celuy-là. Ce sont choses très-plaisantes à
apprendre et très-utiles à sçavoir.

En cette practique des hommes, j'entends y comprendre,
et principalement, ceux qui ne vivent qu'en la memoire
des livres. Il practiquera, par le moyen des histoires, ces
grandes ames des meilleurs siecles. C'est un vain estude,
qui veut; mais qui veut aussi, c'est un estude de fruit inestimable : /// et le seul estude, comme dit Platon, que les
Lacedemoniens eussent reservé à leur part. / Quel profit
ne fera-il en cette part-là, à la lecture des *Vies* de nostre
Plutarque ? Mais que mon guide se souvienne où vise sa
charge; et qu'il n'imprime pas tant à son disciple /// la date
de la ruine de Carthage que les meurs de Hannibal et de
Scipion, ny tant / où mourut Marcellus, que pourquoy il
fut indigne de son devoir qu'il mourut là. Qu'il ne luy
apprenne pas tant les histoires, qu'à en juger. /// C'est à
mon gré, entre toutes, la matiere à laquelle nos esprits
s'appliquent de plus diverse mesure. J'ay leu en Tite-Live
cent choses que tel n'y a pas leu. Plutarque en y a leu cent,
outre ce que j'y ay sceu lire, et, à l'adventure, outre ce que
l'autheur y avoir mis. A d'aucuns c'est un pur estude
grammairien [51], à d'autres, l'anatomie de la philosophie, en
laquelle les plus abstruses parties de nostre nature se
penetrent. / Il y a dans Plutarque beaucoup de discours
estandus, très-dignes d'estre sceus, car, à mon gré, c'est le
maistre ouvrier de telle besongne; mais il y en a mille
qu'il n'a que touché simplement : il guigne seulement du
doigt par où nous irons, s'il nous plaist, et se contente
quelquefois de ne donner qu'une attainte dans le plus vif
d'un propos. Il les faut arracher de là et mettre en place
marchande. // Comme ce sien mot, que les habitants
d'Asie servoient à [52] un seul, pour ne sçavoir prononcer
une seule sillabe, qui est Non, donna peut estre la matiere
et l'occasion à la Boitie de sa *Servitude Volontaire*. / Cela
mesme de luy voir trier une legiere action en la vie d'un
homme, ou un mot, qui semble ne porter pas : cela, c'est
un discours. C'est dommage que les gens d'entendement
ayment tant la briefveté; sans doute leur reputation en vaut
mieux, mais nous en valons moins; Plutarque aime mieux
que nous le vantions de son jugement que de son sçavoir;
il ayme mieux nous laisser desir de soy que satieté. Il sça-

voit qu'és choses bonnes mesmes on peut trop dire, et que Alexandridas reprocha justement à celuy qui tenoit aux Ephores des bons propos, mais trop longs : « O estrangier, tu dis ce qu'il faut, autrement qu'il ne faut. » /// Ceux qui ont le corps gresle, le grossissent d'embourrures : ceux qui ont la matiere exile [53], l'enflent de paroles.

/ Il se tire une merveilleuse clarté, pour le jugement humain, de la frequentation du monde. Nous sommes tous contraints [54] et amoncellez en nous, et avons la veuë racourcie à la longueur de nostre nez. On demandoit à Socrates d'où il estoit. Il ne repondit pas : « D'Athenes », mais : « Du monde. » Luy, qui avoit son imagination plus plaine et plus estanduë, embrassoit l'univers comme sa ville, jettoit ses connoissances, sa société et ses affections à tout le genre humain, non pas comme nous qui ne regardons que sous nous. Quand les vignes gelent en mon village, mon prebstre en argumente l'ire de Dieu sur la race humaine, et juge que la pepie en tienne des-jà les Cannibales. A voir nos guerres civiles, qui ne crie que cette machine se bouleverse et que le jour du jugement nous prent au collet, sans s'aviser que plusieurs pires choses se sont veuës, et que les dix mille parts du monde ne laissent pas de galler le bon temps [55] cependant ? // Moy, selon leur licence et impunité, admire de les voir si douces et molles. / A qui il gresle sur la teste, tout l'hemisphere semble estre en tempeste et orage. Et disoit le Savoïart que, si ce sot de Roy de France eut sceu bien conduire sa fortune, il estoit homme pour devenir maistre d'hostel de son Duc. Son imagination ne concevoit autre plus eslevée grandeur que celle de son maistre. /// Nous sommes insensiblement [56] tous en cette erreur : erreur de grande suite et prejudice. / Mais qui se presente, comme dans un tableau, cette grande image de nostre mere nature en son entiere magesté; qui lit en son visage une si generale et constante varieté; qui se remarque là dedans, et non soy, mais tout un royaume, comme un traict d'une pointe très-delicate : celuy-là seul estime les choses selon leur juste grandeur.

Ce grand monde, que les uns multiplient encore comme especes soubs un genre, c'est le miroüer où il nous faut regarder pour nous connoistre de bon biais. Somme [57], je veux que ce soit le livre de mon escholier. Tant d'humeurs, de sectes, de jugemens, d'opinions, de loix et de coustumes nous apprennent à juger sainement des nostres, et apprennent nostre jugement à reconnoistre son imperfection et sa naturelle foiblesse : qui n'est pas un legier appren-

tissage. Tant de remuements d'estat et changements de
fortune publique nous instruisent à ne faire pas grand
miracle de la nostre. Tant de noms, tant de victoires et
conquestes ensevelies soubs l'oubliance, rendent ridicule
l'esperance d'eterniser nostre nom par la prise de dix argo-
lets [58] et d'un pouillier [59] qui n'est conneu que de sa cheute.
L'orgueil et la fierté de tant de pompes estrangieres, la
magesté si enflée de tant de cours et de grandeurs, nous
fermit et asseure la veüe à soustenir l'esclat des nostres sans
siller les yeux. Tant de milliasses d'hommes enterrez avant
nous nous encouragent à ne craindre d'aller trouver si
bonne compagnie en l'autre monde. Ainsi du reste.

/// Nostre vie, disoit Pythagoras, retire à la grande et
populeuse assemblée des jeux Olympiques. Les uns s'y
exercent le corps pour en acquerir la gloire des jeux;
d'autres y portent des marchandises à vendre pour le gain.
Il en est, et qui ne sont pas les pires, lesquels ne cherchent
autre fruict que de regarder comment et pourquoy chaque
chose se faict, et estre spectateurs de la vie des autres
hommes, pour en juger et regler la leur.

/ Aux exemples se pourront proprement assortir tous les
plus profitables discours de la philosophie, à laquelle se
doivent toucher les actions humaines comme à leur reigle.
On luy dira,

> // *quid fas optare, quid asper*
> *Utile nummus habet; patriæ charisque propinquis*
> *Quantum elargiri deceat: quem te Deus esse*
> *Jussit, et humana qua parte locatus es in re;*
> *Quid sumus, aut quidnam victuri gignimur* [60] ;

/ que c'est que sçavoir et ignorer, qui doit estre le but de
l'estude; que c'est que vaillance, temperance et justice; ce
qu'il y a à dire entre l'ambition et l'avarice, la servitude et
la subjection, la licence et la liberté; à quelles marques on
connoit le vray et solide contentement; jusques où il faut
craindre la mort, la douleur et la honte,

> // *Et quo quemque modo fugiatque feratque laborem* [61] ;

/ quels ressors nous meuvent, et le moyen de tant divers
branles en nous. Car il me semble que les premiers discours
dequoy on luy doit abreuver l'entendement, ce doivent
estre ceux qui reglent ses meurs et son sens, qui luy
apprendront à se connoistre, et à sçavoir bien mourir et
bien vivre. /// Entre les arts liberaux, commençons par l'art
qui nous faict libres.

Elles [62] servent toutes aucunement à l'instruction de nostre vie et à son usage, comme toutes autres choses y servent aucunement. Mais choisissons celle qui y sert directement et professoirement [63].

Si nous sçavions restraindre les appartenances [64] de nostre vie à leurs justes et naturels limites, nous trouverions que la meilleure part des sciences qui sont en usage est hors de notre usage; et en celles-mesmes qui le sont, qu'il y a des estendues et enfonceures très-inutiles, que nous ferions mieux de laisser là, et, suivant l'institution de Socrates, borner le cours de nostre estude en icelles, où faut [65] l'utilité.

> *| sapere aude,*
> *Incipe : vivendi'qui recte prorogat horam,*
> *Rusticus expectat dum defluat amnis ; at ille*
> *Labitur, et labetur in omne volubilis ævum* [66].

C'est une grande simplesse d'apprendre à nos enfants

> *// Quid movent pisces, animosaque signa leonis,*
> *Lotus et Hesperia quid capricornus aqua* [67],

/ la science des astres et le mouvement de la huitiesme sphere, avant que les leurs propres :

> Τί Πλειάδεσσι κάμοί;
> Τί δ'ἀστράσι βοώτεω [68],

/// Anaximenes [69] escrivant à Pythagoras : « De quel sens puis-je m'amuser au secret des estoiles, ayant la mort ou la servitude tousjours presente aux yeux ? » (Car lors les Roys de Perse preparoient la guerre contre son païs), chacun doit dire ainsin : « Estant battu d'ambition, d'avarice, de temerité, de superstition, et ayant au dedans tels autres ennemis de la vie, iray-je songer au bransle du monde ? »

/ Après qu'on luy aura dict ce qui sert à le faire plus sage et meilleur, on l'entretiendra que c'est que Logique, Physique, Geometrie, Rhetorique; et la science qu'il choisira, ayant des-jà le jugement formé, il en viendra bien tost à bout. Sa leçon se fera tantost par devis [70], tantost par livre; tantost son gouverneur luy fournira [71] de l'auteur mesme, propre à cette fin de son institution; tantost il luy en donnera la moelle et la substance toute maschée. Et si, de soy mesme, il n'est assez familier des livres pour y trou-

ver tant de beaux discours qui y sont, pour l'effect de son
dessein, on luy pourra joindre quelque homme de lettres,
qui à chaque besoing fournisse les munitions qu'il faudra,
pour les distribuer et dispenser à son nourrisson. Et que
cette leçon ne soit plus aisée et naturelle que celle de
Gaza [72], qui y peut faire doute ? Ce sont là preceptes espineux et mal plaisans, et des mots vains et descharnez, où
il n'y a point de prise, rien qui vous esveille l'esprit. En
cette cy, l'ame trouve où mordre et où se paistre. Ce fruict
est plus grand, sans comparaison, et si sera plustost meury.

C'est grand cas [73] que les choses en soyent là en nostre
siecle, que la philosophie, ce soit, jusques aux gens d'entendement, un nom vain et fantastique, qui se treuve de nul
usage et de nul pris, /// et par opinion et par effect. / Je
croy que ces ergotismes en sont cause, qui ont saisi ses
avenues. On a grand tort de la peindre inaccessible aux
enfans, et d'un visage renfrogné, sourcilleux et terrible.
Qui me l'a masquée de ce faux visage, pasle et hideux ? Il
n'est rien plus gay, plus gaillard, plus enjoué, et à peu que
je ne dise follastre. Elle ne presche que feste et bon temps.
Une mine triste et transie montre que ce n'est pas là son
giste. Demetrius le Grammairien, rencontrant dans le
temple de Delphes une troupe de philosophes assis
ensemble, il leur dit : « Ou je me trompe, ou, à vous voir la
contenance si paisible et si gaye, vous n'estes pas en grand
discours entre vous. » A quoy l'un d'eux, Heracleon le
Megarien, respondit : « C'est à faire à ceux qui cherchent
si le futur du verbe βάλλω [74] a double λ, ou qui cherchent
la derivation des comparatifs χεῖρον [75] et βέλτιον [76] et des
superlatifs χεῖριστον [77] et βέλτιστον [78], qu'il faut rider le
front, s'entretenant de leur science. Mais quant aux discours de la philosophie, ils ont accoustumé d'esgayer et
resjouïr ceux qui les traictent, non les renfroigner et
contrister. »

|| *Deprendas animi tormenta latentis in ægro*
 Corpore, deprendas et gaudia : sumit utrumque
 Inde habitum facies [79].

/ L'ame qui loge la philosophie doit, par sa santé, rendre
sain encores le corps. Elle doit faire luire jusques au dehors
son repos et son ayse; doit former à son moule le port exte-
rieur, et l'armer par consequent d'une gratieuse fierté,
d'un maintien actif et allegre, et d'une contenance contente
et debonnaire. /// La plus expresse marque de la sagesse,

c'est une esjouïssance constante; son estat est comme des choses au dessus de la Lune : toujours serein. / C'est « Barroco » et « Baralipton » qui rendent leurs supposts [80] ainsi crotez et enfumés, ce n'est pas elle; ils ne la connoissent que par ouïr dire. Comment ? elle fait estat de serainer les tempestes de l'âme, et d'apprendre la faim et les fiebvres à rire, non par quelques Epicycles imaginaires, mais par raisons naturelles et palpables. /// Elle a pour son but la vertu, qui n'est pas, comme dit l'eschole, plantée à la teste d'un mont coupé, rabotteux et inaccessible. Ceux qui l'ont approchée, la tiennent, au rebours, logée dans une belle plaine fertile et fleurissante, d'où elle voit bien souz soy toutes choses; mais si peut on y arriver, qui en sçait l'addresse [81], par des routes ombrageuses, gazonnées et doux fleurantes, plaisamment et d'une pante facile et polie, comme est celle des voutes celestes. Pour n'avoir hanté cette vertu supreme, belle, triumfante, amoureuse, délicieuse pareillement et courageuse, ennemie professe et irreconciliable d'aigreur, de desplaisir, de crainte et de contrainte, ayant pour guide nature, fortune et volupté pour compaignes, ils sont allez, selon leur foiblesse, faindre cette sotte image, triste, querelleuse, despite [82], menaceuse, mineuse [83], et la placer sur un rocher, à l'escart, emmy des ronces, fantosme à estonner les gens.

Mon gouverneur, qui cognoist devoir remplir la volonté de son disciple autant ou plus d'affection que de reverence envers la vertu, luy sçaura dire que les poëtes suivent les humeurs communes, et luy faire toucher au doigt que les Dieux ont mis plustost la sueur aux advenues des cabinetz de Venus que de Pallas. Et quand il commencera de se sentir, luy presentant Bradamant ou Angelique [84] pour maistresse à jouïr, et d'une beauté naïve, active, genereuse, non hommasse mais virile, au prix d'une beauté molle, affettée, delicate, artificielle; l'une travestie en garçon coiffée d'un morrion luysant, l'autre vestue en garce, coiffée d'un attiffet [85] emperlé; il jugera masle son amour mesme, s'il choisit tout diversement à cet effeminé pasteur de Phrygie. Il luy fera cette nouvelle leçon, que le prix et hauteur de la vraye vertu est en la facilité, utilité et plaisir de son exercice, si esloigné de difficulté, que les enfans y peuvent comme les hommes, les simples comme les subtilz. Le reglement [86], c'est son util, non pas la force. Socrates, son premier mignon [87], quitte à escient sa force [88], pour glisser en la naïveté et aisance de son progrez. C'est la mere nourrice des plaisirs humains. En

les rendant justes, elle les rend seurs et purs. Les moderant,
elle les tient en haleine et en goust. Retranchant ceux
qu'elle refuse, elle nous aiguise envers ceux qu'elle nous
laisse; et nous laisse abondamment tous ceux que veut
nature, et jusques à la satiété, maternellement, sinon
jusques à la lasseté (si d'adventure nous ne voulons dire que
le regime, qui arreste le beuveur avant l'yvresse, le mangeur
avant la crudité [89], le paillard avant la pelade, soit ennemy
de nos plaisirs). Si la fortune commune luy faut, elle luy
eschappe ou elle s'en passe, et s'en forge une autre toute
sienne, non plus flottante et roulante. Elle sçait estre
riche et puissante et sçavante, et coucher dans des matelats
musquez. Elle aime la vie, elle aime la beauté et la gloire
et la santé. Mais son office propre et particulier, c'est
sçavoir user de ces biens là regléement [90], et les sçavoir
perdre constamment : office bien plus noble qu'aspre,
sans lequel tout cours de vie est desnaturé, turbulent et
difforme, et y peut on justement attacher ces escueils, ces
haliers et ces monstres. Si ce disciple se rencontre de si
diverse condition, qu'il aime mieux ouyr une fable que la
narration d'un beau voyage ou un sage propos quand il
l'entendra; qui, au son du tabourin qui arme la jeune
ardeur de ses compagnons, se destourne à un autre qui
l'appelle au jeu des batteleurs; qui, par souhait, ne trouve
plus plaisant et plus doux revenir poudreux et victorieux
d'un combat, que de la paulme ou du bal avec le pris de cet
exercice, je n'y trouve autre remede, sinon que de bonne
heure son gouverneur l'estrangle, s'il est sans tesmoins,
ou qu'on le mette patissier dans quelque bonne ville,
fust-il fils d'un duc, suivant le precepte de Platon qu'il
faut colloquer les enfans non selon les facultez de leur
pere, mais selon les facultez de leur ame.

/ Puis que la philosophie est celle qui nous instruict
à vivre, et que l'enfance y a sa leçon, comme les autres
aages, pourquoy ne la luy communique l'on ?

// *Udum et molle lutum est; nunc nunc properandus, et acri*
Fingendus sine fine rota [91].

/ On nous aprent à vivre quand la vie est passée. Cent
escoliers ont pris la verolle avant que d'estre arrivez à leur
leçon d'Aristote, de la temperance [92]. /// Cicero disoit
que, quand il vivroit la vie de deux hommes, il ne prendroit
pas le loisir d'estudier les poëtes lyriques. Et je trouve
ces ergotistes plus tristement encores inutiles. Nostre

enfant est bien plus pressé : il ne doit au pédagisme que les premiers quinze ou seize ans de sa vie; le demeurant est deu à l'action. Employons un temps si court aux instructions necessaires. / Ce sont abus; ostez toutes ces subtilitez espineuses de la Dialectique, dequoy nostre vie ne se peut amender, prenez les simples discours de la philosophie, sçachez les choisir et traitter à point : ils sont plus aisez à concevoir qu'un conte de Boccace. Un enfant en est capable, au partir de la nourrisse, beaucoup mieux que d'aprendre à lire ou escrire. La philosophie a des discours pour la naissance des hommes comme pour la decrepitude.

Je suis de l'advis de Plutarque, qu'Aristote n'amusa pas tant son grand disciple à l'artifice [93] de composer syllogismes, ou aux Principes de Geometrie, comme à l'instruire des bons preceptes touchant la vaillance, proüesse, la magnanimité et temperance, et l'asseurance de ne rien craindre; et, avec cette munition, il l'envoya encores enfant subjuguer l'Empire du monde à tout seulement 30 000 hommes de pied, 4 000 chevaux et quarante deux mille escuz. Les autres arts et sciences, dict-il, Alexandre les honoroit bien, et loüoit leur excellence et gentillesse; mais, pour plaisir qu'il y prit, il n'estoit pas facile à se laisser surprendre à l'affection [94] de les vouloir exercer.

// *Petite hinc, juvenesque senesque,*
Finem animo certum, miserisque viatica canis [95].

/// C'est ce que dict Epicurus au commencement de sa lettre à Meniceus : « Ny le plus jeune refuie [96] à philosopher, ny le plus vieil s'y lasse. » Qui faict autrement, il semble dire ou qu'il n'est pas encores saison d'heureusement vivre, ou qu'il n'en est plus saison.

/ Pour tout cecy, je ne veux pas qu'on emprisonne ce garçon. Je ne veux pas qu'on l'abandonne à l'humeur melancholique d'un furieux maistre d'escole. Je ne veux pas corrompre son esprit à le tenir à la gehene et au travail, à la mode des autres, quatorze ou quinze heures par jour, comme un portefaix. /// Ny ne trouveroys bon, quand par quelque complexion solitaire et melancholique on le verroit adonné d'une application trop indiscrette à l'estude des livres, qu'on la luy nourrist; cela les rend ineptes à la conversation civile et les destourne de meilleures occupations. Et combien ay-je veu de mon temps d'hommes abestis par temeraire avidité de science ? Car-

neades s'en trouva si affollé, qu'il n'eut plus le loisir de se
faire le poil et les ongles. / Ny ne veux gaster ses meurs
genereuses par l'incivilité et barbarie d'autruy. La sagesse
Françoise a esté anciennement en proverbe, pour une
sagesse qui prenoit de bon'heure, et n'avoit guieres de
tenue. A la verité, nous voyons encores qu'il n'est rien de
si gentil que les petits enfans en France; mais ordinairement ils trompent l'esperance qu'on en a conceuë, et,
hommes faicts, on n'y voit aucune excellence. J'ay ouy
tenir à gens d'entendement que ces colleges où on les
envoie, dequoy ils ont foison, les abrutissent ainsin.

Au nostre, un cabinet, un jardin, la table et le lit, la
solitude, la compaignie, le matin et le vespre, toutes
heures luy seront unes, toutes places luy seront estude;
car la philosophie, qui, comme formatrice des jugements
et des meurs, sera sa principale leçon, a ce privilege de se
mesler par tout. Isocrates l'orateur, estant prié en un
festin de parler de son art, chacun trouve qu'il eut raison
de respondre : « Il n'est pas maintenant temps de ce que
je sçay faire; et ce dequoy il est maintenant temps, je ne
le sçay pas faire. » Car de presenter des harangues ou
des disputes de rhetorique à une compaignie assemblée
pour rire et faire bonne chere, ce seroit un meslange de
trop mauvais accord. Et autant en pourroit on dire de
toutes les autres sciences. Mais, quant à la philosophie,
en la partie où elle traicte de l'homme et de ses devoirs
et offices, ç'a esté le jugement commun de tous les sages,
que, pour la douceur de sa conversation, elle ne devoit
estre refusée ny aux festins, ny aux jeux. Et Platon l'ayant
invitée à son convive [97], nous voyons comme elle entretient l'assistence d'une façon molle et accommodée au
temps et au lieu, quoy que ce soit de ses plus hauts discours et plus salutaires :

> *Æque pauperibus prodest, locupletibus æque ;*
> *Et, neglecta, æque pueris senibusque nocebit* [98].

Ainsi, sans doute, il chomera moins que les autres. Mais,
comme les pas que nous employons à nous promener dans
une galerie, quoy qu'il y en ait trois fois autant, ne nous
lassent pas comme ceux que nous mettons à quelque chemin desseigné [99], aussi nostre leçon, se passant comme par
rencontre, sans obligation de temps et de lieu, et se meslant
à toutes nos actions, se coulera sans se faire sentir. Les
jeux mesmes et les exercices seront une bonne partie de

l'estude : la course, la lutte, /// la musique, / la danse, la
chasse, le maniement des chevaux et des armes. Je veux que
la bienseance exterieure, et l'entre-gent, /// et la disposition
de la personne, / se façonne quant et quant l'ame. Ce n'est
pas une ame, ce n'est pas un corps qu'on dresse, c'est un
homme; il n'en faut pas faire à deux. Et, comme dict
Platon, il ne faut pas les dresser l'un sans l'autre, mais les
conduire également, comme une couple de chevaux attelez
à mesme timon. /// Et, à l'ouïr, semble il pas prester plus
de temps et plus de sollicitude aux exercices du corps, et
estimer que l'esprit s'en exerce quant à quant, et non au
rebours.

/ Au demeurant, cette institution se doit conduire par
une severe douceur, non comme il se faict. Au lieu de
convier les enfans aux lettres, on ne leur presente, à la
verité, que horreur et cruauté. Ostez moy la violence et
la force; il n'est rien à mon advis qui abastardisse et estour-
disse si fort une nature bien née. Si vous avez envie qu'il
craigne la honte et le chastiement, ne l'y endurcissez pas.
Endurcissez le à la sueur et au froid, au vent, au soleil et
aux hazards qu'il luy faut mespriser; ostez-luy toute
mollesse et délicatesse au vestir et coucher, au manger
et au boire; accoustumez le à tout. Que ce ne soit pas
un beau garçon et dameret, mais un garçon vert et vigoureux. /// Enfant, homme, vieil, j'ay tousjours creu et jugé de
mesme. Mais, entre autres choses, cette police de la plus
part de noz colleges m'a tousjours despleu. On eust failly
à l'adventure moins dommageablement, s'inclinant vers
l'indulgence. C'est une vraye geaule de jeunesse captive.
On la rend desbauchée, l'en punissant avant qu'elle le
soit. Arrivez-y sur le point de leur office : vous n'oyez
que cris et d'enfans suppliciez, et de maistres enyvrez en
leur cholere. Quelle maniere pour esveiller l'appetit envers
leur leçon, à ces tendres ames et craintives, de les y guider
d'une troigne effroyable, les mains armées de fouets?
Inique et pernicieuse forme [100]. Joint ce que Quintilien en
a très-bien remarqué, que cette imperieuse authorité
tire des suites perilleuses, et nommement à nostre façon
de chastiement. Combien leurs classes seroient plus decem-
ment jonchées de fleurs et de feuilles que de tronçons
d'osier sanglants! J'y feroy pourtraire la joye, l'allegresse,
et Flora et les Graces, comme fit en son eschole le philosophe Speusippus. Où est leur profit, que ce fust aussi
leur esbat. On doit ensucrer les viandes salubres à l'enfant,
et enfieller celles qui luy sont nuisibles.

C'est merveille combien Platon se montre soigneux en ses loix, de la gayeté et passetemps de la jeunesse de sa cité, et combien il s'arreste à leurs courses, jeux, chansons, saults et danses, desquelles il dit que l'antiquité a donné la conduitte et le patronnage aux dieux mesmes : Apollon, les Muses et Minerve.

Il s'estend à mille preceptes pour ses gymnases; pour les sciences lettrées [101], il s'y amuse fort peu, et semble ne recommander particulièrement la poësie que pour la musique.

/ Toute estrangeté et particularité en nos meurs et conditions est evitable [102] comme ennemie de communication et de société /// et comme monstrueuse. Qui ne s'estonneroit de la complexion de Demophon, maistre d'hostel d'Alexandre, qui suoit à l'ombre et trembloit au soleil ? / J'en ay veu fuir la senteur des pommes plus que les harquebusades, d'autres s'effrayer pour une souris, d'autres rendre la gorge [103] à voir de la cresme, d'autres à voir brasser un lict de plume, comme Germanicus ne pouvoit souffrir ny la veue, ny le chant des coqs. Il y peut avoir, à l'avanture, à cela quelque propriété occulte; mais on l'esteindroit, à mon advis, qui s'y prendroit de bon'heure. L'institution a gaigné cela sur moy, il est vray que ce n'a point esté sans quelque soing, que, sauf la biere, mon appetit est accommodable indifferemment à toutes choses dequoy on se pait. Le corps encore souple, on le doit, à cette cause [104], plier à toutes façons et coustumes. Et pourveu qu'on puisse tenir l'appetit et la volonté soubs boucle [105], qu'on rende hardiment un jeune homme commode [106] à toutes nations et compaignies, voire au desreglement et aus excès, si besoing est. /// Son exercitation suive l'usage. / Qu'il puisse faire toutes choses, et n'ayme à faire que les bonnes. Les philosophes mesmes ne trouvent pas louable en Calisthenes d'avoir perdu la bonne grace du grand Alexandre, son maistre, pour n'avoir voulu boire d'autant à luy. Il rira, il follastrera, il se desbauchera avec son prince. Je veux qu'en la desbauche mesme il surpasse en vigueur et en fermeté ses compagnons, et qu'il ne laisse à faire le mal ny à faute de force ny de science, mais à faute de volonté. /// « *Multum interest utrum peccare aliquis nolit aut nesciat* [107]. »

/ Je pensois faire honneur à un seigneur aussi eslongné de ces débordemens qu'il en soit en France, de m'enquerir à luy, en bonne compaignie, combien de fois en sa vie il s'estoit enyvré pour la nécessité des affaires du Roy en

Allemagne. Il le print de cette façon, et me respondit que c'estoit trois fois, lesquelles il recita. J'en sçay qui, à faute de cette faculté, se sont mis en grand peine, ayant à pratiquer cette nation. J'ay souvent remarqué avec grand'admiration la merveilleuse nature d'Alcibiades, de se transformer si aisément à façons si diverses, sans interest de sa santé : surpassant tantost la somptuosité et pompe Persienne, tantost l'austerité et frugalité Lacedemonienne ; autant reformé en Sparte comme voluptueux en Ionië,

Omnis Aristippum decuit color, et status, et res [108].

Tel voudrois-je former mon disciple,

> *quem duplici panno patientia velat*
> *Mirabor, vitæ via si conversa decebit,*
> *Personamque feret non inconcinnus utramque* [109].

/// Voicy mes leçons. Celuy-là y a mieux proffité, qui les fait, que qui les sçait. Si vous le voyez, vous l'oyez ; si vous l'oyez, vous le voyez.

« Jà à Dieu ne plaise, dit quelqu'un en Platon, que philosopher ce soit apprendre plusieurs choses et traicter les arts ! »

« *Hanc amplissimam omnium artium bene vivendi disciplinam vita magis quam literis persequuti sunt* [110]. »

Leon, prince des Phliasiens, s'enquerant à Heraclides Ponticus de quelle science, de quelle art il faisoit profession : « Je ne sçay, dit-il, ny art ny science ; mais je suis philosophe. »

On reprochoit à Diogenes comment, estant ignorant, il se mesloit de la philosophie : « Je m'en mesle, dit-il, d'autant mieux à propos. »

Hegesias le prioit de luy lire quelque livre : « Vous estes plaisant, luy respondit-il, vous choisissez les figues vrayes et naturelles, non peintes ; que ne choisissez vous aussi les exercitations naturelles, vrayes et non escrites ? »

Il ne dira pas tant sa leçon, comme il la fera. Il la repetera en ses actions. / On verra s'il y a de la prudence en ses entreprises, s'il a de la bonté et de la justice en ses desportemens, /// s'il a du jugement et de la grace en son parler, de la vigueur en ses maladies, de la modestie en ses jeux, de la temperance en ses voluptez, / de l'indifference en son

goust, soit chair, poisson, vin ou eau, /// de l'ordre en son
œconomie :

« *Qui disciplinam suam, non ostentationem scientiæ, sed
legem vitæ putet, quique obtemperet ipse sibi, et decretis
pareat* [111]. »

Le vray miroir de nos discours est le cours de nos vies.
/ Zeuxidamus respondit à un qui luy demanda pourquoy
les Lacedemoniens ne redigeoient par escrit les ordonnances de la prouesse et ne les donnoient à lire à leurs
jeunes gens : « que c'estoit par ce qu'ils les vouloient accoustumer aux faits, non pas aux parolles ». Comparez, au bout
de 15 ou 16 ans, à cettuy cy un de ces latineurs de college,
qui aura mis autant de temps à n'apprendre simplement
qu'à parler ! Le monde n'est que babil, et ne vis jamais
homme qui ne die plustost plus que moins qu'il ne doit ;
toutesfois la moictié de nostre aage s'en va là. On nous
tient quatre ou cinq ans à entendre les mots et les coudre
en clauses [112] ; encores autant à en proportionner un grand
corps, estendu en quatre ou cinq parties ; et autres cinq,
pour le moins, à les sçavoir brefvement mesler et entre-
lasser de quelque subtile façon. Laissons le à ceux qui en
font profession expresse.
Allant un jour à Orleans, je trouvay, dans cette plaine
au deça de Clery, deux regens [113] qui venoyent à Bour-
deaux, environ à cinquante pas l'un de l'autre. Plus loing,
derriere eux, je descouvris une trouppe et un maistre en
teste, qui estoit feu Monsieur le Comte de La Roche-
foucaut. Un de mes gens s'enquit au premier de ces regents,
qui estoit ce gentil'homme qui venoit après luy. Luy, qui
n'avoit pas veu ce trein qui le suyvoit, et qui pensoit qu'on
luy parlast de son compagnon, respondit plaisamment :
« Il n'est pas gentil'homme ; c'est un grammairien, et je
suis logicien. » Or, nous qui cerchons icy, au rebours, de
former non un grammairien ou logicien, mais un gentil'-
homme, laissons les abuser de leur loisir ; nous avons
affaire ailleurs. Mais que nostre disciple soit bien pourveu
de choses, les parolles ne suivront que trop ; il les traînera,
si elles ne veulent suivre. J'en oy qui s'excusent de ne se
pouvoir exprimer, et font contenance d'avoir la teste pleine
de plusieurs belles choses, mais, à faute d'eloquence, ne les
pouvoir mettre en evidence. C'est une baye [114]. Sçavez-
vous, à mon advis, que c'est que cela ? Ce sont des
ombrages [115] qui leur viennent de quelques conceptions

informes, qu'ils ne peuvent desmeler et esclarcir au dedans, ny par consequant produire au dehors : ils ne s'entendent pas encore eux mesmes. Et voyez les un peu begayer sur le point de l'enfanter, vous jugez que leur travail n'est point à l'accouchement, mais à la conception, et qu'ils ne font que lecher cette matiere imparfaicte. De ma part, je tiens, /// et Socrates l'ordonne, / que, qui a en l'esprit une vive imagination et claire, il la produira, soit en Bergamasque, soit par mines s'il est muet :

Verbaque prævisam rem non invita sequentur [116].

Et comme disoit celuy-là, aussi poëtiquement en sa prose, « *cum res animum occupavere, verba ambiunt* [117] ». /// Et cet autre : « *Ipsæ res verba rapiunt* [118]. » / Il ne sçait pas ablatif, conjunctif, substantif, ny la grammaire; ne faict pas son laquais [119] ou une harangiere du Petit-pont, et si, vous entretiendront tout vostre soul, si vous en avez envie, et se desferreront aussi peu, à l'adventure, aux regles de leur langage, que le meilleur maistre és arts de France. Il ne sçait pas la rhetorique, ny, pour avant-jeu, capter la benivolence du candide lecteur, ny le luy chaut de le sçavoir. De vray, toute belle peincture s'efface aisément par le lustre d'une verité simple et naifve.

Ces gentillesses ne servent que pour amuser le vulgaire, incapable de prendre la viande plus massive et plus ferme, comme Afer montre bien clairement chez Tacitus. Les Ambassadeurs de Samos estoyent venus à Cleomenes, Roy de Sparte, preparez d'une belle et longue oraison [120], pour l'esmouvoir à la guerre contre le tyran Policrates. Après qu'il les eust bien laissez dire, il leur respondit : « Quant à vostre commencement et exorde, il ne m'en souvient plus, ny par consequent du milieu; et quant à vostre conclusion, je n'en veux rien faire. » Voylà une belle responce, ce me semble, et des harangueurs bien cameus.

// Et quoy cet autre ? Les Atheniens estoyent à choisir de deux architectes à conduire une grande fabrique [121]. Le premier, plus affeté, se presenta avec un beau discours premedité sur le subject de cette besongne et tiroit le jugement du peuple à sa faveur. Mais l'autre, en trois mots : « Seigneurs Atheniens, ce que cetuy a dict, je le feray. »

/ Au fort de l'eloquence de Cicero, plusieurs en entroient en admiration; mais Caton, n'en faisant que rire : « Nous avons, disoit-il, un plaisant consul. » Aille devant ou après, un'utile sentence, un beau traict est toujours de saison. /// S'il n'est pas bien à ce qui va devant, ny à ce qui vient après, il est bien en soy. / Je ne suis pas de ceux qui pensent la bonne rithme faire le bon poëme; laissez-luy allonger une courte syllabe, s'il veut; pour cela, non force [122]; si les inventions y rient, si l'esprit et le jugement y ont bien faict leur office, voylà un bon poëte, diray-je, mais un mauvais versificateur,

> // *Emunctæ naris, durus componere versus* [123].

/ Qu'on face, dict Horace, perdre à son ouvrage toutes ses coustures et mesures,

> // *Tempora certa modosque, et quod prius ordine verbum est,*
> *Posterius facias, præponens ultima primis,*
> *Invenias etiam disjecti membra poetæ* [124],

/ il ne se démentira point pour cela; les pieces mesmes en seront belles. C'est ce que respondit Menander, comme on le tensat, approchant le jour auquel il avoit promis une comedie, dequoy il n'y avoit encore mis la main : « Elle est composée et preste, il ne reste qu'à y adjouster les vers. » Ayant les choses et la matiere disposée en l'ame, il mettoit en peu de compte le demeurant. Depuis que Ronsard et du Bellay ont donné credit à nostre poësie Françoise, je ne vois si petit apprentis qui n'enfle des mots, qui ne renge les cadences à peu près comme eux. /// « *Plus sonat quam valet* [125]. » / Pour le vulgaire, il ne fut jamais tant de poëtes. Mais, comme il leur a esté bien aisé de representer [126] leurs rithmes, ils demeurent bien aussi court à imiter les riches descriptions de l'un [127] et les delicates inventions de l'autre [128].

Voire mais, que fera-il si on le presse de la subtilité sophistique de quelque syllogisme : le jambon fait boire, le boire desaltere, parquoy le jambon desaltere ? /// Qu'il s'en mocque. Il est plus subtil de s'en mocquer que d'y respondre.

Qu'il emprunte d'Aristippus cette plaisante contre-finesse : « Pourquoy le deslieray-je, puis que, tout lié, il m'empesche ? » Quelqu'un proposoit contre Cleanthes des finesses dialectiques, à qui Chrysippus dit : « Joue toy de ces battelages avec les enfans, et ne destourne à cela les pensées sérieuses d'un homme d'aage. » / Si ces sottes arguties, /// « *contorta et aculeata sophismata* [129] » / luy doivent persuader une mensonge, cela est dangereux; mais si elles demeurent sans effect, et ne l'esmeuvent qu'à rire, je ne voy pas pourquoy il s'en doive donner garde. Il en est de si sots, qui se destournent de leur voye un quart de lieuë, pour courir après un beau mot; /// « *aut qui non verba rebus aptant, sed res extrinsecus arcessunt, quibus verba conveniant* [130] ». Et l'autre : « *Sunt qui alicujus verbi decore placentis vocentur ad id quod non proposuerant scribere* [131]. » Je tors bien plus volontiers une bonne sentence pour la coudre sur moy, que je ne tors mon fil pour l'aller querir. / Au rebours, c'est aux paroles à servir et à suyvre, et que le Gascon y arrive, si le François n'y peut aller ! Je veux que les choses surmontent et qu'elles remplissent de façon l'imagination de celuy qui escoute, qu'il n'aye aucune souvenance des mots. Le parler que j'ayme, c'est un parler simple et naïf, tel sur le papier qu'à la bouche; un parler succulent et nerveux, court et serré, /// non tant delicat et peigné comme vehement et brusque :

Hæc demum sapiet dictio, quæ feriet [132],

/ plustost difficile qu'ennuieux, esloingné d'affectation, desreglé, descousu et hardy; chaque lopin y face son corps; non pedantesque, non fratesque, non pleideresque [133], mais plustost soldatesque, comme Suetone appelle celuy de Julius Cæsar; /// et si, ne sens pas bien pour quoy il l'en appelle.

// J'ay volontiers imité cette desbauche qui se voit en nostre jeunesse, au port de leurs vestemens : un manteau en escharpe, la cape sur une espaule, un bas mal tendu, qui represente une fierté desdaigneuse de ces paremens estrangiers et nonchallante de l'art. Mais je la trouve encore mieus employée en la forme du parler. /// Toute affectation, nomméement en la gayeté et liberté françoise, est mesadvenante au cortisan. Et, en une monarchie, tout Gentil'-homme doit estre dressé à la façon d'un cortisan. Parquoy nous faisons bien de gauchir un peu sur [134] le naïf et mesprisant [135].

/ Je n'ayme point de tissure où les liaisons et les coutures paroissent, tout ainsi qu'en un beau corps il ne faut qu'on y puisse compter les os et les veines. /// « *Quæ veritati operam dat oratio, incomposita sit et simplex* [136]. »

« *Quis accurate loquitur, nisi qui vult putidè loqui* [137] ? »

L'éloquence faict injure aux choses, qui nous destourne à soy.

Comme aux acoustremens, c'est pusillanimité de se vouloir marquer par quelque façon particuliere et inusitée; de mesmes, au langage, la recherche des frases nouvelles et de mots peu cogneuz vient d'une ambition puerile et pedantesque. Peusse-je ne me servir que de ceux qui servent aux hales à Paris! Aristophanes le grammairien n'y entendoit rien, de reprendre en Epicurus la simplicité de ses mots et la fin de son art oratoire, qui estoit perspicuité [138] de langage seulement. L'imitation du parler, par sa facilité, suit incontinent tout un peuple [139]; l'imitation du juger, de l'inventer ne va pas si vite. La plus part des lecteurs, pour avoir trouvé une pareille robbe, pensent très-faucement tenir un pareil corps.

La force et les nerfs ne s'empruntent point; les atours et le manteau s'emprunte.

La plus part de ceux qui me hantent parlent de mesmes les *Essais;* mais je ne sçay s'ils pensent de mesmes.

/ Les Atheniens (dict Platon) ont pour leur part le soing de l'abondance et elegance du parler; les Lacedemoniens, de la briefveté, et ceux de Crète, de la fecundité des conceptions plus que du langage; ceux-cy sont les meilleurs. Zenon [140] disoit qu'il avoit deux sortes de disciples: les uns, qu'il nommoit φιλολόγους, curieux d'apprendre les choses, qui estoyent ses mignons; les autres λογοφίλους, qui n'avoyent soing que du langage. Ce n'est pas à dire que ce ne soit une belle et bonne chose que le bien dire, mais non pas si bonne qu'on la faict; et suis despit dequoy nostre vie s'embesongne toute à cela. Je voudrois premièrement bien sçavoir ma langue, et celle de mes voisins où j'ay plus ordinaire commerce. C'est un bel et grand agencement sans doubte que le Grec et Latin, mais on l'achepte trop cher. Je diray icy une façon d'en avoir meilleur marché que de coustume, qui a esté essayée en moymesmes. S'en servira qui voudra.

Feu mon pere, ayant fait toutes les recherches qu'homme peut faire, parmy les gens sçavans et d'entendement, d'une forme d'institution exquise, fut advisé de cet inconvenient qui estoit en usage; et luy disoit-on que cette longueur que nous mettions à apprendre les langues /// qui ne leur coustoient rien / est la seule cause pourquoy nous ne pouvions arriver à la grandeur d'ame et de cognoissance des anciens Grecs et Romains. Je ne croy pas que ce en soit la seule cause. Tant y a que l'expedient que mon pere y trouva, ce fut que, en nourrice et avant le premier desnouement de ma langue, il me donna en charge à un Alleman, qui depuis est mort fameux medecin en France, du tout ignorant de nostre langue, et très-bien versé en la Latine. Cettuy-cy, qu'il avoit faict venir exprès, et qui estoit bien cherement gagé, m'avoit continuellement entre les bras. Il [141] en eust aussi avec luy deux autres moindres en sçavoir pour me suivre, et soulager le premier. Ceux-cy ne m'entretenoient d'autre langue que Latine. Quant au reste de sa maison, c'estoit une reigle inviolable que ny luy mesme, ny ma mere, ny valet, ny chambriere, ne parloyent en ma compaignie qu'autant de mots de Latin que chacun avoit apris pour jargonner avec moy. C'est merveille du fruict que chacun y fit. Mon pere et ma mere y apprindrent assez de Latin pour l'entendre, et en acquirent à suffisance pour s'en servir à la nécessité, comme firent aussi les autres domestiques qui estoient plus attachez à mon service. Somme, nous nous Latinizames tant, qu'il en regorgea jusques à nos villages tout autour, où il y a encores, et ont pris pied par l'usage plusieurs appellations Latines d'artisans et d'utils. Quant à moy, j'avois plus de six ans avant que j'entendisse non plus de François ou de Perigordin que d'Arabesque. Et, sans art, sans livre, sans grammaire ou precepte, sans fouet et sans larmes, j'avois appris du Latin, tout aussi pur que mon maistre d'eschole le sçavoit : car je ne le pouvois avoir meslé ny alteré. Si, par essay, on me vouloit donner un theme, à la mode des colleges, on le donne aux autres en François; mais à moy il me le falloit donner en mauvais Latin, pour le tourner en bon. Et Nicolas Grouchi, qui a escrit *De comitiis Romanorum*, Guillaume Guerente, qui a commenté Aristote, George Bucanan, ce grand poëte Escossois, // Marc Antoine Muret /// que la France et l'Italie recognoist pour le meilleur orateur du temps, / mes precepteurs domestiques, m'ont dict souvent que j'avois ce langage en mon enfance si prest et si à main, qu'ils craingnoient à m'accoster. Bucanan, que je vis depuis à la suite de feu monsieur le Mareschal de Brissac, me dit qu'il estoit après à escrire de l'institution des enfans, et qu'il prenoit l'exemplaire de la mienne; car il avoit lors en charge ce Comte de Brissac que nous avons veu depuis si valeureux et si brave.

Quant au Grec, duquel je n'ay quasi du tout point d'intelligence, mon pere desseigna [142] me le faire apprendre par art, mais d'une voie nouvelle, par forme d'ébat et d'exercice. Nous pelotions [143] nos declinaisons à la maniere de ceux qui, par certains jeux de tablier [144], apprennent l'Arithmétique et la Geometrie. Car, entre autres choses, il avoit esté conseillé de me faire gouster la science et le devoir par une volonté non forcée et de mon propre desir, et d'eslever mon ame en toute douceur et liberté, sans rigueur et contrainte. Je dis jusques à telle superstition que, parce que aucuns tiennent que cela trouble la cervelle tendre des enfans de les esveiller le matin en sursaut, et de les arracher du sommeil (auquel ils sont plongez beaucoup plus que nous ne sommes) tout à coup et par violence, il me faisoit esveiller par le son de quelque instrument ; et ne fus jamais sans homme qui m'en servit.

Cet exemple suffira pour en juger le reste, et pour recommander aussi et la prudence et l'affection d'un si bon pere, auquel il ne se faut nullement prendre, s'il n'a recueilly aucuns fruits respondans à une si exquise culture. Deux choses en furent cause : le champ sterile et incommode ; car, quoy que j'eusse la santé ferme et entiere, et quant et quant un naturel doux et traitable, j'estois parmy cela si poisant, mol et endormi, qu'on ne me pouvoit arracher de l'oisiveté, non pas pour me faire jouer. Ce que je voyois, je le voyois bien et, soubs cette complexion lourde, nourrissois des imaginations hardies et des opinions au dessus de mon aage. L'esprit, je l'avois lent, et qui n'alloit qu'autant qu'on le menoit ; l'apprehension, tardive ; l'invention, lasche ; et après tout, un incroïable defaut de memoire. De tout cela, il n'est pas merveille s'il ne sceut rien tirer qui vaille. Secondement, comme ceux que presse un furieux desir de guerison se laissent aller à toute sorte de conseil, le bon homme, ayant extreme peur de faillir en chose qu'il avoit tant à cœur, se laissa en fin emporter à l'opinion commune, qui suit tousjours ceux qui vont devant, comme les grües, et se rengea à la coustume, n'ayant plus autour de luy ceux qui luy avoient donné ces premieres institutions, qu'il avoit aportées d'Italie ; et m'envoya, environ mes six ans, au college de Guienne, très-florissant pour lors, et le meilleur de France. Et là, il n'est possible de rien adjouster au soing qu'il eut, et à me choisir des precepteurs de chambre [145] suffisans, et à toutes les autres circonstances de ma nourriture, en laquelle il reserva plusieurs façons particulieres contre l'usage des colleges. Mais tant y a, que c'estoit tousjours college. Mon Latin s'abastardit incontinent, duquel depuis par desacoustumance j'ay perdu tout usage. Et ne me servit cette mienne nouvelle institution, que de me faire enjamber d'arrivée aux premieres classes : car, à treize ans que je sortis du college, j'avoy achevé mon cours (qu'ils appellent [146]), et à la verité sans aucun fruict que je peusse à present mettre en compte.

Le premier goust que j'eus aux livres, il me vint du plaisir des fables de la *Metamorphose* d'Ovide. Car, environ l'aage de sept ou huict ans, je me desrobois de tout autre plaisir pour les lire; d'autant que cette langue estoit la mienne maternelle, et que c'estoit le plus aysé livre que je cogneusse, et le plus accommodé à la foiblesse de mon aage, à cause de la matiere. Car des *Lancelots du Lac*, // des *Amadis*, / des *Huons de Bordeaus*, et tel fatras de livres à quoy l'enfance s'amuse, je n'en connoissois pas seulement le nom, ny ne fais encore le corps, tant exacte estoit ma discipline. Je m'en rendois plus nonchalant à l'estude de mes autres leçons prescriptes. Là, il me vint singulierement à propos d'avoir affaire à un homme d'entendement de precepteur, qui sçeut dextrement conniver à [147] cette mienne desbauche, et autres pareilles. Car, par là, j'enfilay tout d'un train Vergile en l'*Æneide*, et puis Terence, et puis Plaute, et des comedies Italienes, lurré [148] tousjours par la douceur du subject. S'il eut esté si fol de rompre ce train, j'estime que je n'eusse raporté du college que la haine des livres, comme fait quasi toute nostre noblesse. Il s'y gouverna ingenieusement. Faisant semblant de n'en voir rien, il aiguisoit ma faim, ne me laissant que à la desrobée gourmander [149] ces livres, et me tenant doucement en office pour les autres estudes de la regle. Car les principales parties que mon pere cherchoit à ceux à qui il donnoit charge de moy, c'estoit la debonnaireté et facilité de complexion. Aussi n'avoit la mienne autre vice que langueur et paresse. Le danger n'estoit pas que je fisse mal, mais que je ne fisse rien. Nul ne prognostiquoit que je deusse devenir mauvais, mais inutile. On y prevoyoit de la faineantise, non pas de la malice.

/// Je sens qu'il en est advenu de mesmes. Les plaintes qui me cornent aux oreilles sont comme cela : « Oisif; froid aux offices d'amitié et de parenté et aux offices publiques; trop particulier [150]. » Les plus injurieux ne disent pas : « Pourquoi a-il prins ? Pourquoy n'a-il payé ? » Mais : « Pourquoy ne quitte il [151] ? ne donne il ? »

Je recevroy à faveur qu'on ne desirast en moy que tels effects de supererogation [152]. Mais ils sont injustes d'exiger ce que je ne doy pas, plus rigoureusement beaucoup qu'ils n'exigent d'eux ce qu'ils doivent. En m'y condemnant, ils effacent la gratification de l'action et la gratitude qui m'en

seroit deuë; là où le bien faire actif devroit plus peser de
ma main, en consideration de ce que je n'en ay passif nul
qui soit. Je puis d'autant plus librement disposer de ma
fortune qu'elle est plus mienne. Toutesfois, si j'estoy grand
enlumineur de mes actions, à l'adventure rembarrerois-je
bien ces reproches. Et à quelques-uns apprendroy qu'ils
ne sont pas si offensez que je ne face pas assez, que de
quoy je puisse faire assez plus que je ne fay.

/ Mon ame ne laissoit pourtant en mesme temps d'avoir
à part soy des remuemens fermes /// et des jugemens seurs
et ouverts autour des objets qu'elle connoissoit, / et les
digeroit seule, sans aucune communication. Et, entre
autres choses, je croy à la verité qu'elle eust esté du tout
incapable de se rendre à la force et violence.

// Mettray-je en compte cette faculté de mon enfance :
une asseurance de visage, et soupplesse de voix et de geste,
à m'appliquer aux rolles que j'entreprenois ? Car, avant
l'aage,

Alter ab undecimo tum me vix ceperat annus [153],

j'ai soustenu les premiers personnages és tragedies latines
de Bucanan, de Guerente et de Muret, qui se represen-
terent en nostre college de Guienne avec dignité. En cela,
Andreas Goveanus, nostre principal [154], comme en toutes
autres parties de sa charge, fut sans comparaison le plus
grand principal de France; et m'en tenoit-on maistre
ouvrier. C'est un exercice que je ne mesloüe poinct aux
jeunes enfans de maison; et ay veu nos Princes s'y adonner
depuis en personne, à l'exemple d'aucuns des anciens,
honnestement et louablement.

/// Il estoit loisible mesme d'en faire mestier aux gens
d'honneur en Grece : « *Aristoni tragico actori rem aperit :
huic et genus et fortuna honesta erant; nec ars, quia nihil tale
apud Græcos pudori est, ea deformabat* [155]. »

// Car j'ay tousjours accusé d'impertinence ceux qui
condemnent ces esbattemens, et d'injustice ceux qui refusent l'entrée de nos bonnes villes aux comediens qui
le valent, et envient [156] au peuple ces plaisirs publiques.
Les bonnes polices prennent soing d'assembler les citoyens
et les r'allier [157], comme aux offices serieux de la devotion,
aussi aux exercices et jeux; la société et amitié s'en augmente. Et puis on ne leur sçauroit conceder des passetemps plus reglez que ceux qui se font en presence d'un
chacun et à la veuë mesme du magistrat. Et trouverois rai-

sonnable que le magistrat et le prince à ses despens, en gratifiast quelquefois la commune, d'une affection et bonté comme paternelle; /// et qu'aux villes populeuses il y eust des lieux destinez et disposez pour ces spectacles, quelque divertissement de pires actions et occultes.

/ Pour revenir à mon propos, il n'y a tel que d'allécher l'appétit et l'affection, autrement on ne faict que des asnes chargez de livres. On leur donne à coups de foüet en garde leur pochette pleine de science, laquelle, pour bien faire, il ne faut pas seulement loger chez soy, il la faut espouser.

...

CHAPITRE XXVII

C'EST FOLIE DE RAPPORTER LE VRAY ET LE FAUX A NOSTRE SUFFISANCE

/ Ce n'est pas à l'adventure sans raison que nous attribuons à simplesse et ignorance la facilité de croire et de se laisser persuader : car il me semble avoir apris autrefois que la creance c'estoit comme un'impression qui se faisoit en nostre ame; et, à mesure qu'elle se trouvoit plus molle et de moindre resistance, il estoit plus aysé à y empreindre quelque chose. /// « *Ut necesse est lancem in libra ponderibus impositis deprimi, sic animum perspicuis cedere* [1]. » D'autant que l'âme est plus vuide et sans contrepoids, elle se baisse plus facilement soubs la charge de la premiere persuasion. / Voylà pourquoy les enfans, le vulgaire, les femmes et les malades sont plus subjects à estre menez par les oreilles. Mais aussi, de l'autre part, c'est une sotte presumption d'aller desdaignant et condamnant pour faux ce qui ne nous semble pas vray-semblable, qui est un vice ordinaire de ceux qui pensent avoir quelque suffisance outre la commune. J'en faisoy ainsin autrefois, et si j'oyois parler ou des esprits qui reviennent, ou du prognostique des choses futures, des enchantemens, des sorceleries, ou faire quelque autre compte où je ne peusse pas mordre,

> *Somnia, terrores magicos, miracula, sagas,*
> *Nocturnos lemures portentaque Thessala* [2],

il me venoit compassion du pauvre peuple abusé de ces folies. Et, à présent, je treuve que j'estoy pour le moins autant à plaindre moy mesme : non que l'experience m'aye depuis rien fait voir au dessus de mes premieres creances (et si n'a pas tenu à ma curiosité); mais la raison m'a instruit que de condamner ainsi resoluement une chose pour fauce et impossible, c'est se donner l'advantage d'avoir dans la teste les bornes et limites de la volonté de Dieu et de la puissance de nostre mere nature; et qu'il n'y a point

de plus notable folie au monde que de les ramener à la
mesure de nostre capacité et suffisance. Si nous appellons
monstres ou miracles ce où nostre raison ne peut aller,
combien s'en presente il continuellement à nostre veuë ?
Considerons au travers de quels nuages et comment à tastons on nous meine à la connoissance de la pluspart des
choses qui nous sont entre mains; certes nous trouverons
que c'est plustost accoustumance que science qui nous en
oste l'estrangeté,

> // *Jam nemo, fessus satiate videndi,*
> *Suspicere in cœli dignatur lucida templa* [3],

/ et que ces choses là, si elles nous estoyent presentées de
nouveau, nous les trouverions autant ou plus incroyables
que aucunes autres,

> *si nunc primum mortalibus adsint*
> *Ex improviso, ceu sint objecta repente,*
> *Nil magis his rebus poterat mirabile dici,*
> *Aut minus ante quod auderent fore credere gentes* [4].

Celuy qui n'avoit jamais veu de riviere, à la premiere qu'il
rencontra, il pensa que ce fut l'Ocean. Et les choses qui
sont à nostre connoissance les plus grandes, nous les
jugeons estre les extremes que nature face en ce genre,

> // *Scilicet et fluvius, qui non maximus, ei est*
> *Qui non ante aliquem majorem vidit, et ingens*
> *Arbor homoque videtur ; / et omnia de genere omni*
> *Maxima quæ vidit quisque, hæc ingentia fingit* [5].

/// « *Consuetudine oculorum assuescunt animi, neque admiran-
tur, neque requirunt rationes earum rerum quas semper
vident* [6]. »

La nouvelleté des choses nous incite plus que leur grandeur à en rechercher les causes.

/ Il faut juger avec plus de reverence de cette infinie
puissance de nature et plus de reconnoissance de nostre
ignorance et foiblesse. Combien y a il de choses peu vray-
semblables, tesmoignées par gens dignes de foy, desquelles
si nous ne pouvons estre persuadez, au moins les faut-il
laisser en suspens; car de les condamner impossibles, c'est
se faire fort, par une temeraire presumption, de sçavoir
jusques où va la possibilité. /// Si l'on entendoit bien la
difference qu'il y a entre l'impossible et l'inusité, et entre
ce qui est contre l'ordre du cours de nature, et contre la

commune opinion des hommes, en ne croyant pas temerairement, ny aussi ne descroyant pas facilement, on
observeroit la regle de : « Rien trop », commandée par
Chilon.

/ Quant on trouve, dans Froissard, que le conte de Foix
sçeut, en Bearn, la defaite du Roy Jean de Castille, à
Juberoth, le lendemain qu'elle fut advenue, et les moyens
qu'il en allegue, on s'en peut moquer; et de ce mesme que
nos annales [7] disent que le Pape Honorius, le propre jour
que le Roy Philippe Auguste mourut // à Mante, / fit faire
ses funerailles publiques et les manda faire par toute
l'Italie. Car l'authorité de ces tesmoins n'a pas à l'adventure
assez de rang pour nous tenir en bride. Mais quoy ? si
Plutarque, outre plusieurs exemples qu'il allegue de l'antiquité, dict sçavoir de certaine science [8] que, du temps de
Domitian, la nouvelle de la bataille perdue par Antonius
en Allemaigne, à plusieurs journées de là, fut publiée à
Rome et semée par tout le monde le mesme jour qu'elle
avoit esté perdue, et si Cæsar tient qu'il est souvent advenu
que la renommée a devancé l'accident, dirons nous pas
que ces simples gens-là se sont laissez piper après le vulgaire, pour n'estre pas clairvoyans comme nous ? Est-il
rien plus delicat, plus net et plus vif que le jugement de
Pline, quand il lui plaist de le mettre en jeu, rien plus
esloingné de vanité ? je laisse à part l'excellence de son
sçavoir, duquel je fay moins de conte : en quelle partie de
ces deux là le surpassons nous ? Toutesfois il n'est si petit
escolier qui ne le convainque de mensonge, et qui ne
luy veuille faire leçon sur le progrez des ouvrages de
nature.

Quand nous lisons, dans Bouchet, les miracles des
reliques de sainct Hilaire, passe : son credit n'est pas assez
grand pour nous oster la licence d'y contredire. Mais de
condamner d'un train toutes pareilles histoires me semble
singuliere impudence. Ce grand sainct Augustin tesmoigne
avoir veu, sur les reliques Sainct Gervais et Protaise, à
Milan, un enfant aveugle recouvrer la veuë; une femme, à
Carthage, estre guerie d'un cancer par le signe de croix
qu'une femme nouvellement baptisée luy fit; Hesperius,
un sien familier, avoir chassé les esprits qui infestoient sa
maison, avec un peu de terre de Sepulchre de nostre Seigneur, et, cette terre depuis transportée à l'Eglise, un para-
litique en avoir esté soudain gueri; une femme en une
procession, ayant touché à la chasse Sainct Estienne d'un
bouquet, et de ce bouquet s'estant frottée les yeux, avoir

recouvré la veuë, pieça perdue; et plusieurs autres miracles, où il dict luy mesmes avoir assisté. Dequoy accuserons nous et luy et deux Saincts Evesques, Aurelius et Maximius, qu'il appelle pour ses recors ? Sera ce d'ignorance, simplesse, facilité, ou de malice et imposture ? Est-il homme, en nostre siecle, si impudent qui pense leur estre comparable, soit en vertu et pieté, soit en sçavoir, jugement et suffisance ? /// « *Qui, ut rationem nullam afferrent, ipsa authoritate me frangerent* [9]. »

/ C'est une hardiesse dangereuse et de consequence, outre l'absurde temerité qu'elle traisne quant et soy, de mespriser ce que nous ne concevons pas. Car après que, selon vostre bel entendement, vous avez estably les limites de la verité et de la mensonge, et qu'il se treuve que vous avez necessairement à croire des choses où il y a encores plus d'estrangeté qu'en ce que vous niez, vous vous estez des-jà obligé de les abandonner. Or ce qui me semble aporter autant de desordre en nos consciences, en ces troubles où nous sommes de la religion, c'est cette dispensation que les Catholiques font de leur creance. Il leur semble faire bien les moderez et les entenduz, quand ils quittent aux adversaires aucuns articles de ceux qui sont en debat. Mais, outre ce, qu'ils ne voyent pas quel avantage c'est à celuy qui vous charge, de commancer à luy ceder et vous tirer arriere, et combien cela l'anime à poursuivre sa poincte, ces articles là qu'ils choisissent pour les plus legiers sont aucunefois très-importans. Ou il faut se submettre du tout à l'authorité de nostre police ecclesiastique, ou du tout s'en dispenser. Ce n'est pas à nous à establir la part que nous luy devons d'obeïssance. Et davantage : je le puis dire pour l'avoir essayé, ayant autrefois usé de cette liberté de mon chois et triage particulier, mettant à nonchaloir [10] certains points de l'observance de nostre Eglise, qui semblent avoir un visage ou plus vain ou plus estrange, venant à en communiquer aux hommes sçavans, j'ay trouvé que ces choses là ont un fondement massif et très-solide, et que ce n'est que bestise et ignorance qui nous fait les recevoir avec moindre reverence que le reste. Que ne nous souvient il combien nous sentons de contradiction en nostre jugement mesmes ? combien de choses nous servoyent hier d'articles de foy, qui nous sont fables aujourd'huy ? La gloire et la curiosité sont les deux fleaux de nostre ame. Cette cy nous conduit à mettre le nez par tout, et celle là nous defant de rien laisser irresolu [11] et indecis.

CHAPITRE XXVIII

DE L'AMITIÉ

/ Considerant la conduite de la besongne d'un peintre que j'ay, il m'a pris envie de l'ensuivre. Il choisit le plus bel endroit et milieu de chaque paroy, pour y loger un tableau élabouré de toute sa suffisance, et, le vuide tout au tour, il le remplit de crotesques, qui sont peintures fantasques, n'ayant grâce qu'en la varieté et estrangeté. Que sont-ce icy aussi, à la verité, que crotesques et corps monstrueux, rappiecez de divers membres, sans certaine figure, n'ayants ordre, suite ny proportion que fortuite ?

Desinit in piscem mulier formosa superne [1].

Je vay bien jusques à ce second point avec mon peintre, mais je demeure court en l'autre et meilleure partie; car ma suffisance ne va pas si avant que d'oser entreprendre un tableau riche, poly et formé selon l'art. Je me suis advisé d'en emprunter un d'Estienne de la Boitie, qui honorera tout le reste de cette besongne. C'est un discours auquel il donna nom *La Servitude Volontaire;* mais ceux qui l'ont ignoré, l'ont bien proprement depuis rebaptisé *Le Contre Un*. Il l'escrivit par maniere d'essay, en sa premiere jeunesse, à l'honneur de la liberté contre les tyrans. Il court pieça és mains des gens d'entendement, non sans bien grande et méritée recommandation : car il est gentil, et plein ce qu'il est possible. Si y a il bien à dire [2] que ce ne soit le mieux qu'il peut faire; et si, en l'aage que je l'ay conneu, plus avancé, il eut pris un tel desseing que le mien de mettre par escrit ses fantasies, nous verrions plusieurs choses rares et qui nous approcheroient bien près de l'honneur de l'antiquité; car, notamment en cette partie des dons de nature, je n'en connois point qui luy soit comparable. Mais il n'est demeuré de luy que ce discours, encore

par rencontre, et croy qu'il ne le veit onques depuis qu'il
luy eschapa, et quelques memoires sur cet edict de Janvier ³, fameus par nos guerres civiles, qui trouveront encores
ailleurs peut estre leur place. C'est tout ce que j'ay peu
recouvrer de ses reliques, /// moy qu'il laissa, d'une si
amoureuse recommandation, la mort entre les dents, par
son testament, héritier de sa bibliothèque et de ses papiers,
/ outre le livret de ses œuvres que j'ay fait mettre en
lumiere. Et si, suis obligé particulierement à cette piece,
d'autant qu'elle a servy de moyen à nostre premiere
accointance. Car elle me fut montrée longue piece ⁴ avant
que je l'eusse veu, et me donna la premiere connoissance
de son nom, acheminant ainsi cette amitié que nous avons
nourrie, tant que Dieu a voulu, entre nous, si entiere et si
parfaite que certainement il ne s'en lit guiere de pareilles,
et, entre nos hommes ⁵, il ne s'en voit aucune trace en
usage. Il faut tant de rencontres à la bastir, que c'est beaucoup si la fortune y arrive une fois en trois siecles.

Il n'est rien à quoy il semble que nature nous aye plus
acheminé qu'à la societé. /// Et dit Aristote que les bons
legislateurs ont eu plus de soing de l'amitié que de la justice. / Or le dernier point de sa perfection est cettuy-cy.
Car, /// en general, toutes celles que la volupté ou le profit,
le besoin publique ou privé forge et nourrit, en sont d'autant moins belles et genereuses, et d'autant moins amitiez,
qu'elles meslent autre cause et but et fruit en l'amitié,
qu'elle mesme.

Ny ces quatre especes anciennes : naturelle, sociale, hos-
pitaliere, venerienne, particulierement n'y conviennent ny
conjointement.

/ Des enfans aux peres, c'est plutost respect. L'amitié
se nourrit de communication qui ne peut se trouver entre
eux, pour la trop grande disparité, et offenceroit à l'adventure les devoirs de nature. Car ny toutes les secrettes pensées des peres ne se peuvent communiquer aux enfans
pour n'y engendrer une messeante privauté, ny les advertissemens et corrections, qui est un des premiers offices
d'amitié, ne se pourroyent exercer des enfans aux peres. Il
s'est trouvé des nations où, par usage, les enfans tuoyent
leurs peres, et d'autres où les peres tuoyent leurs enfans,
pour eviter l'empeschement ⁶ qu'ils se peuvent quelquefois
entreporter, et naturellement l'un depend de la ruine de
l'autre. Il s'est trouvé des philosophes desdaignans cette
cousture naturelle ⁷, tesmoing /// Aristippus : / quand on
le pressoit de l'affection qu'il devoit à ses enfans pour estre

sortis de luy, il se mit à cracher, disant que cela en estoit aussi bien sorty; que nous engendrions bien des pouz et des vers. Et cet autre, que Plutarque vouloit induire à s'accorder avec son frere : « Je n'en fais pas, dict-il, plus grand estat pour estre sorty de mesme trou. » C'est, à la verité, un beau nom et plein de dilection que le nom de frere, et à cette cause en fismes nous, luy et moy, nostre alliance. Mais ce meslange de biens, ces partages, et que la richesse de l'un soit la pauvreté de l'autre, cela detrampe merveilleusement et relasche cette soudure fraternelle. Les freres ayants à conduire le progrez de leur avancement en mesme sentier et mesme train, il est force qu'ils se hurtent et choquent souvent. D'avantage, la correspondance et relation qui engendre ces vrayes et parfaictes amitiez, pourquoy se trouvera elle en ceux cy ? Le pere et le fils peuvent estre de complexion entierement eslongnée, et les freres aussi. C'est mon fils, c'est mon parent, mais c'est un homme farouche, un meschant ou un sot. Et puis, à mesure que ce sont amitiez que la loy et l'obligation naturelle nous commande, il y a d'autant moins de nostre chois et liberté volontaire. Et nostre liberté volontaire n'a point de production qui soit plus proprement sienne que celle de l'affection et amitié. Ce n'est pas que je n'aye essayé de ce costé là tout ce qui en peut estre, ayant eu le meilleur pere qui fut onques, et le plus indulgent, jusques à son extreme vieillesse, et estant d'une famille fameuse de pere en fils, et exemplaire en cette partie de la concorde fraternelle,

|| *et ipse*
Notus in fratres animi paterni [8].

/ D'y comparer l'affection envers les femmes, quoy qu'elle naisse de nostre choix, on ne peut, ny la loger en ce rolle. Son feu, je le confesse,

neque enim est dea nescia nostri
Quæ dulcem curis miscet amaritiem [9],

est plus actif, plus cuisant et plus aspre. Mais c'est un feu temeraire et volage, ondoyant et divers, feu de fiebvre, subject à accez et remises, et qui ne nous tient qu'à un coing. En l'amitié, c'est une chaleur generale et universelle, temperée au demeurant et égale, une chaleur constante et rassize, toute douceur et polissure, qui n'a rien d'aspre et de poignant. Qui plus est, en l'amour, ce n'est qu'un desir forcené après ce qui nous fuit :

Come segue la lepre il cacciatore
Al freddo, al caldo, alla montagna, al lito;
Ne piu l'estima poi che presa vede,
Et sol dietro a chi fugge affretta il piede [10].

Aussi tost qu'il entre aux termes de l'amitié, c'est à dire
en la convenance des volontez, il s'esvanouit et s'alanguist.
La jouyssance le perd, comme ayant la fin corporelle et
subjecte à sacieté. L'amitié, au rebours, est jouye à mesure
qu'elle est désirée, ne s'esleve, se nourrit, ny ne prend
accroissance qu'en la jouyssance, comme estant spirituelle,
et l'âme s'affinant par l'usage. Sous cette parfaicte amitié,
ces affections volages ont autrefois trouvé place chez
moy, affin que je ne parle de luy, qui n'en confesse que
trop par ces vers. Ainsi ces deux passions sont entrées
chez moy en connoissance l'une de l'autre; mais en comparaison jamais : la premiere maintenant sa route d'un vol
hautain [11] et superbe, et regardant desdaigneusement cette
cy passér ses pointes [12] bien loing au dessoubs d'elle.

Quant aux mariages, outre ce que c'est un marché qui
n'a que l'entrée libre (sa durée estant contrainte et forcée,
dependant d'ailleurs que de nostre vouloir), et marché qui
ordinairement se fait à autres fins, il y survient mille
f...é... estrangieres à desmeler parmy, suffisantes à
... ... fil et troubler le cours d'une vive affection; là où,
...ié, il n'y a affaire ny commerce que d'elle mesme.
...t qu'à dire vray, la suffisance ordinaire des femmes
n'est pas pour responde à cette conference et communication [14], nourrisse de cette saincte couture; ny leur ame
ne semble assez ferme pour soustenir l'estreinte d'un nœud
si pressé [15] et si durable. Et certes, sans cela, s'il se pouvoit
dresser une telle accointance, libre et volontaire, où non
seulement les ames eussent cette entiere jouyssance, mais
encores où les corps eussent part à l'alliance, /// où
l'homme fust engagé tout entier, / il est certain que l'amitié en seroit plus pleine et plus comble. Mais ce sexe par
nul exemple n'y est encore peu arriver, /// et par le commun
consentement des escholes anciennes en est rejetté.

/ Et cet'autre licence Grecque est justement abhorrée
par nos mœurs. /// Laquelle pourtant, pour avoir, selon
leur usage, une si necessaire disparité d'aages et difference
d'offices entre les amants, ne respondoit non plus assez à la
parfaicte union et convenance qu'icy nous demandons :
« *Quis est enim iste amor amicitiæ ? Cur neque deformem*
adolescentem quisquam amat, neque formosum senem [16] *?* » Car

la peinture mesme qu'en faict l'Academie ne me desad-
voüera pas, comme je pense, de dire ainsi de sa part : que
cette premiere fureur inspirée par le fils de Venus au cœur
de l'amant sur l'object de la fleur d'une tendre jeunesse, à
laquelle ils permettent tous les insolents et passionnez
efforts que peut produire une ardeur immoderée, estoit
simplement fondée en une beauté externe, fauce image de
la generation corporelle. Car en l'esprit elle ne pouvoit [17],
duquel la montre estoit encore cachée, qui n'estoit qu'en sa
naissance, et avant l'aage de germer. Que si cette fureur
saisissoit un bas courage, les moyens de sa poursuite
c'estoient richesses, presents, faveur à l'avancement des
dignitez, et telle autre basse marchandise, qu'ils reprouvent.
Si elle tomboit en un courage plus genereux, les entremises
estoient genereuses de mesmes : instructions philosophiques, enseignemens à reverer la religion, obeïr aux loix,
mourir pour le bien de son païs, exemples de vaillance, prudence, justice; s'estudiant l'amant de se rendre acceptable
par la bonne grace et beauté de son ame, celle de son corps
estant pieça fanée, et esperant par cette société mentale
establir un marché plus ferme et durable. Quand cette
poursuitte arrivoit à l'effect en sa saison (car ce qu'ils [18]
ne requierent point en l'amant, qu'il apportast loysir et
discretion en son entreprise, ils le requierent exactement en
l'aymé; d'autant qu'il luy falloit juger d'une beauté
interne, de difficile cognoissance et abstruse descouverte),
lors naissoit en l'aymé le desir d'une conception spirituelle
par l'entremise d'une spirituelle beauté. Cette cy estoit icy
principale; la corporelle, accidentale et seconde : tout le
rebours de l'amant. A cette cause [19] preferent ils l'aymé,
et verifient que les dieux aussi le preferent, et tansent
grandement le poëte Æschylus d'avoir, en l'amour
d'Achille et de Patroclus, donné la part de l'amant à
Achille qui estoit en la premiere et imberbe verdeur de
son adolescence, et le plus beau des Grecs. Après cette
communauté générale, la maistresse et plus digne partie
d'icelle exerçant ses offices et predominant, ils disent qu'il
en provenoit des fruicts très utiles au privé et au public;
que c'estoit la force des païs qui en recevoient l'usage, et
la principale defence de l'equité et de la liberté : tesmoin
les salutaires amours de Hermodius et d'Aristogiton.
Pourtant la nomment ils sacrée et divine. Et n'est, à leur
compte, que la violence des tyrans et lascheté des peuples
qui luy soit adversaire. En fin tout ce qu'on peut donner
à la faveur de l'Académie, c'est dire que c'estoit un amour

se terminant en amitié; chose qui ne se rapporte pas mal
à la définition Stoïque de l'amour : « *Amorem conatum esse
amicitiæ faciendæ ex pulchritudinis specie* [20]. » Je revien à
ma description, de façon plus equitable et plus equable :
« *Omnino amicitiæ corroboratis jam confirmatisque ingeniis
et ætatibus, judicandæ sunt* [21]. »

/ Au demeurant, ce que nous appellons ordinairement
amis et amitiez, ce ne sont qu'accoinctances et familiaritez
nouées par quelque occasion ou commodité, par le moyen
de laquelle nos ames s'entretiennent. En l'amitié dequoy
je parle, elles se meslent et confondent l'une en l'autre,
d'un melange si universel, qu'elles effacent et ne retrouvent
plus la couture qui les a jointes. Si on me presse de dire
pourquoy je l'aymois, je sens que cela ne se peut exprimer,
/// qu'en respondant : « Par ce que c'estoit luy; par ce que
c'estoit moy. »

/ Il y a, au delà de tout mon discours, et de ce que j'en
puis dire particulierement, ne sçay quelle force inexplicable
et fatale, mediatrice de cette union. /// Nous nous cher-
chions avant que de nous estre veus, et par des rapports
que nous oyïons l'un de l'autre, qui faisoient en nostre
affection plus d'effort que ne porte la raison des rapports, je croy par quelque ordonnance du ciel; nous
nous embrassions par noz noms. Et à nostre premiere
rencontre, qui fut par hazard en une grande feste et compagnie de ville, nous nous trouvasmes si prins, si cognus,
si obligez entre nous, que rien dès lors ne nous fut si
proche que l'un à l'autre. Il escrivit une Satyre Latine
excellente, qui est publiée, par laquelle il excuse et
explique la precipitation de nostre intelligence [22], si promptement parvenue à sa perfection. Ayant si peu à durer, et
ayant si tard commencé, car nous estions tous deux
hommes faicts, et luy plus de quelque année, elle n'avoit
point à perdre temps et à se regler au patron des amitiez
molles et regulieres, ausquelles il faut tant de precautions
de longue et prealable conversation. Cette cy n'a point
d'autre idée que d'elle mesme, et ne se peut rapporter qu'à
soy. / Ce n'est pas une speciale consideration, ny deux, ny
trois, ny quatre, ny mille : c'est je ne sçay quelle quinte
essence de tout ce meslange, qui, ayant saisi toute ma
volonté, l'amena se plonger et se perdre dans la sienne;
/// qui, ayant saisi toute sa volonté, l'amena se plonger et
se perdre en la mienne, d'une faim, d'une concurrence
pareille. / Je dis perdre, à la verité, ne nous reservant rien
qui nous fut propre, ny qui fut ou sien, ou mien.

Quand Lælius, en presence des Consuls Romains, lesquels, après la condemnation de Tiberius Gracchus, poursuivoyent tous ceux qui avoyent esté de son intelligence [23],
vint à s'enquerir de Caïus Blosius (qui estoit le principal
de ses amis) combien il eut voulu faire pour luy, et qu'il
eut respondu : « Toutes choses. — Comment, toutes
choses ? suivit-il. Et quoy, s'il t'eut commandé de mettre
le feu en nos temples ? — Il ne me l'eut jamais commandé,
replica Blosius. — Mais s'il l'eut fait ? adjouta Lælius. —
J'y eusse obey », respondit-il. S'il estoit si parfaictement
amy de Gracchus, comme disent les histoires, il n'avoit
que faire d'offenser les Consuls par cette dernière et
hardie confession; et ne se devoit départir de l'asseurance
qu'il avoit de la volonté de Gracchus. Mais, toutefois,
ceux qui accusent cette responce comme seditieuse, n'entendent pas bien ce mystere et ne presupposent pas,
comme il est, qu'il tenoit la volonté de Gracchus en sa
manche, et par puissance et par connoissance. /// Ils
estoient plus amis que citoyens, plus amis qu'amis et
qu'ennemis de leur païs, qu'amis d'ambition et de trouble.
S'estans parfaictement commis l'un à l'autre, ils tenoient
parfaictement les renes de l'inclination l'un de l'autre; et
faictes guider cet harnois [24] par la vertu et conduitte de la
raison (comme aussi est-il du tout impossible de l'atteler
sans cela), la responce de Blosius est telle qu'elle devoit
estre. Si leurs actions se demancherent, ils n'estoient ny
amis selon ma mesure l'un de l'autre, ny amis à eux
mesmes. Au demeurant, / cette response ne sonne non
plus que feroit la mienne, à qui s'enquerroit à moy de
cette façon : « Si vostre volonté vous commandoit de tuer
vostre fille, la tueriez-vous ? » et que je l'accordasse. Car
cela ne porte aucun tesmoignage de consentement à ce
faire, par ce que je ne suis point en doute de ma volonté,
et tout aussi peu de celle d'un tel amy. Il n'est pas en la
puissance de tous les discours du monde de me desloger
de la cetitude que j'ay des intentions et jugemens du
mien. Aucune de ses actions ne me sçauroit estre presen-
tée, quelque visage qu'elle eut, que je n'en trouvasse
incontinent le ressort. Nos ames ont charrié si uniement
ensemble, elles se sont considerées d'une si ardante affection, et de pareille affection descouvertes jusques au fin
fond des entrailles l'une à l'autre, que non seulement je
connoissoy la sienne comme la mienne, mais je me fusse
certainement plus volontiers fié à luy de moy qu'à moy.
Qu'on ne me mette pas en ce reng ces autres amitiez

communes; j'en ay autant de connoissance qu'un autre, et des plus parfaictes de leur genre, // mais je ne conseille pas qu'on confonde leurs regles : on s'y tromperoit. Il faut marcher en ces autres amitiez la bride à la main, avec prudence et precaution; la liaison n'est pas nouée en maniere qu'on n'ait aucunement à s'en deffier. « Aymés le (disoit Chilon) comme ayant quelque jour à le haïr; haïssez le, comme ayant à l'aymer. » Ce precepte qui est si abominable en cette souveraine et maistresse amitié il est salubre en l'usage des amitiez ordinaires /// et coustumières, à l'endroit desquelles il faut employer le mot qu'Aristote avoit très-familier : « O mes amis, il n'y a nul amy! »

/ En ce noble commerce, les offices et les bienfaits, nourrissiers des autres amitiez, ne meritent pas seulement d'estre mis en compte; cette confusion si pleine de nos volontez en est cause. Car, tout ainsi que l'amitié que je me porte ne reçoit point augmentation pour le secours que je me donne au besoin, quoy que dient les Stoïciens, et comme je ne me sçay aucun gré du service que je me fay; aussi l'union de tels amis estant veritablement parfaicte, elle leur faict perdre le sentiment de tels devoirs, et haïr et chasser d'entre eux ces mots de division et de difference : bien faict, obligation, reconnoissance, priere, remerciement, et leurs pareils. Tout estant par effect commun entre eux, volontez, pensemens, jugemens, biens, femmes, enfans, honneur et vie, /// et leur convenance n'estant qu'un'ame en deux corps selon la très-propre definition d'Aristote, / ils ne se peuvent ny prester, ny donner rien. Voilà pourquoi les faiseurs de loix, pour honorer le mariage de quelque imaginaire ressemblance de cette divine liaison, defendent les donations entre le mary et la femme, voulant inferer par là que tout doit estre à chacun d'eux et qu'ils n'ont rien à diviser et partir [25] ensemble. Si, en l'amitié dequoy je parle, l'un pouvoit donner à l'autre, ce seroit celuy qui recevroit le bien-fait qui obligeroit son compaignon. Car cherchant l'un et l'autre, plus que toute autre chose, de s'entre-bienfaire, celuy qui en preste la matiere et l'occasion est celuy-là qui faict le liberal, donnant ce contentement à son amy d'effectuer en son endroit ce qu'il désire le plus. /// Quand le philosophe Diogenes avoit faute d'argent, il disoit qu'il le redemandoit à ses amis, non qu'il le demandoit. / Et, pour montrer comment cela se practique par effect, j'en reciteray un ancien exemple, singulier.

Eudamidas, Corinthien, avoit deux amis : Charixenus, Sycionien, et Aretheus, Corinthien. Venant à mourir estant pauvre, et ses deux amis riches, il fit ainsi son testament : « Je legue à Aretheus de nourrir ma mere et l'entretenir en sa vieillesse; à Charixenus, de marier ma fille et luy donner le doüaire le plus grand qu'il pourra; et, au cas que l'un d'eux vienne à defaillir, je substitue en sa part celuy qui survivra. » Ceux qui premiers virent ce testament, s'en moquerent; mais ses heritiers, en ayant esté advertis, l'accepterent avec un singulier contentement. Et l'un d'eux, Charixenus, estant trespassé cinq jours aprés, la substitution estant ouverte en faveur d'Aretheus, il nourrit curieusement cette mere, et, de cinq talens qu'il avoit en ses biens, il en donna les deux et demy en mariage à une sienne fille unique, et deux et demy pour le mariage de la fille d'Eudamidas, desquelles il fit les nopces en mesme jour.

Cet exemple est bien plein, si une condition en estoit à dire, qui est la multitude d'amis. Car cette parfaicte amitié, dequoy je parle, est indivisible; chacun se donne si entier à son amy, qu'il ne luy reste rien à departir ailleurs; au rebours, il est marry qu'il ne soit double, triple ou quadruple, et qu'il n'ait plusieurs ames et plusieurs volontez pour les conferer toutes à ce subject. Les amitiez communes, on les peut departir; on peut aymer en cestuy-cy la beauté, en cet autre la facilité de ses meurs, en l'autre la liberalité, en celuy-là la paternité, en cet autre la fraternité, ainsi du reste; mais cette amitié qui possede l'ame et la regente en toute souveraineté, il est impossible qu'elle soit double. /// Si deux en mesme temps demandoient à estre secourus, auquel courriez vous ? S'ils requeroient de vous des offices contraires, quel ordre y trouveriez-vous ? Si l'un commettoit à vostre silence chose qui fust utile à l'autre de sçavoir, comment vous en desmeleriez vous ? L'unique et principale amitié descoust toutes autres obligations. Le secret que j'ay juré ne deceller à nul autre, je le puis, sans parjure, communiquer à celuy qui n'est pas autre : c'est moy. C'est un assez grand miracle de se doubler; et n'en cognoissent pas la hauteur, ceux qui parlent de se tripler. Rien n'est extreme, qui a son pareil. Et qui presupposera que de deux j'en aime autant l'un que l'autre, et qu'ils s'entr'aiment et m'aiment autant que je les aime, il multiplie en confrairie la chose la plus une et unie, et dequoy une seule est encore la plus rare à trouver au monde.

Le demeurant de cette histoire convient très-bien à ce que je disois : car Eudamidas donne pour grace et pour faveur à ses amis de les employer à son besoin. Il les laisse heritiers de cette sienne liberalité, qui consiste à leur mettre en main les moyens de luy bien-faire. Et, sans doubte, la force de l'amitié se montre bien plus richement en son fait qu'en celuy d'Aretheus. Somme, ce sont effects inimaginables à qui n'en a gousté, /// et qui me font honnorer à merveilles la responce de ce jeune soldat à Cyrus s'enquerant à luy pour combien il voudroit donner un cheval, par le moyen du quel il venoit de gaigner le prix de la course, et s'il le voudroit eschanger à un Royaume : « Non certes, Sire, mais bien le lairroy-je volontiers pour en acquerir un amy, si je trouvoy homme digne de telle alliance. »

Il ne disoit pas mal : « si j'en trouvoy »; car on trouve facilement des hommes propres à une superficielle accointance. Mais en cette-cy, en laquelle on negotie du fin fons de son courage, qui ne faict rien de reste [26], certes il est besoin que touts les ressorts soyent nets et seurs parfaictement.

Aux confederations [27] qui ne tiennent que par un bout, on n'a à prouvoir [28] qu'aux imperfections qui particulierement interessent ce bout là. Il ne peut chaloir de quelle religion soit mon medecin et mon advocat. Cette consideration n'a rien de commun avec les offices de l'amitié qu'ils me doivent. Et, en l'accointance domestique que dressent avec moy ceux qui me servent, j'en fay de mesmes. Et m'enquiers peu d'un laquay s'il est chaste; je cherche s'il est diligent. Et ne crains pas tant un muletier joueur que imbecille, ny un cuisinier jureur qu'ignorant. Je me mesle pas de dire ce qu'il faut faire au monde, d'autres assés s'en meslent, mais ce que j'y fay.

Mihi sic usus est ; tibi, ut opus est facto, face [29].

A la familiarité de la table j'associe le plaisant, non le prudent; au lict, la beauté avant la bonté; en la société du discours, la suffisance, voire sans la preud'hommie. Pareillement ailleurs.

/ Tout ainsi que cil [30] qui fut rencontré à chevauchons sur un baton, se jouant avec ses enfans, pria l'homme qui l'y surprint de n'en rien dire jusques à ce qu'il fut pere luy-mesme, estimant que la passion [31] qui luy naistroit lors en l'ame le rendroit juge equitable d'une telle action; je souhaiterois aussi parler à des gens qui eussent essayé ce que je dis. Mais, sçachant combien c'est chose eslongnée du commun usage qu'une telle amitié, et combien elle est rare, je ne m'attens pas d'en trouver aucun bon juge. Car les discours mesmes que l'antiquité nous a laissé sur ce subject me semblent lâches au prix du sentiment que j'en ay. Et, en ce poinct, les effects surpassent les preceptes mesmes de la philosophie :

> *Nil ego contulerim jucundo sanus amico* [32].

L'ancien Menander disoit celuy-là heureux, qui avoit peu rencontrer seulement l'ombre d'un amy. Il avoit certes raison de le dire, mesmes s'il en avoit tasté. Car, à la vérité, si je compare tout le reste de ma vie, quoy qu'avec la grace de Dieu je l'aye passée douce, aisée et, sauf la perte d'un tel amy, exempte d'affliction poisante, pleine de tranquillité d'esprit, ayant prins en payement mes commoditez naturelles et originelles sans en rechercher d'autres; si je la compare, dis-je, toute aux quatre années qu'il m'a esté donné de jouyr de la douce compagnie et societé de ce personnage, ce n'est que fumée, ce n'est qu'une nuit obscure et ennuyeuse. Depuis le jour que je le perdy,

> *quem semper acerbum,*
> *Semper honoratum (sic, Dii, voluistis) habebo* [33],

je ne fay que trainer languissant; et les plaisirs mesmes qui s'offrent à moy, au lieu de me consoler, me redoublent le regret de sa perte. Nous estions à moitié de tout; il me semble que je luy desrobe sa part,

> *Nec fas esse ulla me voluptate hic frui*
> *Decrevi, tantisper dum ille abest meus particeps* [34].

J'estois desjà si fait et accoustumé à estre deuxiesme par tout, qu'il me semble n'estre plus qu'à demy.

> // *Illam meæ si partem animæ tulit*
> *Maturior vis, quid moror altera,*
> *Nec charus æque, nec superstes*
> *Integer ? Ille dies utramque*
> *Duxit ruinam* [35].

/ Il n'est action ou imagination [36] où je ne le trouve à dire comme si eut-il bien faict à moy. Car, de mesme qu'il me

surpassoit d'une distance infinie en toute autre suffisance
et vertu, aussi foisoit-il au devoir de l'amitié.

> *Quis desiderio sit pudor aut modus*
> *Tam chari capitis* [37] *?*

> *O misero frater adempte mihi!*
> *Omnia tecum una perierunt gaudia nostra,*
> *Quæ tuus in vita dulcis alebat amor.*
> *Tu mea, ti moriens fregisti commoda, frater;*
> *Tecum una tota est nostra sepulta anima,*
> *Cujus ego interitu tota de mente fugavi*

> *Hæc studia atque omnes delicias animi.*
> *Alloquar? audiero nunquam tua verba loquentem?*
> *Nunquam ego te, vita frater amabilior,*
> *Aspiciam posthac? At certe semper amabo* [38].

Mais oyons un peu parler ce garson de seize ans.

Parce que j'ay trouvé que cet ouvrage a esté depuis
mis en lumiere, et à mauvaise fin, par ceux qui cherchent
à troubler et changer l'estat de nostre police, sans se
soucier s'ils l'amenderont, qu'ils ont meslé à d'autres
escris de leur farine, je me suis dédit de le loger icy.
Et affin que la memoire de l'auteur n'en soit interes-
sée [39] en l'endroit de ceux qui n'ont peu connoistre de
près ses opinions et ses actions, je les advise que ce
subject fut traicté par luy en son enfance, par maniere
d'exercitation [40] seulement, comme subject vulgaire et tracassé en mille endroits des livres. Je ne fay nul doubte
qu'il ne creust ce qu'il escrivoit, car il estoit assez conscien-
tieux pour ne mentir pas mesmes en se jouant. Et sçay
d'avantage que, s'il eut eu à choisir, il eut mieux aimé
estre nay à Venise qu'à Sarlac; et avec raison. Mais il
avoit un' autre maxime souverainement empreinte en
son ame, d'obeyr et de se soubmettre très-religieusement [41]
aux loix sous lesquelles il estoit nay. Il ne fut jamais un
meilleur citoyen, ny plus affectionné au repos de son païs,
ny plus ennemy des remuements et nouvelletez de son
temps. Il eut bien plustost employé sa suffisance à les
esteindre, que à leur fournir dequoy les émouvoir d'avantage. Il avoit son esprit moulé au patron d'autres siècles
que ceux-cy.

Or, en eschange de cet ouvrage serieux, j'en substi-
tueray un autre, produit en cette mesme saison de son
aage, plus gaillard et plus enjoué.

CHAPITRE XXIX

A Madame de Grammont, Comtesse de Guissen.

/ Madame, je ne vous offre rien du mien, ou par ce qu'il est desjà vostre, ou pour ce que je n'y trouve rien digne de vous. Mais j'ay voulu que ces vers, en quelque lieu qu'ils se vissent, portassent vostre nom en teste, pour l'honneur que ce leur sera d'avoir pour guide cette grande Corisande d'Andoins. Ce present m'a semblé vous estre propre, d'autant qu'il est peu de dames en France qui jugent mieux et se servent plus à propos que vous de la poësie; et puis, qu'il n'en est point qui la puissent rendre vive et animée, comme vous faites par ces beaux et riches accords dequoy, parmy un million d'autres beautez, nature vous a estrenée [1]. Madame, ces vers meritent que vous les cherissiez; car vous serez de mon advis, qu'il n'en est point sorty de Gascoigne qui eussent plus d'invention et de gentillesse, et qui tesmoignent estre sortis d'une plus riche main. Et n'entrez pas en jalousie dequoy vous n'avez que le reste de ce que piec'a j'en ay faict imprimer sous le nom de monsieur de Foix, vostre bon parent, car certes ceux-cy ont je ne sçay quoy de plus vif et de plus bouillant, comme il les fit en sa plus verte jeunesse, et eschaufé d'une belle et noble ardeur que je vous diray, Madame, un jour à l'oreille. Les autres furent faits depuis, comme il estoit à la poursuite de son mariage, en faveur de sa femme, et sentent desjà je ne sçay quelle froideur maritale. Et moy je suis de ceux qui tiennent que la poesie ne rid point ailleurs, comme elle faict en un subject folatre et desreglé.

/// Ces vers se voient ailleurs [2].

CHAPITRE XXX

DE LA MODERATION

/ Comme si nous avions l'attouchement infect, nous corrompons par nostre maniement les choses qui d'elles mesmes sont belles et bonnes. Nous pouvons saisir la vertu de façon qu'elle en deviendra vicieuse, si nous l'embrassons d'un desir trop aspre et violant. Ceux qui disent qu'il n'y a jamais d'excès en la vertu, d'autant que ce n'est plus vertu si l'excès y est, se jouent des parolles :

> *Insani sapiens nomen ferat, æquis iniqui,*
> *Ultra quam satis est virtutem si petat ipsam* [1].

C'est une subtile consideration de la philosophie. On peut et trop aimer la vertu, et se porter excessivement en une action juste. A ce biaiz s'accommode la voix divine : « Ne soyez pas plus sages qu'il ne faut, mais soyez sobrement sages. »

/// J'ay veu tel grand [2] blesser la reputation de sa religion pour se montrer religieux outre tout exemple des hommes de sa sorte.

J'aime les natures temperées et moyennes. L'immodération vers le bien mesme, si elle ne m'offense, elle m'estonne et me met en peine de la baptizer. Ny la mere de Pausanias, qui donna la premiere instruction [3] et porta la premiere pierre à la mort de son fils, ny le dictateur Posthumius, qui feit mourir le sien que l'ardeur de jeunesse avoit poussé heureusement sur les ennemis, un peu avant son reng, ne me semble si juste comme estrange. Et n'ayme ny à conseiller, ny à suivre une vertu si sauvage et si chere.

L'archer qui outrepasse le blanc [4] faut, comme celuy qui n'arrive pas. Et les yeux me troublent à monter à coup [5] vers une grande lumiere egalement comme à deva-

ler à l'ombre. Calliclez, en Platon, dict l'extremité de
la philosophie estre dommageable, et conseille de ne s'y
enfoncer outre les bornes du profit; que, prinse avec
moderation, elle est plaisante et commode, mais qu'en fin
elle rend un homme sauvage et vicieux, desdaigneux des
religions et loix communes, ennemy de la conversation
civile [6], ennemy des voluptez humaines, incapable de toute
administration politique et de secourir autruy et de se
secourir à soi, propre à estre impunement soufleté. Il
dict vray, car, en son excès, elle esclave nostre naturelle
franchise [7], et nous desvoye, par une importune subtilité,
du beau et plain chemin que nature nous a tracé.

/ L'amitié que nous portons à nos femmes, elle est très-
legitime; la theologie ne laisse pas de la brider pourtant,
et de la restraindre. Il me semble avoir leu autresfois chez
sainct Thomas, en un endroit où il condamne les mariages
des parans és degrez deffandus, cette raison parmy les
autres, qu'il y a danger que l'amitié qu'on porte à une
telle femme soit immoderée : car si l'affection maritalle s'y
trouve entiere et perfaite, comme elle doit, et qu'on la
surcharge encore de celle qu'on doit à la parantelle, il n'y
a point de doubte que ce surcroist n'emporte un tel mary
hors les barrieres de la raison.

Les sciences qui reglent les meurs des hommes, comme
la theologie et la philosophie, elles se meslent de tout. Il
n'est action si privée et secrette, qui se desrobe de leur
cognoissance et jurisdiction. /// Bien apprentis sont ceux
qui syndiquent [8] leur liberté. Ce sont les femmes qui
communiquent tant qu'on veut leurs pieces à garçonner;
à medeciner, la honte le deffend. / Je veux donc, de leur
part, apprendre cecy aux maris, /// s'il s'en trouve encore
qui y soient trop acharnez : / c'est que les plaisirs mesmes
qu'ils ont à l'acointance de leurs femmes sont reprouvez,
si la moderation n'y est observée; et qu'il y a dequoy
faillir en licence et desbordement, comme en un subjet
illegitime. /// Ces encheriments [9] deshontez que la
chaleur premiere nous suggere en ce jeu, sont, non indecemment seulement, mais dommageablement employez
envers noz femmes. Qu'elles apprennent l'impudence au
moins d'une autre main. Elles sont toujours assez esveillées
pour nostre besoing. Je ne m'y suis servy que de l'instruction naturelle et simple.

/ C'est une religieuse liaison et devote que le mariage;
voilà pourquoy le plaisir qu'on en tire, ce doit estre un
plaisir retenu, serieux et meslé à quelque severité; ce doit

estre une volupté aucunement prudente [10] et conscientieuse. Et, parce que sa principale fin c'est la generation, il y en a qui mettent en doubte si, lors que nous sommes sans l'esperance de ce fruict, comme quand elles sont hors d'aage, ou enceintes, il est permis d'en rechercher l'embrassement. /// C'est un homicide, à la mode de Platon. // Certaines nations, /// et entre autres la Mahumétane, // abominent la conjonction avec les femmes enceintes; plusieurs aussi, avec celles qui ont leurs flueurs. Zenobia ne recevoit son mary que pour une charge, et, cela fait, elle le laissoit courir tout le temps de sa conception, luy donnant lors seulement loy [11] de recommencer : brave et genereux exemple de mariage.

/// C'est de quelque poëte disetteux et affamé de ce deduit que Platon emprunta cette narration, que Jupiter fit à sa femme une si chaleureuse charge un jour que, ne pouvant avoir patience qu'elle eust gaigné son lict, il la versa sur le plancher, et, par la vehemence du plaisir, oublia les resolutions grandes et importantes qu'il venoit de prendre avec les autres dieux en sa court celeste; se ventant qu'il l'avoit trouvé aussi bon ce coup-là, que lors que premierement il la depucella à cachette de leurs parents.

/ Les Roys de Perse appelloient leurs femmes à la compaignie de leurs festins; mais quand le vin venoit à les eschaufer en bon escient [12] et qu'il falloit tout à fait lascher la bride à la volupté, ils les r'envoyoient en leur privé, pour ne les faire participantes de leurs appetits immoderez, et faisoient venir en leur lieu des femmes ausquelles ils n'eussent point cette obligation de respect.

// Tous plaisirs et toutes gratifications [13] ne sont pas bien logées en toutes gens; Epaminondas avoit fait emprisonner un garson desbauché; Pelopidas le pria de le mettre en liberté en sa faveur; il l'en refusa, et l'accorda à une sienne garse, qui aussi l'en pria : disant que c'estoit une gratification deue à une amie, non à un capitaine. /// Sophocles, estant compagnon en la Preture avec Pericles, voyant de cas de fortune passer un beau garçon : « O le beau garçon que voylà, feit il à Pericles. — Cela seroit bon à un autre qu'à un Preteur, luy dit Pericles, qui doit avoir non les mains seulement, mais aussi les yeux chastes. »

/ Ælius Verus, l'Empereur, respondit à sa femme, comme elle se plaignoit dequoy il se laissoit aller à l'amour d'autres femmes, qu'il le faisoit par occasion conscientieuse [14], d'autant que le mariage estoit un nom d'honneur et dignité, non de folastre et lascive concupiscence. /// Et nos anciens autheurs ecclesiastiques font avec honneur mention d'une femme qui repudia son mary pour ne vouloir seconder ses trop lascives et immoderées amours. / Il n'est en somme aucune si juste volupté, en laquelle l'excez et l'intemperance ne nous soit reprochable.

Mais, à parler en bon escient, est-ce pas un miserable animal que l'homme ? A peine est-il en son pouvoir, par sa condition naturelle, de gouter un seul plaisir entier et pur, encore se met-il en peine de le retrancher par discours ; il n'est pas assez chetif, si par art et par estude il n'augmente sa misere :

// *Fortunæ miseras auximus arte vias* [15].

/// La sagesse humaine faict bien sottement l'ingenieuse de s'exercer à rabattre le nombre et la douceur des voluptez qui nous appartiennent, comme elle faict favorablement et industrieusement ses artifices à nous peigner et farder les maux et en alleger le sentiment. Si j'eusse esté chef de part [16], j'eusse pris autre voye, plus naturelle, qui est à dire vraye, commode et saincte ; et me fusse peut estre rendu assez fort pour la borner.

/ Quoy, que [17] nos medecins spirituels et corporels, comme par complot fait entre eux, ne trouvent aucune voye à la guerison, ny remede aux maladies du corps et de l'ame, que par le tourment, la douleur et la peine ; les veilles, les jeunes, les haires, les exils lointains et solitaires, les prisons perpetuelles, les verges et autres afflictions ont esté introduites pour cela ; mais en telle condition que ce soyent veritablement afflictions et qu'il y ait de l'aigreur poignante ; // et qu'il n'en advienne point comme à un Gallio, lequel ayant esté envoyé en exil en l'isle de Lesbos, on fut adverty à Romme qu'il s'y donnoit du bon temps, et que ce qu'on luy avoit enjoint pour peine, luy tournoit à commodité ; parquoy ils se raviserent de le rappeler près de sa femme et en sa maison, et luy ordonnerent de s'y tenir, pour accommoder leur punition à son ressentiment [18]. / Car à qui le jeusne aiguiseroit la santé et l'alegresse, à qui le poisson seroit plus appetissant que la chair, ce ne seroit plus recepte salutaire ; non plus qu'en l'autre medecine, les drogues n'ont point d'effect à l'endroit de celuy qui les prend avec appetit et plaisir. L'amertume et la difficulté sont circonstances servants à leur operation [19]. Le naturel qui accepteroit la rubarbe comme familiere, en

corromproit l'usage ; il faut que ce soit chose qui blesse
nostre estomac pour le guerir ; et icy faut la regle commune, que les choses se guerissent par leurs contraires,
car le mal y guerit le mal.

// Cette impression se raporte aucunement à cette autre
si ancienne, de penser gratifier au Ciel et à la nature par
nostre massacre et homicide, qui fut universellement
embrassée en toutes religions. /// Encore du temps de noz
peres, Amurat, en la prinse de l'Isthme, immola six cens
jeunes hommes Grecs à l'ame de son pere, afin que ce sang
servist de propitiation à l'expiation des pechez du trespassé. // Et en ces nouvelles terres, descouvertes en nostre
aage, pures encore et vierges au pris des nostres, l'usage
en est aucunement receu par tout ; toutes leurs Idoles
s'abreuvent de sang humain, non sans divers exemples
d'horrible cruauté. On les brule vifs, et, demy rotis, on les
retire du brasier pour leur arracher le cœur et les entrailles.
A d'autres, voire aux femmes, on les escorche vifves, et de
leur peaü ainsi sanglante en revest on et masque d'autres.
Et non moins d'exemples de constance et resolution.
Car ces pauvres gens sacrifiables, vieillars, femmes, enfans,
vont, quelques jours avant, questant eux mesme les
aumosnes pour l'offrande de leur sacrifice, et se presentent
à la boucherie chantans et dançans avec les assistans.
Les ambassadeurs du Roy de Mexico, faisant entendre à
Fernand Cortez la grandeur de leur maistre, après luy
avoir dict qu'il avoit trente vassaux, desquels chacun
pouvoit assembler cent mille combatans, et qu'il se tenoist
en la plus belle et forte ville qu'il fut soubs le ciel, luy
adjousterent qu'il avoit à sacrifier aux Dieux cinquante mille hommes par an. De vray, ils disent [20] qu'il
nourrissoit la guerre avec certains grands peuples voisins,
non seulement pour l'exercice de la jeunesse du païs,
mais principallement pour avoir dequoy fournir à ses
sacrifices par des prisonniers de guerre. Ailleurs, en certain bourg, pour la bien venue du dit Cortez, ils sacri-
fierent cinquante hommes tout à la fois. Je diray encore
ce compte. Aucuns de ces peuples, ayants esté batuz par
luy, envoyerent le recognoistre [21] et rechercher d'amitié ;
les messagers luy presenterent trois sortes de presens, en
cette maniere : « Seigneur, voylà cinq esclaves ; si tu es
un Dieu fier qui te paisses de chair et de sang, mange
les, et nous t'en amerrons [22] d'avantage ; si tu es un Dieu
debonnaire, voylà de l'encens et des plumes ; si tu es
homme, prens les oiseaux et les fruicts que voicy. »

CHAPITRE XXXI

DES CANNIBALES

/ Quand le Roy Pyrrhus passa en Italie, après qu'il eut reconneu l'ordonnance de l'armée que les Romains luy envoyoient au devant : « Je ne sçay, dit-il, quels barbares sont ceux-ci (car les Grecs appelloyent ainsi toutes les nations estrangieres), mais la disposition de cette armée que je voy n'est aucunement barbare. « Autant en dirent les Grecs de celle que Flaminius fit passer en leur païs, /// et Philippus, voyant d'un tertre l'ordre et distribution du camp Romain en son royaume, sous Publius Sulpicius Galba. / Voylà comment il se faut garder de s'atacher aux opinions vulgaires, et les faut juger par la voye de la raison, non par la voix commune.

J'ay eu long temps avec moy un homme qui avoit demeuré dix ou douze ans en cet autre monde qui a esté decouvert en nostre siecle, en l'endroit où Vilegaignon print terre, qu'il surnomma la France Antartique [1]. Cette descouverte d'un païs infini semble estre de consideration. Je ne sçay si je me puis respondre qu'il ne s'en face à l'advenir quelqu'autre, tant de personnages plus grands que nous ayans esté trompez en cette-cy. J'ay peur que nous avons les yeux plus grands que le ventre, et plus de curiosité que nous n'avons de capacité. Nous embrassons tout, mais nous n'étreignons que du vent. Platon introduit Solon racontant avoir apris des Prestres de la ville de Saïs, en Ægypte, que, jadis et avant le deluge, il y avoit une grande Isle, nommée Athlantide, droict à la bouche du destroit de Gibaltar, qui tenoit plus de païs que l'Afrique et l'Asie toutes deux ensemble, et que les Roys de cette contrée là, qui ne possedoient pas seulement cette isle, mais s'estoyent estendus dans la terre ferme si avant qu'ils tenoyent de la largeur d'Afrique jusques en Ægypte, et de la longueur de l'Europe jusques en la Toscane, entre-

prindrent d'enjamber jusques sur l'Asie et subjuguer toutes
les nations qui bordent la mer Mediterranée jusques au
golfe de la mer Majour [2]; et, pour cet effect, traverserent
les Espaignes, la Gaule, l'Italie, jusques en la Grece, où
les Atheniens les soustindrent [3]; mais que, quelques temps
après, et les Atheniens, et eux, et leur isle furent engloutis
par le deluge. Il est bien vray-semblable que cet extreme
ravage d'eaux ait faict des changemens estranges aux
habitations de la terre, comme on tient que la mer a
retranché la Sycile d'avec l'Italie.

> // *Hæc loca, vi quondam et vasta convulsa ruina,*
> *Dissiluisse ferunt, cum protinus utraque tellus*
> *Una foret* [4];

/ Chipre d'avec la Surie, l'Isle de Negrepont [5] de la terre
ferme de la Bœoce [6], et joint ailleurs les terres qui estoyent
divisées, comblant de limon et de sable les fossés d'entredeux,

> *sterilisque diu palus aptaque remis*
> *Vicinas urbe alit, et grave sentit aratrum* [7].

Mais il n'y a pas grande apparence que cette Isle soit ce
monde nouveau que nous venons de descouvrir; car elle
touchoit quasi l'Espaigne, et ce seroit un effect incroyable
d'inundation de l'en avoir reculée, comme elle est, de plus
de douze cens lieuës; outre ce que les navigations des
modernes ont des-jà presque descouvert que ce n'est point
une isle, ains terre ferme et continente avec l'Inde orien-
tale d'un costé, et avec les terres qui sont soubs les deux
pôles d'autre part; ou, si elle en est separée, que c'est d'un
si petit destroit et intervalle qu'elle ne merite pas d'estre
nommée isle pour cela.

// Il semble qu'il y aye des mouvemens, /// naturels les
uns, les autres // fievreux, en ces grands corps comme aux
nostres. Quand je considere l'impression que ma riviere de
Dordoigne faict de mon temps vers la rive droicte de sa des-
cente, et qu'en vingt ans elle a tant gaigné, et desrobé le
fondement à plusieurs bastimens, je vois bien que c'est
une agitation extraordinaire; car, si elle fut tousjours allée
ce train, ou deut aller à l'advenir, la figure du monde seroit
renversée. Mais il leur prend des changements : tantost
elles s'espendent d'un costé, tantost d'un autre; tantost
elles se contiennent. Je ne parle pas des soudaines inonda-
tions de quoy nous manions [8] les causes. En Medoc, le long

de la mer, mon frere, Sieur d'Arsac, voit une siene terre
ensevelie soubs les sables que la mer vomit devant elle;
le feste d'aucuns bastimens paroist encore; ses rentes et
domaines se sont eschangez en pasquages bien maigres.
Les habitans disent que, depuis quelque temps, la mer se
pousse si fort vers eux qu'ils ont perdu quatre lieuës de
terre. Ces sables sont ses fourriers; /// et voyons des grandes
montjoies d'arène [9] mouvante qui marchent d'une demi
lieue devant elle, et gaignent païs.

/ L'autre tesmoignage de l'antiquité, auquel on veut
raporter cette descouverte, est dans Aristote, au moins si
ce petit livret *Des merveilles inouïes* est à luy. Il raconte là
que certains Carthaginois, s'estant jettez au travers de
la mer Athlantique, hors le destroit de Gibaltar, et navi-
gué long temps, avoient descouvert en fin une grande
isle fertile, toute revestuë de bois et arrousée de grandes
et profondes rivieres, fort esloignée de toutes terres fermes;
et qu'eux, et autres depuis, attirez par la bonté et fertilité
du terroir, s'y en allerent avec leurs femmes et enfans,
et commencerent à s'y habituer [10]. Les Seigneurs de
Carthage, voyans que leur pays se dépeuploit peu à peu,
firent deffense expresse, sur peine de mort, que nul
n'eut plus à aller là, et en chasserent ces nouveaux habitans, craignants, à ce que l'on dit, que par succession
de temps ils ne vinsent à multiplier tellement qu'ils les
supplantassent eux mesmes et ruinassent leur estat. Cette
narration d'Aristote n'a non plus d'accord avec nos terres
neufves.

Cet homme que j'avoy, estoit homme simple et grossier,
qui est une condition propre à rendre veritable tesmoignage; car les fines gens remarquent bien plus curieusement et plus de choses, mais ils les glosent; et, pour faire
valoir leur interpretation et la persuader, ils ne se peuvent
garder d'alterer un peu l'Histoire; ils ne vous representent
jamais les choses pures, ils les inclinent et masquent selon
le visage qu'ils leur ont veu; et, pour donner credit à leur
jugement et vous y attirer, prestent volontiers de ce costé
là à la matiere, l'alongent et l'amplifient. Ou il faut un
homme très-fidelle, ou si simple qu'il n'ait pas dequoy
bastir et donner de la vray-semblance à des inventions
fauces, et qui n'ait rien espousé. Le mien estoit tel; et,
outre cela, il m'a faict voir à diverses fois plusieurs matelots
et marchans qu'il avoit cogneuz en ce voyage. Ainsi je me
contente de cette information, sans m'enquerir de ce que
les cosmographes en disent.

Il nous faudroit des topographes qui nous fissent narration particuliere des endroits où ils ont esté. Mais, pour avoir cet avantage sur nous d'avoir veu la Palestine, ils veulent jouir de ce privilege de nous conter nouvelles de tout le demeurant du monde. Je voudroy que chacun escrivit ce qu'il sçait, et autant qu'il en sçait, non en cela seulement, mais en tous autres subjects : car tel peut avoir quelque particuliere science ou experience de la nature d'une riviere ou d'une fontaine, qui ne sçait au reste que ce que chacun sçait. Il entreprendra toutes-fois, pour faire courir ce petit lopin, d'escrire toute la physique. De ce vice sourdent plusieurs grandes incommoditez.

Or je trouve, pour revenir à mon propos, qu'il n'y a rien de barbare et de sauvage en cette nation, à ce qu'on m'en a rapporté, sinon que chacun appelle barbarie ce qui n'est pas de son usage ; comme de vray, il semble que nous n'avons autre mire [11] de la verité et de la raison que l'exemple et idée des opinions et usances du païs où nous sommes. Là est tousjours la parfaicte religion, la parfaicte police, perfect et accomply usage de toutes choses. Ils sont sauvages, de mesme que nous appellons sauvages les fruicts que nature, de soy et de son progrez [12] ordinaire, a produicts : là où, à la verité, ce sont ceux que nous avons alterez par nostre artifice et detournez de l'ordre commun, que nous devrions appeller plutost sauvages. En ceux là sont vives et vigoureuses les vrayes et plus utiles et naturelles vertus et proprietez, lesquelles nous avons abastardies en ceux-cy, et les avons seulement accommodées au plaisir de nostre goust corrompu. /// Et si pourtant, la saveur mesme et delicatesse se treuve à nostre gout excellente, à l'envi des nostres, en divers fruicts de ces contrées-là sans culture. / Ce n'est pas raison que l'art gaigne le point d'honneur sur nostre grande et puissante mere nature. Nous avons tant rechargé la beauté et richesse de ses ouvrages par nos inventions, que nous l'avons du tout estouffée. Si est-ce que, par tout où sa pureté reluit, elle fait une merveilleuse honte à nos vaines et frivoles entreprinses,

> // Et veniunt ederæ sponte sua melius,
> Surgit et in solis formosior arbutus antris,
> Et volucres nulla dulcius arte canunt [13].

/ Tous nos efforts ne peuvent seulement arriver à representer le nid du moindre oyselet, sa contexture, sa beauté et l'utilité de son usage, non pas [14] la tissure de la chetive

araignée. /// Toutes choses, dict Platon, sont produites par
la nature, ou par la fortune, ou par l'art; les plus grandes
et plus belles, par l'une ou l'autre des deux premieres; les
moindres et imparfaictes, par la derniere.

/ Ces nations me semblent donq ainsi barbares, pour
avoir receu fort peu de façon de l'esprit humain, et estre
encore fort voisines de leur naifveté originelle. Les loix
naturelles leur commandent encores, fort peu abastardies
par les nostres; mais c'est en telle pureté, qu'il me prend
quelque fois desplaisir dequoy la cognoissance n'en soit
venuë plustost, du temps qu'il y avoit des hommes qui en
eussent sceu mieux juger que nous. Il me desplait que
Licurgus et Platon ne l'ayent eüe; car il me semble que ce
que nous voyons par experience en ces nations là, surpasse
non seulement toutes les peintures dequoy la poësie a
embelly l'age doré et toutes ses inventions à feindre [15] une
heureuse condition d'hommes, mais encore la conception
et le desir mesme de la philosophie. Ils n'ont peu imaginer
une nayfveté si pure et simple, comme nous la voyons par
experience; ny n'ont peu croire que nostre societé se peut
maintenir avec si peu d'artifice et de soudeure humaine.
C'est une nation, diroy je à Platon, en laquelle il n'y a
aucune espece de trafique; nul cognoissance de lettres;
nulle science de nombres; nul nom de magistrat, ny de
superiorité politique; nul usage de service [16], de richesse
ou de pauvreté; nuls contrats; nulles successions; nuls
partages; nulles occupations qu'oysives; nul respect de
parenté que commun; nuls vestemens; nulle agriculture;
nul metal; nul usage de vin ou de bled. Les paroles mesmes
qui signifient le mensonge, la trahison, la dissimulation,
l'avarice, l'envie, la detraction [17], le pardon, inouïes. Combien trouveroit il la republique qu'il a imaginée esloignée
de cette perfection : /// « *viri a diis recentes* [18] ».

// *Hos natura modos primum dedit* [19].

/ Au demeurant, ils vivent en une contrée de païs très-
plaisante et bien temperée; de façon qu'à ce que m'ont
dit mes tesmoings, il est rare d'y voir un homme malade;
et m'ont asseuré n'en y avoir veu aucun tremblant, chassieux, edenté, ou courbé de vieillesse. Ils sont assis [20] le
long de la mer, et fermez du costé de la terre de grandes et
hautes montaignes, ayant, entredeux, cent lieuës ou environ d'estendue en large. Ils ont grande abondance de
poisson et de chairs qui n'ont aucune ressemblance aux

nostres, et les mangent sans autre artifice que de les cuire.
Le premier qui y mena un cheval, quoy qu'il les eust pra-
tiquez à plusieurs autres voyages, leur fit tant d'horreur en
cette assiete [21], qu'ils le tuerent à coups de traict, avant que
le pouvoir recognoistre. Leurs bastimens sont fort longs, et
capables de [22] deux ou trois cents ames, estoffez d'escorse
de grands arbres, tenans à terre par un bout et se soustenans
et appuyans l'un contre l'autre par le feste, à la mode
d'aucunes de noz granges, desquelles la couverture pend
jusques à terre, et sert de flanq. Ils ont du bois si dur qu'ils
en coupent, et en font leurs espées et des grils à cuire leur
viande. Leurs lits sont d'un tissu de coton, suspenduz
contre le toict, comme ceux de nos navires, à chacun le
sien ; car les femmes couchent à part des maris. Ils se levent
avec le soleil, et mangent soudain après s'estre levez, pour
toute la journée ; car ils ne font autre repas que celuy-là. Ils
ne boyvent pas lors, comme Suidas dict de quelques autres
peuples d'Orient, qui beuvoient hors du manger ; ils
boivent à plusieurs fois sur jour, et d'autant. Leur breuvage
est faict de quelque racine, et est de la couleur de nos vins
clairets. Ils ne le boyvent que tiede ; ce breuvage ne se
conserve que deux ou trois jours ; il a le goust un peu
piquant, nullement fumeux, salutaire à l'estomac, et laxa-
tif à ceux qui ne l'ont accoustumé ; c'est une boisson très-
agreable à qui y est duit. Au lieu du pain, ils usent d'une
certaine matiere blanche, comme du coriandre confit. J'en
ay tasté : le goust en est doux et un peu fade. Toute la
journée se passe à dancer. Les plus jeunes vont à la chasse
des bestes à tout des arcs. Une partie des femmes s'amusent
cependant à chauffer leur breuvage, qui est leur principal
office. Il y a quelqu'un des vieillards qui, le matin, avant
qu'ils se mettent à manger, presche en commun toute la
grangée, en se promenant d'un bout à l'autre et redisant
une mesme clause [23] à plusieurs fois, jusques à ce qu'il ayt
achevé le tour (car ce sont bastimens qui ont bien cent pas
de longueur). Il ne leur recommande que deux choses : la
vaillance contre les ennemis et l'amitié à leurs femmes. Et
ne faillent jamais de remerquer cette obligation, pour leur
refrein, que ce sont elles qui leur maintiennent leur boisson
tiede et assaisonnée. Il se void en plusieurs lieux, et entre
autres chez moy, la forme de leurs lits, de leurs cordons,
de leurs espées et brasselets de bois dequoy ils couvrent
leurs poignets aux combats, et des grandes cannes, ouvertes
par un bout, par le son desquelles ils soustiennent la
cadance en leur dancer. Ils sont ras par tout, et se font le

poil beaucoup plus nettement que nous, sans autre rasoüer que de bois ou de pierre. Ils croyent les ames éternelles, et celles qui ont bien merité des dieux, estre logées à l'endroit du ciel où le soleil se leve; les maudites, du costé de l'Occident.

Ils ont je ne sçay quels prestres et prophetes, qui se presentent bien rarement au peuple, ayant leur demeure aux montaignes. A leur arrivée, il se faict une grande feste et assemblée solennelle de plusieurs vilages (chaque grange, comme je l'ay descrite, faict un vilage, et sont environ à une lieuë Françoise l'une de l'autre). Ce prophete parle à eux en public, les exhortant à la vertu et à leur devoir; mais toute leur science ethique ne contient que ces deux articles, de la resolution à la guerre et affection à leurs femmes. Cettuy-cy leur prognostique les choses à venir et les evenemens qu'ils doivent esperer de leurs entreprinses, les achemine ou destourne de la guerre; mais c'est par tel si [24] que, où il faut à bien deviner, et s'il leur advient autrement qu'il ne leur a predit, il est haché en mille pieces s'ils l'attrapent, et condamné pour faux prophete. A cette cause, celuy qui s'est une fois mesconté [25], on ne le void plus.

/// C'est don de Dieu que la divination; voylà pourquoy ce devroit estre une imposture punissable, d'en abuser. Entre les Scythes, quand les devins avoient failli de rencontre [26], on les couchoit, enforgez [27] de pieds et de mains, sur des charriotes pleines de bruyere, tirées par des bœufs, en quoy on les faisoit brusler. Ceux qui manient les choses subjettes à la conduitte de l'humaine suffisance, sont excusables d'y faire ce qu'ils peuvent. Mais ces autres, qui nous viennent pipant des assurances d'une faculté extraordinaire qui est hors de nostre cognoissance, faut-il pas les punir de ce qu'ils ne maintiennent l'effect de leur promesse, et de la temerité de leur imposture?

/ Ils ont leurs guerres contre les nations qui sont au delà de leurs montaignes, plus avant en la terre ferme, ausquelles ils vont tous nuds, n'ayant autres armes que des arcs ou des espées de bois, apointées par un bout, à la mode des langues de nos espieux. C'est chose esmerveillable que de la fermeté de leurs combats, qui ne finissent jamais que par meurtre et effusion de sang; car, de routes et d'effroy, ils ne sçavent que c'est. Chacun raporte pour son trophée la teste de l'ennemy qu'il a tué, et l'attache à l'entrée de son logis. Après avoir long temps bien traité leurs prisonniers, et de toutes les commoditez dont ils se

peuvent aviser, celuy qui en est le maistre, faict une grande
assemblée de ses cognoissans; il attache une corde à l'un
des bras du prisonnier, /// par le bout de laquelle il le tient,
esloigné de quelques pas, de peur d'en estre offencé [28],
/ et donne au plus cher de ses amis l'autre bras à tenir de
mesme; et eux deux, en presence de toute l'assemblée,
l'assomment à coups d'espée. Cela faict, ils le rostissent et
en mangent en commun et en envoient des lopins à ceux
de leurs amis qui sont absens. Ce n'est pas, comme on
pense, pour s'en nourrir, ainsi que faisoient anciennement
les Scythes; c'est pour representer une extreme vengeance.
Et qu'il soit ainsi, ayant apperçeu que les Portuguois, qui
s'estoient r'alliez à leurs adversaires, usoient d'une autre
sorte de mort contre eux [29], quand ils les prenoient, qui
estoit de les enterrer jusques à la ceinture, et tirer au
demeurant du corps force coups de traict, et les pendre
après, ils penserent que ces gens icy de l'autre monde,
comme ceux qui avoyent semé la connoissance de beaucoup de vices parmy leur voisinage, et qui estoient beaucoup plus grands maistres qu'eux en toute sorte de malice,
ne prenoient pas sans occasion [30] cette sorte de vengeance,
et qu'elle devoit estre plus aigre que la leur, commencerent de quitter leur façon ancienne pour suivre cette-cy.
Je ne suis pas marry que nous remerquons l'horreur
barbaresque qu'il y a en une telle action, mais ouy bien
dequoy, jugeans bien de leurs fautes, nous soyons si
aveuglez aux nostres. Je pense qu'il y a plus de barbarie
à manger un homme vivant qu'à le manger mort, à deschirer par tourmens et par geénes un corps encore plein de
sentiment, le faire rostir par le menu, le faire mordre et
meurtrir aux chiens et aux pourceaux (comme nous l'avons
non seulement leu, mais veu de fresche memoire, non
entre des ennemis anciens, mais entre des voisins et conci-
toyens, et, qui pis est, sous pretexte de pieté et de religion),
que de le rostir et manger après qu'il est trespassé.

Chrysippus et Zenon, chefs de la secte Stoïcque, ont
bien pensé qu'il n'y avoit aucun mal de se servir de nostre
charoigne à quoy que ce fut pour nostre besoin, et d'en
tirer de la nourriture; comme nos ancestres, estans
assiegez par Cæsar en la ville de Alexia, se resolurent de
soustenir la faim de ce siege par les corps des vieillars, des
femmes et autres personnes inutiles au combat.

// Vascones, fama est, alimentis talibus usi
Produxere animas [31].

/ Et les medecins ne craignent pas de s'en servir à toute sorte d'usage pour nostre santé; soit pour l'appliquer au dedans ou au dehors; mais il ne se trouva jamais aucune opinion si desreglée qui excusat la trahison, la desloyauté, la tyrannie, la cruauté, qui sont nos fautes ordinaires.

Nous les pouvons donq bien appeller barbares, eu esgard aux regles de la raison, mais non pas eu esgard à nous, qui les surpassons en toute sorte de barbarie. Leur guerre est toute noble et genereuse, et a autant d'excuse et de beauté que cette maladie humaine en peut recevoir; elle n'a autre fondement parmy eux que la seule jalousie de la vertu. Ils ne sont pas en debat de la conqueste de nouvelles terres, car ils jouyssent encore de cette uberté [32] naturelle qui les fournit sans travail et sans peine de toutes choses necessaires, en telle abondance qu'ils n'ont que faire d'agrandir leurs limites. Ils sont encore en cet heureux point, de ne desirer qu'autant que leurs necessitez naturelles leur ordonnent; tout ce qui est au delà est superflu pour eux. Ils s'entr'appellent generalement, ceux de mesme aage, freres; enfans, ceux qui sont au dessoubs; et les vieillards sont peres à tous les autres. Ceux-cy laissent à leurs heritiers en commun cette pleine possession de biens par indivis, sans autre titre que celuy tout pur que nature donne à ses creatures, les produisant au monde. Si leurs voisins passent les montaignes pour les venir assaillir, et qu'ils emportent la victoire sur eux, l'acquest du victorieux, c'est la gloire, et l'avantage d'estre demeuré maistre en valeur et en vertu; car autrement ils n'ont que faire des biens des vaincus, et s'en retournent à leur pays, où ils n'ont faute de aucune chose necessaire, ny faute encore de cette grande partie [33], de sçavoir heureusement jouyr de leur condition et s'en contenter. Autant en font ceux-cy à leur tour. Ils ne demandent à leurs prisonniers autre rançon que la confession et recognoissance d'estre vaincus; mais il ne s'en trouve pas un, en tout un siecle, qui n'ayme mieux la mort que de relascher, ny par contenance, ny de parole un seul poinct d'une grandeur de courage invincible; il ne s'en void aucun qui n'ayme mieux estre tué et mangé, que de requerir seulement de ne l'estre pas. Ils les traictent en toute liberté, affin que la vie leur soit d'autant plus chere; et les entretiennent communément des menasses de leur mort future, des tourmens qu'ils y auront à souffrir, des apprests qu'on dresse pour cet effect, du detranchement de leurs membres et du festin qui se fera à leurs despens. Tout cela se faict pour cette

seule fin d'arracher de leur bouche quelque parole molle
ou rabaissée, ou de leur donner envie de s'en fuyr, pour
gaigner cet avantage de les avoir espouvantez, et d'avoir
faict force à leur constance. Car aussi, à le bien prendre,
c'est en ce seul point que consiste la vraye victoire :

/// *victoria nulla est*
Quam quæ confessos animo quoque subjugat hostes [34].

Les Hongres, très-belliqueux combattans, ne poursui-
voient jadis leur pointe, outre avoir rendu l'ennemy à
leur mercy. Car, en ayant arraché cette confession, ils le
laissoyent aller sans offense, sans rançon, sauf, pour le
plus, d'en tirer parole de ne s'armer dès lors en avant
contre eux.

/ Assez d'avantages gaignons nous sur nos ennemis, qui
sont avantages empruntez, non pas nostres. C'est la qualité d'un portefaix, non de la vertu, d'avoir les bras et les
jambes plus roides; c'est une qualité morte et corporelle
que la disposition [35]; c'est un coup de la fortune de faire
broncher nostre ennemy et de luy esblouyr les yeux par la
lumière du Soleil; c'est un tour d'art et de science, et qui
peut tomber en une personne lasche et de néant, d'estre
suffisant à l'escrime. L'estimation et le pris d'un homme
consiste au cœur et en la volonté; c'est là où gist son vray
honneur; la vaillance, c'est la fermeté non pas des jambes
et des bras, mais du courage et de l'ame; elle ne consiste
pas en la valeur de nostre cheval, ny de nos armes, mais
en la nostre. Celuy qui tombe obstiné en son courage,
/// « *si succiderit, de genu pugnat* [36] »; / qui, pour quelque
dangier de la mort voisine, ne relasche aucun point de son
asseurance; qui regarde encores, en rendant l'ame, son
ennemy d'une veuë ferme et desdaigneuse, il est battu non
pas de nous, mais de la fortune; il est tué, non pas vaincu.

// Les plus vaillans sont par fois les plus infortunez.

/// Aussi y a il des pertes triomphantes à l'envi des
victoires. Ny ces quatre victoires sœurs, les plus belles que
le soleil aye onques veu de ses yeux, de Salamine, de Platées, de Mycale, de Sicile, oserent onques opposer toute
leur gloire ensemble à la gloire de la desconfiture du
Roy Leonidas et des siens, au pas [37] des Thermopyles.

Qui courut jamais d'une plus glorieuse envie et plus
ambitieuse au gain d'un combat, que le capitaine Ischolas
à la perte ? Qui plus ingénieusement et curieusement
s'est assuré de son salut, que luy de sa ruine ? Il estoit

commis à deffendre certain passage du Peloponnese contre les Arcadiens. Pour quoy faire, se trouvant du tout incapable, veu la nature du lieu et inegalité des forces, et se resolvant [38] que tout ce qui se presenteroit aux ennemis, auroit de necessité à y demeurer; d'autre part, estimant indigne et de sa propre vertu et magnanimité et du nom lacedemonien de faillir à sa charge, il print entre ces deux extremitez un moyen parti, de telle sorte. Les plus jeunes et dispos de sa troupe, il les conserva à la tuition [39] et service de leur païs, et les y renvoya; et aveq ceux desquels le defaut [40] estoit moindre, il delibera de soutenir ce pas [41], et, par leur mort, en faire achetter aux ennemis l'entrée la plus chère qu'il lui seroit possible : comme il advint. Car, estant tantost environné de toutes parts par les Arcadiens, après en avoir faict une grande boucherie, luy et les siens furent tous mis au fil de l'espée. Est-il quelque trophée assigné pour les vaincueurs, qui ne soit mieux deu à ces vaincus ? Le vray vaincre a pour son roolle l'estour [42], non pas le salut; et consiste l'honneur de la vertu à combattre, non à battre.

/ Pour revenir à nostre histoire, il s'en faut tant que ces prisonniers se rendent, pour tout ce qu'on leur fait, qu'au rebours, pendant ces deux ou trois mois qu'on les garde, ils portent une contenance gaye; ils pressent leurs maistres de se haster de les mettre en cette espreuve; ils les deffient, les injurient, leur reprochent leur lacheté et le nombre des batailles perduës contre les leurs. J'ay une chanson faicte par un prisonnier, où il y a ce traict : qu'ils viennent hardiment trétous [43] et s'assemblent pour disner de luy; car ils mangeront quant et quant leurs peres et leurs ayeux, qui ont servy d'aliment et de nourriture à son corps. « Ces muscles, dit-il, cette chair et ces veines, ce sont les vostres, pauvres fols que vous estes; vous ne recognoissez pas que la substance des membres de vos ancestres s'y tient encore : savourez les bien, vous y trouverez le goust de vostre propre chair. » Invention qui ne sent aucunement la barbarie. Ceux qui les peignent mourans, et qui representent cette action quand on les assomme, ils peignent le prisonnier crachant au visage de ceux qui le tuent et leur faisant la mouë. De vray, ils ne cessent jusques au dernier souspir de les braver et deffier de parole et de contenance. Sans mentir, au pris de nous, voilà des hommes bien sauvages; car, ou il faut qu'ils le soyent bien à bon escient, ou que nous le soyons; il y a une merveilleuse distance entre leur forme et la nostre.

Les hommes y ont plusieurs femmes, et en ont d'autant plus grand nombre qu'ils sont en meilleure reputation de vaillance; c'est une beauté remerquable en leurs mariages, que la mesme jalousie que nos femmes ont pour nous empescher de l'amitié et bien-veuillance d'autres femmes, les leurs l'ont toute pareille pour la leur acquerir. Estans plus soigneuses de l'honneur de leurs maris que de toute autre chose, elles cherchent et mettent leur sollicitude à avoir le plus de compaignes qu'elles peuvent, d'autant que c'est un tesmoignage de la vertu du mary.

/// Les nostres crieront au miracle; ce ne l'est pas; c'est une vertu proprement matrimoniale, mais du plus haut estage. Et, en la Bible, Lia, Rachel, Sara et les femmes de Jacob fournirent leurs belles servantes à leurs maris, et Livia seconda les appetits d'Auguste, à son interest; et la femme du Roy Dejotarus, Stratonique, presta non seulement à l'usage de son mary une fort belle jeune fille de chambre qui la servoit, mais en nourrit soigneusement les enfans, et leur feit espaule à succeder aux estats de leur pere.

/ Et, afin qu'on ne pense point que tout cecy se face par une simple et servile obligation à leur usance et par l'impression de l'authorité de leur ancienne coustume, sans discours et sans jugement, et pour avoir l'ame si stupide que de ne pouvoir prendre autre party, il faut alleguer quelques traits de leur suffisance. Outre celuy que je viens de reciter de l'une de leurs chansons guerrières, j'en ay un' autre, amoureuse, qui commence en ce sens:

« Couleuvre, arreste toy; arreste toy, couleuvre, afin que ma sœur tire sur le patron de ta peinture la façon et l'ouvrage d'un riche cordon que je puisse donner à m'amie : ainsi soit en tout temps ta beauté et ta disposition preferée à tous les autres serpens. »

Ce premier couplet, c'est le refrein de la chanson. Or j'ay assez de commerce avec la poësie pour juger cecy, que non seulement il n'y a rien de barbarie en cette imagination, mais qu'elle est tout à fait Anacreontique. Leur langage, au demeurant, c'est un doux langage et qui a le son aggreable, retirant aux terminaisons Grecques.

Trois d'entre eux, ignorans combien coutera un jour à leur repos et à leur bon heur la connoissance des corruptions de deçà, et que de ce commerce naistra leur ruyne, comme je presuppose qu'elle soit desjà avancée, bien miserables de s'estre laissez piper au desir de la nouvelleté, et avoir quitté la douceur de leur ciel pour venir voir le nostre, furent à Roüan, du temps que le feu Roy Charles neufiesme y estoit. Le Roy parla à eux long temps; on leur fit voir nostre façon, nostre pompe, la forme d'une belle ville. Après cela, quelqu'un en demanda leur advis, et voulut sçavoir d'eux ce qu'ils y avoient trouvé de plus admirable; ils respondirent trois choses, d'où j'ay perdu la troisiesme, et en suis bien marry; mais j'en ay encore deux en memoire. Ils dirent qu'ils trouvoient en premier lieu fort estrange que tant de grands hommes, portans barbe, forts et armez, qui estoient autour du Roy (il est vray-semblable que ils parloient des Suisses de sa garde), se soubs-missent à obeyr à un enfant, et qu'on ne choisissoit plus tost quelqu'un d'entr'eux pour commander; secondement (ils ont une façon de leur langage telle, qu'ils nomment les hommes moitié les uns des autres) qu'ils avoyent aperçeu qu'il y avoit parmy nous des hommes pleins et gorgez de toutes sortes de commoditez, et que leurs moitiez estoient mendians à leurs portes, décharnez de faim et de pauvreté; et trouvoient estrange comme ces moitiez icy necessiteuses pouvoient souffrir une telle injustice, qu'ils ne prinsent les autres à la gorge, ou missent le feu à leurs maisons.

Je parlay à l'un d'eux fort long temps; mais j'avois un truchement qui me suyvoit si mal et qui estoit si empesché à recevoir mes imaginations par sa bestise, que je n'en peus tirer guiere de plaisir. Sur ce que je luy demanday quel fruict il recevoit de la superiorité qu'il avoit parmy les siens (car c'estoit un Capitaine, et nos matelots le nommoient Roy), il me dict que c'estoit marcher le premier à la guerre; de combien d'hommes il estoit suyvy, il me montra une espace de lieu, pour signifier que c'estoit autant qu'il en pourroit [44] en une telle espace, ce pouvoit estre quatre ou cinq mille hommes; si, hors la guerre, toute son authorité estoit expirée, il dict qu'il luy en restoit cela que, quand il visitoit les vilages qui dépendoient de luy, on luy dressoit des sentiers au travers des hayes de leurs bois, par où il peut passer bien à l'aise.

Tout cela ne va pas trop mal : mais quoy, ils ne portent point de haut de chausses!

CHAPITRE XXXII

QU'IL FAUT SOBREMENT SE MESLER DE JUGER
DES ORDONNANCES DIVINES

/ Le vray champ et subject de l'imposture sont les choses inconnuës. D'autant qu'en premier lieu l'estrangeté mesme donne credit; et puis, n'estant point subjectes à nos discours ordinaires, elles nous ostent le moyen de les combattre. /// A cette cause, dict Platon, est-il bien plus aisé de satisfaire parlant de la nature des Dieux que de la nature des hommes, par ce que l'ignorance des auditeurs preste une belle et large carrière et toute liberté au maniement d'une matière cachée.

/ Il advient de là qu'il n'est rien creu si fermement que ce qu'on sçait le moins, ny gens si asseurez que ceux qui nous content des fables, comme Alchimistes, Prognostiqueurs, Judiciaires [1], Chiromantiens, Medecins, « *id genus omne* [2] ». Ausquels je joindrois volontiers, si j'osois, un tas de gens, interpretes et contrerolleurs ordinaires des dessains de Dieu, faisans estat de trouver les causes de chaque accident, et de veoir dans les secrets de la volonté divine les motifs incompréhensibles de ses œuvres; et quoy que la varieté et discordance continuelle des evenemens les rejette de coin en coin, et d'orient en occident, ils ne laissent de suivre pourtant leur esteuf [3], et, de mesme creon [4], peindre le blanc et le noir.

// En une nation Indienne, il y a cette loüable observance : quand il leur mes-advient en quelque rencontre ou bataille, ils en demandent publiquement pardon au Soleil, qui est leur Dieu, comme d'une action injuste, raportant leur heur ou malheur à la raison divine et luy submettant leur Jugement et discours.

/ Suffit à un Chrestien croire toutes choses venir de Dieu, les recevoir avec reconnoissance de sa divine et inscrutable sapience, pourtant [5] les prendre en bonne part, en quelque visage qu'elles luy soient envoyées. Mais je trouve mauvais ce que je voy en usage, le chercher à fermir et appuyer nostre religion par le bon-heur et prosperité de nos entreprises. Nostre creance a assez d'autres fondemens, sans l'authoriser par les evenemens; car, le peuple accoustumé à ces argumens plausibles et proprement de son goust, il est dangier, quand les evenemens viennent à leur tour contraires et desavantageux, qu'il en esbranle sa foy. Comme aux guerres où nous sommes pour la religion, ceux qui eurent l'advantage au rencontre de la Rochelabeille [6], faisans grand feste de cet accident, et se servans de cette fortune [7] pour certaine approbation de leur party, quand ils viennent après à excuser leurs defortunes de Montcontour et de Jarnac sur ce que ce sont verges et chastiemens paternels, s'ils n'ont un peuple du tout à leur mercy, ils lui font assez aisément sentir que c'est prendre d'un sac deux moulures [8] et de mesme bouche souffler le chaud et le froid. Il vaudroit mieux l'entretenir des vrays fondemens de la verité. C'est une belle bataille navale qui s'est gaignée ces mois passez contre les Turcs, soubs la conduite de don Joan d'Austria; mais il a bien pleu à Dieu en faire autresfois voir d'autres telles à nos depens. Somme, il est malaysé de ramener les choses divines à nostre balance, qu'elles n'y souffrent du deschet. Et qui voudroit rendre raison de ce que Arrius et Leon, son Pape, chefs principaux de cette heresie, moururent en divers temps de mors si pareilles et si estranges (car, retirez de la dispute par douleur de ventre à la garderobe, tous deux y rendirent subitement l'ame), et exagerer cette vengeance divine par la circonstance du lieu, y pourroit bien encore adjouster la mort de Heliogabalus, qui fut aussi tué en un retraict. Mais quoy ? Irenée se trouve engagé en mesme fortune. /// Dieu, nous voulant apprendre que les bons ont autre chose à esperer, et les mauvais autre chose à craindre que les fortunes ou infortunes de ce monde, il les manie et applique selon sa disposition [9] occulte, et nous oste le moyen d'en faire sottement nostre profit. Et se moquent ceux qui s'en veulent prevaloir selon l'humaine raison. Ils n'en donnent jamais une touche qu'ils n'en reçoivent deux. S. Augustin en faict une belle preuve sur ses adversaires. C'est un conflict qui se decide par les armes de la memoire plus que par celles de la raison. / Il se faut contenter de la lumière qu'il plait au Soleil nous communiquer par ses rayons; et, qui eslevera ses yeux pour en prendre une plus grande

dans son corps [10] mesme, qu'il ne trouve pas estrange si,
pour la peine de son outrecuidance, il y perd la veüe.
/// « *Quis hominum potest scire consilium dei ? aut quis
poterit cogitare quid velit dominus* [11] *?* »

/ J'avois bien veu convenir en cecy la pluspart des anciennes opinions : qu'il est heure de mourir lors qu'il y a plus de mal que de bien à vivre; et que, de conserver nostre vie à nostre tourment et incommodité, c'est choquer les loix mesmes de nature, comme disent ces vieilles règles :

"Η ζῆν ἀλύπως, ἤ θανεῖν εὐδαιμόνως.
Καλόν θνήσκειν οἶς ὕβριν τὸ ζῆν φέρει.
Κρεῖσσον τὸ μὴ ζῆν ἐστίν ἤ ζῆν ἀθλίως [1].

Mais de pousser le mespris de la mort jusques à tel degré, que de l'employer pour se distraire [2] des honneurs, richesses, grandeurs et autres faveurs et biens que nous appellons de la fortune, comme si la raison n'avoit pas assez affaire à nous persuader de les abandonner, sans y adjouter cette nouvelle recharge, je ne l'avois veu ny commander, ny pratiquer, jusques lors que ce passage de Seneca me tomba entre mains, auquel conseillant à Lucilius, personnage puissant et de grande authorité autour de l'Empereur, de changer cette vie voluptueuse et pompeuse, et de se retirer de cette ambition du monde à [3] quelque vie solitaire, tranquille et philosophique, surquoy Lucilius alleguoit quelques difficultez : « Je suis d'adviz (dict-il) que tu quittes cette vie-là, ou la vie tout à faict; bien te conseille-je de suivre la plus douce voye, et de destacher plustost que de rompre ce que tu as mal noüé, pourveu que, s'il ne se peut autrement destacher, tu le rompes. Il n'y a homme si coüard qui n'ayme mieux tomber une fois que de demeurer tousjours en branle. » J'eusse trouvé ce conseil sortable à la rudesse Stoïque; mais il est plus estrange qu'il soit emprunté d'Epicurus, qui escrit, à ce propos, choses toutes pareilles à Idomeneus.

Si est-ce que je pense avoir remarqué quelque traict
semblable parmy nos gens, mais avec la moderation
Chrestienne. S. Hilaire, Evesque de Poitiers, ce fameux
ennemy de l'heresie Arriene, estant en Syrie, fut adverti
qu'Abra, sa fille unique, qu'il avoit laissée par deçà [4]
avecques sa mere, estoit poursuyvie en mariage par les
plus apparens [5] Seigneurs du païs, comme fille très-bien
nourrie, belle, riche et en la fleur de son aage. Il luy
escrivit (comme nous voyons) qu'elle ostat son affection
de tous ces plaisirs et advantages qu'on lui presentoit;
qu'il luy avoit trouvé en son voyage un party bien plus
grand et plus digne, d'un mary de bien autre pouvoir et
magnificence, qui luy feroit presens de robes et de joyaux
de pris inestimable. Son dessein estoit de luy faire perdre
l'appetit et l'usage des plaisirs mondains, pour la joindre
toute à Dieu; mais, à cela le plus court et plus certain
moyen luy semblant estre la mort de sa fille, il ne cessa par
veux, prieres et oraisons, de faire requeste à Dieu de
l'oster de ce monde et de l'appeller à soy, comme il advint;
car bien-tost après son retour elle luy mourut, de quoy il
montra une singuliere joye. Cettuy-cy semble encherir
sur les autres, de ce qu'il s'adresse à ce moyen de prime
face, lequel ils ne prennent que subsidierement, et puisque
c'est à l'endroit de sa fille unique. Mais je ne veux obmettre
le bout de cette histoire, encore qu'il ne soit pas de mon
propos. La femme de Sainct Hilaire, ayant entendu par
luy comme la mort de leur fille s'estoit conduite par son
dessein et volonté, et combien elle avoit plus d'heur d'estre
deslogée de ce monde que d'y estre, print une si vive
apprehension [6] de la beatitude eternelle et celeste, qu'elle
solicita son mary avec extreme instance d'en faire autant
pour elle. Et Dieu, à leurs prieres communes, l'ayant retirée
à soy bientost après, ce fut une mort embrassée avec singulier contentement commun.

CHAPITRE XXXIV

LA FORTUNE SE RENCONTRE SOUVENT
AU TRAIN DE LA RAISON

/ L'inconstance du bransle divers de la fortune fait qu'elle nous doive presenter toute espece de visages. Y a il action de justice plus expresse que celle cy ? Le Duc de Valentinois [1], ayant resolu d'empoisonner Adrian, Cardinal de Cornete, chez qui le Pape Alexandre sixiesme, son pere, et luy alloient souper au Vatican, envoya devant quelque bouteille de vin empoisonné et commanda au sommelier qu'il la gardast bien soigneusement. Le Pape y estant arrivé avant le fils et ayant demandé à boire, ce sommelier, qui pensoit ce vin ne luy avoir esté recommandé que pour sa bonté, en servit au Pape ; et le Duc mesme, y arrivant sur le point de la collation, et se fiant qu'on n'auroit pas touché à sa bouteille, en prit à son tour : en maniere que le pere en mourut soudain ; et le fils, après avoir esté longuement tourmenté de maladie, fut reservé à un'autre pire fortune.

Quelquefois il semble à point nommé qu'elle se joüe à nous. Le Seigneur d'Estrée, lors guidon de Monsieur de Vandome, et le Seigneur de Licques, lieutenant de la compagnie du Duc d'Ascot, estans tous deux serviteurs [2] de la sœur du Sieur de Founguesselles, quoy que de divers partis (comme il advient aux voisins de la frontiere), le Sieur de Licques l'emporta ; mais, le mesme jour des nopces, et, qui pis est, avant le coucher, le marié, ayant envie de rompre un bois en faveur de sa nouvelle espouse, sortit à l'escarmouche près de Sainct Omer, où le Sieur d'Estrée, se trouvant le plus fort, le feit son prisonnier ; et, pour faire valoir son advantage, encore fausit il [3] que la Damoiselle,

> *Conjugis ante coacta novi dimittere collum,*
> *Quam veniens una atque altera rursus hyems*
> *Noctibus in longis avidum saturasset amorem* [4],

luy fit elle mesme requeste par courtoisie de luy rendre son prisonnier, comme il fist : la noblesse Françoise ne refusant jamais rien aux Dames.

/// Semble il pas que ce soit un sort artiste ? Constantin, fils d'Helene, fonda l'empire de Constantinople ; et, tant de siècles après, Constantin, fils d'Helene, le finit.

/ Quelque fois il luy plait envier sur nos miracles. Nous tenons que le Roy Clovis, assiegeant Angoulesme, les murailles cheurent d'elles mesmes par faveur divine ; et Bouchet emprunte de quelqu'autheur, que le Roy Robert, assiegeant une ville, et s'estant desrobé du siège pour aller à Orleans solemnizer la feste Sainct Aignan, comme il estoit en devotion, sur certain point de la messe, les murailles de la ville assiegée s'en allerent sans aucun effort en ruine. Elle fit tout à contrepoil en nos guerres de Milan. Car le Capitaine Rense assiegeant pour nous la ville d'Eronne, et ayant fait mettre la mine soubs un grand pan de mur, et le mur en estant brusquement enlevé hors de terre, recheut toutes-fois tout empanné [5], si droit dans son fondement que les assiegez n'en vausirent [6] pas moins.

Quelquefois elle faict la medecine [7]. Jason Phereus, estant abandonné des medecins pour une apostume qu'il avoit dans la poitrine, ayant envie de s'en defaire, au moins par la mort, se jetta en une bataille à corps perdu dans la presse des ennemys, où il fut blessé à travers le corps, si à point, que son apostume en creva, et guerit.

Surpassa elle pas le peintre Protogenes en la science de son art ? Cettuy-cy, ayant parfaict l'image d'un chien las et recreu [8], à son contentement en toutes les autres parties, mais ne pouvant representer à son gré l'escume et la bave, despitié contre sa besongne, prit son esponge, et, comme elle estoit abreuvée de diverses peintures, la jetta contre, pour tout effacer ; la fortune porta tout à propos le coup à l'endroit de la bouche du chien et y parfournit [9] ce à quoy l'art n'avoit peu attaindre.

N'adresse elle pas [10] quelquefois nos conseils et les corrige ? Isabel, Royne d'Angleterre, ayant à repasser de Zelande en son Royaume, avec une armée en faveur de son fils contre son mary, estoit perdue si elle fut arrivée au port qu'elle avoit projeté, y estant attendue par ses ennemis ; mais la fortune la jetta contre son vouloir ailleurs, où elle print terre en toute seurté. Et cet ancien qui, ruant [11] la pierre à un chien, en assena et tua sa marastre, eust il pas raison de prononcer ce vers :

Ταυτόματον ἡμῶν καλλίω βουλεύεται [12],

la fortune a meilleur advis que nous ?

/// Icetes avoit prattiqué [13] deux soldats pour tuer Timoleon, sejournant à Adrane, en la Sicile. Ils prindrent heure
sur le point qu'il fairoit quelque sacrifice ; et, se meslans
parmy la multitude, comme ils se guignoyent l'un l'autre
que l'occasion estoit propre à leur besoigne, voicy un tiers
qui, d'un grand coup d'espée, en assene l'un par la teste,
et le rue mort par terre, et s'enfuit. Le compaignon, se
tenant pour descouvert et perdu, recourut à l'autel, requerant franchise [14], avec promesse de dire toute la vérité.
Ainsi qu'il faisoit le compte de la conjuration, voicy le
tiers qui avoit esté attrapé, lequel, comme meurtrier, le
peuple pousse et saboule, au travers la presse, vers Timoleon et les plus apparens [15] de l'assemblée. Là il crie mercy,
et dict avoir justement tué l'assassin de son pere, verifiant
sur le champ, par des tesmoings que son bon sort lui fournit tout à propos, qu'en la ville des Leontins son pere, de
vray, avoit esté tué par celuy sur lequel il s'estoit vengé.
On luy ordonna [16] dix mines Attiques pour avoir eu cet
heur, prenant raison de la mort de son pere, d'avoir retiré
de mort le pere commun des Siciliens. Cette fortune surpasse en reglement [17] les regles de l'humaine prudence.

Pour la fin. En ce faict icy se descouvre il pas une bien
expresse application de sa faveur, de bonté et pieté singuliere ? Ignatius pere et fils, proscripts par les Triumvirs à
Romme, se resolurent à ce genereux office de rendre leurs
vies entre les mains l'un de l'autre, et en frustrer la cruauté
des Tyrans ; ils se coururent sus, l'espée au poing ; elle en
dressa les pointes et en fit deux coups esgallement mortels,
et donna à l'honneur d'une si belle amitié qu'ils eussent
justement la force de retirer encore des playes leurs bras
sanglants et armés, pour s'entrembrasser en cet estat d'une
si forte estrainte, que les bourreaux couperent ensemble
leurs deux testes, laissant les corps tousjours pris en ce
noble nœud, et les playes jointes, humant amoureusement
le sang et les restes de la vie l'une de l'autre.

CHAPITRE XXXV

D'UN DEFAUT DE NOS POLICES

/ Feu mon pere, homme, pour n'estre aydé que de l'experience et du naturel, d'un jugement bien net, m'a dict autrefois qu'il avoit desiré mettre en train qu'il y eust és villes certain lieu designé, auquel ceux qui auroient besoin de quelque chose, se peussent rendre et faire enregistrer leur affaire à un officier estably pour cet effect, comme : /// Je cherche à vendre des perles, je cherche des perles à vendre. / Tel veut compaignie pour aller à Paris; tel s'enquiert d'un serviteur de telle qualité; tel d'un maistre; tel demande un ouvrier; qui cecy, qui cela, chacun selon son besoing. Et semble que ce moyen de nous entr'advertir apporteroit non legiere commodité au commerce publique; car à tous coups, il y a des conditions qui s'entrecherchent, et, pour ne s'entr'entendre, laissent les hommes en extreme necessité.

J'entens, avec une grande honte de nostre siecle, qu'à nostre veüe deux très-excellens personnages en sçavoir sont morts en estat de n'avoir pas leur soul à manger : Lilius Gregorius Giraldus [1] en Italie, et Sebastianus Castalio [2] en Allemagne; et croy qu'il y a mil'hommes qui les eussent appellez avec très-advantageuses conditions, /// ou secourus où ils estoient, / s'ils l'eussent sçeu. Le monde n'est pas si generalement corrompu que je ne sçaçhe tel homme qui souhaiteroit de bien grande affection que les moyens que les siens luy ont mis en main se peussent employer, tant qu'il plaira à la fortune qu'il en joüisse, à mettre à l'abry de la necessité les personnages rares et remarquables en quelque espece de valeur, que le mal'heur combat quelquefois jusques à l'extremité, et qui les mettroient pour le moins en tel estat, qu'il ne tiendroit qu'à faute de bons discours [3], s'ils n'estoyent contens.

/// En la police œconomique [4], mon pere avoit cet

ordre, que je sçay loüer, mais nullement ensuivre : c'est qu'outre le registre des negoces du mesnage où se logent les menus comptes, paiements, marchés, qui ne requierent la main du notaire, lequel registre un receveur a en charge, il ordonnoit à celuy de ses gens qui lui servoit à escrire, un papier journal à inserer toutes les survenances de quelque remarque, et jour par jour les memoires de l'histoire de sa maison, très-plaisante à veoir quand le temps commence à en effacer la souvenance, et très à propos pour nous oster souvent de peine : quand fut entamée telle besoigne ? quand achevée ? quels trains [5] y [6] ont passé ? combien arresté ? noz voyages, noz absences, mariages, morts, la reception des heureuses ou malencontreuses nouvelles ; changement des serviteurs principaux ; telles matieres. Usage ancien, que je trouve bon à refreschir, chacun en sa chacuniere. Et me trouve un sot d'y avoir failly.

CHAPITRE XXXVI

DE L'USAGE DE SE VESTIR

/ Ou que je veuille donner, il me faut forcer quelque barriere de la coustume, tant ell'a soigneusement bridé toutes nos avenues. Je devisoy, en cette saison frileuse, si la façon d'aller tout nud de ces nations dernierement trouvées est une façon forcée par la chaude temperature de l'air, comme nous disons des Indiens et des Mores, ou si c'est l'originele des hommes. Les gens d'entendement, d'autant que tout ce qui est soubs le ciel, comme dit la saincte parole, est subject à mesmes loix, ont accoustumé, en pareilles considerations à celles icy, où il faut distinguer les loix naturelles des controuvées, de recourir à la generalle police du monde [1], où il n'y peut avoir rien de contrefaict. Or, tout estant exactement fourny ailleurs de filet [2] et d'éguille pour maintenir son estre, il est, à la verité, mécreable [3] que nous soyons seuls produits en estat deffectueux et indigent, et en estat qui ne se puisse maintenir sans secours estrangier. Ainsi je tiens que, comme les plantes, arbres, animaux et tout ce qui vit, se treuve naturellement equippé de suffisante couverture, pour se deffendre de l'injure du temps,

> *Proptereaque fere res omnes aut corio sunt,*
> *Aut seta, aut conchis, aut callo, aut cortice tectæ* [4],

aussi estions nous; mais, comme ceux qui esteignent par artificielle lumiere celle du jour, nous avons esteint nos propres moyens par les moyens empruntez. Et est aisé à voir que c'est la coustume qui nous faict impossible ce qui ne l'est pas; car, de ces nations qui n'ont aucune connoissance de vestemens, il s'en trouve d'assises [5] environ soubs mesme ciel que le nostre; et puis la plus delicate partie de nous est celle qui se tient tousjours descouverte : /// les yeux, la bouche, le nez, les oreilles ; à noz contadins [6], comme à noz ayeulx, la partie pectorale et le ventre. / Si nous fussions nez avec condition de [7] cotillons et de greguesques [8], il ne faut faire doubte que nature n'eust armé d'une peau plus espoisse ce qu'elle eust abandonné à la baterie des saisons, comme elle a faict le bout des doigts et plante des pieds.

/// Pourquoy semble-il difficile à croire ? Entre ma façon d'estre vestu et celle d'un païsan de mon païs, je trouve bien plus de distance qu'il n'y a de sa façon à un homme qui n'est vestu que de sa peau.

Combien d'hommes, et en Turchie sur tout, vont nuds par devotion !

/ Je ne sçay qui demandoit à un de nos gueux qu'il voyoit en chemise en plain hyver, aussi scarrebillat [9] que tel qui se tient emmitonné dans les martes jusques aux oreilles, comme il pouvoit avoir patience [10] : « Et vous monsieur, respondit-il, vous avez bien la face descouverte ; or moy, je suis tout face. » Les Italiens content du fol du Duc de Florence, ce me semble, que son maistre s'enquerant comment, ainsi mal vestu, il pouvoit porter le froid à quoy il estoit bien empesché luy mesme : « Suivez, dict-il, ma recepte de charger sur vous tous vos accoustremens, comme je fay les miens, vous n'en souffrirez non plus que moy. » Le Roy Massinissa jusques à l'extreme vieillesse ne peut estre induit à aller la teste couverte, par froid, orage et pluye qu'il fit. /// Ce qu'on dit aussi de l'Empereur Severus.

Aux batailles données entre les Ægyptiens et les Perses, Herodote dict avoir esté remarqué et par d'autres et par luy, que, de ceux qui y demeuroient morts, le test [11] estoit sans comparaison plus dur aux Ægyptiens qu'aux Persiens, à raison que ceux icy portent leurs testes tousjours couvertes de beguins et puis de turbans ; ceux-là, rases dès l'enfance et descouvertes.

/ Et le roy Agesilaus observa jusques à sa decrepitude de porter pareille vesture en hyver qu'en esté. Cæsar, dict Suetone, marchoit tousjours devant sa troupe, et le plus souvent à pied, la teste descouverte, soit qu'il fit Soleil ou qu'il pleut ; et autant en dict on de Hannibal,

> / tum vertice nudo
> Excipere insanos imbres cœlique ruinam [12].

/// Un Venitien qui s'y est tenu long temps, et qui ne

fait que d'en venir, escrit qu'au Royaume du Pégu [13], les autres parties du corps vestues, les hommes et les femmes vont tousjours les pieds nuds, mesme à cheval.

Et Platon conseille merveilleusement, pour la santé de tout le corps, de ne donner aux pieds et à la teste autre couverture que celle que nature y a mise.

/ Celuy que les Polonnois ont choisi pour leur Roy après le nostre [14], qui est à la verité un des plus grands Princes de nostre siecle, ne porte jamais gans, ny ne change, pour hyver et temps qu'il face, le mesme bonnet qu'il porte au couvert.

// Comme je ne puis souffrir d'aller desboutonné et destaché les laboureurs de mon voisinage se sentiroient entravez de l'estre. Varro tient que, quand on ordonna que nous tinsions la teste descouverte en presence des Dieux ou du Magistrat, on le fit plus pour nostre santé et nous fermir contre les injures du temps, que pour compte de la reverence.

/ Et puis que nous sommes sur le froid, et François accoustumez à nous biguarrer (non pas moy, car je ne m'habille guiere que de noir ou de blanc, à l'imitation de mon pere), adjoustons, d'une autre piece [15], que le Capitaine Martin du Bellay dict, au voyage [16] de Luxembourg, avoir veu les gelées si aspres, que le vin de la munition [17] se coupoit à coups de hache et de coignée, se debitoit aux soldats par poix, et qu'ils l'emportoient dans des paniers. Et Ovide, à deux doigts prèz :

> Nudaque consistunt formam servantia testæ
> Vina, nec hausta meri, sed data frusta bibunt [18].

// Les gelées sont si aspres en l'emboucheure des Palus Mæotides [19], qu'en la mesme place où le Lieutenant de Mithridates avoit livré bataille aux ennemis à pied sec et les y avoit desfaicts, l'esté venu il y gaigna contre eux encore une bataille navale.

/// Les Romains souffrirent grand desadvantage au combat qu'ils eurent contre les Carthaginois près de Plaisance, de ce qu'ils allerent à la charge le sang figé et les membres contreints de froid, là où Annibal avoit faict espandre du feu par tout son ost, pour eschauffer ses soldats, et distribuer de l'huyle par les bandes, afin que, s'oignant, ils rendissent leurs nerfs plus souples et desgourdis, et encroustassent les pores contre les coups de l'air et du vent gelé qui tiroit lors.

La retraite des Grecs, de Babylone en leur païs, est fameuse des difficultez et mesaises [20] qu'ils eurent à surmonter. Cette cy en fut qu'accueillis aux montaignes d'Armenie d'un horrible ravage [21] de neiges, ils en perdirent la connoissance du païs et des chemins, et, en estant assiegés tout court [22], furent un jour et une nuit sans boire et sans manger, la plus part de leurs bestes mortes; d'entre eux plusieurs morts, plusieurs aveugles du coup du gresil et lueur de la neige, plusieurs stropiés par les extremitez, plusieurs roides, transis immobiles de froid, ayants encore le sens entier [23].

Alexandre veit une nation en laquelle on enterre les arbres fruittiers en hiver, pour les defendre de la gelée.

// Sur le subject de vestir, le Roy de la Mexique changeoit quatre fois par jour d'accoustremens, jamais ne les reiteroit [24] employant sa desferre [25] à ses continuelles liberalitez et recompenses; comme aussi ny pot, ny plat, ny ustensile de sa cuisine et de sa table ne luy estoient servis à deux fois.

CHAPITRE XXXVII

DU JEUNE CATON

/ Je n'ay point cette erreur commune de juger d'un autre selon que je suis. J'en croy aysément des choses diverses à moy. /// Pour me sentir engagé à une forme, je n'y oblige pas le monde, comme chascun fait ; et croy et conçois mille contraires façons de vie ; et, au rebours du commun, reçoy plus facilement la difference que la ressemblance en nous. Je descharge tant qu'on veut un autre estre de mes conditions et principes, et le considere simplement en luy-mesme, sans relation, l'estoffant sur son propre modelle. Pour n'estre continent, je ne laisse d'advoüer sincerement la continence des Feuillans et des Capuchins, et de bien trouver l'air de leur train ; je m'insinue, par imagination, fort bien en leur place.

Et si, les ayme et les honore d'autant plus qu'ils sont autres que moy. Je desire singulierement qu'on nous juge chacun à part soy, et qu'on ne me tire en consequence des communs exemples.

/ Ma foiblesse n'altere aucunement les opinions que je dois avoir de la force et vigueur de ceux qui le meritent. /// « *Sunt qui nihil laudent, nisi quod se imitari posse confidunt* [1]. » / Rampant au limon de la terre, je ne laisse pas de remerquer, jusques dans les nuës, la hauteur inimitable d'aucunes ames heroïques. C'est beaucoup pour moy d'avoir le jugement reglé, si les effects ne le peuvent estre, et maintenir au moins cette maistresse partie exempte de corruption. C'est quelque chose d'avoir la volonté bonne, quand les jambes me faillent. Ce siecle auquel nous vivons, au moins pour nostre climat, est si plombé [2] que, je ne dis pas l'execution mais l'imagination mesme de la vertu en est à dire ; et semble que ce ne soit autre chose qu'un jargon de colliege :

> virtutem verba putant, et
> Lucum ligna [3].

/// *Quam vereri deberent, etiamsi percipere non possent* [4].

C'est un affiquet à pendre en un cabinet, ou au bout de la langue, comme au bout de l'oreille, pour parement.

/ Il ne se recognoit plus d'action vertueuse : celles qui en portent le visage, elles n'en ont pas pourtant l'essence ; car le profit, la gloire, la crainte, l'accoutumance et autres telles causes estrangeres nous acheminent à les produire. La justice, la vaillance, la debonnaireté que nous exerçons lors, elles peuvent estre ainsi nommées pour la consideration d'autruy, et du visage qu'elles portent en public ; mais, chez l'ouvrier, ce n'est aucunement vertu : il y a une autre fin proposée, /// autre cause mouvante. / Or la vertu n'advoüe rien que ce qui se faict par elle et pour elle seule.

/// En cette grande bataille de Potidée que les Grecs sous Pausanias gaignerent contre Mardonius et les Perses, les victorieux, suivant leur coustume, venants à partir entre eux la gloire de l'exploit, attribuerent à la nation Spartiate la precellence de valeur en ce combat. Les Spartiates, excellents juges de la vertu, quand ils vindrent à decider à quel particulier debvoit demeurer l'honneur d'avoir le mieux faict en cette journée, trouverent qu'Aristodeme s'estoit le plus courageusement hazardé ; mais pourtant ils ne luy en donnerent point le prix, par ce que sa vertu avoit esté incitée du desir de se purger du reproche qu'il avoit encouru au faict des Thermopyles, et d'un appetit de mourir courageusement pour garantir sa honte passée.

Nos jugemens sont encore malades, et suyvent la depravation de nos meurs. Je voy la pluspart des esprits de mon temps faire les ingenieux à obscurcir la gloire des belles et genereuses actions anciennes, leur donnant quelque interpretation vile et leur controuvant des occasions et des causes vaines.

// Grande subtilité ! Qu'on me donne l'action la plus excellente et pure, je m'en vois [5] y fournir vraysemblablement cinquante vitieuses intentions. Dieu sçait, à qui les veut estendre, quelle diversité d'images ne souffre nostre interne volonté ! /// Ils ne font pas tant malitieusement que lourdement et grossierement les ingenieux à tout leur medisance.

La mesme peine qu'on prent à detracter [6] de ces grands noms, et la mesme licence, je la prendroy volontiers à leur prester quelque tour d'espaule à les hausser. Ces rares figures, et triées pour l'exemple du monde par le consentement des sages, je ne me feinderoy pas de [7] les recharger d'honneur, autant que mon invention pourroit en interpretation et favorable circonstance. Mais il faut croire que les efforts de nostre conception sont loing au-dessous de leur merite. C'est l'office des gens de bien de peindre la vertu la plus belle qui se puisse; et ne nous messieroit pas, quand la passion nous transporteroit à la faveur de si sainctes formes. Ce que ceux-cy font au contraire, / ils le font ou par malice, ou par ce vice de ramener leur creance à leur portée, dequoy je viens de parler, ou, comme je pense plustost, pour n'avoir pas la veuë assez forte et assez nette pour concevoir la splendeur de la vertu en sa pureté naifve, ny dressée à cela; comme Plutarque dict que, de son temps, aucuns attribuoient la cause de la mort du jeune Caton à la crainte qu'il avoit eu de Cæsar; dequoy il se picque avecques raison; et peut on juger par là combien il se fut encore plus offensé de ceux qui l'ont attribuée à l'ambition. /// Sottes gens! Il eut bien faict une belle action genereuse et juste, plus tost avecq ignominie que pour la gloire. / Ce personnage là fut veritablement un patron que nature choisit pour montrer jusques où l'humaine vertu et fermeté pouvoit atteindre.

Mais je ne suis pas icy à mesmes pour traicter ce riche argument. Je veux seulement faire luiter ensemble les traits de cinq poëtes Latins sur la louange de Caton, /// et pour l'interest de Caton, et, par incident, pour le leur aussi. Or devra l'enfant bien nourry trouver, au pris des autres, les deux premiers trainans, le troisieme plus verd, mais qui s'est abattu par l'extravagance de sa force; estimer que là il y auroit place à un ou deux degrez d'invention encore pour arriver au quatriesme, sur le point duquel il joindra ses mains par admiration. Au dernier, premier de quelque espace, mais laquelle espace il jurera ne pouvoir estre remplie par nul esprit humain, il s'estonnera, il se transira. Voicy merveille : nous avons bien plus de poëtes, que de juges et interpretes de poësie. Il est plus aisé de la faire, que de la cognoistre. A certaine mesure basse, on la peut juger par les preceptes et par art. Mais la bonne, l'excessive, la divine est au-dessus des regles et de la raison. Quiconque en discerne la beauté d'une veuë ferme et rassise, il ne la void pas, non plus que la splendeur d'un esclair. Elle ne pratique [8] point nostre jugement; elle le ravit et ravage. La fureur qui espoinçonne [9] celuy qui la sçait pene-

trer, fiert encores un tiers à la luy ouyr traitter et reciter;
comme l'aymant non seulement attire un'aiguille, mais
infond [10] encores en icelle sa faculté d'en attirer d'autres.
Et il se void plus clairement aux theatres, que l'inspiration
sacrée des muses, ayant premierement agité le poëte à la
cholere, au deuil, à la hayne, et hors de soy où elles veulent,
frappe encore par le poëte l'acteur, et par l'acteur conse-
cutivement tout un peuple. C'est l'enfileure de noz
aiguilles, suspendues l'une de l'autre. Dès ma premiere
enfance, la poësie a eu cela, de me transpercer et transporter. Mais ce ressentiment [11] bien vif qui est naturellement
en moy, a esté diversement manié par diversité de formes,
non tant plus hautes et plus basses (car c'estoient tousjours
des plus hautes en chaque espece) comme differentes en
couleur : premierement une fluidité gaye et ingenieuse;
depuis une subtilité aiguë et relevée; enfin une force
meüre et constante. L'exemple le dira mieux : Ovide,
Lucain, Vergile. Mais voylà nos gens sur la carriere.

/ *Sit Cato, dum vivit, sane vel Cæsare major* [12],

dict l'un.

   Et invictum, devicta morte, Catonem [13],

dict l'autre. Et l'autre, parlant des guerres civiles d'entre
Cæsar et Pompeius,

   Victrix causa diis placuit, sed victa Catoni [14].

Et le quatriesme, sur les loüanges de Cæsar :

   Et cuncta terrarum subacta,
   Præter atrocem animum Catonis [15].

Et le maistre du cœur, après avoir etalé les noms des plus
grands Romains en sa peinture, finit en cette maniere :

   his dantem jura Catonem [16].

CHAPITRE XXXVIII

COMME NOUS PLEURONS ET RIONS
D'UNE MESME CHOSE

/ Quand nous rencontrons dans les histoires, qu'Antigonus sceut très-mauvais gré à son fils de luy avoir presenté la teste du Roy Pyrrhus, son ennemy, qui venoit sur l'heure mesme d'estre tué combatant contre luy, et que, l'ayant veuë, il se print bien fort à pleurer; et que le Duc René de Lorraine pleignit aussi la mort du Duc Charles de Bourgoigne qu'il venoit de deffaire, et en porta le deuil en son enterrement; et que, en la bataille d'Auroy que le comte de Montfort gaigna contre Charles de Blois, sa partie [1] pour le Duché de Bretaigne, le victorieux, rencontrant le corps de son ennemy trespassé, en mena grand deuil, il ne faut pas s'escrier soudain :

> Et cosi aven che l'animo ciascuna
> Sua passion sotto el contrario manto
> Ricopre, con la vista hor' chiara hor bruna [2].

Quand on presenta à Cæsar la teste de Pompeius, les histoires disent qu'il en destourna sa veuë comme d'un vilain et mal plaisant spectacle. Il y avoit eu entr'eux une si longue intelligence et societé au maniement des affaires publiques, tant de communauté de fortunes, tant d'offices reciproques et d'alliance, qu'il ne faut pas croire que cette contenance fut toute fauce et contrefaicte, comme estime cet autre :

> tutumque putavit
> Jam bonus esse socer ; lachrimas non sponte cadentes
> Effudit, gemitusque expressit pectore læto [3].

Car, bien que, à la verité, la pluspart de nos actions ne soient que masque et fard, et qu'il puisse quelquefois estre vray,

> Hæredis fletus sub persona risus est [4],

si est-ce qu'au jugement de ces accidens il faut considerer comme nos ames se trouvent souvent agitées de diverses passions. Et tout ainsi qu'en nos corps ils disent [5] qu'il y a une assemblée de diverses humeurs, desquelles celle là est maistresse qui commande le plus ordinairement en nous, selon nos complexions : aussi, en nos ames, bien qu'il y ait divers mouvemens qui l'agitent, si faut-il qu'il y en ait un à qui le champ demeure. Mais ce n'est pas avec si entier avantage que, pour la volubilité et souplesse de nostre ame, les plus foibles par occasion ne regaignent encor la place et ne facent une courte charge à leur tour. D'où nous voyons non seulement les enfans, qui vont tout naifvement après la nature, pleurer et rire souvent de mesme chose; mais nul d'entre nous ne se peut vanter, quelque voyage qu'il face à son souhait, que encore au departir de [6] sa famille et de ses amis il ne se sente frissonner le courage; et, si les larmes ne luy en eschappent tout à faict, au moins met-il le pied à l'estrié d'un visage morne et contristé. Et, quelque gentille flamme qui eschaufe le cœur des filles bien nées, encore les desprend on à force du col de leurs meres pour les rendre à leurs espous, quoy que die ce bon compaignon :

> Est ne novis nuptis odio Venus, anne parentum
> Frustrantur falsis gaudia lachrimulis,
> Ubertim thalami quas intra limina fundunt ?
> Non, ita me divi, vera gemunt, juverint [7].

Ainsin il n'est pas estrange de plaindre celuy-là mort, qu'on ne voudroit aucunement estre en vie.

// Quand je tance avec mon valet, je tance du meilleur courage que j'aye, ce sont vrayes et non feintes imprecations; mais, cette fumée passée, qu'il ayt besoing de moy, je luy bien feray volontiers; je tourne à l'instant le feuillet. /// Quand je l'appelle un badin, un veau, je n'entrepren pas de luy coudre à jamais ces tiltres; ny ne pense me desdire pour le nommer tantost honeste homme. Nulle qualité nous embrasse purement et universellement. Si ce n'estoit la contenance d'un fol de parler seul, il n'est jour au quel on ne m'ouist gronder en moy mesme et contre moy : « Bren du fat [8]! » Et si, n'enten pas que ce soit ma définition.

// Qui, pour me voir une mine tantost froide, tantost amoureuse envers ma femme, estime que l'une ou l'autre soit feinte, il est un sot. Neron, prenant congé de sa mere qu'il envoioit noyer, sentit toutefois l'emotion de cet adieu maternel et en eust horreur et pitié.

/ On dict que la lumiere du Soleil n'est pas d'une piece continuë, mais qu'il nous elance si dru sans cesse nouveaux rayons les uns sur les autres, que nous n'en pouvons appercevoir l'entre deux :

|| *Largus enim liquidi fons luminis, œtherius sol*
Inrigat assidue cœlum candore recenti,
Suppeditatque novo confestim lumine lumen [9];

ainsin eslance nostre ame ses pointes diversement et imperceptiblement.

/// Artabanus surprint Xerxes, son neveu, et le tança de la soudaine mutation de sa contenance. Il estoit à considerer la grandeur desmesurée de ses forces au passage de l'Hellespont pour l'entreprinse de la Grece. Il luy print premierement un tressaillement d'aise à voir tant de milliers d'hommes à son service, et le tesmoigna par l'allégresse et feste de son visage. Et, tout soudain, en mesme instant, sa pensée luy suggerant comme tant de vies avoient à defaillir au plus loing dans un siecle, il refroigna son front, et s'attrista jusques aux larmes.

/ Nous avons poursuivy avec resoluë volonté la vengeance d'une injure, et resenty un singulier contentement de la victoire, nous en pleurons pourtant; ce n'est pas de cela que nous pleurons; il n'y a rien de changé, mais nostre ame regarde la chose d'un autre œil, et se la represente par un autre visage; car chaque chose a plusieurs biais et plusieurs lustres [10]. La parenté, les anciennes accointances et amitiez saisissent nostre imagination et la passionnent pour l'heure, selon leur condition; mais le contour [11] en est si brusque, qu'il nous eschappe.

|| *Nil adeo fieri celeri ratione videtur*
Quam si mens fieri proponit et inchoat ipsa.
Ocius ergo animus quam res se perciet ulla,
Ante oculos quarum in promptu natura videtur [12].

/ Et, à cette cause, voulans de toute cette suite continuer un corps [13], nous nous trompons. Quand Timoleon pleure le meurtre qu'il avoit commis d'une si meüre et genereuse deliberation, il ne pleure pas la liberté rendue à sa patrie, il ne pleure pas le Tyran, mais il pleure son frere. L'une partie de son devoir est jouée, laissons luy en jouer l'autre.

CHAPITRE XXXIX

DE LA SOLITUDE

/ Laissons à part cette longue comparaison de la vie solitaire à l'active; et quant à ce beau mot dequoy se couvre l'ambition et l'avarice [1] : que nous ne sommes pas nez pour nostre particulier, ains pour le publicq, rapportons nous en hardiment à ceux qui sont en la danse; et qu'ils se battent la conscience [2], si, au rebours, les estats, les charges, et cette tracasserie du monde ne se recherche plutost pour tirer du publicq son profit particulier. Les mauvais moyens par où on s'y pousse en nostre siecle, montrent bien que la fin n'en vaut gueres. Respondons à l'ambition que c'est elle mesme qui nous donne goust de la solitude : car que fuit elle tant que la société ? que cherche elle tant que ses coudées franches ? Il y a dequoy bien et mal faire par tout : toutefois, si le mot de Bias est vray, que la pire part c'est la plus grande, ou ce que dit l'*Ecclesiastique* [3], que de mille il n'en est pas un bon,

// *Rari quippe boni : numero vix sunt totidem, quot*
Thebarum portæ, vel divitis ostia Nili [4],

/ la contagion est très-dangereuse en la presse. Il faut ou imiter les vitieux, ou les haïr. Tous les deux sont dangereux, et de leur ressembler par ce qu'ils sont beaucoup et d'en haïr beaucoup, parce qu'ils sont dissemblables.

/// Et les marchands qui vont en mer ont raison de regarder que ceux qui se mettent en mesme vaisseau ne soyent dissolus, blasphemateurs, meschans : estimant telle societé infortunée.

Parquoy Bias, plaisamment, à ceux qui passoient aveq luy le danger d'une grande tourmente, et appelloient le secours des dieux : « Taisez-vous, feit-il, qu'ils ne sentent point que vous soyez icy avec moy. »

Et, d'un plus pressant exemple, Albuquerque, Vice-Roy en l'Inde pour le Roy Emmanuel de Portugal, en un extreme peril de fortune de mer, print sur ses espaules un jeune garçon, pour cette seule fin qu'en la société de leur fortune son innocence luy servist de garant et de recommandation envers la faveur divine, pour le mettre à sauveté.

/ Ce n'est pas que le sage ne puisse par tout vivre content, voire et seul en la foule d'un palais; mais, s'il est à choisir, il en fuira, dit-il, mesmes la veuë. Il portera [5], s'il est besoing, cela; mais, s'il est en luy, il eslira [6] cecy. Il ne luy semble point suffisamment s'estre desfait des vices, s'il faut encores qu'il conteste avec ceux d'autruy.

// Charondas chastioit pour mauvais ceux qui estoient convaincus de hanter mauvaise compaignie.

/// Il n'est rien si dissociable et sociable que l'homme : l'un par son vice, l'autre par sa nature.

Et Antisthenes ne me semble avoir satisfait à celuy qui luy reprochoit sa conversation [7] avec les meschans, en disant que les medecins vivoient bien entre les malades; car, s'ils servent à la santé des malades, ils deteriorent la leur par la contagion, la veuë continuelle et practique des maladies.

/ Or la fin, ce crois-je, en est tout'une, d'en vivre plus à loisir et à son aise. Mais on n'en cherche pas tousjours bien le chemin. Souvent on pense avoir quitté les affaires, on ne les a que changez. Il n'y a guiere moins de tourment au gouvernement d'une famille que d'un estat entier; où que l'ame soit empeschée, elle y est toute; et, pour estre les occupations domestiques moins importantes, elles n'en sont pas moins importunes. D'avantage, pour nous estre deffaits de la Cour et du marché [8], nous ne sommes pas deffaits des principaux tourmens de nostre vie,

> *ratio et prudentia curas,*
> *Non locus effusi late maris arbiter, aufert* [9].

L'ambition, l'avarice, l'irresolution, la peur et les concupiscences ne nous abandonnent point pour changer de contrée.

> *Et post equitem sedet atra cura* [10].

Elles nous suivent souvent jusques dans les cloistres et dans les escoles de philosophie. Ny les desers, ny les rochez creusez, ny la here, ny les jeunes ne nous en démeslent :

hæret lateri letalis arundo [11].

On disoit à Socrates que quelqu'un ne s'estoit aucunement amendé en son voyage : « Je croy bien, dit-il, il s'estoit emporté avecques soy. »

> *Quid terras alio calentes*
> *Sole mutamus ? patria quis exul*
> *Se quoque fugit* [12] *?*

Si on ne se descharge premierement et son ame, du fais qui la presse, le remuement la fera fouler davantage; comme en un navire les charges empeschent moins, quand elles sont rassises. Vous faictes plus de mal que de bien au malade, de luy faire changer de place. Vous ensachez [13] le mal en le remuant, comme les pals s'enfoncent plus avant et s'affermissent en les branlant et secouant. Parquoy ce n'est pas assez de s'estre escarté du peuple; ce n'est pas assez de changer de place, il se faut escarter des conditions populaires qui sont en nous; il se faut sequestrer et r'avoir de soy.

> // *Rupi jam vincula dicas :*
> *Nam luctata canis nodum arripit; attamen illi,*
> *Cum fugit, à collo trahitur pars longa catenæ* [14].

Nous emportons nos fers quand et nous : ce n'est pas une entiere liberté, nous tournons encore la veuë vers ce que nous avons laissé, nous en avons la fantasie plaine.

> *Nisi purgatum est pectus, quæ prœlia nobis*
> *Atque pericula tunc ingratis insinuandum ?*
> *Quantæ conscindunt hominem cuppedinis acres*
> *Sollicitum curæ, quantique perinde timores ?*
> *Quidve superbia, spurcitia, ac petulantia, quantas*
> *Efficiunt clades ? quid luxus desidiésque* [15] *?*

/ Nostre mal nous tient en l'ame : or elle ne se peut échaper à elle mesme,

> *In culpa est animus qui se non effugit unquam* [16].

Ainsin il la faut ramener et retirer en soy : c'est la vraie solitude, et qui se peut joüir au milieu des villes et des cours des Roys; mais elle se jouyt plus commodément à part.

Or, puis que nous entreprenons de vivre seuls et de
nous passer de compagnie, faisons que nostre contentement
despende de nous; desprenons nous de toutes les liaisons
qui nous attachent à autruy, gaignons sur nous de pouvoir
à bon escient [17] vivre seuls et y vivre à nostr'aise.

Stilpon, estant eschappé de l'embrasement de sa ville,
où il avait perdu femme, enfans et chevance, Déme-
rius Poliorcetes, le voyant en une si grande ruine de sa
patrie le visage non effrayé, luy demanda s'il n'avoit pas eu
du dommage. Il respondit que non, et qu'il n'y avoit, Dieu
mercy, rien perdu de sien. /// C'est ce que le philosophe
Antisthenes disoit plaisamment : que l'homme se devoit
pourvoir de munitions qui flottassent sur l'eau et peussent
à nage eschapper avec luy du naufrage.

/ Certes l'homme d'entendement n'a rien perdu, s'il a
soy mesme. Quand la ville de Nole fut ruinée par les
Barbares, Paulinus, qui en estoit Evesque, y ayant tout
perdu, et leur prisonnier, prioit ainsi Dieu : « Seigneur,
garde moy de sentir cette perte, car tu sçais qu'ils n'ont
encore rien touché de ce qui est à moy. » Les richesses
qui le faisoyent riche, et les biens qui le faisoient bon,
estoyent encore en leur entier. Voylà que c'est de bien
choisir les thresors qui se puissent affranchir de l'injure,
et de les cacher en lieu où personne n'aille, et lequel ne
puisse estre trahi que par nous mesmes. Il faut avoir
femmes, enfans, biens, et sur tout de la santé, qui peut; mais
non pas s'y attacher en manière que nostre heur en despende. I' se faut reserver une arriere boutique toute nostre,
toute franche, en laquelle nous establissons nostre vraye
liberté et principale retraicte et solitude. En cette-cy faut-il
prendre nostre ordinaire entretien de nous à nous mesmes,
et si privé que nulle acointance ou communication estrangiere y trouve place; discourir et y rire comme sans femme,
sans enfans et sans biens, sans train et sans valetz, afin
que, quand l'occasion adviendra de leur perte, il ne nous
soit pas nouveau de nous en passer. Nous avons une ame
contournable en soy mesme; elle se peut faire compaignie;
elle a dequoy assaillir et dequoy defendre, dequoy recevoir
et dequoy donner; ne craignons pas en cette solitude nous
croupir d'oisiveté ennuyeuse :

// *in solis sis tibi turba locis* [18].

/// La vertu, dict Antisthenes, se contente de soy : sans
disciplines [19], sans paroles, sans effects [20].

/ En nos actions accoustumées, de mille il n'en est pas une qui nous regarde. Celuy que tu vois grimpant contremont [21] les ruines de ce mur, furieux et hors de soy, en bute de tant de harquebuzades ; et cet autre, tout cicatrisé, transi et pasle de faim, deliberé [22] de crever plustost que de luy ouvrir la porte, pense-tu qu'ils y soyent pour eux ? Pour tel, à l'adventure, qu'ils ne virent onques, et qui ne se donne aucune peine de leur faict [23], plongé cependant en l'oysiveté et aux delices. Cettuy-ci, tout pituiteux, chassieux et crasseux, que tu vois sortir après minuit d'un estude [24], penses-tu qu'il cherche parmy les livres comme il se rendra plus homme de bien, plus content et plus sage ? Nulles nouvelles. Il y mourra, ou il apprendra à la posterité la mesure des vers de Plaute et la vraye orthographe d'un mot Latin. Qui ne contrechange volontiers la santé, le repos et la vie à la reputation et à la gloire, la plus inutile, vaine et fauce monnoye qui soit en nostre usage ? Nostre mort ne nous faisoit pas assez de peur, chargeons nous encores de celle de nos femmes, de nos enfans et de nos gens. Nos affaires en nous donnoyent pas assez de peine, prenons encores à nous tourmenter et rompre la teste de ceux de nos voisins et amis.

> *Vah ! quemquamne hominem in animum instituere, aut*
> *Parare, quod sit charius que ipse est sibi [25] ?*

/// La solitude me semble avoir plus d'apparence et de raison à ceux qui ont donné au monde leur aage plus actif et fleurissant, suivant l'exemple de Thales.

/ C'est assez vescu pour autruy, vivons pour nous au moins ce bout de vie. Ramenons à nous et à nostre aise nos pensées et nos intentions. Ce n'est pas une legiere partie [26] que de faire seurement sa retraicte ; elle nous empesche assez sans y mesler d'autres entreprinses. Puis que Dieu nous donne loisir de disposer de nostre deslogement, preparons nous y ; plions bagage ; prenons de bonne heure congé de la compaignie ; despetrons nous de ces violentes prinses qui nous engagent ailleurs et esloignent de nous. Il faut desnoüer ces obligations si fortes, et meshuy aymer ce-cy et cela, mais n'espouser rien que soy. C'est à dire : le reste soit à nous, mais non pas joint et colé en façon qu'on ne le puisse desprendre sans nous escorcher et arracher ensemble quelque piece du nostre. La plus grande chose du monde, c'est de sçavoir estre à soy.

/// Il est temps de nous desnoüer de la société, puisque nous n'y pouvons rien apporter. Et qui ne peut prester, qu'il se defende d'emprunter. Noz forces nous faillent; retirons les et resserrons en nous. Qui peut renverser et confondre en soy les offices de l'amitié et de la compagnie, qu'il le face. En cette cheute, qui le rend inutile, poisant et importun aux autres, qu'il se garde d'estre importun à soy mesme, et poisant, et inutile. Qu'il se flatte et caresse, et surtout se regente, respectant et craignant sa raison et sa conscience, si qu'il ne puisse sans honte broncher en leur presence. « *Rarum est enim ut satis se quisque vereatur*[27]. »

Socrates dict que les jeunes se doivent faire instruire, les hommes s'exercer à bien faire, les vieils se retirer de toute occupation civile et militaire, vivants à leur discretion, sans obligation à nul certain[28] office.

/ Il y a des complexions plus propres à /// ces preceptes de la retraite / les unes que les autres. Celles qui ont l'apprehension molle et lache, et un'affection et volonté delicate, et qui ne s'asservit ny s'employe pas aysément, desquels je suis et par naturelle condition et par discours[29], ils se plieront mieux à ce conseil que les ames actives et occupées qui embrassent tout et s'engagent par tout, qui se passionnent de toutes choses, qui s'offrent, qui se presentent et qui se donnent à toutes occasions. Il se faut servir de ces commoditez accidentales et hors de nous, en tant qu'elles nous sont plaisantes, mais sans en faire nostre principal fondement; ce ne l'est pas; ny la raison ny la nature ne le veulent. Pourquoy contre ses loix asservirons nous nostre contentement à la puissance d'autruy ? D'anticiper aussi les accidens de fortune, se priver des commoditez qui nous sont en main, comme plusieurs ont faict par devotion et quelques philosophes par discours, se servir soy-mesmes, coucher sur la dure, se crever les yeux, jetter ses richesses emmy la riviere, rechercher la douleur (ceux là pour, par le tourment de cette vie, en acquerir la beatitude d'un'autre; ceux-cy pour, s'estant logez en la plus basse marche, se mettre en seurté de nouvelle cheute), c'est l'action d'une vertu excessive. Les natures plus roides et plus fortes facent[30] leur cachete mesmes glorieuse et exemplaire :

> *tuta et parvula laudo,*
> *Cum res deficiunt, satis inter vilia fortis :*
> *Verum ubi quid melius contingit et unctius, idem*
> *Hos sapere, et solos aio bene vivere, quorum*
> *Conspicitur nitidis fundata pecunia villis*[31].

Il y a pour moy assez affaire sans aller si avant. Il me suffit, sous la faveur de la fortune, me preparer à sa défaveur, et me representer, estant à mon aise, le mal advenir autant que l'imagination y peut attaindre; tout ainsi que nous nous accoustumons aux joutes et tournois, et contrefaisons la guerre en pleine paix.

/// Je n'estime point Arcesilaus le philosophe moins reformé, pour le sçavoir avoir usé d'ustensiles d'or et d'argent, selon que la condition de sa fortune le luy permettoit; et l'estime mieux que s'il s'en fust demis, de ce qu'il en usoit moderéement et liberalement.

/ Je voy jusques à quels limites va la necessité naturelle; et, considerant le pauvre mendiant à ma porte souvent plus enjoué et plus sain que moy, je me plante en sa place, j'essaye de chausser mon ame à son biaiz. Et, courant ainsi par les autres exemples, quoy que je pense la mort, la pauvreté, le mespris et la maladie à mes talons, je me resous aisément de n'entrer en effroy de ce qu'un moindre que moy prend avec telle patience. Et ne puis croire que la bassesse de l'entendement puisse plus que la vigueur; ou que les effects du discours ne puissent arriver aux effects de l'accoustumance. Et, connoissant combien ces commoditez accessoires tiennent à peu, je ne laisse pas, en pleine jouyssance, de supplier Dieu pour ma souveraine requeste, qu'il me rende content de moy-mesme et des biens qui naissent de moy. Je voy des jeunes hommes gaillards, qui ne laissent pas de porter dans leurs coffres une masse de pillules pour s'en servir quand le rheume les pressera, lequel ils craignent d'autant moins qu'ils en pensent avoir le remede en main. Ainsi faut il faire; et encore, si on se sent subject à quelque maladie plus forte, se garnir de ces medicamens qui assopissent et endorment la partie.

L'occupation qu'il faut choisir à une telle vie, ce doit estre une occupation non penible ny ennuyeuse; autrement pour neant ferions nous estat d'y estre venuz chercher le sejour [32]. Cela depend du goust particulier d'un chacun : le mien ne s'accommode aucunement au ménage [33]. Ceux qui l'aiment, ils s'y doivent adonner avec moderation.

Conentur sibi res, non se submittere rebus [34].

C'est autrement un office servile que la mesnagerie [35], comme le nomme Saluste. Ell'a des parties plus excusables, comme le soing des jardinages, que Xenophon attribue à Cyrus; et se peut trouver un moyen [36] entre cè

bas et vile soing, tandu et plein de solicitude, qu'on voit
aux hommes qui s'y plongent du tout, et cette profonde
et extreme nonchalance laissant tout aller à l'abandon,
qu'on voit en d'autres,

> *Democriti pecus edit agellos*
> *Cultaque, dum peregre est animus sine corpore velox* [37].

Mais oyons le conseil que donne le jeune Pline à
Cornelius Rufus, son amy, sur ce propos de la solitude :
« Je te conseille, en cette pleine et grasse retraicte où tu es,
de quiter [38] à tes gens ce bas et abject soing du mesnage, et
t'adonner à l'estude des lettres, pour en tirer quelque chose
qui soit toute tienne. » Il entend la reputation : d'une
pareille humeur à celle de Cicero, qui dict vouloir employer
sa solitude et sejour des affaires publiques à s'en acquerir
par ses escris une vie immortelle :

> // *usque adeo ne*
> *Scire tuum nihil est, nisi te scire hoc sciat alter* [39] *?*

/// Il semble que ce soit raison, puis qu'on parle de se
retirer du monde, qu'on regarde hors de luy; ceux-cy ne
le font qu'à demy. Ils dressent bien leur partie, pour quand
ils n'y seront plus; mais le fruict de leur dessein, ils pre-
tendent le tirer encore lors du monde, absens, par une
ridicule contradiction. L'imagination de ceux qui, par
devotion, recherchent la solitude, remplissant leur courage
de la certitude des promesses divines en l'autre vie, est
bien plus sainement assortie. Ils se proposent Dieu,
object infini et en bonté et en puissance; l'ame a de quoy y
ressasier [40] ses desirs en toute liberté. Les afflictions, les
douleurs leur viennent à profit, employées à l'acquest d'une
santé et resjouyssance eternelle : la mort, à souhait, passage
à un si parfaict estat. L'aspreté de leurs regles est incontinent applanie par l'accoustumance; et les appetits charnels,
rebutez et endormis par leur refus, car rien ne les entretient
que l'usage et exercice. Cette seule fin d'une autre vie
heureusement immortelle merite loyalement que nous
abandonnons les commoditez et douceurs de cette vie
nostre. Et qui peut embraser son âme de l'ardeur de cette
vive foy et esperance, reellement et constamment, il se
bastit en la solitude une vie voluptueuse et delicate au delà
de toute autre forme de vie.

/ Ni la fin donc, ny le moyen de ce conseil ne me

contente; nous retombons tous-jours de fievre en chaud
mal. Cette occupation des livres est aussi penible que toute
autre, et autant ennemie de la santé, qui doit estre principalement considerée. Et ne se faut point laisser endormir
au plaisir qu'on y prend; c'est ce mesme plaisir qui perd
le mesnagier [41], l'avaricieux, le voluptueux et l'ambitieux.
Les sages nous apprennent assez à nous garder de la
trahison de nos appetits, et à discerner les vrays plaisirs, et
entiers, des plaisirs meslez et bigarrez de plus de peine.
Car la pluspart des plaisirs, disent ils, nous chatouillent
et embrassent pour nous estrangler, comme faisoyent les
larrons que les Ægyptiens appelloient Philistas. Et, si la
douleur de teste nous venoit avant l'yvresse, nous nous
garderions de trop boire. Mais la volupté, pour nous
tromper, marche devant et nous cache sa suite. Les livres
sont plaisans; mais, si de leur frequentation nous en perdons en fin la gayeté et la santé, nos meilleures pieces,
quittons les. Je suis de ceux qui pensent leur fruict ne
pouvoir contrepoiser [42] cette perte. Comme les hommes
qui se sentent de long temps affoiblis par quelque indis-
position, se rengent à la fin à la mercy de la medecine, et se
font desseigner [43] par art certaines regles de vivre pour ne
les plus outrepasser : aussi celuy qui se retire, ennuié et
dégousté de la vie commune, doit former cette-cy aux
regles de la raison, l'ordonner et renger par premeditation
et discours. Il doit avoir prins congé de toute espece de
travail [44], quelque visage qu'il porte, et fuïr en general les
passions qui empeschent la tranquillité du corps et de
l'ame, // et choisir la route qui est plus selon son humeur,

Unusquisque sua noverit ire via [45].

/ Au menage, à l'estude, à la chasse et tout autre exercice, il faut donner jusques aux derniers limites du plaisir,
et garder de s'engager plus avant, où la peine commence à
se mesler parmy. Il faut reserver d'embesoignement et
d'occupation autant seulement qu'il en est besoing pour
nous tenir en haleine, et pour nous garantir des incommoditez que tire après soy l'autre extremité d'une lasche
oysiveté et assopie. Il y a des sciences steriles et épineuses,
et la plus part forgées pour la presse: il les faut laisser à
ceux qui sont au service du monde. Je n'ayme, pour moy,
que des livres ou plaisans et faciles, qui me chatouillent,
ou ceux qui me consolent et conseillent à regler ma vie et
ma mort :

> *tacitum sylvas inter reptare salubres,*
> *Curantem quidquid dignum sapiente bonóque est* [46].

Les gens plus sages peuvent se forger un repos tout
spirituel, ayant l'ame forte et vigoureuse. Moy qui l'ay
commune, il faut que j'ayde à me soutenir par les commoditez corporelles; et, l'aage m'ayant tantost desrobé celles
qui estoyent plus à ma fantasie, j'instruis et aiguise mon
appetit à celles qui restent plus sortables à cette autre
saison. Il faut retenir à tout nos dents et nos griffes l'usage
des plaisirs de la vie, que nos ans nous arrachent des
poingts, les uns après les autres :

> // *carpamus dulcia ; nostrum est*
> *Quod vivis : cinis et manes et fabula fies* [47].

/ Or, quant à la fin que Pline et Cicero nous proposent,
de la gloire, c'est bien loing de mon compte. La plus
contraire humeur à la retraicte, c'est l'ambition. La gloire
et le repos sont choses qui ne peuvent loger en mesme
giste. A ce que je voy, ceux-cy n'ont que les bras et les
jambes hors de la presse; leur ame, leur intention y
demeure engagée plus que jamais :

> // *Tun', vetule, auriculis alienis colligis escas* [48] ?

/ Ils se sont seulement reculez pour mieux sauter, et
pour d'un plus fort mouvement, faire une plus vive faucée [49]
dans la trouppe. Vous plaist-il voir comme ils tirent court
d'un grain ? Mettons au contrepois l'avis de deux philosophes, et de deux sectes très differentes, escrivans, l'un [50]
à Idomeneus, l'autre [51] à Lucilius, leurs amis, pour, du
maniement des affaires et des grandeurs, les retirer à la
solitude. Vous avez (disent-ils) vescu nageant et flottant
jusques à present, venez vous en mourir au port. Vous
avez donné le reste de vostre vie à la lumière, donnez cecy
à l'ombre. Il est impossible de quitter les occupations, si
vous n'en quittez le fruict; à cette cause, défaites vous de
tout soing de nom et de gloire. Il est dangier que la lueur
de vos actions passées ne vous esclaire que trop et vous
suive jusques dans vostre taniere. Quitez avecq les autres
voluptez celle qui vient de l'approbation d'autruy; et
quant à vostre science et suffisance, ne vous chaille [52], elle
ne perdra pas son effect, si vous en valez mieux vous
mesme. Souvienne vous de celuy à qui, comme on deman-

dast à quoy faire il se pénoit si fort en un art qui ne
pouvoit venir à la cognoissance de guiere de gens : « J'en
ay assez de peu, respondit-il, j'en ay assez d'un, j'en ay
assez de pas un. » Il disoit vray : vous et un compagnon
estes assez suffisant theatre l'un à l'autre, ou vous à vous
mesmes. Que le peuple vous soit un, et un vous soit tout
le peuple. C'est une lasche ambition de vouloir tirer gloire
de son oysiveté et de sa cachette. Il faut faire comme les
animaux qui effacent la trace à la porte de leur taniere. Ce
n'est plus ce qu'il faut chercher, que le monde parle de
vous, mais comme il faut que vous parliez à vous mesmes.
Retirez vous en vous, mais preparez vous premierement
de vous y recevoir ; ce seroit folie de vous fier à vous
mesmes, si vous ne vous sçavez gouverner. Il y a moyen
de faillir en la solitude comme en la compagnie. Jusques à
ce que vous vous soiez rendu tel, devant qui vous n'osiez
clocher, et jusques à ce que vous ayez honte et respect
de vous mesmes, /// « *observentur species honestæ animo* [53] »,
/ presentez vous tousjours en l'imagination Caton, Phocion
et Aristides, en la presence desquels les fols mesme cache-
roient leurs fautes, et establissez-les contrerolleurs de toutes
vos intentions ; si elles se detraquent, leur reverence [54] les
remettra en train. Ils vous contiendront en cette voie de
vous contenter de vous mesmes, de n'emprunter rien que
de vous, d'arrester et fermir vostre ame en certaines et
limitées cogitations où elle se puisse plaire ; et, ayant
entendu les vrays biens, desquels on jouit à mesure qu'on
les entend, s'en contenter, sans desir de prolongement de
vie ny de nom. Voylà le conseil de la vraye et naifve philosophie, non d'une philosophie ostentatrice et parliere [55],
comme est celle des deux premiers [56].

CHAPITRE XL

CONSIDERATION SUR CICERON

/ Encor'un traict à la comparaison de ces couples [1]. Il se tire des escris de Cicero et de ce Pline (peu retirant, à mon advis, aux humeurs de son oncle) infinis tesmoignages de nature outre mesure ambitieuse; entre autres qu'ils sollicitent, au sceu de tout le monde, les historiens de leur temps de ne les oublier en leurs registres, et la fortune, comme par despit, a faict durer jusques à nous la vanité de ces requestes, et pieça faict perdre ces histoires. Mais cecy surpasse toute bassesse de cœur, en personnes de tel rang, d'avoir voulu tirer quelque principale gloire du caquet et de la parlerie, jusques à y employer les lettres privées écriptes à leurs amis; en maniere que, aucunes ayant failly leur saison pour estre envoyées, ils les font ce neantmoins publier avec cette digne excuse qu'ils n'ont pas voulu perdre leur travail et veillées. Sied-il pas bien à deux consuls Romains, souverains magistrats de la chose publique emperiere [2] du monde, d'employer leur loisir à ordonner et fagoter gentiment une belle missive, pour en tirer la reputation de bien entendre le langage de leur nourrisse ? Que feroit pis un simple maistre d'école qui en gaignat sa vie ? Si les gestes [3] de Xenophon et de Cæsar n'eussent de bien loing surpassé leur eloquence, je ne croy pas qu'ils les eussent jamais escris. Ils ont cherché à recommander non leur dire, mais leur faire. Et, si la perfection du bien parler pouvoit apporter quelque gloire sortable à [4] un grand personnage, certainement Scipion et Lælius n'eussent pas resigné l'honneur de leurs comedies et toutes les mignardises et delices du langage Latin à un serf [5] Afriquain; car, que cet ouvrage soit leur, sa beauté et son excellence le maintient assez, et Terence l'advoüe luy mesme. // On me feroit desplaisir de me desloger de cette creance.

/ C'est une espece de mocquerie et d'injure de vouloir
faire valoir un homme par des qualitez mesadvenantes à
son rang, quoy qu'elles soient autrement [6] loüables, et par
les qualitez aussi qui ne doivent pas estre les siennes
principales ; comme qui loüeroit un Roy d'estre bon
peintre, ou bon architecte, ou encore bon arquebouzier, ou
bon coureur de bague [7] ; ces loüanges ne font honneur, si
elles ne sont presentées en foule, et à la suite de celles qui
luy sont propres : à sçavoir de la justice et de la science
de conduire son peuple en paix et en guerre. De cette façon
faict honneur à Cyrus l'agriculture, et à Charlemaigne
l'éloquence et connoissance des bonnes lettres. /// J'ay veu
de mon temps, en plus forts termes, des personnages qui
tiroient d'escrire et leurs titres et leur vocation, desadvoüer
leur apprentissage, corrompre leur plume et affecter l'ignorance de qualité si vulgaire et que nostre peuple tient ne
se rencontrer guere en mains sçavantes, se recommandant
par meilleures qualitez.

// Les compaignons de Demosthenes en l'ambassade
vers Philippus loüoient ce Prince d'estre beau, eloquent et
bon beuveur ; Demosthenes disoit que c'estoient louanges
qui appartenoient mieux à une femme, à un advocat, à une
esponge qu'à un Roy.

> *Imperet bellante prior, jacentem*
> *Lenis in hostem* [8].

Ce n'est pas sa profession de sçavoir ou bien chasser ou
bien dancer,

> *Orabunt causas alii, cœlique meatus*
> *Describent radio, et fulgentia sidera dicent ;*
> *Hic regere imperio populos sciat* [9].

/ Plutarque dict d'avantage [10], que de paroistre si excellent en ces parties moins necessaires, c'est produire contre
soy le tesmoignage d'avoir mal dispencé son loisir et
l'estude, qui devoit estre employé à choses plus necessaires et utiles. De façon que Philippus, Roy de Macedoine, ayant ouy ce grand Alexandre, son fils, chanter en
un festin à l'envy des meilleurs musiciens : « N'as-tu pas
honte, luy dict-il, de chanter si bien ? » Et, à ce mesme
Philippus, un musicien contre lequel il debattoit de son
art : « Jà à Dieu ne plaise, Sire, dit-il, qu'il t'advienne
jamais tant de mal que tu entendes ces choses là mieux
que moy. »

// Un Roy doit pouvoir respondre comme Iphicrates respondit à l'orateur qui le pressoit en son invective, de cette maniere : « Eh bien, qu'es-tu, pour faire tant le brave ? es-tu homme d'armes ? es-tu archier ? es-tu piquier ? — Je ne suis rien de tout cela, mais je suis celuy qui sçait commander à tous ceux-là. »

/ Et Antisthenes print pour argument de peu de valeur en Ismenias, dequoy on le vantoit d'estre excellent joüeur de flutes.

/// Je sçay bien, quand j'oy quelqu'un qui s'arreste au langage des *Essais*, que j'aymeroy mieux qu'il s'en teust [11]. Ce n'est pas tant eslever les mots, comme c'est deprimer le sens [12], d'autant plus picquamment que plus obliquement. Si suis je trompé, si guere d'autres donnent plus à prendre en la matiere ; et, comment que ce soit, mal ou bien, si nul escrivain l'a semée ny guere plus materielle ny au moins plus drue en son papier. Pour en ranger davantage, je n'en entasse que les testes [13]. Que j'y attache leur suitte, je multiplieray plusieurs fois ce volume. Et combien y ay-je espandu d'histoires qui ne disent mot, lesquelles qui voudra esplucher un peu ingenieusement, en produira infinis *Essais*. Ny elles, ny mes allegations [14] ne servent pas tousjours simplement d'exemple, d'authorité ou d'ornement. Je ne les regarde pas seulement par l'usage que j'en tire. Elles portent souvent, hors de mon propos, la semence d'une matiere plus riche et plus hardie, et sonnent à gauche [15] un ton plus delicat, et pour moy qui n'en veux exprimer d'avantage, et pour ceux qui rencontreront mon air. Revenant à la vertu parliere [16], je ne trouve pas grand choix entre ne sçavoir dire que mal, ou ne sçavoir rien que bien dire. « *Non est ornamentum virile concinnitas* [17]. »

/ Les sages disent que, pour le regard du sçavoir, il n'est que la philosophie et, pour le regard des effets, que la vertu, qui generalement soit propre à tous degrez et à tous ordres.

Il y a quelque chose de pareil en ces autres deux philosophes [18], car ils promettent aussi eternité aux lettres qu'ils escrivent à leurs amis ; mais c'est d'autre façon, et s'accommodant pour une bonne fin à la vanité d'autruy : car ils leur mandent que si le soing de se faire connoistre aux siecles advenir et de la renommée les arreste encore au maniement des affaires, et leur fait craindre la solitude et la retraicte où ils les veulent appeller, qu'ils ne s'en donnent plus de peine ; d'autant qu'ils ont assez de credit avec la posterité pour leur respondre que, ne fut que

par les lettres qu'ils leur escrivent, ils rendront leur nom
aussi conneu et fameus que pourroient faire leurs actions
publiques. Et, outre cette difference, encore ne sont ce
pas lettres vuides et descharnées, qui ne se soutiennent que
par un delicat chois de mots, entassez et rangez à une
juste cadence, ains farcies et pleines de beaux discours de
sapience, par lesquelles on se rend non plus eloquent,
mais plus sage, et qui nous aprennent non à bien dire,
mais à bien faire. Fy de l'eloquence qui nous laisse envie
de soy, non des choses; si ce n'est qu'on die que celle de
Cicero, estant en si extreme perfection, se donne corps
elle mesme.

   J'adjousteray encore un conte que nous lisons de luy
à ce propos, pour nous faire toucher au doigt son naturel [19].
Il avoit à orer [20] en public, et estoit un peu pressé du temps
pour se preparer à son aise. Eros, l'un de ses serfs, le vint
advertir que l'audience estoit remise au lendemain. Il en
fut si aise qu'il luy donna liberté pour cette bonne nouvelle.

   // Sur ce subject de lettres, je veux dire ce mot, que
c'est un ouvrage auquel mes amys tiennent que je puis
quelque chose. /// Et eusse prins plus volontiers ceste
forme à publier mes verves, si j'eusse eu à qui parler. Il me
falloit, comme je l'ay eu autrefois, un certain commerce
qui m'attirast, qui me soustinst et souslevast. Car de
negocier au vent, comme d'autres, je ne sçauroy que de
songes, ny forger des vains noms à entretenir en chose
serieuse : ennemy juré de toute falsification. J'eusse esté
plus attentif et plus seur, ayant une addresse forte et amie,
que je ne suis, regardant les divers visages d'un peuple. Et
suis deçeu, s'il ne m'eust mieux succédé . // J'ay naturellement un stile comique et privé, mais c'est d'une forme
mienne, inepte [21] aux negotiations publiques, comme en
toutes façons est mon langage : trop serré, desordonné,
couppé, particulier [22]; et ne m'entens pas en lettres ceremonieuses, qui n'ont autre substance que d'une belle enfileure
de paroles courtoises. Je n'ay ny la faculté, ny le goust de
ces longues offres d'affection et de service. Je n'en crois
pas tant, et me desplaist d'en dire guiere outre [23] ce que
j'en crois. C'est bien loing de l'usage present; car il ne fut
jamais si abjecte et servile prostitution de presentations;
la vie, l'ame, devotion, adoration, serf, esclave, tous ces
mots y courent si vulgairement que, quand ils veulent
faire sentir une plus expresse volonté et plus respectueuse,
ils n'ont plus de maniere pour l'exprimer.

   Je hay à mort de sentir au flateur; qui faict que je me

jette naturellement à un parler sec, rond et cru qui tire, à qui ne me cognoit d'ailleurs, un peu vers le dedaigneux. /// J'honnore le plus ceux que j'honnore le moins; et, où mon ame marche d'une grande allegresse, j'oublie les pas de la contenance. // Et m'offre maigrement et fierement à ceux à qui je suis. /// Et me presente moins à qui je me suis le plus donné : // il me semble qu'ils le doivent lire en mon cœur, et que l'expression de mes paroles fait tort à ma conception.

/// A bienvenner [24], à prendre congé, à remercier, à salüer, à presenter mon service, et tels complimens verbeux [25] des loix ceremonieuses de nostre civilité, je ne cognois personne si sottement sterile de langage que moy.

Et n'ay jamais esté employé à faire des lettres de faveur et recommendation, que celuy pour qui c'estoit n'aye trouvées seches et lasches.

// Ce sont grands imprimeurs de lettres que les Italiens. J'en ay, ce crois-je, cent divers volumes; celles de Annibale Caro me semblent les meilleures. Si tout le papier que j'ay autresfois barbouillé pour les dames estoit en nature, lors que ma main estoit veritablement emportée par ma passion, il s'en trouveroit à l'adventure quelque page digne d'estre communiquée à la jeunesse oysive, embabouinée de cette fureur. J'escris mes lettres tousjours en poste [26], et si precipiteusement, que, quoy que je peigne [27] insupportablement mal, j'ayme mieux escrire de ma main que d'y en employer un'autre, car je n'en trouve poinct qui me puisse suyvre, et ne les transcris jamais. J'ay accoustumé les grands qui me connoissent, à y supporter des litures [28] et des trasseures [29], et un papier sans plieure et sans marge. Celles qui me coustent le plus sont celles qui valent le moins; depuis que je les traine, c'est signe que je n'y suis pas. Je commence volontiers sans project; le premier traict produict le second. Les lettres de ce temps sont plus en bordures et prefaces, qu'en matiere. Comme j'ayme mieux composer deux lettres que d'en clorre et plier une, et resigne tousjours cette commission à quelque autre : de mesme, quand la matiere est achevée, je donrois volontiers à quelqu'un la charge d'y adjouster ces longues harengues, offres et prieres que nous logeons sur la fin, et desire que quelque nouvel usage nous en descharge; comme aussi de les inscrire d'une legende de qualitez et tiltres, pour ausquels ne broncher, j'ay maintesfois laissé d'escrire, et notamment à gens de justice et de finance. Tant d'innovations d'offices [30], une si difficile dispensation et ordonnance de divers noms d'honneur, lesquels, estant si cherement acheptez, ne peuvent estre eschangez ou oubliez sans offence. Je trouve pareillement de mauvaise grace d'en charger le front et inscription [31] des livres que nous faisons imprimer.

CHAPITRE XLI

/ De toutes les resveries [1] du monde, la plus receuë et plus universelle est le soing de la reputation et de la gloire, que nous espousons jusques à quitter les richesses, le repos, la vie et la santé, qui sont biens effectuels et substantiaux [2], pour suyvre cette vaine image et cette simple voix qui n'a ny corps ny prise :

> La fama, ch'invaghisce a un dolce suono
> Gli superbi mortali, et par si bella,
> E un echo, un sogno, anzi d'un sogno un ombra
> Ch' ad ogni vento si delegua et sgombra [3].

Et, des humeurs des-raisonnables des hommes, il semble que les philosophes mesmes se défacent plus tard et plus envis de ceste-cy que de nulle autre.

// C'est la plus revesche et opiniastre : /// « Quia etiam bene proficientes animos tentare non cessat [4]. » Il n'en est guiere de laquelle la raison accuse si clairement la vanité, mais elle a ses racines si vifves en nous, que je ne sçay si jamais aucun s'en est peu nettement descharger. Après que vous avez tout dict et tout creu pour la desadvouer, elle produict contre vostre discours une inclination si intestine [5] que vous avez peu que tenir à l'encontre [6].

/ Car, comme dit Cicero, ceux mesmes qui la combatent, encores veulent-ils que les livres qu'ils en escrivent, portent au front leur nom, et se veulent rendre glorieux de ce qu'ils ont mesprisé la gloire. Toutes autres choses tombent en commerce; nous prestons nos biens et nos vies au besoin de nos amis; mais de communiquer son honneur et d'estrener autruy de sa gloire, il ne se voit guieres. Catulus Luctatius, en la guerre contre les Cymbres, ayant faict tous ses efforts d'arrester ses soldats qui fuyoient

devant les ennemis, se mit luy-mesmes entre les fuyards, et
contrefit le coüard, affin qu'ils semblassent plustost suivre
leur capitaine que fuyr l'ennemy : c'estoit abandonner sa
reputation pour couvrir la honte d'autruy. Quand l'Empereur Charles cinquiesme passa en Provence, l'an
mil cinq cens trente sept, on tient que Anthoine de Lève,
voyant son maistre resolu de ce voiage [7] et l'estimant luy
estre merveilleusement glorieux, opinoit toutefois le
contraire et le desconseilloit, à cette fin que toute la gloire
et honneur de ce conseil en fut attribué à son maistre, et
qu'il fut dict son bon advis et sa prevoiance avoir esté telle
que, contre l'opinion de tous, il eust mis à fin une si belle
entreprinse; qui estoit l'honnorer à ses despens. Les
Ambassadeurs Thraciens, consolans Archileonide, mere de
Brasidas, de la mort de son fils, et le haut-louans jusques à
dire qu'il n'avoit point laissé son pareil, elle refusa cette
louange privée et particuliere pour la rendre au public :
« Ne me dites pas cela, fit-elle, je sçay que la ville de Sparte
a plusieurs citoyens plus grands et plus vaillans qu'il
n'estoit. » En la bataille de Crecy, le Prince de Gales,
encores fort jeune, avoit l'avant-garde à conduire. Le
principal effort du rencontre fust en cet endroit. Les seigneurs qui l'accompagnoient, se trouvans en dur party
d'armes, mandarent au Roy Edoüard de s'approcher pour
les secourir. Il s'enquit de l'estat de son fils, et, luy ayant
esté respondu qu'il estoit vivant et à cheval : « Je luy ferois,
dit-il, tort de luy aller maintenant desrober l'honneur de la
victoire de ce combat qu'il a si long temps sousteur;
quelque hazard qu'il y ait, elle sera toute sienne. » Et n'y
voulut aller ny envoyer, sçachant, s'il y fust allé, qu'on eust
dict que tout estoit perdu sans son secours, et qu'on luy
eust attribué l'advantage de cet exploit : /// « semper enim
quod postremum adjectum est, id rem totam videtur traxisse [8]. »

// Plusieurs estimoyent à Romme, et se disoit communément, que les principaux beaux-faits de Scipion estoyent
/// en partie // deus à Lælius, qui toutesfois alla tousjours
promouvant et secondant la grandeur et gloire de Scipion,
sans aucun soing de la sienne. Et Theopompus, Roy de
Sparte, à celuy qui luy disoit que la chose publique
demeuroit sur ses pieds, pour autant qu'il sçavoit bien
commander : « C'est plustost, dict-il, parce que le peuple
sçait bien obeyr. »

/// Comme les femmes qui succedoient aux pairies
avoient, nonobstant leur sexe, droit d'assister et opiner aux
causes qui appartiennent à la jurisdiction des pairs, aussi

les pairs ecclesiastiques, nonobstant leur profession,
estoient tenus d'assister nos Roys en leurs guerres, non
seulement de leurs amis et serviteurs, mais de leur personne aussi. L'Evesque de Beauvais, se trouvant avec
Philippe Auguste en la bataille de Bouvines, participoit
bien fort courageusement à l'effect; mais il luy sembloit
ne devoir toucher au fruict et gloire de cet exercice san-
glant et violent. Il mena, de sa main, plusieurs des ennemis
à raison [9] ce jour-là; et les donnoit au premier gentil-
homme qu'il trouvoit, à esgosiller ou prendre prisonniers;
luy en resignant toute l'execution; et le fict ainsin de Guillaume Comte de Salsberi à messire Jean de Nesle. D'une
pareille subtilité de conscience à cett'autre : il vouloit bien
assommer, mais non pas blesser, et pourtant ne combattoit
que de masse [10]. Quelcun, en mes jours, estant reproché
par le Roy d'avoir mis les mains sur un prestre, le nioit
fort et ferme : c'estoit qu'il l'avoit battu et foulé aux pieds.

CHAPITRE XLII

DE L'INEQUALITÉ QUI EST ENTRE NOUS

/ Plutarque dit en quelque lieu qu'il ne trouve point si grande distance de beste à beste, comme il trouve d'homme à homme. Il parle de la suffisance de l'ame et qualitez internes. A la verité, je trouve si loing d'Epaminundas, comme je l'imagine, jusques à tel que je connois, je dy capable de sens commun, que j'encherirois volontiers sur Plutarque; et dirois qu'il y a plus de distance de tel à tel homme qu'il n'y a de tel homme à telle beste :

/// *hem vir viro quid præstat* [1] *;*

et qu'il y a autant de degrez d'esprits qu'il y a d'icy au ciel de brasses, et autant innumerables.

/ Mais, à propos de l'estimation des hommes, c'est merveille que, sauf nous, aucune chose ne s'estime que par ses propres qualitez. Nous loüons un cheval de ce qu'il est vigoureux et adroit,

// *volucrem*
Sic laudamus equum, facili cui plurima palma
Fervet, et exultat rauco victoria circo [2],

/ non de son harnois; un levrier de sa vitesse, non de son colier; un oyseau de son aile, non de ses longes et sonettes. Pourquoy de mesmes n'estimons nous un homme par ce qui est sien ? Il a un grand train, un beau palais, tant de credit, tant de rente : tout cela est autour de luy, non en luy. Vous n'achetez pas un chat en poche. Si vous marchandez un cheval, vous lui ostez ses bardes [3], vous le voyez nud et à descouvert; ou, s'il est couvert, comme on les presentoit anciennement aux Princes à vandre, c'est par les parties moins necessaires, afin que vous ne vous amusez pas à la beauté de son poil ou largeur de sa croupe,

et que vous vous arrestez principalement à considerer les
jambes, les yeux et le pied, qui sont les membres les plus
utiles.

> *Regibus hic mos est : ubi equos mercantur, opertos*
> *Inspiciunt, ne, si facies, ut sæpe, decora*
> *Molli fulta pede est, emptorem inducat hiantem,*
> *Quod pulchræ clunes, breve quod caput, ardua cervix* [4].

Pourquoy, estimant un homme, l'estimez vous tout enveloppé et empaqueté ? Il ne nous faict montre que des
parties qui ne sont aucunement siennes, et nous cache
celles par lesquelles seules on peut vrayment juger de son
estimation. C'est le pris de l'espée que vous cherchez, non
de la guaine : vous n'en donnerez à l'adventure pas un
quatrain [5], si vous l'avez despouillé. Il le faut juger par
luy mesme, non par ses atours. Et, comme dit très-plaisam-
ment un ancien : « Sçavez vous pourquoy vous l'estimez
grand ? Vous y comptez la hauteur de ses patins. » La base
n'est pas de la statue. Mesurez le sans ses eschaces ; qu'il
mette à part ses richesses et honneurs, qu'il se presente
en chemise. A il le corps propre à ses functions, sain et
allegre ? Quelle ame a il ? est elle belle, capable et heureusement pourveue de toutes ses pieces ? Est elle riche du
sien, ou de l'autruy ? la fortune n'y a elle que voir ? Si,
les yeux ouverts, elle attend les espées traites [6] ; s'il ne luy
chaut par où luy sorte la vie, par la bouche ou par le
gosier ; si elle est rassise, equable [7] et contente : c'est ce
qu'il faut veoir, et juger par là les extremes differences qui
sont entre nous. Est-il

> *sapiens, sibique imperiosus,*
> *Quem neque pauperies, neque mors, neque vincula terrent,*
> *Responsare cupidinibus, contemnere honores*
> *Fortis, et in seipso totus teres atque rotundus,*
> *Externi ne quid valeat per læve morari,*
> *In quem manca ruit semper fortuna* [8] *?*

un tel homme est cinq cens brasses au-dessus des
Royaumes et des duchez : il est luy mesmes à soy son
empire.

> /// *Sapiens pol ipse fingit fortunam sibi* [9].

/ Que luy reste il à desirer ?

> *Nonne videmus*
> *Nil aliud sibi naturam latrare, nisi ut quod*
> *Corpore sejunctus dolor absit, mente fruatur,*
> *Jucundo sensu cura semotus metuque* [10] *?*

Comparez luy la tourbe de nos hommes, stupide, basse, servile, instable et continuellement flotante en l'orage des passions diverses qui la poussent et repoussent, pendant [11] toute d'autruy ; il y a plus d'esloignement que du Ciel à la terre ; et toutefois l'aveuglement de nostre usage est tel, que nous en faisons peu ou point d'estat, là où, si nous considerons un paisan et un Roy, /// un noble et un villain, un magistrat et un homme privé, un riche et un pauvre, / il se presente soudain à nos yeux un' extreme disparité, qui ne sont differents par maniere de dire qu'en leurs chausses.

/// En Thrace, le Roy estoit distingué de son peuple d'une plaisante manière, et bien r'encherie. Il avoit une religion à part, un Dieu tout à luy qu'il n'appartenoit à ses subjects d'adorer : c'estoit Mercure ; et luy dédaignoit les leurs, Mars, Bacchus, Diane.

Ce ne sont pourtant que peintures [12], qui ne font aucune dissemblance essentielle.

/ Car, comme les joueurs de comedie, vous les voyez sur l'eschaffaut [13] faire une mine de Duc et d'Empereur ; mais, tantost après, les voylà devenuz valets et crocheteurs miserables, qui est leur nayfve et originelle condition : aussi l'Empereur, duquel la pompe vous esblouit en public,

> // *Scilicet et grandes viridi cum luce smaragdi*
> *Auro includuntur, teriturque Thalassima vestis*
> *Assidue, et Veneris sudorem exercita potat* [14],

/ voyez le derriere le rideau, ce n'est rien qu'un homme commun, et, à l'adventure, plus vil que le moindre de ses subjects. /// « *Ille beatus introrsum est. — Istius bracteata felicitas est* [15]. »

/ La coüardise, l'irresolution, l'ambition, le despit et l'envie l'agitent comme un autre :

> *Non enim gazæ neque consularis*
> *Summovet lictor miseros tumultus*
> *Mentis et curas laqueata circum*
> *Tecta volantes* [16] ;

// et le soing et la crainte le tiennent à la gorge au milieu de ses armées,

> *Re veraque metus hominum, curæque sequaces,*
> *Nec metuunt sonitus armorum, nec fera tela ;*
> *Audactérque inter reges, rerumque potentes*
> *Versantur, neque fulgorem reverentur ab auro* [17].

/ La fiebvre, la migraine et la goutte l'espargnent elles non
plus que nous ? Quand la vieillesse luy sera sur les espaules,
les archiers de sa garde l'en deschargeront ils ? Quand la
frayeur de la mort le transira, se r'asseurera il par l'assistance des gentils hommes de sa chambre ? Quand il sera
en jalousie et caprice, nos bonnettades [18] le remettront
elles ? Ce ciel de lict, tout enflé d'or et de perles, n'a aucune
vertu à rappaiser les tranchées d'une verte colique :

> Nec calidæ citius decedunt corpore febres,
> Textilibus si in picturis ostroque rubenti
> Jacteris, quam si plebeia in veste cubandum est [19].

Les flateurs du grand Alexandre luy faisoyent à croire
qu'il estoit fils de Jupiter. Un jour, estant blessé, regardant
escouler le sang de sa plaie : « Et bien, qu'en dites-vous ?
fit-il. Est-ce pas icy un sang vermeil et purement humain ?
Il n'est pas de la trampe de celuy que Homere fait escouler
de la playe des dieux. » Hermodorus, le poëte, avoit fait
des vers en l'honneur d'Antigonus, où il l'appelloit fils
du Soleil ; et luy au contraire : « Celuy, dit-il, qui vuide
ma chaize percée sçait bien qu'il n'en est rien. » C'est
un homme, pour tous potages ; et si, de soy-mesmes,
c'est un homme mal né, l'empire de l'univers ne le sçauroit
rabiller :

> // puellæ
> Hunc rapiant ; quicquid calcaverit hic, ros fiat [20],

quoy pour cela, si c'est une ame grossiere et stupide ? La
volupté mesme et le bon heur ne se perçoivent point sans
vigueur et sans esprit :

> hæc perinde sunt, ut illius animus qui ea possidet,
> Qui uti scit, ei bona ; illi qui non utitur recte, mala [21].

/ Les biens de la fortune, tous tels qu'ils sont, encores faut
il avoir du sentiment pour les savourer. C'est le jouïr, non
le posseder, qui nous rend heureux :

> Non domus et fundus, non æris acervus et auri
> Ægroto domini deduxit corpore febres,
> Non animo curas : valeat possessor oportet,
> Qui comportatis rebus bene cogitat uti.
> Qui cupit aut metuit, juva illum sic domus aut res,
> Ut lippum pictæ tabulæ, fomenta podagram [22].

Il est un sot, son goust est mousse et hebeté; il n'en jouit non plus qu'un morfondu [23] de la douceur du vin Grec, ou qu'un cheval de la richesse du harnois duquel on l'a paré; /// tout ainsi, comme Platon dict, que la santé, la beauté, la force, les richesses, et tout ce qui s'appelle bien, est egalement mal à l'injuste comme bien au juste, et le mal au rebours.

/ Et puis, où le corps et l'esprit sont en mauvais estat, à quoy faire ces commoditez externes ? veu que la moindre picqueure d'espingle et passion de l'ame est suffisante à nous oster le plaisir de la monarchie du monde. A la premiere strette [24] que luy donne la goutte, // il a beau estre Sire et Majesté,

> Totus et argento conflatus, totus et auro [25],

/ perd il pas le souvenir de ses palais et de ses grandeurs ? S'il est en colere, sa principauté le garde elle de rougir, de paslir, de grincer les dents, comme un fol ? Or, si c'est un habile homme et bien né, la royauté adjoute peu à son bon'heur :

> Si ventri bene, si lateri est pedibusque tuis, nil
> Divitiæ poterunt regales addere majus [26];

il voit que ce n'est que biffe [27] et piperie. Oui, à l'adventure il sera de l'advis du Roy Seleucus, que, qui sçauroit le poix d'un sceptre, ne daigneroit l'amasser, quand il le trouveroit à terre; il le disoit pour les grandes et penibles charges qui touchent un bon Roy. Certes, ce n'est pas peu de chose que d'avoir à regler autruy, puis qu'à regler nous mesmes il se presente tant de difficultez. Quant au commander, qui semble estre si doux, considerant l'imbecillité du jugement humain et la difficulté du chois és choses nouvelles et doubteuses, je suis fort de cet advis, qu'il est bien plus aisé et plus plaisant de suivre que de guider, et que c'est un grand sejour d'esprit de n'avoir à tenir qu'une voie tracée et à respondre que de soy :

> // Ut satius multo jam sit parere quietum,
> Quam regere imperio re velle [28].

Joint que Cyrus disoit qu'il n'appartenoit de commander à homme qui ne vaille mieux que ceux à qui il commande.

/ Mais le Roy Hieron, en Xenophon, dict davantage :

qu'en la jouyssance des voluptez mesmes, ils sont de pire
condition que les privez, d'autant que l'aysance et la
facilité leur oste l'aigre-douce pointe que nous y trouvons.

// *Pinguis amor nimiumque potens, in tædia nobis*
    Vertitur, et stomacho dulcis ut esca nocet [29].

/ Pensons nous que les enfans de cœur [30] prennent grand
plaisir à la musique ? la scieté la leur rend plustost
ennuyeuse. Les festins, les danses, les masquarades, les
tournois, rejouyssent ceux qui ne les voyent pas souvent
et qui ont desiré de les voir ; mais, à qui en faict ordinaire,
le goust en devient fade et mal plaisant ; ny les dames ne
chatouillent celuy qui en joyt à cœur saoul. Qui ne se donne
loisir d'avoir soif, ne sçauroit prendre plaisir à boire. Les
farces des bateleurs nous res-jouissent, mais, aux jouëurs,
elles servent de corvée. Et qu'il soit ainsi, ce sont delices
aux Princes, c'est leur feste, de se pouvoir quelque fois
travestir et démettre [31] à la façon de vivre basse et populaire,

        Plerumque gratæ principibus vices,
        Mundæque parvo sub lare pauperum
            Cenæ, sine aulæis et ostro,
                Sollicitam explicuere frontem [32].

/// Il n'est rien si empeschant, si desgouté que l'abondance. Quel appetit ne se rebuteroit à voir trois cens
femmes à sa merci, comme les a le grand seigneur en son
serrail ? Et quel appetit et visage [33] de chasse s'estoit reservé
celuy de ses ancestres qui n'alloit jamais aux champs à
moins de sept mille fauconniers ?

/ Et, outre cela, je croy que ce lustre de grandeur apporte
non legieres incommoditez à la jouyssance des plaisirs plus
doux : ils sont trop esclairez et trop en butte [34].

// Et, je ne sçay comment, on requiert plus d'eux de
cacher et couvrir leur faute. Car ce qui est à nous indiscretion, à eux le peuple juge que ce soit tyrannie, mespris et
desdain des loix ; et, outre l'inclination au vice, il semble
qu'ils y adjoustent encore le plaisir de gourmander et sousmettre à leurs pieds les observances publiques. /// De vray,
Platon, en son *Gorgias*, definit tyran celuy qui a licence en
une cité de faire tout ce qui luy plaist. // Et souvent, à cette
cause, la montre et publication de leur vice blesse plus
que le vice mesme. Chacun craint à estre espié et contre-
rollé : ils le sont jusques à leurs contenances et à leurs

pensées, tout le peuple estimant avoir droict et interest
d'en juger; outre ce que les taches s'agrandissent selon
l'eminence [35] et clarté du lieu où elles sont assises, et qu'un
seing et une verrue au front paroissent plus que ne faict
ailleurs une balafre.

/ Voylà pourquoy les poëtes feignent [36] les amours de
Jupiter conduites soubs autre visage que le sien; et, de
tant de practiques amoureuses qu'ils luy attribuent, il n'en
est qu'une seule, ce me semble, où il se trouve en sa grandeur et Majesté.

Mais revenons à Hyeron. Il recite aussi combien il sent
d'incommoditez en sa royauté, pour ne pouvoir aller
ét voyager en liberté, estant comme prisonnier dans les
limites de son païs; et qu'en toutes ses actions il se trouve
enveloppé d'une facheuse presse. De vray, à voir les
nostres tous seuls à table, assiegez de tant de parleurs et
regardans inconnuz, j'en ay eu souvent plus de pitié que
d'envie.

// Le Roy Alphonse disoit que les asnes estoyent en cela
de meilleure condition que les Roys : leurs maistres les
laissent paistre à leur aise, là où les Roys ne peuvent pas
obtenir cela de leurs serviteurs.

/ Et ne m'est jamais tombé en fantasie que ce fut quelque
notable commodité à la vie d'un homme d'entendement,
d'avoir une vingtaine de contrerolleurs à sa chaise percée;
ny que les services d'un homme qui a dix mille livres de
rente, ou qui a pris Casal [37], ou defendu Siene [38], luy
soyent plus commodes et acceptables que d'un bon valet
et bien experimenté.

// Les avantages principesques sont quasi avantages imaginaires. Chaque degré de fortune a quelque image de
principauté. Cæsar appelle Roytelets tous les Seigneurs
ayant justice en France de son temps. De vray, sauf le
nom de Sire, on va bien avant avec nos Roys. Et voyez
aux Provinces esloingnées de la Cour, nommons Bretaigne
pour exemple, le train, les subjects, les officiers, les occupations, le service et cerimonie d'un Seigneur retiré [39] et
casanier, nourry entre ses valets; et voyez aussi le vol de
son imagination; il n'est rien plus Royal; il oyt parler
de son maistre une fois l'an, comme du Roy de Perse, et
ne le recognoit [40] que par quelque vieux cousinage que son
secretaire tient en registre. A la verité, nos loix sont libres
assez, et le pois de la souveraineté ne touche un gentil-
homme François à peine deux fois en sa vie. La subjection
essentielle et effectuelle [41] ne regarde d'entre nous que ceux

qui s'y convient et qui ayment à s'honnorer et enrichir par
tel service; car qui se veut tapir en son foyer, et sçait
conduire sa maison sans querelle et sans procès, il est aussi
libre que le Duc de Venise : /// « *Paucos servitus, plures
servitutem tenent* [42]. »

/ Mais sur tout Hieron faict cas dequoy il se voit privé
de toute amitié et société mutuelle, en laquelle consiste
le plus parfait et doux fruict de la vie humaine. Car quel
tesmoignage d'affection et de bonne volonté puis-je tirer
de celuy qui me doit, veuille-il ou non, tout ce qu'il peut ?
Puis-je faire estat de son humble parler et courtoise reverence, veu qu'il n'est pas en luy de me la refuser ? L'honneur que nous recevons de ceux qui nous craignent, ce
n'est pas honneur; ces respects se doivent à la royauté,
non à moy :

> // *maximum hoc regni bonum est,*
> *Quod facta domini cogitur populus sui*
> *Quam ferre tam laudare* [43].

/ Vois-je pas que le meschant, le bon Roy, celuy qu'on
haït, celuy qu'on ayme, autant en a l'un que l'autre; de
mesmes apparences, de mesme cerimonie estoit servy mon
predecesseur, et le sera mon successeur. Si mes subjects
ne m'offencent pas, ce n'est tesmoignage d'aucune bonne
affection : pourquoy le prendray-je en cette part-là, puis
qu'ils ne pourroient quand ils voudroient ? Nul ne me
suit pour l'amitié qui soit entre luy et moy, car il ne s'y
sçauroit coudre amitié où il y a si peu de relation et de
correspondance. Ma hauteur m'a mis hors du commerce
des hommes : il y a trop de disparité et de disproportion.
Ils me suivent par contenance et par coustume ou, plus tost
que moy, ma fortune, pour en accroistre la leur. Tout ce
qu'ils me dient et font, ce n'est que fard. Leur liberté
estant bridée de toutes pars par la grande puissance que
j'ay sur eux, je ne voy rien autour de moy, que couvert
et masqué.

Ses courtisans loüoient un jour Julien l'Empereur de
faire bonne justice : « Je m'en orgueillirois volontiers,
dict-il, de ces loüanges, si elles venoient de personnes qui
ozassent accuser ou mesloüer [44] mes actions contraires,
quand elles y seroient. »

// Toutes les vraies commoditez qu'ont les Princes leur
sont communes avec les hommes de moyenne fortune
(c'est à faire aux Dieux de monter des chevaux aislez et

se paistre d'Ambrosie); ils n'ont point d'autre sommeil et d'autre appetit que le nostre; leur acier n'est pas de meilleure trempe que celui dequoy nous nous armons; leur couronne ne les couvre ny du soleil, ny de la pluie. Diocletian, qui en portoit une si reverée et si fortunée, la resigna pour se retirer au plaisir d'une vie privée; et, quelque temps après, la necessité des affaires publiques requerant qu'il revint en prendre la charge, il respondit à ceux qui l'en prioient : « Vous n'entreprendriez pas de me persuader cela, si vous aviez veu le bel ordre des arbres que j'ay moymesme planté chez moy, et les beaux melons que j'y ay semez. »

A l'advis d'Anacharsis, le plus heureux estat d'une police seroit où, toutes autres choses estant esgales, la precedence [45] se mesureroit à la vertu, et le rebut au vice.

/ Quand le Roy Pyrrhus entreprenoit de passer en Italie, Cyneas, son sage conseiller, luy voulant faire sentir la vanité [46] de son ambition : « Et bien! Sire, luy demanda-il, à quelle fin dressez vous cette grande entreprinse ? — Pour me faire maistre de l'Italie, respondit-il soudain. — Et puis, suyvit Cyneas, cela faict ? — Je passeray, dict l'autre, en Gaule et en Espaigne. — Et après ? — Je m'en iray subjuguer l'Afrique; et en fin, quand j'auray mis le monde en ma subjection, je me reposeray et vivray content et à mon aise. — Pour Dieu, Sire, rechargea lors Cyneas, dictes moy à quoy il tient que vous ne soyez dès à présent, si vous voulez, en cet estat ? pourquoy ne vous logez vous, dès cette heure, où vous dictes aspirer, et vous espargnez tant de travail et de hazard que vous jettez entre deux ? »

> *Nimirum quia non bene norat quæ esset habendi*
> *Finis, et omnino quoad crescat vera voluptas* [47].

Je m'en vais clorre ce pas par ce verset ancien que je trouve singulierement beau à ce propos : « *Mores cuique sui fingunt fortunam* [48]. »

CHAPITRE XLIII

DES LOIX SOMPTUAIRES

/ La façon dequoy nos loix¹ essayent à regler les foles et vaines despences des tables et vestemens semble estre contraire à sa fin. Le vray moyen, ce seroit d'engendrer aux hommes le mespris de l'or et de la soye, comme de choses vaines et inutiles; et nous leur augmentons l'honneur et le prix, qui est une bien inepte façon pour en dégouster les hommes; car dire ainsi qu'il n'y aura que les Princes /// qui mangent du turbot et / qui puissent porter du velours et de la tresse d'or, et l'interdire au peuple, qu'est-ce autre chose que mettre en credit ces choses là, et faire croistre l'envie à chacun d'en user ? Que les Roys quittent hardiment ces marques de grandeur, ils en ont assez d'autres; tels excez sont plus excusables à tout autre qu'à un prince. Par l'exemple de plusieurs nations, nous pouvons apprendre assez de meilleures façons de nous distinguer exterieurement et nos degrez (ce que j'estime à la verité estre bien requis en un estat), sans nourrir pour cet effect cette corruption et incommodité si apparente. C'est merveille comme la coustume, en ces choses indifférentes, plante aisément et soudain le pied de son authorité. A peine fusmes nous un an, pour le deuil du Roy Henry second, à porter du drap à la cour, il est certain que desjà, à l'opinion d'un chacun, les soyes estoient venuës à telle vilité que, si vous en voyez quelqu'un vestu, vous en faisiez incontinent quelque homme de ville. Elles estoient demeurées en partage aux medecins et aux chirurgiens; et, quoy qu'un chacun fust à peu près vestu de mesme, si y avoit-il d'ailleurs assez de distinctions apparentes des qualitez des hommes.

// Combien soudainement viennent en honneur parmy nos armées les pourpoins crasseux de chamois et de toile;

et la pollisseure [2] et richesse des vestements, à reproche et à mespris!

/ Que les Rois commencent à quitter ces despences, ce sera faict en un mois, sans edict et sans ordonnance; nous irons tous après. La Loy devroit dire, au rebours, que le cramoisy et l'orfeverie est defenduë à toute espece de gens, sauf aux basteleurs et aux courtisanes. De pareille invention corrigea Zeleucus les meurs corrompuës des Locriens. Ses ordonnances estoient telles : que la femme de condition libre ne puisse mener après elle plus d'une chambriere, sinon lors qu'elle sera yvre; ny ne puisse sortir hors de la ville de nuict; ny porter joyaux d'or à l'entour de sa personne, ny robbe enrichie de broderie, si elle n'est publique et putain; que, sauf les ruffiens, à l'homme ne loise [3] porter en son doigt anneau d'or, ny robbe delicate, comme sont celles des draps tissus en la ville de Milet. Et ainsi, par ces exceptions honteuses, il divertissoit ingenieusement ses citoiens des superfluitez et delices pernicieuses.

// C'estoit une très-utile maniere d'attirer par honneur et ambition les hommes à l'obeissance. Nos Roys peuvent tout en telles reformations externes; leur inclination y sert de loy. /// « *Quidquid principes faciunt, præcipere videntur* [4]. » // Le reste de la France prend pour regle la regle de la court. Qu'ils se desplaisent de cette vilaine chaussure [5] qui montre si à découvert nos membres occultes; ce lourd grossissement de pourpoins, qui nous faict tous autres que nous ne sommes, si incommode à s'armer; ces longues tresses de poil effeminées; cet usage de baiser ce que nous presentons à nos compaignons et nos mains en les saluant, ceremonie deuë autresfois aux seuls Princes; et qu'un gentil-homme se trouve en lieu de respect [6], sans espée à son costé, tout esbraillé [7] et destaché, comme s'il venoit de la garderobbe; et que, contre la forme de nos peres et la particuliere liberté de la noblesse de ce Royaume, nous nous tenons descouverts bien loing autour d'eux, en quelque lieu qu'ils soient, et comme autour d'eux, autour de cent autres, tant nous avons de tiercelets et quartelets [8] de Roys; et ainsi d'autres pareilles introductions nouvelles et vitieuses : elles se verront incontinent esvanouyes et descriées. Ce sont erreurs superficielles, mais pourtant de mauvais prognostique; et sommes advertis que le massif se desment [9], quand nous voyons fendiller l'enduict et la crouste de nos parois.

/// Platon, en ses *Loix*, n'estime peste du monde plus

dommageable à sa cité, que de laisser prendre liberté à la
jeunesse de changer en accoustremens, en gestes, en danses,
en exercices et en chansons, d'une forme à autre; remuant [10]
son jugement tantost en cette assiette [11], tantost en cette là,
courant après les nouvelletez, honorant leurs inventeurs;
par où les mœurs se corrompent, et toutes anciennes
institutions viennent à desdein et à mespris.

En toutes choses, sauf simplement aux mauvaises, la
mutation est à craindre : la mutation des saisons, des vents,
des vivres, des humeurs; et nulles loix ne sont en leur vray
credit, que celles ausquelles Dieu a donné quelque ancienne
durée; de mode [12] que personne ne sçache leur naissance,
ny qu'elles ayent jamais esté autres.

CHAPITRE XLIV

DU DORMIR

/ La raison nous ordonne bien d'aller tousjours mesme chemin, mais non toutesfois mesme train; et ores que [1] le sage ne doive donner aux passions humaines de se fourvoier de la droicte carrière, il peut bien, sans interest de son devoir, leur quitter aussi, d'en haster ou retarder son pas, et ne se planter comme un Colosse immobile et impassible. Quand la vertu mesme seroit incarnée, je croy que le poux lui battroit plus fort allant à l'assaut qu'allant disner; voire il est necessaire qu'elle s'eschauffe et s'esmeuve. A cette cause, j'ay remarqué pour chose rare de voir quelquefois les grands personnages, aux plus hautes entreprinses et importans affaires, se tenir si entiers en leur assiette, que de n'en accourcir pas seulement leur sommeil.

Alexandre le grand, le jour assigné à cette furieuse bataille contre Darius, dormit si profondement et si haute matinée [2], que Parmenion fut contraint d'entrer en sa chambre, et, approchant de son lit, l'appeller deux ou trois fois par son nom pour l'esveiller, le temps d'aller au combat le pressant.

L'Empereur Othon, ayant resolu de se tuer cette mesme nuit, après avoir mis ordre à ses affaires domestiques, partagé son argent à ses serviteurs et affilé le tranchant d'une espée dequoy il se vouloit donner, n'attendant plus qu'à sçavoir si chacun de ses amis s'estoit retiré en seureté, se print si profondement à dormir, que ses valets de chambre l'entendoient ronfler.

La mort de cet Empereur a beaucoup de choses pareilles à celle du grand Caton, et mesmes cecy : car Caton estant prest à se deffaire, cependant qu'il attendoit qu'on luy rapportast nouvelles si les senateurs qu'il faisoit retirer s'estoient eslargis du port d'Utique, se mit si fort à dormir, qu'on l'oyoit souffler de la chambre voisine; et,

celuy qu'il avoit envoyé vers le port, l'ayant esveillé pour
luy dire que la tourmente empeschoit les senateurs de faire
voile à leur aise, il y en renvoya encore un autre, et, se
r'enfonçant dans le lict, se remit encore à sommeiller
jusques à ce que ce dernier l'asseura de leur partement [3].
Encore avons nous dequoy le comparer au faict
d'Alexandre, en ce grand et dangereux orage qui le menas-
soit par la sedition du Tribun Metellus voulant publier le
decret du rappel de Pompeius dans la ville avecques son
armée, lors de l'émotion [4] de Catilina; auquel decret Caton
seul insistoit [5], et en avoient eu Metellus et luy de grosses
paroles et grands menasses au Senat; mais c'estoit au lendemain, en la place, qu'il falloit [6] venir à l'execution, où
Metellus, outre la faveur du peuple et de Cæsar conspirant
lors aux advantages de Pompeius, se devoit trouver,
accompagné de force esclaves estrangiers et escrimeurs à
outrance, et Caton fortifié de sa seule constance; de sorte
que ses parens, ses domestiques et beaucoup de gens de
bien en estoyent en grand soucy. Et en y eut qui passerent
la nuict ensemble sans vouloir reposer, ny boire, ny manger,
pour le dangier qu'ils luy voioyent preparé; mesme sa
femme et ses sœurs ne faisoyent que pleurer et se tourmenter en sa maison, là où luy au contraire reconfortoit
tout le monde; et, après avoir souppé comme de coustume,
s'en alla coucher et dormir de fort profond sommeil
jusques au matin, que l'un de ses compagnons au Tribunat
le vint esveiller pour aller à l'escarmouche. La connoissance
que nous avons de la grandeur de courage de cet homme
par le reste de sa vie, nous peut faire juger en toute seureté
que cecy luy partoit d'un ame si loing eslevée au dessus de
tels accidents, qu'il n'en daignoit entrer en cervelle non
plus que d'accidens ordinaires.

En la bataille navale que Augustus gaigna contre
Sextus Pompeius en Sicile, sur le point d'aller au combat, il
se trouva pressé d'un si profond sommeil qu'il fausit [7] que
ses amis l'esveillassent pour donner le signe de la bataille.
Cela donna occasion à M. Antonius de luy reprocher
depuis, qu'il n'avoit pas eu le cœur seulement de regarder,
les yeux ouverts, l'ordonnance de son armée, et de n'avoir
osé se presenter aux soldats jusques à ce qu'Agrippa luy
vint annoncer la nouvelle de la victoire qu'il avoit eu sur
ses ennemis. Mais quant au jeune Marius, qui fit encore
pis (car le jour de sa derniere journée contre Sylla, après
avoir ordonné son armée et donné le mot et signe de la
bataille, il se coucha dessoubs un arbre à l'ombre pour se

reposer, et s'endormit si serré qu'à peine se peut-il esveiller de la route [8] et fuitte de ses gens, n'ayant rien veu du combat), ils disent [9] que ce fut pour estre si extremement aggravé [10] de travail [11] et de faute de dormir, que nature n'en pouvoit plus. Et, à ce propos, les medecins adviseront si le dormir est si necessaire, que nostre vie en depende; car nous trouvons bien qu'on fit mourir le Roy Perseus de Macedoine prisonnier à Rome, luy empeschant le sommeil; mais Pline en allegue qui ont vescu long temps sans dormir.

/// Chez Herodote, il y a des nations ausquelles les hommes dorment et veillent par demy années.

Et ceux qui escrivent la vie du sage Epimenides, disent qu'il dormit cinquante sept ans de suite.

CHAPITRE XLV

/ Il y eut tout plein de rares accidens en nostre bataille de Dreux, mais ceux qui ne favorisent pas fort la reputation de monsieur de Guise, mettent volontiers en avant qu'il ne se peut excuser d'avoir faict alte et temporisé, avec les forces qu'il commandoit, cependant qu'on enfonçoit monsieur le Connestable, chef de l'armée, avecques l'artillerie, et qu'il valoit mieux se hazarder, prenant l'ennemy par flanc, qu'attendant l'advantage de le voir en queuë, souffrir une si lourde perte; mais outre ce que l'issuë en tesmoigna, qui en debattra sans passion me confessera aisément, à mon advis, que le but et la visée, non seulement d'un capitaine, mais de chaque soldat, doit regarder la victoire en gros, et que nulles occurrences particulieres, quelque interest qu'il y ayt, ne le doivent divertir [1] de ce point là.

Philopœmen, en une rencontre contre Machanidas, ayant envoyé devant, pour attaquer l'escarmouche, bonne trouppe d'archers et gens de traict, et l'ennemy, après les avoir renversez, s'amusant à les poursuivre à toute bride et coulant après sa victoire le long de la bataille où estoit Philopœmen, quoy que ses soldats s'en émeussent, il ne fut d'advis de bouger de sa place, ny de se presenter à l'ennemy pour secourir ses gens; ains, les ayant laissé chasser et mettre en pieces à sa veue, commença la cnarge sur les ennemis au bataillon de leurs gens de pied, lors qu'il les vit tout à faict abandonnez de leurs gens de cheval; et, bien que ce fussent Lacedemoniens, d'autant qu'il les prit à heure que, pour tenir [2] tout gaigné, ils commençoient à se desordonner, il en vint aisément à bout, et, cela faict, se mit à poursuivre Machanidas. Ce cas est germain à [3] celuy de Monsieur de Guise.

// En cette aspre bataille d'Agesilaus contre les Bœotiens,

que Xenophon, qui y estoit, dict estre la plus rude qu'il
eust onques veu, Agesilaus refusa l'avantage que fortune
luy presentoit, de laisser passer le bataillon des Bœotiens
et les charger en queue, quelque certaine victoire qu'il en
previst, estimant qu'il y avoit plus d'art que de vaillance;
et, pour montrer sa proësse, d'une merveilleuse ardeur de
courage, choisit plustost de leur donner en teste; mais
aussi y fut-il bien battu et blessé, et contraint en fin de
se demesler [4] et prendre le party qu'il avoit refusé au
commencement, faisant ouvrir ses gens pour donner passage à ce torrent de Bœotiens; puis, quand ils furent passez,
prenant garde qu'ils marcheoyent en desordre comme ceux
qui cuidoient bien estre hors de tout dangier, il les fit
suivre et charger par les flancs; mais pour cela ne les
peut [5]-il tourner en fuite à val de route [6]; ains se reti-
rarent le petit pas, montrant tousjours les dens, jusques à
ce qu'ils se furent rendus à sauveté [7].

CHAPITRE XLVI

DES NOMS

/ Quelque diversité d'herbes qu'il y ait, tout s'enveloppe sous le nom de salade. De mesme, sous la consideration des noms, je m'en voy [1] faire icy une galimafrée de divers articles.

Chaque nation a quelques noms qui se prennent, je ne sçay comment, en mauvaise part : et à nous Jehan, Guillaume, Benoit.

Item, il semble y avoir en la genealogie des Princes certains noms fatalement affectez : comme des Ptolomées à ceux d'Ægypte, de Henris en Angleterre, Charles en France, Baudoins en Flandres, et en nostre ancienne Aquitaine des Guillaumes, d'où l'on dict que le nom de Guienne est venu : par un froid rencontre [2], s'il n'en y avoit d'aussi cruds dans Platon mesme.

Item, c'est une chose legiere, mais toutefois digne de memoire pour son estrangeté et escripte par tesmoing oculaire, que Henry, Duc de Normandie, fils de Henry second, Roy d'Angleterre, faisant un festin en France, l'assemblée de la noblesse y fut si grande que, pour passetemps, s'estant divisée en bandes par la ressemblance des noms, en la premiere troupe, qui fut des Guillaumes, il se trouva cent dix Chevaliers assis à table portans ce nom, sans mettre en conte les simples gentils-hommes et serviteurs.

// Il est autant plaisant de distribuer les tables par les noms des assistans, comme il estoit à l'Empereur Geta de faire distribuer le service de ses mets par la consideration des premieres lettres du nom des viandes; on servoyt celles qui se commençoient par M : mouton, marcassin, merlus, marsoin; ainsi des autres.

/ Item, il se dict qu'il faict bon avoir bon nom, c'est à dire credit et reputation; mais encore, à la verité, est-il commode d'avoir un nom beau et qui aisément se puisse

prononcer et retenir, car les Roys et les grands nous en
connoissent plus aisément et oublient plus mal volontiers;
et, de ceux mesme qui nous servent, nous commandons
plus ordinairement et employons ceux desquels les noms
se presentent le plus facilement à la langue. J'ay veu le
Roy Henry second ne pouvoir jamais nommer à droit [3]
un gentil-homme de ce quartier [4] de Gascongne; et, à
une fille [5] de la Royne, il fut luy mesme d'advis de donner
le nom general de la race, parce que celuy de la maison
paternelle luy sembla trop revers [6].

/// Et Socrates estime digne du soing paternel de donner
un beau nom aux enfans.

/ Item, on dit que la fondation de nostre Dame la grand,
à Poitiers, prit origine de ce que un jeune homme débauché,
logé en cet endroit, ayant recouvré une garce et luy ayant
d'arrivée demandé son nom, qui estoit Marie, se sentit
si vivement espris de religion et de respect, de ce nom
Sacrosainct de la Vierge mere de nostre Sauveur, que non
seulement il la chassa soudain, mais en amanda tout le
reste de sa vie; et qu'en consideration de ce miracle il fut
basti, en la place où estoit la maison de ce jeune homme,
une chapelle au nom de nostre Dame, et, depuis, l'Eglise
que nous y voyons.

/// Cette correction voyelle [7] et auriculaire, devotieuse, tira droit à l'ame; cette autre, de mesme genre,
s'insinüa par les sens corporels : Pythagoras, estant en
compagnie de jeunes hommes, lesquels il sentit complotter,
eschauffez de la feste, d'aller violer une maison pudique,
commanda à la menestriere de changer de ton, et, par une
musique poisante, severe et spondaïque [8], enchanta tout
doucement leur ardeur et l'endormit.

/ Item, dira pas la posterité que nostre reformation [9]
d'aujourd'huy ait esté delicate et exacte, de n'avoir pas
seulement combatu les erreurs et les vices, et rempli le
monde de devotion, d'humilité, d'obëissance, de paix et
de toute espece de vertu, mais d'avoir passé jusque à
combattre ces anciens noms de nos baptesmes, Charles,
Loys, François, pour peupler le monde de Mathusalem,
Ezechiel, Malachie, beaucoup mieux sentans de la foy?
Un gentil-homme mien voisin, estimant les commoditez
du vieux temps au pris du nostre, n'oublioit pas de mettre
en conte la fierté et magnificence des noms de la noblesse
de ce temps, Don Grumedan, Quedragan, Agesilan, et
qu'à les ouïr seulement sonner, il se sentoit qu'ils avoyent
esté bien autres gens que Pierre, Guillot et Michel.

Item, je sçay bon gré à Jacques Amiot d'avoir laissé, dans le cours d'un'oraison [10] Françoise, les noms Latins tous entiers, sans les bigarrer et changer pour leur donner une cadence [11] Françoise. Cela sembloit un peu rude au commencement, mais dès-jà l'usage, par le credit de son *Plutarque*, nous en a osté toute l'estrangeté. J'ay souhaité souvent que ceux qui escrivent les histoires en Latin, nous laissassent nos noms tous tels qu'il sont : car, en faisant de Vaudemont, Vallemontanus, et les metamorphosant pour les garber [12] à la Grecque ou à la Romaine, nous ne sçavons où nous en sommes et en perdons la connoissance.

Pour clorre nostre conte, c'est un vilain usage, et de très-mauvaise consequence en nostre France, d'appeller chacun par le nom de sa terre et Seigneurie, et la chose du monde qui faict plus mesler et mesconnoistre les races. Un cabdet de bonne maison, ayant eu pour son appanage une terre sous le nom de laquelle il a esté connu et honoré, ne peut honnestement l'abandonner ; dix ans après sa mort, la terre s'en va à un estrangier qui en faict de mesmes : devinez où nous sommes de la connoissance de ces hommes. Il ne faut pas aller querir d'autres exemples que de nostre maison Royale, où autant de partages, autant de surnoms [13] ; cependant l'originel de la tige nous est eschappé.

//Il y a tant de liberté en ces mutations que, de mon temps, je n'ay veu personne, eslevé par la fortune à quelque grandeur extraordinaire, qui on n'ait attaché incontinent des titres genealogiques nouveaux et ignorez à son pere, et qu'on n'ait anté en quelque illustre tige. Et, de bonne fortune, les plus obscures familles sont plus idoynes [14] à falsification. Combien avons nous de gentils-hommes en France, qui sont de Royalle race selon leurs comptes ? Plus, ce croys-je, que d'autres. Fut-il pas dict de bonne grace par un de mes amys ? Ils estoyent plusieurs assemblez pour la querelle d'un Seigneur contre un autre, lequel autre avoit à la verité quelque prerogative de titres et d'alliances, eslevées au-dessus de la commune noblesse. Sur le propos de cette prerogative chacun, cherchant à s'esgaler à luy, alleguoit, qui un'origine, qui un'autre, qui la ressemblance du nom, qui des armes, qui une vieille pancarte domestique [15], et le moindre se trouvoit arriere fils de quelque Roy d'outremer [16].

Comme ce fut à disner, cettuy cy, au lieu de prendre sa place, se recula en profondes reverences, suppliant l'assistance de l'excuser de ce que, par temerité, il avoit

jusques lors vescu avec eux en compaignon : mais, qu'ayant
esté nouvellement informé de leurs vieilles qualitez, il
commençoit à les honnorer selon leurs degrez, et qu'il ne
luy appartenoit pas de se soir parmy tant de Princes. Après
sa farce, il leur dict mille injures : « Contentez vous, de
par Dieu, de ce /// dequoy nos peres se sont contentez, et
de ce // que nous sommes ; nous sommes assez, si nous le
sçavons bien maintenir ; ne desadvouons pas la fortune et
condition de nos ayeulx, et ostons ces sotes imaginations
qui ne peuvent faillir à quiconque a l'impudence de les
alleguer. »

Les armoiries n'ont de seurté non plus que les surnoms.
Je porte d'azur semé de trefles d'or, à une pate de Lyon
de mesme, armée de gueules, mise en face. Quel privilege
a cette figure pour demeurer particulierement en ma
maison ? Un gendre la transportera en une autre famille ;
quelque chetif acheteur en fera ses premieres armes : il
n'est chose où il se rencontre plus de mutation et de
confusion.

/ Mais cette consideration me tire par force à un autre
champ [17]. Sondons un peu de près, et, pour Dieu, regardons
à quel fondement nous attachons cette gloire et reputation
pour laquelle se bouleverse le monde. Où asseons nous
cette renommée que nous allons questant avec si grand
peine ? C'est en somme Pierre ou Guillaume qui la porte,
prend en garde, et à qui elle touche. /// O la courageuse
faculté, que l'esperance qui, en un subjet mortel, et en un
moment, va usurpant l'infinité, l'immensité, l'æternité ;
nature nous a là donné un plaisant jouët. / Et ce Pierre ou
Guillaume, qu'est-ce, qu'une voix pour tous potages ?
ou trois ou quatre traicts de plume, premièrement si aisez
à varier, que je demanderois volontiers à qui touche
l'honneur de tant de victoires, à Guesquin, à Glesquin ou
à Gueaquin [18] ? Il y auroit bien plus d'apparence icy qu'en
Lucien, que Σ mit Τ en procez, car

> *non levia aut ludicra petuntur*
> Præmia [19];

il y va de bon : il est question laquelle de ces lettres doit
estre payée de tant de sieges, batailles, blessures, prisons
et services faits à la couronne de France par ce sien fameux
connestable. Nicolas Denisot n'a eu soing que des lettres
de son nom, et en a changé toute la contexture, pour en
bastir le Conte d'Alsinois [20] qu'il a estrené [21] de la gloire

de sa poësie et peinture. Et l'Historien Suetone n'a aymé que le sens du sien, et, en ayant privé *Lénis*, qui estoit le surnom de son pere, a laissé *Tranquillus* successeur de la reputation de ses escrits. Qui croiroit que le Capitaine Bayard n'eût honneur que celuy qu'il a emprunté des faits de Pierre Terrail [22] ? et qu'Antoine Escalin se laisse voler à sa veuë tant de navigations et charges par mer et par terre au Capitaine Poulin et au Baron de la Garde [23].

Secondement, ce sont traicts de plumes communs à mill'hommes. Combien y a-il, en toutes les races, de personnes de mesme [24] nom et surnom [25] ? /// Et en diverses races, siecles et païs, combien ? L'histoire a cognu trois Socrates, cinq Platons, huict Aristotes, sept Xenophons, vingt Demetrius, vingt Theodores : et devinez combien elle n'en a pas cognu. / Qui empesche mon palefrenier de s'appeller Pompée le grand ? Mais, après tout, quels moyens, quels ressors y a-il qui attachent à mon palefrenier trespassé, ou à cet autre homme qui eut la teste tranchée en Ægypte, et qui joignent à eux cette voix glorifiée et ces traicts de plume ainsin honorez, affin qu'ils s'en adventagent ?

> *Id cinerem et manes credis curare sepultos* [26] *?*

/// Quel ressentiment ont les deux compagnons en principale valeur entre les hommes : Epaminondas, de ce glorieux vers qui court pour luy en nos bouches :

> *Consiliis nostris laus est attonsa Laconum* [27] *?*

et Africanus [28], de cet autre :

> *A sole exoriente supra Mæotis paludes*
> *Nemo est qui factis me æquiparare queat* [29]

Les survivants se chatouillent de la douceur de ces voix, et, par icelles solicitez de jalousie et desir, transmettent inconsiderément par fantasie aux trespassez cettuy leur propre ressentiment, et d'une pipeuse esperance se donnent à croire d'en estre capables à leur tour. Dieu le sçait ! / Toutesfois,

> *ad hæc se*
> *Romanus, Graiusque, et Barbarus Induperator*
> *Erexit, causas discriminis atque laboris*
> *Inde habuit, tanto major famæ sitis est quam*
> *Virtutis* [30].

CHAPITRE XLVII

DE L'INCERTITUDE DE NOSTRE JUGEMENT

/ C'est bien ce que dict ce vers :

'Επέων δὲ πολὺς νόμος ἔνθα καὶ ἔνθα [1],

il y a prou loy de parler par tout, et pour et contre. Pour exemple :

> *Vinse Hannibal, et non seppe usar' poi*
> *Ben la vittoriosa sua ventura* [2].

Qui voudra estre de ce party, et faire valoir avecques nos gens la faute de n'avoir dernierement poursuivy nostre pointe à Montcontour, ou qui voudra accuser le Roy d'Espagne de n'avoir sçeu se servir de l'advantage qu'il eut contre nous à Sainct Quentin [3], il pourra dire cette faute partir d'une ame enyvrée de sa bonne fortune, et d'un courage, lequel, plein et gorgé de ce commencement de bon heur, perd le goust de l'accroistre, des-jà par trop empesché à digerer ce qu'il en a; il en a sa brassée toute comble, il n'en peut saisir davantage, indigne que la fortune luy aye mis un tel bien entre mains; car quel profit en sent-il, si neantmoins il donne à son ennemy moyen de se remettre sus ? quell' esperance peut on avoir qu'il ose un'autre fois attaquer ceux-cy ralliez et remis, et de nouveau armez de despit et de vengeance, qui ne les a osé ou sçeu poursuivre tous rompus et effrayez ?

> *Dum fortuna calet, dum conficit omnia terror* [4]

Mais en fin, que peut-il attendre de mieux que ce qu'il vient de perdre ? Ce n'est pas comme à l'escrime, où le nombre des touches donne gain; tant que l'ennemy est en pieds [5], c'est à recommencer de plus belle; ce n'est pas victoire, si elle ne met fin à la guerre. En cette escarmouche où Cæsar eut du pire [6] près de la Ville d'Oricum, il reprochoit aux soldats de Pompeius qu'il eust esté perdu, si leur Capitaine eust sceu vaincre, et luy chaussa bien autrement les esperons [7] quand ce fut à son tour.

Mais pourquoy ne dira l'on aussi, au contraire, que c'est l'effect d'un esprit precipiteux et insatiable de ne sçavoir mettre fin à sa convoitise; que c'est abuser des faveurs de Dieu, de leur vouloir faire perdre la mesure qu'il leur a prescripte; et que, de se rejetter au dangier après la victoire, c'est la remettre encore un coup à la mercy de la fortune; que l'une des plus grandes sagesses en l'art militaire, c'est de ne pousser son ennemy au desespoir. Sylla et Marius en la guerre sociale ayant défaict les Marses, en voyant encore une trouppe de reste, qui par desespoir s'en revenoient jetter à eux comme bestes furieuses, ne furent pas d'advis de les attendre. Si l'ardeur de Monsieur de Foix ne l'eut emporté à poursuivre trop asprement les restes de la victoire de Ravenne, il ne l'eut pas souillé de sa mort [8]. Toutesfois encore servit la recente memoire de son exemple à conserver [9] Monsieur d'Anguien de pareil inconvenient [10] à Serisoles. Il faict dangereux assaillir un homme à qui vous avez osté tout autre moyen d'eschaper que par les armes; car c'est une violente maistresse d'escole que la necessité : /// « *gravissimi sunt morsus irritatæ necessitatis* [11]. »

// *Vincitur haud gratis jugulo qui provocat hostem* [12].

/// Voylà pourquoy Pharax empescha le Roy de Lacedemone, qui venoit de gaigner la journée contre les Mantineens, de n'aller affronter mille Argiens, qui estoient eschappez entiers de la desconfiture, ains les laisser couler en liberté pour ne venir à essayer la vertu picquée et despittée par le malheur. / Clodomire, Roy d'Aquitaine, après sa victoire poursuyvant Gondemar, Roy de Bourgogne, vaincu et fuiant, le força de tourner teste; mais son opiniatreté luy osta le fruict de sa victoire, car il y mourut.

Pareillement, qui auroit à choisir, ou de tenir ses soldats richement et somptueusement armez, ou armez seulement pour la necessité, il se presenteroit en faveur du premier party, duquel estoit Sertorius, Philopœmen, Brutus, Cæsar et autres, que c'est tousjours un éguillon d'honneur et de gloire au soldat de se voir paré, et un' occasion [13] de se rendre plus obstiné au combat, ayant à sauver ses armes comme ses biens et heritages : /// raison, dict Xenophon, pourquoy les Asiatiques menoyent en leurs guerres femmes, concubines, avec leurs joyaux et richesses plus cheres. / Mais il s'offriroit aussi, de l'autre part, qu'on doit plustost oster au soldat le soing de se conserver, que de le luy accroistre; qu'il craindra par ce moyen doublement à se hazarder; joint que c'est augmenter à l'ennemy l'envie de la victoire par ces riches despouilles; et a l'on remarqué que, d'autres fois, cela encouragea merveilleusement les Romains à l'encontre des Samnites. // Antiochus, montrant à Hannibal l'armée qu'il preparoit contr'eux, pompeuse et magnifique en toute sorte d'equipage, et luy demandant : « Les Romains se contenteront-ils de cette armée ? — S'ils s'en contenteront ? respondit-il; vrayement, c'est mon [14], pour avares [15] qu'ils soyent. » / Licurgus deffendoit aux siens, non seulement la somptuosité en leur equipage, mais encore de despouiller leurs ennemis vaincus, voulant, disoit-il, que la pauvreté et frugalité reluisit avec le reste de la bataille.

Aux sieges et ailleurs, où l'occasion nous approche de l'ennemy, nous donnons volontiers licence aux soldats de le braver, desdaigner et injurier de toutes façons de reproches, et non sans apparence de raison : car ce n'est pas faire peu, de leur oster toute esperance de grace et de composition, en leur representant qu'il n'y a plus ordre de l'attendre de celuy qu'ils ont si fort outragé, et qu'il ne reste remede que de la victoire. Si est-ce qu'il en mesprit à Vitellius : car, ayant affaire à Othon, plus foible en valeur de soldats, des-accoutumez de longue main du faict de la guerre et amollis par les delices de la ville, il les agassa tant enfin par ses paroles picquantes, leur reprochant leur pusillanimité et le regret des Dames et festes qu'ils venoient de laisser à Rome, qu'il leur remit par ce moyen le cœur au ventre, ce que nuls enhortemens [16] n'avoient sceu faire, et les attira luy-mesme sur ses bras, où l'on ne les pouvoit pousser; et, de vray, quand ce sont injures qui touchent au vif, elles peuvent faire aysément que celuy qui alloit lachement à la besongne pour la querelle [17] de son Roy, y aille d'une autre affection pour la sienne propre.

A considerer de combien d'importance est la conservation d'un chef en un' armée, et que la visée de l'ennemy regarde principalement cette teste à laquelle tiennent toutes les autres et en dependent, il semble qu'on ne puisse

mettre en doubte ce conseil, que nous voions avoir esté pris
par plusieurs grands chefs, de se travestir et desguiser sur
le point de [18] la meslée; toutefois l'inconvenient qu'on
encourt par ce moyen n'est pas moindre que celuy qu'on
pense fuir; car le capitaine venant à estre mesconnu des
siens, le courage qu'ils prennent de son exemple et de sa
presence vient aussi quant et quant à leur faillir, et, perdant la vuë de ses marques et enseignes accoustumées, ils le
jugent ou mort, ou s'estre desrobé, desesperant de l'affaire.
Et, quant à l'experience, nous luy voyons favoriser tantost l'un, tantost l'autre party. L'accident de Pyrrhus,
en la bataille qu'il eut contre le consul Levinus en Italie,
nous sert à l'un et l'autre visage [19] : car, pour s'estre voulu
cacher sous les armes de Demogacles et luy avoir donné
les siennes, il sauva bien sans doute sa vie, mais aussi il en
cuida encourir l'autre inconvenient, de perdre la journée.
/// Alexandre, Cæsar, Lucullus aimoient à se marquer au
combat par des accoustremens et armes riches, de couleur
reluisante et particuliere; Agis, Agesilaus et ce grand
Gilippus, au rebours, alloyent à la guerre obscurément
couverts et sans attour imperial.

/ A la bataille de Pharsale, entre autres reproches qu'on
donne à Pompeius, c'est d'avoir arresté son armée pied-
coy [20], attendant l'ennemy; pour autant que cela (je des-
roberay icy les mors mesmes de Plutarque, qui valent
mieux que les miens) « affoiblit la violence que le courir
conne aux premiers coups, et, quant et quant, oste l'eslan-
cement des combatans les uns contre les autres, qui a
accoustumé de les remplir d'impetuosité et de fureur plus
que autre chose, quand ils viennent à s'entrechoquer de
roideur, leur augmentant le courage par le cry et la course,
et rend la chaleur des soldats, en maniere de dire, refroidie
et figée ». Voilà ce qu'il dict pour ce rolle; mais si Cæsar
eut perdu, qui n'eust peu aussi bien dire qu'au contraire
la plus forte et roide assiette [21] est celle en laquelle on se
tient planté sans bouger, et que, qui est en sa marche
arresté, resserrant et espargnant pour le besoing sa force
en soymesmes, a grand avantage contre celuy qui est
esbranlé et qui a desjà consommé à la course la moitié de
son haleine ? outre ce que, l'armée estant un corps de tant
de diverses pieces, il est impossible qu'elle s'esmeuve [22] en
cette furie d'un mouvement si juste, qu'elle n'en altere ou
rompe son ordonnance, et que le plus dispost [23] ne soit aux
prises avant que son compagnon le secoure. /// En cette
villaine bataille des deux freres Perses, Clearchus Lacede-

monien, qui commandoit les Grecs du party de Cyrus, les mena tout bellement [24] à la charge sans soy haster; mais, à cinquante pas près, il les mit à la course, esperant, par la briefveté de l'espace, mesnager et leur ordre et leur haleine, leur donnant cependant l'avantage de l'impetuosité pour leurs personnes et pour leurs armes à trait. / D'autres ont reglé ce doubte en leur armée de cette maniere : si les ennemis vous courent sus, attendez les de pied coy; s'ils vous attendent de pied coy, courez leur sus.

Au passage que l'Empereur Charles cinquiesme fit en Provence, le Roy François fust au propre d'eslire [25] ou de luy aller au devant en Italie, ou de l'attendre en ses terres; et, bien qu'il considerast combien c'est d'avantage de conserver sa maison [26] pure et nette de troubles de la guerre, afin qu'entiere en ses forces elle puisse continuellement fournir deniers et secours au besoing; que la necessité des guerres porte à tous les coups de faire le gast [27], ce qui ne se peut faire bonnement en nos biens propres; et si, le païsant ne porte pas si doucement ce ravage de ceux de son party que de l'ennemy, en maniere qu'il s'en peut aysément allumer des seditions et des troubles parmy nous; que la licence de desrober et de piller, qui ne peut estre permise en son pays, est un grand support aux [28] ennuis de la guerre, et qui n'a autre esperance de gaing que sa solde, il est mal aisé qu'il soit tenu en office [29], estant à deux pas de sa femme et de sa retraicte [30]; que celuy qui met la nappe, tombe tousjours des despens [31]; qu'il y a plus d'allegresse à assaillir qu'à deffendre; et que la secousse de la perte d'une bataille dans nos entrailles est si violente qu'il est malaisé qu'elle ne crolle tout le corps, attendu qu'il n'est passion contagieuse comme celle de la peur, ny qui se preigne si ayséement à credit [32], et qui s'espande plus brusquement; et que les villes qui auront ouy l'esclat de cette tempeste à leurs portes, qui auront recueilly leurs Capitaines et soldats tremblans encore et hors d'haleine, il est dangereux, sur la chaude, qu'ils [33] ne se jettent à quelque mauvais party : si est-ce qu'il choisit de r'appeller les forces qu'il avoit delà les monts, et de voir venir l'ennemy; car il peut imaginer au contraire qu'estant chez luy et entre ses amis, il ne pouvoit faillir d'avoir planté [34] de toutes commoditez : les rivieres, les passages à sa devotion luy conduiroient et vivres et deniers en toute seureté et sans besoing d'escorte; qu'il auroit ses subjects d'autant plus affectionnez, qu'ils auroient le dangier plus près; qu'ayant tant de villes et de barrieres pour sa seureté, ce seroit à luy de donner loy [35] au combat selon son opportunité et advantage; et, s'il luy plaisoit de temporiser, qu'à l'abry et à son aise il pourroit voir morfondre son ennemy, et se défaire soy mesmes par les difficultez qui le combatroyent, engagé en une terre contraire où il n'auroit devant, ny derrière luy, ny à costé, rien qui ne luy fit guerre, nul moyen de refréchir [36] ou eslargir [37] son armée, si les maladies s'y mettoient, ny de loger à couvert ses blessez; nuls deniers, nuls vivres qu'à pointe de lance; nul loisir de se reposer et prendre haleine; nulle science de lieux ny de pays, qui le sçeut deffendre d'embusches et surprises; et, s'il venoit à la perte d'une bataille, aucun moyen d'en sauver les reliques [38]. Et n'avoit pas faute d'exemples pour l'un et pour l'autre party. Scipion trouva bien meilleur d'aller assaillir les terres de son ennemy en Afrique, que de defendre les siennes et le combattre en Italie où il estoit, d'où bien luy print. Mais, au rebours, Hannibal en cette mesme guerre, se ruina d'avoir abandonné la conqueste d'un pays estranger pour aller deffendre le sien. Les Atheniens, ayant laissé l'ennemy en leurs terres pour passer en la Sicile, eurent la fortune contraire, mais Agathocles, Roy de Siracuse, l'eust favorable, ayant passé en Afrique et laissé la guerre chez soy. Ainsi nous avons bien accoustumé de dire avec raison que les evenemens et issuës dependent, notamment en la guerre, pour la pluspart de la fortune, laquelle ne se veut pas renger et assujectir à notre discours et prudence, comme disent ces vers :

> Et male consultis pretium est : prudentia fallax,
> Nec fortuna probat causas sequiturque merentes ;
> Sed vaga per cunctos nullo discrimine fertur ;
> Scilicet est aliud quod nos cogatque regatque
> Majus, et in proprias ducat mortalia leges [39].

Mais, à le bien prendre, il semble que nos conseils et deliberations [40] en dependent bien autant, et que la fortune engage en son trouble et incertitude aussi nos discours.

/// Nous raisonnons hazardeusement et inconsideréement, dict Timæus en Platon, par ce que, comme nous, nos discours ont grande participation au hazard.

CHAPITRE XLVIII

DES DESTRIES [1]

/ Me voicy devenu Grammairien, moy qui n'apprins jamais langue que par routine, et qui ne sçay encore que c'est d'adjectif, conjunctif [2] et d'ablatif. Il me semble avoir ouy dire que les Romains avoient des chevaux qu'ils appelloient *funales* ou *dextrarios*, qui se menoient à dextre ou à relais, pour les prendre tous frez au besoin; et de là vient que nous appellons destriers les chevaux de service. Et nos romans [3] disent ordinairement *adestrer* pour *accompaigner*. Ils appelloyent aussi *desultorios equos* des chevaux qui estoyent dressez de façon que, courans de toute leur roideur, accouplez costé à costé l'un de l'autre, sans bride, sans selle, les gentils-hommes Romains, voire tous armez, au milieu de la course se jettoient et rejettoient de l'un à l'autre. /// Les Numides gendarmes [4] menoient en main un second cheval pour changer au plus chaud de la meslée : « *quibus, desultorum in modum, binos trahentibus equos, inter acerrimam sæpe pugnam in recentem equum ex fesso armatis transsultare mos erat : tanta velocitas ipsis, tamque docile equorum genus* [5]. »

Il se trouve plusieurs chevaux dressez à secourir leur maistre, courir sus à qui leur presente une espée nue, se jetter des pieds et des dens sur ceux qui les attaquent et affrontent [6]; mais il leur advient plus souvent de nuire aux amis qu'aux ennemis. Joint que vous ne les desprenez [7] pas à votre poste [8] quand ils sont une fois harpez; et demeurez à la misericorde [9] de leur combat. Il mesprint lourdement [10] à Artibie, general de l'armée de Perse, combattant contre Onesile, Roy de Salamis, de personne à personne, d'estre monté sur un cheval façonné en cette escole; car il fut cause de sa mort, le coustillier [11] d'Onesile l'ayant acceuilli d'une faulx entre les deux espaules, comme il s'estoit cabré sur son maistre.

Et ce que les Italiens disent qu'en la bataille de For-
nuove le cheval du Roy le deschargea, à ruades et coups
de pied, des ennemis qui le pressoyent, et qu'il estoit
perdu sans cela : ce fut un grand coup de hazard, s'il est
vray.

Les Mammelus se vantent d'avoir les plus adroits chevaux de gendarmes [12] du monde. Et dict on que, par nature
et par coustume, ils sont faits, par certains signes et voix [13],
à ramasser aveq les dents les lances et les darts, et à les
offrir à leur maistre en pleine meslée et à cognoistre et
discerner [l'ennemy].

/ On dict de Cæsar, et aussi du grand Pompeius, que,
parmy leurs autres excellentes qualitez, ils estoient fort
bons hommes de cheval; et de Cæsar, qu'en sa jeunesse,
monté à dos sur un cheval et sans bride, il luy faisoit
prendre carriere, les mains tournées derriere le dos.

Comme nature a voulu faire de ce personnage et
d'Alexandre deux miracles en l'art militaire, vous diriez
qu'elle s'est aussi efforcée à les armer extraordinairement;
car chacun sçait du cheval d'Alexandre, Bucefal, qu'il avoit
la teste retirant à celle d'un toreau, qu'il ne se souffroit
monter à personne qu'à son maistre, ne peut estre dressé
que par luy mesme, fut honoré après sa mort, et une ville
bastie en son nom. Cæsar en avoit aussi un autre qui
avoit les pieds de devant comme un homme, ayant l'ongle
coupée en forme de doigts, lequel ne peut estre monté ny
dressé que par Cæsar, qui dédia son image [14] après sa mort
à la déesse Venus.

Je ne démonte pas volontiers quand je suis à cheval,
car c'est l'assiette en laquelle je me trouve le mieux, et
sain et malade. /// Platon la recommande pour la santé;
/ aussi dict Pline qu'elle est salutaire à l'estomach et aux
jointures. Poursuivons donc, puis que nous y sommes.

On lict en Xenophon la loy deffendant de voyager
à pied à homme qui eust cheval. Trogus et Justinus disent
que les Parthes avoient accoustumé de faire à cheval non
seulement la guerre, mais aussi tous leurs affaires publiques
et privez, marchander [15], parlementer, s'entretenir et se
promener; et que la plus notable difference des libres et
des serfs parmy eux, c'est que les uns vont à cheval, les
autres à pié : /// institution née du Roy Cyrus.

/ Il y a plusieurs exemples en l'histoire Romaine (et
Suetone le remarque plus particulierement de Cæsar)
des Capitaines qui commandoient à leurs gens de cheval
de mettre pied à terre, quand ils se trouvoient pressez

de l'occasion, pour oster aux soldats toute esperance de
fuite, /// et pour l'advantage qu'ils esperoient en cette sorte
de combat, « *quo haud dubie superat Romanus* [16] », dict
Tite Live.

Si est-il que la premiere provision [17] de quoy ils se
servoient à brider la rebellion des peuples de nouvelle
conqueste, c'estoit leur oster armes et chevaus : pourtant
voyons-nous si souvent en Cæsar : « *arma proferri, jumenta
produci, obsides dari jubet* [18]. » Le grand Seigneur [19] ne
permet aujourd'huy ny à Chrestien, ny à Juif d'avoir
cheval à soy, à ceux qui sont sous son empire.

/ Nos ancestres, et notamment du temps de la guerre
des Anglois, en tous les combats solennels et journées
assignées [20], se mettoient la plus part du temps tous à pié,
pour ne se fier à autre chose qu'à leur force propre et
vigueur de leur courage et de leurs membres, de chose si
chere que l'honneur et la vie. Vous engagez, /// quoy que
die Chrysantez en Xenophon, / vostre valeur et vostre
fortune à celle de vostre cheval ; ses playes et sa mort
tirent [21] la vostre en consequence ; son effray [22] ou sa fougue
vous rendent ou temeraire ou lache ; s'il a faute de bouche
ou d'esperon [23], c'est à vostre honneur à en respondre.
A cette cause, je ne trouve pas estrange que ces combats
là fussent plus fermes et plus furieux que ceux qui se font
à cheval,

> // *cedebant pariter, pariterque ruebant*
> *Victores victique, neque his fuga nota neque illis* [24].

/// Leurs batailles se voyent bien mieux contestées ; ce ne
sont asteure que routes [25] : « *primus clamor atque impetus rem
decernit* [26]. » / Et chose que nous appellons à la société
d'un si grand hazard doit estre en nostre puissance le plus
qu'il se peut. Comme je conseilleroy de choisir les armes les
plus courtes, et celles dequoy nous nous pouvons le
mieux respondre. Il est bien plus apparent de s'asseurer
d'une espée que nous tenons au poing, que du boulet qui
eschappe de nostre pistole, en laquelle il y a plusieurs
pieces, la poudre, la pierre, le rouët [27], desquelles la moindre
qui viendra à faillir vous fera faillir vostre fortune.

// On assene peu seurement le coup que l'air vous
conduict,

> *Et quo ferre velint permittere vulnera ventis :*
> *Ensis habet vires, et gens quæcunque virorum est,*
> *Bella gerit gladiis* [28].

/ Mais, quand à cett'arme là, j'en parleray plus amplement où je feray comparaison des armes anciennes aux
nostres; et, sauf l'estonnement [29] des oreilles, à quoy desormais chacun est apprivoisé, je croy que c'est un'arme de
fort peu d'effect, et espere que nous en quitterons un jour
l'usage.

/// Celle dequoy les Italiens se servoient, de jet et à feu,
estoit plus effroyable. Ils nommoient Phalarica une certaine espèce de javeline, armée par le bout d'un fer de trois
pieds, affin qu'il peust percer d'outre en outre un homme
armé; et se lançoit tantost de la main en la campagne,
tantost à tout des engins pour deffendre les lieux assiégez;
la hante [30], revestue d'estouppe empoixée et huilée, s'en-
flammoit de sa course; et, s'attachant au corps ou au
bouclier, ostoit tout usage d'armes et de membres. Toutesfois il me semble que, pour venir au joindre [31], elle por-
tast aussi empeschement à l'assaillant, et que le champ,
jonché de ces tronçons bruslans, produisist en la meslée une
commune incommodité,

> magnum stridens contorta Phalarica venit
> Fulminis acta modo [32],

Ils avoyent d'autres moyens, à quoy l'usage les adressoit [33], et qui nous semblent incroyables par inexperience,
par où ils suppleoyent au deffaut de nostre poudre et de
nos boulets. Ils dardoyent leurs piles [34] de telle roideur que
souvent ils en enfiloyent deux boucliers et deux hommes
armés, et les cousoyent. Les coups de leurs fondes n'estoient pas moins certains et loingtains : « *saxis globosis
funda mare apertum incessentes : coronas modici circuli,
magno ex intervallo loci, assueti trajicere : non capita modo
hostium vulnerabant, sed quem locum destinassent* [35]. » Leurs
pieces de batterie representoient, comme l'effect, aussi le
tintamarre des nostres : « *ad ictus mænium cum terribili
sonitu editos pavor et trepidatio cepit* [36]. » Les Gaulois nos
cousins, en Asie, haïssoyent ces armes traistresses et
volantes, duits à combattre main à main avec plus de courage. « *Non tam patentibus plagis moventur : ubi latior quam
altior plaga est, etiam gloriosius se pugnare putant : idem,
cum aculeus sagittæ aut glandis abditæ introrsus tenui vulnere
in speciem urit, tum, in rbaiem et pudorem tam parvæ perimen-
tis pestis versi, prosternunt corpora humi* [37] » : peinture bien
voisine d'une arquebusade.

Les dix mille Grecs, en leur longue et fameuse retraitte,

rencontrerent une nation qui les endommagea merveilleusement à coups de grands arcs et forts et des sagettes [38] si longues qu'à les reprendre à la main on les pouvoit rejetter à la mode d'un dard, et perçoient de part en part le bouclier et un homme armé. Les engins que Dionysius [39] inventa à Siracuse à tirer gros traits massifs et des pierres d'horrible grandeur, d'une si longue volée et impetuosité, representoient de bien près nos inventions.

/ Encore ne faut-il pas oublier la plaisante assiette qu'avoit, sur sa mule, un maistre Pierre Pol, Docteur en Theologie, que Monstrelet recite avoir accoustumé se promener par la ville de Paris, assis de costé, comme les femmes. Il dit aussi ailleurs que les Gascons avoient des chevaux terribles, accoustumez de virer en courant, dequoy les François, Picards, Flamens et Brabançons faisoient grand miracle, « pour n'avoir accoustumé de le voir », ce sont ses mots. Cæsar, parlant de ceux de Suede [40] : « Aux rencontres qui se font à cheval, dict-il, ils se jettent souvent à terre pour combattre à pié, ayant accoustumé leurs chevaux de ne bouger cependant de la place, ausquels ils recourent promptement, s'il en est besoing ; et, selon leur coustume, il n'est rien si vilain et si lache que d'user de selles et bardelles [41], et mesprisent ceux qui en usent, de maniere que, fort peu en nombre, ils ne craignent pas d'en assaillir plusieurs. »

// Ce que j'ay admiré autresfois, de voir un cheval dressé à se manier à toutes mains [42] avec une baguette, la bride avallée sur ses oreilles, estoit ordinaire aux Massiliens, qui se servoient de leurs chevaux sans selle et sans bride.

> *Et gens quœ nudo residens Massilia dorso*
> *Ora levi flectit, frœnorum nescia, virga* [43].

/// *Et Numidœ infrœni cingunt* [44] :

« *equi sine frenis, deformis ipse cursus, rigida cervice et extento capite currentium* [45]. »

/ Le Roy Alphonce, celuy qui dressa en Espaigne l'ordre des chevalliers de la Bande ou de l'Escharpe, leur donna entre autres regles, de ne monter ny mule, ny mulet, sur peine d'un marc d'argent d'amende, comme je viens d'apprendre dans les lettres de Guevara, desquelles ceux qui les ont appellées *dorées*, faisoient jugement bien autre que celuy que j'en fay.

/// Le *Courtisan* [46] dict qu'avant son temps, c'estoit
reproche à un Gentilhomme d'en chevaucher (les Abyssins,
à mesure qu'ils sont plus grands et plus advancez près le
Prettejan [47], leur maistre, affectent [48] au rebours des mules à
monter par honeur); Xenophon, que les Assyriens tenoient
leurs chevaux tous jours entravez au logis, tant ils estoient
fascheux et farouches, et qu'il falloit tant de temps à les
destacher et harnacher que, pour que cette longueur à la
guerre ne leur apportast dommage, s'ils venoient à estre
en dessoude [49] surpris par les ennemis, ils ne logeoient
jamais en camp qui ne fut fossoyé et remparé.

Son Cyrus, si grand maistre au faict de chevalerie,
mettoit les chevaux de son escot [50], et ne leur faisoit bailler
à manger qu'ils ne l'eussent gaigné par la sueur de quelque
exercice.

// Les Scythes, où la necessité les pressoit en la guerre,
tiroient du sang de leurs chevaux, et s'en abreuvoient et
nourrissoient,

> *Venit et epoto Sarmata pastus equo* [51].

Ceux de Crotte [52], assiegéz par Metellus, se trouverent
en telle disette de tout autre breuvage qu'ils eurent à se
servir de l'urine de leurs chevaux.

/// Pour verifier combien les armées Turquesques se
conduisent et maintiennent à meilleure raison que les
nostres, ils disent qu'outre ce que les soldats ne boivent que
de l'eau et ne mangent que riz et de la chair salée mise en
poudre, dequoy chacun porte aysément sur soy provision
pour un moys, ils sçavent aussi vivre du sang de leurs
chevaux, comme les Tartares et Moscovites, et le salent.

// Ces nouveaux peuples des Indes, quand les Espagnols
y arriverent, estimerent, tant des hommes que des chevaux, qui ce fussent ou Dieux ou animaux, en noblesse au-
dessus de leur nature. Aucuns, après avoir esté vaincus,
venant demander paix et pardon aux hommes, et leur
apporter de l'or et des viandes, ne faillirent d'en aller
autant offrir aux chevaux, avec une toute pareille harengue
à celle des hommes, prenant leur hannissement pour langage de composition et de trefve.

Aux Indes de deçà [53] c'estoit anciennement le principal
et royal honneur de chevaucher un elephant, le second
d'aller en coche, traîné à quatre chevaux, le tiers de monter
un chameau, le dernier et plus vile degré d'estre porté
ou charrié par un cheval seul.

/// Quelcun de nostre temps escrit avoir veu, en ce climat là, des païs où l'on chevauche les bœufs avec bastines [54], estriez et brides, et s'estre bien trouvé de leur porture.

Quintus Fabius Maximus Rutilianus, contre les Samnites, voyant que ses gens de cheval à trois ou quatre charges avoient failly d'enfoncer le bataillon des ennemis, print ce conseil qu'ils debridassent leurs chevaux et brechassent à toute force des esperons, si que, rien ne les pouvant arrester, au travers des armes et des hommes renversez, ouvrirent le pas à leurs gens de pied, qui parfirent une très-sanglante deffaitte.

Autant en commanda Quintus Fulvius Flaccus contre les Celtiberiens : « *Id cum majore vi equorum facietis, si effrenatos in hostes equos immittitis ; quod sœpe romanos equites cum laude fecisse sua, memoriœ proditum est. Detractisque frenis, bis ultro citroque cum magna strage hostium, infractis omnibus hastis, transcurrerunt* [55]. »

// Le Duc de Moscovie devoit anciennement cette reverence aux Tartares, quand ils envoioyent vers luy des Ambassadeurs, qu'il leur alloit au devant à pié et leur presentoit un gobeau [56] de lait de jument (breuvage qui leur est en delices), et si, en beuvant, quelque goutte en tomboit sur le crin de leurs chevaux, il estoit tenu de la lecher avec la langue. En Russie, l'armée que l'Empereur Bajazet y avoit envoyé, fut accablée d'un si horrible ravage de neiges que, pour s'en mettre à couvert et sauver du froid, plusieurs s'adviserent de tuer et eventrer leurs chevaux, pour se getter dedans et joyyr de cette chaleur vitale.

/// Pajazet, après cet aspre estour [57] où il fut rompu par Tamburlan, se sauvoit belle erre [58] sur une jument Arabesque, s'il n'eust esté contrainct de la laisser boire son saoul au passage d'un ruisseau, ce qui la rendit si flacque [59] et refroidie, qu'il fut bien aisément après acconsuivi [60] par ceux qui le poursuivoyent. On dict bien qu'on les lasche [61], les laissant pisser ; mais le boire, j'eusse plus tost estimé qu'il l'eust refrechie [62] et renforcée.

Crœsus, passant le long de la ville de Sardis, y trouva des pastis où il y avoit grande quantité de serpents, desquels les chevaux de son armée mangeoient de bon appetit, qui fut un mauvais prodige [63] à ses affaires, dict Herodote.

// Nous appellons un cheval entier qui a crin et oreille ; et ne passent les autres [64] à la montre. Les Lacedemoniens, ayant desfait les Atheniens en la Sicile, retournans de la victoire en pompe en la ville de Siracuse, entre autres bravades firent tondre les chevaux vaincus et les menerent

ainsi en triomphe. Alexandre combatit une nation Dahas;
ils alloyent deux à deux armez à cheval à la guerre; mais,
en la meslée, l'un descendoit à terre; et combatoient ore
à pied, ore à cheval, l'un après l'autre.

/// Je n'estime point qu'en suffisance et en grace à cheval, nulle nation nous emporte. Bon homme de cheval, à
l'usage de nostre parler, semble plus regarder au courage
qu'à l'adresse. Le plus sçavant, le plus seur et mieux
advenant à mener un cheval à raison que j'aye connu, fut à
mon gré le sieur de Carnevalet, qui en servoit nostre
Roy Henry second. J'ay veu homme donner carriere à deux
pieds sur sa selle, demonter sa selle, et, au retour, la relle-
ver, reaccommoder et s'y rasseoir, fuyant tousjours à bride
avallée; ayant passé par-dessus un bonnet y tirer par
derriere des bons coups de son arc; amasser ce qu'il vouloit, se jettant d'un pied à terre, tenant l'autre en l'estrier;
et autres pareilles singeries, de quoy il vivoit. // On a veu
de mon temps, à Constantinople, deux hommes sur un
cheval, lesquels, en sa plus roide course, se rejettoyent à
tours [65] à terre et puis sur la selle. Et un qui, seulement des
dents, bridoit et harnachoit son cheval. Un autre qui,
entre deux chevaux, un pied sur une selle, l'autre sur
l'autre, portant un second sur ses bras, couroit à toute
bride; ce second, tout debout, sur luy, tirant en la course
des coups bien certains de son arc. Plusieurs qui, les
jambes contremont, couroyent la teste plantée sur leurs
selles, entre les pointes des simeterres attachez au harnois.
En mon enfance, le Prince de Sulmone, à Naples, maniant
un rude cheval de toute sorte de maniements, tenoit soubs
ses genouz et soubs ses orteils des reales [66] comme si elles
y eussent esté clouées, /// pour montrer la fermeté de son
assiette.

CHAPITRE XLIX

DES COUSTUMES ANCIENNES

/ J'excuserois volontiers en nostre peuple de n'avoir autre patron et regle de perfection que ses propres meurs et usances; car c'est un commun vice, non du vulgaire seulement, mais quasi de tous hommes, d'avoir leur visée et leur arrest [1] sur le train auquel ils sont nais. Je suis content, quand il verra Fabritius ou Lælius, qu'il leur trouve la contenance et le port barbare, puis qu'ils ne sont ni vestus ny façonnez à nostre mode. Mais je me plains de sa particuliere indiscretion, de se laisser si fort piper et aveugler à l'authorité de l'usage present, qu'il soit capable de changer d'opinion et d'advis tous les mois, s'il plait à la coustume, et qu'il juge si diversement de soy mesmes. Quant il portoit le busc de son pourpoint entre les mamelles, il maintenoit par vives raisons qu'il estoit en son vray lieu; quelques années après, le voylà avalé jusques entre les cuisses : il se moque de son autre usage, le trouve inepte et insupportable. La façon de se vestir presente luy faict incontinent condamner l'ancienne, d'une resolution si grande et d'un consentement si universel, que vous diriez que c'est une espece de manie qui luy tourneboule ainsi l'entendement. Par ce que nostre changement est si subit et si prompt en cela, que l'invention de tous les tailleurs du monde ne sçauroit fournir assez de nouvelletez, il est force que bien souvent les formes mesprisées reviennent en credit, et celles là mesmes tombent en mespris tantost après; et qu'un mesme jugement preigne, en l'espace de quinze ou vingt ans, deux ou trois, non diverses seulement, mais contraires opinions, d'une inconstance et legereté incroyable. /// Il n'y a si fin d'entre nous qui ne se laisse embabouiner de cette contradiction et esblouyr tant les yeux internes que les externes insensiblement.

/ Je veux icy entasser aucunes façons anciennes que j'ay

en memoire, les unes de mesme les nostres [2], les autres
differentes, afin qu'ayant en l'imagination cette continuelle
variation des choses humaines, nous en ayons le jugement
plus esclaircy et plus ferme.

Ce que nous disons de combatre à l'espée et la cape,
il s'usoit encores entre les Romains, ce dict Cæsar :
« *Sinistras sagis involvunt, gladiosque distringunt* [3]. » Et
remerque dès lors en nostre nation ce vice, qui y est encore,
d'arrester les passans que nous rencontrons en chemin,
et de les forcer de nous dire qui ils sont, et de recevoir
à injure et occasion de querelle, s'ils refusent de nous
respondre.

Aux bains, que les anciens prenoyent tous les jours
avant le repas, et les prenoyent aussi ordinairement que
nous faisons de l'eau à laver les mains, ils ne se lavoyent
du commencement que les bras et les jambes ; mais dépuis,
et d'une coustume qui a duré plusieurs siecles et en la
plus part des nations du monde, ils se lavoyent tout
nudz d'eau mixtionnée et parfumée, de maniere qu'ils
emploioyent pour tesmoignage de grande simplicité de se
laver d'eau simple. Les plus affetez [4] et delicatz se parfu-
moyent tout le corps bien trois ou quatre fois par jour. Ils
se faisoyent souvent pinceter tout le poil, comme les
femmes Françoises ont pris en usage, depuis quelque
temps, de faire leur front,

> *Quod pectus, quod crura tibi, quod brachia vellis* [5],

quoy qu'ils eussent des oignemens [6] propres à cela :

> *Psilotro nitet, aut arida latet oblita creta* [7].

Ils aymoient à se coucher mollement, et alleguent,
pour preuve de patience, de coucher sur le matelas. Ils
mangeoyent couchez sur des lits, à peu près en mesme
assiette que les Turcs de nostre temps,

> *Inde thoro pater Æneas sic orsus ab alto* [8].

Et dit on du jeune Caton que, depuis la bataille de
Pharsale, estant entré en deuil du mauvais estat des affaires
publiques, il mangea tousjours assis, prenant un train de
vie plus austere. Ils baisoyent les mains aux grands pour
les honnorer et caresser ; et, entre les amis, ils s'entre-
baisoyent en se saluant comme font les Venitiens :

Gratatusque darem cum dulcibus oscula verbis [9].

/// Et touchoyent aux genoux pour requerir ou saluer un grand. Pasiclez le philosophe, frere de Crates, au lieu de porter la main au genou, il la porta aux genitoires. Celuy à qui il s'adressoit l'ayant rudement repoussé : « Comment, dict-il, cecy n'est il pas vostre aussi bien que les genoux ? »

/ Ils mangeoyent, comme nous, le fruict à l'yssue de table. Ils se torchoyent le cul (il faut laisser aux femmes cette vaine superstition des parolles) avec une esponge : voylà pourquoy *spongia* est un mot obscœne en Latin; et estoit cette esponge attachée au bout d'un baston, comme tesmoigne l'histoire de celuy qu'on menoit pour estre presenté aux bestes devant le peuple, qui demanda congé d'aller à ses affaires [10]; et, n'ayant autre moyen de se tuer, il se fourra ce baston et esponge dans le gosier et s'en estouffa. Ils s'essuyoient le catze [11] de laine perfumée, quand ils en avoyent faict :

> *At tibi nil faciam, sed lota mentula lana* [12].

Il y avoit aux carrefours à Rome des vaisseaux et demy-cuves pour y apprester à pisser aux passans,

> *Pusi sæpe lacum propter, se ac dolia curta*
> *Sommo devincti credunt extollere vestem* [13].

Ils faisoyent collation entre les repas. Et y avoit en esté des vendeurs de nege pour refrechir le vin; et en y avoit qui se servoyent de nege en hyver, ne trouvans pas le vin encore lors assez froid. Les grands avoyent leurs eschançons et trenchans [14], et leurs fols pour leur donner plaisir. On leur servoit en hyver la viande sur des fouyers qui se portoient sur la table; et avoyent des cuisines portatives, /// comme j'en ay veu, / dans lesquelles tout leur service se trainoit après eux.

> *Has vobis epulas habete lauti ;*
> *Nos offendimur ambulante cena* [15].

Et en esté ils faisoyent souvent, en leurs sales basses, couler de l'eau fresche et claire dans des canaus, au dessous d'eux, où il y avoit force poisson en vie, que les assistants choisissoyent et prenoyent en la main pour le faire aprester chacun à sa poste. Le poisson a tousjours eu ce privilege,

comme il a encores, que les grans se meslent de le sçavoir
aprester : aussi en est le goust beaucoup plus exquis que
de la chair [16], au moins pour moy. Mais, en toute sorte de
magnificence, de desbauche et d'inventions voluptueuses,
de mollesse et de sumptuosité, nous faisons, à la verité,
ce que nous pouvons pour les égaler, car nostre volonté
est bien aussi gastée que la leur; mais nostre suffisance
n'y peut arriver; nos forces ne sont non plus capables de
les joindre en ces parties là vitieuses, qu'aux vertueuses;
car les unes et les autres partent d'une vigueur d'esprit
qui estoit sans comparaison plus grande en eux qu'en nous;
et les ames, à mesure qu'elles sont moins fortes, elles ont
d'autant moins de moyen de faire ny fort bien, ny fort mal.

Le haut bout [17] d'entre eux, c'estoit le milieu. Le devant
et derrière n'avoyent, en escrivant et parlant, aucune
signification de grandeur, comme il se voit evidemment
par leurs escris; ils diront *Oppius* et *Cæsar* aussi volontiers
que *Cæsar* et *Oppius*, et diront *moy et toy* indifferemment
comme *toy* et *moy*. Voylà pourquoy j'ay autrefois remarqué
en la *Vie de Flaminius* de Plutarque François, un endroit
où il semble que l'autheur, parlant de la jalousie de gloire
qui estoit entre les Ætoliens et les Romains pour le gain
d'une bataille qu'ils avoyent obtenu en commun, face
quelque pois de ce qu'aux chansons Grecques on nommoit
les Ætholiens avant les Romains, s'il n'y a de l'Amphi-
bologie aux mots François.

Les Dames, estant aux estuves, y recevoyent quant et
quant des hommes, et se servoyent là mesme de leurs
valets à les frotter et oindre,

> *Inguina succinctus nigra tibi servus aluta*
> *Stat, quoties calidis nuda foveris aquis* [18].

Elles se saupoudroyent de quelque poudre pour reprimer
les sueurs.

Les anciens Gaulois, dict Sidonius Appollinaris, portoyent le poil [19] long par le devant, et le derriere de la teste
tondu, qui est cette façon qui vient à estre renouvellée
par l'usage effeminé et lâche de ce siècle.

Les Romains payoient ce qui estoit deu aux bateliers
pour leur naulage [20], dès l'entrée du bateau; ce que nous
faisons après estre rendus à port,

> *dum æs exigitur, dum mula ligatur,*
> *Tota abit hora* [21].

Les femmes couchoyent au lict du costé de la ruelle :
voylà pourquoy on appelloit Cæsar « *spondam Regis Nico-
medis* [22] ».

// Ils prenoyent aleine en beuvant. Ils baptisoient le vin,

> *quis puer ocius*
> *Restinguet ardentis falerni*
> *Pocula prœtereunte lympha* [23] ?

Et ces champisses [24] contenances de nos laquais y estoyent
aussi,

> *O Jane, a tergo quem nulla ciconia pinsit,*
> *Nec manus auriculas imitata est mobilis albas,*
> *Nec linguœ quantum sitiet canis Apula tantum* [25].

Les Dames Argienes et Romaines portoyent le deuil
blanc, comme les nostres avoient accoustumé, et devoyent [26] continuer de faire, si j'en estois creu.

/ Mais il y a des livres entiers faits sur cet argument.

CHAPITRE L

DE DEMOCRITUS ET HERACLITUS

/ Le jugement est un util à tous subjects, et se mesle par tout. A cette cause, aux essais que j'en fay ici, j'y employe toute sorte d'occasion. Si c'est un subject que je n'entende point, à cela mesme je l'essaie, sondant le gué de bien loing ; et puis, le trouvant trop profond pour ma taille, je me tiens à la rive ; et cette reconnoissance de ne pouvoir passer outre, c'est un traict de son effect, voire de ceux dequoy il se vante le plus. Tantost, à un subject vain et de neant, j'essaye voir s'il trouvera dequoy lui donner corps et dequoy l'appuyer et estançonner [1]. Tantost je le promene à un subject noble et tracassé [2], auquel il n'a rien à trouver de soy, le chemin en estant si frayé qu'il ne peut marcher que sur la piste d'autruy. Là il fait son jeu à eslire [3] la route qui luy semble la meilleure, et, de mille sentiers, il dict que cettuy-cy, ou celuy là, a esté le mieux choisi. Je prends de la fortune le premier argument. Ils me sont également bons. Et ne desseigne [4] jamais de les produire entiers. /// Car je ne voy le tout de rien. Ne font pas, ceux qui promettent de nous le faire voir. De cent membres et visages qu'a chaque chose, j'en prends un tantost à lecher seulement, tantost à effleurer, et par fois à pincer jusqu'à l'os. J'y donne une poincte, non pas le plus largement, mais le plus profondement que je sçay. Et aime plus souvent à les saisir par quelque lustre [5] inusité. Je me hazarderoy de traitter à fons quelque matière, si je me connoissoy moins. Semant icy un mot, icy un autre, eschantillons despris [6] de leur piece, escartez, sans dessein et sans promesse, je ne suis pas tenu d'en faire bon [7], ny de m'y tenir moy mesme, sans varier quand il me plaist ; et me rendre [8] au doubte et incertitude, et à ma maistresse forme, qui est l'ignorance.

/ Tout mouvement nous descouvre. Cette mesme ame

de Cæsar, qui se faict voir à ordonner et dresser la bataille
de Pharsale, elle se faict aussi voir à dresser des parties
oysives et amoureuses. On juge un cheval non seulement
à le voir manier sur une carriere, mais encore à luy voir
aller le pas, voire et à le voir en repos à l'estable.

/// Entre les functions de l'ame il en est de basses ; qui ne
la void encor par là, n'acheve pas de la connoistre. Et à
l'adventure la remarque lon mieux où elle va son pas
simple. Les vents des passions la prennent plus en ces
hautes assiettes. Joint qu'elle se couche entiere sur chasque
matiere, et s'y exerce entiere, et n'en traitte jamais plus
d'une à la fois. Et la traitte non selon elle, mais selon soy.
Les choses, à part elles, ont peut estre leurs poids et
mesures et conditions ; mais au dedans, en nous, elle les
leur taille comme elle l'entend. La mort est effroyable à
Ciceron, desirable à Caton, indifferente à Socrates. La
santé, la conscience, l'authorité, la science, la richesse, la
beauté et leurs contraires se despouillent à l'entrée, et
reçoivent de l'ame nouvelle vesture, et de la teinture qu'il
lui plaist : brune, verte, claire, obscure, aigre, douce, profonde, superficielle, et qu'il plaist à chacune d'elles ; car
elles n'ont pas verifié en commun leurs stiles, regles et
formes : chacune est Royne en son estat. Parquoy ne prenons plus excuse des externes qualitez des choses : c'est à
nous à nous en rendre compte. Nostre bien et nostre mal
ne tient qu'à nous. Offrons y nos offrandes et nos vœus, non
pas à la fortune : elle ne peut rien sur nos meurs. Au
rebours, elles l'entrainent à leur suitte et la moulent à leur
forme. Pourquoy ne jugeray-je d'Alexandre à table, devisant et beuvant d'autant ? Ou s'il manioit des eschecs,
quelle corde de son esprit ne touche et n'employe ce niais
et puerile jeu ? (Je le hay et fuy, de ce qu'il n'est pas assez
jeu, et qu'il nous esbat trop serieusement, ayant honte d'y
fournir l'attention qui suffiroit à quelque bonne chose.)
Il ne fut pas plus embesoigné à dresser son glorieux passage aux Indes ; ny cet autre à desnouër [9] un passage duquel
dépend le salut du genre humain. Voyez combien nostre
ame grossit et espessit cet amusement ridicule ; si tous
ses nerfs ne bandent [10] ; combien amplement elle donne à
chacun loy, en cela, de se connoistre et de juger droitte-
ment de soy. Je ne me voy et retaste plus universellement
en nulle autre posture. Quelle passion ne nous y exerce ?
la cholere, le despit, la hayne, l'impatience et une vehemente ambition de vaincre, en chose en laquelle il seroit
plus excusable d'estre ambitieux d'estre vaincu. Car la

précellence rare et au dessus du commun messied à un homme d'honneur en chose frivole. Ce que je dy en cet exemple se peut dire en tous autres : chasque parcelle, chasque occupation de l'homme l'accuse et le montre également qu'un'autre.

/ Democritus et Heraclytus ont esté deux philosophes, desquels le premier, trouvant vaine et ridicule l'humaine condition, ne sortoit en public qu'avec un visage moqueur et riant; Heraclitus, ayant pitié et compassion de cette mesme condition nostre, en portoit le visage continuellement atristé, et les yeux chargez de larmes,

// *alter*
> *Ridebat, quoties a limine moverat unum*
> *Plotuleratque pedem; flebat contrarius alter* [11].

/ J'ayme mieux la premiere humeur, non par ce qu'il est plus plaisant de rire que de pleurer, mais parce qu'elle est plus desdaigneuse, et qu'elle nous condamne plus que l'autre; et il me semble que nous ne pouvons jamais estre assez mesprisez selon nostre merite. La plainte et la commiseration sont meslées à quelque estimation de la chose qu'on plaint; les choses dequoy on se moque, on les estime sans pris. Je ne pense point qu'il y ait tant de malheur en nous comme il y a de vanité, ny tant de malice comme de sotise : nous ne sommes pas si pleins de mal comme d'inanité; nous ne sommes pas si miserables comme nous sommes viles. Ainsi Diogenes, qui baguenaudoit apart soy, roulant son tonneau et hochant du nez [12] le grand Alexandre, nous estimant des mouches ou des vessies pleines de vent, estoit bien juge plus aigre et plus poingnant, et par consequent plus juste, à mon humeur, que Timon, celuy qui fut surnommé le haïsseur des hommes. Car ce qu'on hait, on le prend à cœur. Cettuy-cy nous souhaitoit du mal, estoit passionné du desir de nostre ruine, fuioit nostre conversation comme dangereuse, de meschans et de nature depravée; l'autre nous estimoit si peu que nous ne pourrions ny le troubler, ny l'alterer par nostre contagion, nous laissoit de compagnie [13], non pour la crainte, mais pour le desdain de nostre commerce; il ne nous estimoit capables ny de bien, ny de mal faire.

De mesme marque fut la responce de Statilius, auquel Brutus parla pour le joindre à la conspiration contre Cæsar; il trouva l'entreprinse juste, mais il ne trouva pas les

hommes dignes pour lesquels on se mit aucunement en
peine; /// conforméement à la discipline de Hegesias qui
disoit le sage ne devoir rien faire que pour soy; d'autant
que seul il est digne pour qui on face; et à celle de Theodorus, que c'est injustice que le sage se hazarde pour
le bien de son païs, et qu'il mette en peril la sagesse pour
des fols.

Nostre propre et peculiere [14] condition est autant ridicule
que risible.

CHAPITRE LI

DE LA VANITÉ DES PAROLES

/ Un Rhetoricien du temps passé [1] disoit que son mestier estoit, de choses petites les faire paroistre et trouver grandes. // C'est un cordonnier qui sçait faire de grands souliers à un petit pied. / On luy eut faict donner le fouët en Sparte, de faire profession d'un' art piperesse et mensongere. // Et croy que Archidamus, qui en estoit Roy, n'ouit pas sans estonnement la responce de Thucididez [2], auquel il s'enqueroit, qui estoit plus fort à la luicte, ou Pericles ou luy : « Cela, fit-il, seroit mal-aysé à verifier ; car, quand je l'ay porté par terre en luictant, il persuade à ceux qui l'ont veu qu'il n'est pas tombé, et le gaigne. » / Ceux qui masquent et fardent les femmes, font moins de mal ; car c'est chose de peu de perte de ne les voir pas en leur naturel, là où ceux-cy font estat de tromper non pas nos yeux, mais nostre jugement, et d'abastardir et corrompre l'essence des choses. Les republiques qui se sont maintenuës en un estat reglé et bien policé, comme les Cretense [3] ou Lacedemonienne, elles n'ont pas faict grand compte d'orateurs.

/// Ariston definit sagement la rhetorique : science à persuader le peuple ; Socrates, Platon, art de tromper et de flatter ; et ceux qui le nient en la generale description [4] le verifient partout en leurs preceptes.

Les Mahometans en defendent l'instruction à leurs enfans, pour son inutilité.

Et les Atheniens, s'appercevant combien son usage, qui avoit tout credit en ville, estoit pernicieux, ordonnerent que sa principale partie, qui est esmouvoir les affections, en fust ostée ensemble les exordes et perorations [5].

/ C'est un util inventé pour manier et agiter une tourbe [6] et une commune desreiglée, et est util qui ne s'employe

qu'aux estats malades, comme la medecine; en ceux où
le vulgaire, où les ignorans, où tous ont tout peu [7], comme
celuy d'Athenes, de Rhodes et de Rome, et où les choses
ont esté en perpetuelle tempeste, là ont afflué les orateurs.
Et, à la vérité, il se void peu de personnages, en ces republiques là, qui se soient poussez en grand credit sans le
secours de l'éloquence; Pompeius, Cæsar, Crassus, Lucullus, Lentulus, Metellus ont pris de là leur grand appuy
à se monter à cette grandeur d'authorité où ils sont en fin
arrivez, et s'en sont aydez plus que des armes /// contre
l'opinion des meilleurs temps. Car. L. Volumnius, parlant
en public en faveur de l'election au consulat faicte des
personnes de Q. Fabius et P. Decius : « Ce sont gens nays
à la guerre, grands aux effects; au combat du babil,
rudes [8] : esprits vrayement consulaires; les subtils, elo-
quens et sçavans sont bons pour la ville, Preteurs à faire
justice », dict-il.

/ L'eloquence a fleury le plus à Rome lors que les affaires
ont esté en plus mauvais estat, et que l'orage des guerres
civiles les agitoit : comme un champ libre et indompté
porte les herbes plus gaillardes. Il semble par là que les
polices qui dépendent d'un monarque en ont moins de
besoin que les autres; car la bestise et facilité qui se trouve
en la commune, et qui la rend subjecte à estre maniée et
contournée [9] par les oreilles au doux son de cette harmonie,
sans venir à poiser et connoistre la verité des choses par
la force de la raison, cette facillité, dis-je, ne se trouve pas
si aisément en un seul; et est plus aisé de le garentir par
bonne institution et bon conseil de l'impression de cette
poison. On n'a pas veu sortir de Macedoine, ny de Perse,
aucun orateur de renom.

J'en ay dict ce mot sur le subject d'un Italien que je vien
d'entretenir, qui a servy le feu Cardinal Caraffe de maistre
d'hostel jusques à sa mort. Je luy faisoy compter de sa
charge. Il m'a fait un discours de cette science de gueule
avec une gravité de contenance magistrale, comme s'il
m'eust parlé de quelque grand poinct de Theologie. Il
m'a dechifré [10] une difference d'appetits : celuy qu'on a à
jeun, qu'on a après le second et tiers service; les moyens
tantost de luy plaire simplement, tantost de l'eveiller et
picquer; la police de ses sauces, premierement en general,
et puis particularisant les qualitez des ingrediens et leurs
effects; les differences des salades selon leur saison, celle
qui doit estre reschaufée, celle qui veut estre servie froide,
la façon de les orner et embellir pour les rendre encores

plaisantes à la veuë. Après cela, il est entré sur l'ordre du service, plein de belles et importantes considerations,

>   // *nec minimo sane discrimine refert*
>   *Quo gestu lepores, et quo gallina secetur* [11].

/ Et tout cela enflé de riches et magnifiques parolles, et celles mesmes qu'on employe à traiter du gouvernement d'un Empire. Il m'est souvenu de mon homme :

> *Hoc salsum est, hoc adustum est, hoc lautum est parum,*
> *Illud recte; iterum sic memento; sedulo*
> *Moneo quæ possum pro mea sapientia.*
> *Postremo, tanquam in speculum, in patinas, Demea,*
> *Inspicere jubeo, et moneo quid facto usus sit* [12].

Si est-ce que les Grecs mesmes loüerent grandement l'ordre et la disposition que Paulus Æmilius observa au festin qu'il leur fit au retour de Macedoine; mais je ne parle point icy des effects, je parle des mots.

Je ne sçay s'il en advient aux autres comme à moy; mais je ne me puis garder, quand j'oy nos architectes s'enfler de ces gros mots de pilastres, architraves, corniches, d'ouvrage Corinthien et Dorique, et semblables de leur jargon, que mon imagination ne se saisisse incontinent du palais d'Apolidon; et, par effect, je trouve que ce sont les chetives pieces de la porte de ma cuisine.

// Oyez dire metonomie [13], metaphore, allegorie et autres tels noms de la grammaire, semble-t-il pas qu'on signifie quelque forme de langage rare et pellegrin [14] ? Ce sont titres qui touchent le babil de vostre chambriere.

/ C'est une piperie voisine à cettecy, d'appeller les offices de nostre estat par les titres superbes des Romains [15], encore qu'ils n'ayent aucune ressemblance de charge, et encores moins d'authorité et de puissance. Et cette-cy aussi, qui servira, à mon advis, un jour de tesmoignage d'une singuliere ineptie de nostre siecle, d'employer indignement, à qui bon nous semble, les surnoms les plus glorieux dequoy l'ancienneté ait honoré un ou deux personnages en plusieurs siecles. Platon a emporté ce surnom de divin par un consentement universel, que aucun n'a essayé luy envier; et les Italiens, qui se vantent, et avecques raison, d'avoir communément l'esprit plus esveillé et le discours plus sain que les autres nations de leur temps, en viennent d'estrener l'Aretin, auquel, sauf une façon de parler bouffie et bouillonnée de pointes, ingenieuses à la verité, mais recherchées de loing et fantasques, et outre l'eloquence en fin, telle [16] qu'elle puisse estre, je ne voy pas qu'il y ait rien au dessus des communs autheurs de son siecle; tant s'en faut qu'il approche de cette divinité ancienne. Et le surnom de grand, nous l'attachons à des Princes qui n'ont rien au dessus de la grandeur populare.

CHAPITRE LII

DE LA PARSIMONIE [1] DES ANCIENS

/ Attilius Regulus, general de l'armée Romaine en Afrique, au milieu de sa gloire et de ses victoires contre les Carthaginois, escrivit à la chose publique qu'un valet de labourage qu'il avoit laissé seul au gouvernement de son bien, qui estoit en tout sept arpents de terre, s'en estoit enfuy, ayant desrobé ses utils de labourage, et demandoit congé pour s'en retourner et y pourvoir, de peur que sa femme et ses enfans n'en eussent à souffrir; le Senat pourveut à commettre [2] un autre à la conduite de ses biens, et luy fist restablir ce qui luy avoit esté desrobé, et ordonna que sa femme et enfans seroient nourris aux despens du public.

Le vieux Caton, revenant d'Espaigne Consul, vendit son cheval de service pour espargner l'argent qu'il eut couté à le ramener par mer en Italie; et, estant au gouvernement de Sardaigne, faisoit ses visitations à pied n'ayant avec luy autre suite qu'un officier de la chose publique, qui luy portoit sa robbe, et un vase à faire des sacrifices; et le plus souvent il pourtoit sa male luy mesme. Il se vantoit de n'avoir jamais eu robbe qui eust cousté plus de dix escus, ny avoir envoyé au marché plus de dix sols pour un jour; et, de ses maisons aux champs, qu'il n'en avoit aucune qui fut crepie et enduite par dehors. Scipion Æmilianus, après deux triomphes et deux Consulats, alla en legation [3] avec sept serviteurs seulement. On tient qu'Homere n'en eust jamais qu'un; Platon, trois; Zenon, le chef de la secte Stoïque, pas un.

// Il ne fut taxé [4] que cinq sols et demy, pour un jour, à Tyberius Gracchus allant en commission pour la chose publique, estant lors le premier homme des Romains.

CHAPITRE LIII

D'UN MOT DE CÆSAR

/ Si nous nous amusions par fois à nous considerer, et
le temps que nous mettons à contreroller autruy et à
connoistre les choses qui sont hors de nous, que nous
l'emploissions à nous sonder nous mesmes, nous sentirions
aisément combien toute cette nostre contexture est bastie
de pieces foibles et defaillantes [1]. N'est-ce pas un singulier
tesmoignage d'imperfection, ne pouvoir r'assoir nostre
contentement en aucune chose, et que, par desir mesme
et imagination, il soit hors de nostre puissance de choisir
ce qu'il nous faut ? Dequoy porte bon tesmoignage cette
grande dispute qui a tousjours esté entre les Philosophes
pour trouver le souverain bien de l'homme, et qui dure
encores et durera eternellement, sans resolution et sans
accord;

> // *dum abest quod avemus, id exuperare videtur*
> *Cetera; post aliud cum contigit illud avemus,*
> *Et sitis æqua tenet* [2].

/ Quoy que ce soit qui tombe en nostre connoissance et
jouissance, nous sentons qu'il ne nous satisfaict pas, et
allons beant après les choses advenir et inconnuës, d'autant
que les presentes ne nous soulent [3] point : non pas, à mon
advis, qu'elles n'ayent assez dequoy nous souler, mais
c'est que nous les saisissons d'une prise malade et desreglée,

> // *Nam, cum vidit hic, ad usum quæ flagitat usus,*
> *Omnia jam ferme mortalibus esse parata,*
> *Divitiis homines et honore et laude potentes*
> *Affluere, atque bona natorum excellere fama,*
> *Nec minus esse domi cuiquam tamen anxia corda,*
> *Atque animum infestis cogi servire querelis :*

Intellexit ibi vitium vas efficere ipsum,
Omniáque illius vitio corrumpier intus,
Quæ collata foris et commoda quæque venirent [4].

/ Nostre appetit est irresolu et incertain; il ne sçait rien
tenir, ny rien jouyr de bonne façon. L'homme, estimant
que ce soit le vice de ces choses, se remplit et se paist
d'autres choses qu'il ne sçait point et qu'il ne cognoit
point, où il applique ses desirs et ses esperances, les prend
en honneur et reverence; comme dict Cæsar, « *communi
fit vitio naturæ ut invisis, latitantibus atque incognitis rebus
magis confidamus, vehementiusque exterreamur* [5] ».

CHAPITRE LIV

DES VAINES SUBTILITEZ

/ Il est de ces subtilitez frivoles et vaines, par le moyen desquelles les hommes cherchent quelquefois de la recommandation; comme les poëtes qui font des ouvrages entiers de vers commençans par une mesme lettre; nous voyons des œufs, des boules, des aisles, des haches façonnées anciennement par les Grecs avec la mesure de leurs vers, en les alongeant ou accoursissant, en maniere qu'ils viennent à représenter telle ou telle figure. Telle estoit la science de celuy qui s'amusa à conter en combien de sortes se pouvoient renger les lettres de l'alphabet, et y en trouva ce nombre incroiable qui se void dans Plutarque. Je trouve bonne l'opinion de celuy à qui on presenta un homme apris à jetter de la main un grain de mil avec telle industrie [1] que, sans faillir, il le passoit tousjours dans le trou d'une esguille, et luy demanda l'on, après, quelque present pour loyer [2] d'une si rare suffisance; surquoy il ordonna, bien plaisamment, et justement à mon advis, qu'on fist donner à cet ouvrier deux ou trois minots [3] de mil, affin qu'un si bel art ne demeurast sans exercice. C'est un tesmoignage merveilleux de la foiblesse de nostre jugement, qu'il recommande les choses par la rareté ou nouvelleté, ou encore par la difficulté, si la bonté et utilité n'y sont joinctes.

Nous venons presentement de nous jouër chez moy à qui pourroit trouver plus de choses qui se tiennent par les deux bouts extremes; comme *Sire*, c'est un tiltre qui se donne à la plus eslevée personne de nostre estat, qui est le Roy, et se donne aussi au vulgaire, comme aux marchans, et ne touche point ceux d'entre deux. Les femmes de qualité, on les nomme Dames; les moyennes, Damoiselles; et Dames encore, celles de la plus basse marche.

// Les dez qu'on estend sur les tables ne sont permis qu'aux maisons des princes et aux tavernes.

/ Democritus disoit que les dieux et les bestes avoient les sentimens plus aiguz que les hommes, qui sont au moyen estage. Les Romains portoient mesme accoutrement les jours de deuil et les jours de feste. Il est certain que la peur extreme et l'extreme ardeur de courage troublent également le ventre et le laschent.

/// Le saubriquet de Tremblant, duquel le XIIe Roy de Navarre, Sancho, fut surnommé, aprend que la hardiesse aussi bien que la peur font tremousser nos membres. Et celuy à qui ses gens qui l'armoient, voïant frissonner la peau, s'essayoient de le rasseurer en appetissans ⁴ le hasard auquel il s'alloit presanter, leur dict : « Vous me connoissez mal. Si ma chair sçavoit où mon courage la portera tantost, elle s'en transiroit tout à plat. »

/ La foiblesse qui nous vient de froideur et desgoutement aux exercices de Venus, elle nous vient aussi d'un appetit trop vehement et d'une chaleur desreglée. L'extreme froideur et l'extreme chaleur cuisent et rotissent. Aristote dict que les cueus ⁵ de plomb se fondent et coulent de froid et de la rigueur de l'hyver, comme d'une chaleur vehemente. /// Le desir et la satieté remplissent de douleur les sieges ⁶ au dessus et au dessous de la volupté. / La bestise et la sagesse se rencontrent en mesme point de sentiment et de resolution ⁷ à la souffrance des accidens humains; les Sages gourmandent et commandent le mal, et les autres l'ignorent; ceux-cy sont, par maniere de dire, au deçà des accidens, les autres au delà; lesquels, après en avoir bien poisé et consideré les qualitez, les avoir mesurez et jugez tels qu'ils sont, s'eslancent au-dessus par la force d'un vigoureux courage ils les desdaignent et foulent aux pieds, ayant une ame forte et solide, contre laquelle les traicts de la fortune venant à donner, il est force qu'ils rejalissent et s'émoussent, trouvant un corps dans lequel ils ne peuvent faire impression; l'ordinaire et moyenne condition des hommes loge entre ces deux extremitez, qui est de ceux qui apperçoivent les maux, les sentent, et ne les peuvent supporter. L'enfance et la decrepitude se rencontrent en imbecillité de cerveau; l'avarice et la profusion, en pareil desir d'attirer et d'acquerir.

// Il se peut dire, avec apparence, qu' /// il y a ignorance abecedaire, qui va devant la science; une autre, doctorale, qui vient après la science : ignorance que la science faict et engendre, tout ainsi comme elle deffaict et destruit la premiere.

// Des esprits simples, moins curieux et moins instruicts,

il s'en faict de bons Chrestiens qui, par reverence et obeissance, croient simplement et se maintiennent soubs les loix. En la moyenne vigueur des esprits et moyenne capacité s'engendre l'erreur des opinions; ils suyvent l'apparence du premier sens, et ont quelque tiltre d'interpreter à simplicité et bestise de nous voir arrester en l'ancien train, regardant à nous qui n'y sommes pas instruicts par estude. Les grands esprits, plus rassis et clairvoians, font un autre genre de bien croyans; lesquels, par longue et religieuse investigation, penetrent une plus profonde et abstruse lumiere ès escriptures, et sentent le misterieux et divin secret de nostre police Ecclesiastique. Pourtant en voyons nous aucuns estre arrivez à ce dernier estage par le second, avec merveilleux fruict et confirmation, comme à l'extreme limite de la Chrestienne intelligence, et jouyr de leur victoire avec consolation, action de graces, reformation de meurs et grande modestie. Et en ce rang n'entens-je pas loger ces autres qui, pour se purger du soubçon de leur erreur passé, et pour nous asseurer d'eux, se rendent extremes, indiscrets et injustes à la conduite de nostre cause et la taschent d'infinis reproches de violence.

/// Les paisants simples sont honnestes gens, et honnestes gens les philosophes, ou, selon nostre temps, des natures fortes et claires, enrichies d'une large instruction de sciences utiles. Les mestis [8] qui ont dedaigné le premier siege d'ignorance de lettres, et n'ont peu joindre l'autre (le cul entre deux selles, desquels je suis, et tant d'autres), sont dangereux, ineptes, importuns; ceux icy troublent le monde. Pourtant, de ma part, je me recule tant que je puis dans le premier et naturel siege, d'où je me suis pour neant essayé de partir.

La poësie populaire et purement naturelle a des naïvetez et graces par où elle se compare à la principale beauté de la poësie parfaicte selon l'art; comme il se void ès villanelles de Gascongne et aux chansons qu'on nous rapporte des nations qui n'ont congnoissance d'aucune science, ny mesme d'escriture. La poësie mediocre qui s'arreste entre deux, est desdaignée, sans honneur et sans prix.

/ Mais parce que, après que le pas [9] a esté ouvert à l'esprit, j'ay trouvé, comme il advient ordinairement, que nous avions pris pour un exercice malaisé et d'un rare subject ce qui ne l'est aucunement; et qu'après que nostre invention [10] a esté eschaufée, elle descouvre un nombre infiny de pareils exemples, je n'en adjousteray que cettuy-cy; que si ces essays estoyent dignes qu'on en jugeat, il en pourroit

advenir, à mon advis, qu'ils ne plairoient guiere aux
esprits communs et vulgaires, ny guiere aux singuliers et
excellens; ceux-là n'y entendroient pas assez, ceux-cy y
entendroient trop; ils pourroient vivoter en la moyenne
region.

CHAPITRE LV

/ Il se dict d'aucuns, comme d'Alexandre le grand, que leur sueur espandoit un' odeur souefve, par quelque rare et extraordinaire complexion; dequoy Plutarque et autres recherchent la cause. Mais la commune façon des corps est au contraire; et la meilleure condition qu'ils ayent, c'est d'estre exempts de senteur. La douceur mesmes des halaines plus pures n'a rien de plus excellent que d'estre sans aucune odeur qui nous offense, comme sont celles des enfans bien sains. Voylà pourquoy, dict Plaute,

> *Mulier tum benè olet, ubi nihil olet* [1] :

la plus parfaicte senteur d'une femme, c'est ne sentir à rien, // comme on dict que la meilleure odeur de ses actions c'est qu'elles soyent insensibles et sourdes. / Et les bonnes senteurs estrangieres, on a raison de les tenir pour suspectes à ceux qui s'en servent, et d'estimer qu'elles soyent employées pour couvrir quelque defaut naturel de ce costé-là. D'où naissent ces rencontres des Poëtes anciens : c'est puïr [2] que de santir bon,

> *Rides nos, Coracine, nil olentes,*
> *Malo quam bene olere, nil olere* [3].

Et ailleurs :

> *Posthume, non benè olet, qui benè semper olet* [4].

// J'ayme pourtant bien fort à estre entretenu de bonnes senteurs, et hay outre mesure les mauvaises, que je tire [5] de plus loing que tout autre :

> *Namque sagacius unus odoror,*
> *Polypus, an gravis hirsutis cubet hircus in alis,*
> *Quam canis acer ubi lateat sus* [6].

/// Les senteurs plus simples et naturelles me semblent plus aggreables. Et touche ce soing principalement les dames. En la plus espesse barbarie, les femmes Scythes, apres s'estre lavées, se saupoudrent et encroustent tout le corps et le visage de certaine drogue qui naist en leur terroir, odoriferante; et, pour approcher les hommes, ayans osté ce fard, elles s'en trouvent et polies et parfumées.

// Quelque odeur que ce soit, c'est merveille combien elle s'attache à moy et combien j'ay la peau propre à s'en abreuver. Celuy qui se plaint de nature, de quoy elle a laissé l'homme sans instrument à porter les senteurs au nez, a tort; car elles se portent elles mesmes. Mais à moy particulierement, les moustaches, que j'ay pleines, m'en servent. Si j'en approche mes gans ou mon mouchoir, l'odeur y tiendra tout un jour. Elles accusent le lieu d'où je viens. Les estroits baisers de la jeunesse, savoureux, gloutons et gluans, s'y colloyent autresfois, et s'y tenoient plusieurs heures après. Et si pourtant, je me trouve peu subject aux maladies populaires, qui se chargent par la conversation et qui naissent de la contagion de l'air; et me suis sauvé de celles de mon temps, dequoy il y en a eu plusieurs sortes en nos villes et en nos armées. /// On lit de Socrates que, n'estant jamais party d'Athenes pendant plusieurs recheutes de peste qui la tourmanterent tant de fois, luy seul ne s'en trouva jamais plus mal. // Les medecins pourroient, croi-je, tirer des odeurs plus d'usage qu'ils ne font; car j'ay souvent aperçeu qu'elles me changent, et agissent en mes esprits selon qu'elles sont; qui me faict approuver ce qu'on dict, que l'invention des encens et parfums aux Eglises, si ancienne et espandue en toutes nations et religions, regarde à cela de nous resjouir, esveiller et purifier le sens pour nous rendre plus propres à la contemplation.

/// Je voudrois bien, pour en juger, avoir eu ma part de l'art de ces cuisiniers qui sçavent assaisonner les odeurs estrangeres avecq la saveur des viandes, comme singulierement on remarqua au service de ce Roy de Thunes [7], qui, de nostre aage, print terre à Naples pour s'aboucher avec l'Empereur Charles. On farcissoit ses viandes de drogues odoriférantes, de telle somptuosité qu'un Paon et deux faisans revenoient à cent ducats, pour les apprester selon leur maniere; et, quand on les despeçoit, remplissoient non seulement la salle, mais toutes les chambres de son palais, et jusques aux maisons du voisinage, d'une très soüefve vapeur qui ne se perdoit pas si tost.

Le principal soing que j'aye à me loger, c'est de fuir l'air puant et poisant. Ces belles villes, Venise et Paris, alterent la faveur que je leur porte, par l'aigre senteur, l'une de son marets, l'autre de sa boue.

CHAPITRE LVI

DES PRIERES

/ Je propose des fantasies informes et irresolues, comme font ceux qui publient des questions doubteuses à debattre aux escoles; non pour establir la verité, mais pour la chercher. Et les soubmets au jugement de ceux à qui il touche de regler non seulement mes actions et mes escris, mais encore mes pensées. Esgalement m'en sera acceptable[1] et utile la condemnation comme l'approbation; /// tenant pour execrable s'il se trouve chose ditte par moy ignoramment ou inadvertment contre les sainctes prescriptions de l'Eglise catholique, apostolique et Romaine, en laquelle je meurs et en laquelle je suis nay. / Et pourtant, me remettant tousjours à l'authorité de leur censure, qui peut tout sur moy, je me mesle ainsi temerairement à toute sorte de propos, comme icy.

Je ne sçay si je me trompe, mais, puis que, par une faveur particuliere de la bonté divine, certaine façon de priere nous a esté prescripte et dictée mot à mot par la bouche de Dieu, il m'a tousjours semblé que nous en devions avoir l'usage plus ordinaire que nous n'avons. Et, si j'en estoy creu, à l'entrée et à l'issue de nos tables, à nostre lever et coucher, et à toutes actions particulieres ausquelles on a accoustumé de mesler des prieres, je voudroy que ce fut le patenostre que les Chrestiens y employassent, /// sinon seulement, au moins tousjours. / L'Eglise peut estendre et diversifier les prieres selon le besoing de notre instruction, car je sçay bien que c'est tousjours mesme substance et mesme chose. Mais on devoit donner à celle là ce privilège, que le peuple l'eust continuellement en la bouche : car il est certain qu'elle dit tout ce qu'il faut, et qu'elle est très propre à toutes occasions. /// C'est l'unique priere de quoy je me sers par tout, et la repete au lieu d'en changer.

D'où advient il que je n'en ay aussi bien en memoire que
celle-là.

/ J'avoy presentement en la pensée d'où nous venoit
cett'erreur de recourir à Dieu en tous nos desseins et entreprinses, // et l'appeller à toute sorte de besoing et en
quelque lieu que nostre foiblesce veut de l'aide, sans
considerer si l'occasion est juste ou injuste ; et de escrier son
nom et sa puissance, en quelque estat et action que nous
soyons, pour vitieuse qu'elle soit.

/ Il est bien nostre seul et unique protecteur, /// et peut
toutes choses à nous ayder ; / mais, encore qu'il daigne nous
honorer de cette douce aliance paternelle, il est pourtant
autant juste comme il est bon /// et comme il est puissant.
Mais il use bien plus souvent de sa justice que de son
pouvoir, / et nous favorise selon la raison d'icelle, non selon
noz demandes.

/// Platon en ses *Loix*, faict trois sortes d'injurieuse
créance des [2] Dieux : Qu'il n'y en ayt point ; qu'ils ne se
meslent pas de nos affaires ; qu'ils ne refusent rien à noz
vœux, offrandes et sacrifices. La premiere erreur, selon son
advis, ne dura jamais immuable en homme depuis son
enfance jusques à sa vieillesse. Les deux suivantes peuvent
souffrir de la constance.

/ Sa justice et sa puissance sont inseparables. Pour neant
implorons nous sa force en une mauvaise cause. Il faut
avoir l'ame nette, au moins en ce moment auquel nous le
prions, et deschargée de passions vitieuses ; autrement nous
luy presentons nous mesmes les verges dequoy nous
chastier. Au lieu de rabiller [3] nostre faute, nous la redou-
blons, presentans à celuy à qui nous avons à demander
pardon une affection pleine d'irreverence et de haine.
Voylà pourquoy je ne loüe pas volontiers ceux que je voy
prier Dieu plus souvent et plus ordinairement, si les actions
voisines de la priere ne me tesmoignent quelque amende-
ment et reformation,

> // *si, nocturnus adulter,*
> *Tempora Sanctonico velas adoperta cucullo* [4].

/// Et l'assiette d'un homme, meslant à une vie execrable
la devotion, semble estre aucunement plus condemnable
que celle d'un homme conforme à soy, et dissolu par tout.
Pourtant refuse nostre Eglise tous les jours la faveur de
son entrée et societé aux meurs obstinées à quelque insigne
malice.

/ Nous prions par usage et par coustume, ou, pour mieux dire, nous lisons ou prononçons nos prieres. Ce n'est en fin que mine.

// Et me desplaist de voir faire trois signes de croix au *benedicite*, autant à *graces* (et plus m'en desplaist-il de ce que c'est un signe que j'ay en reverence et continuel usage, /// mesmement [5] au bailler), // et ce pendant, toutes les autres heures du jour, les voir occupées à la haine, l'avarice, l'injustice. Aux vices leur heure, son heure à Dieu, comme par compensation et composition. C'est miracle de voir continuer des actions si diverses d'une si pareille teneur qu'il ne s'y sente point d'interruption et d'alteration aux confins mesme et passage de l'une à l'autre.

/// Quelle prodigieuse conscience se peut donner repos, nourrissant en mesme giste, d'une société si accordante et si paisible, le crime et le juge ? Un homme de qui la paillardise sans cesse regente la teste, et qui la juge très-odieuse à la veuë divine, que dict-il à Dieu, quand il luy en parle ? Il se rameine [6]; mais soudain il rechoit. Si l'objet de la divine justice et sa presence frappoient comme il dict, et chastioient son ame, pour courte qu'en fust la penitence, la crainte mesme y rejetteroit si souvent sa pensée, qu'incontinent il se verroit maistre de ces vices qui sont habitués et acharnés en luy. Mais quoy! ceux qui [7] couchent une vie entiere sur le fruict et emolument du peché qu'ils sçavent mortel ? Combien avons-nous de mestiers et vacations reçeuës, dequoy l'essence est vicieuse! Et celuy qui, se confessant à moy, me recitoit avoir tout un aage faict profession et les effects d'une religion damnable selon luy, et contradictoire à celle qu'il avoit en son cœur, pour ne perdre son credit et l'honneur de ses charges, comment patissoit-il [8] ce discours en son courage ? De quel langage entretiennent-ils sur ce subject la justice divine ? Leur repentance consistant en visible et maniable reparation, ils perdent et envers Dieu et envers nous le moyen de l'alleguer. Sont-ils si hardis de demander pardon sans satisfaction et sans repentance ? Je tiens que de ces premiers il en va comme de ceux icy; mais l'obstination n'y est pas si aisée à convaincre. Cette contrarieté [9] et volubilité d'opinion si soudaine, si violente, qu'ils nous feignent, sent pour moy au miracle. Ils nous representent l'estat d'une indigestible agonie [10]. Que l'imagination me sembloit fantastique, de ceux qui, ces années passées, avoient en usage de reprocher à tout chacun en qui il reluisoit quelque clarté d'esprit, professant la relligion Catholique, que c'estoit à feinte et

tenoient mesme, pour luy faire honneur, quoy qu'il dict
par apparence, qu'il ne pouvoit faillir au dedans d'avoir sa
creance reformée à leur pied [11]. Fascheuse maladie, de se
croire si fort qu'on se persuade qu'il ne se puisse croire au
contraire. Et plus fascheuse encore qu'on se persuade d'un
tel esprit qu'il prefere je ne sçay quelle disparité de fortune
presente aux esperances et menaces de la vie eternelle. Ils
m'en peuvent croire. Si rien eust deu tenter ma jeunesse,
l'ambition du hazard [12] et difficulté qui suivoient cette
recente entreprinse [13] y eust eu bonne part.

/ Ce n'est pas sans grande raison, ce me semble, que
l'Eglise defend l'usage promiscue [14], temeraire et indiscret
des sainctes et divines chansons que le Sainct Esprit a dicté
en David. Il ne faut mesler Dieu en nos actions qu'avecque
reverence et attention pleine d'honneur et de respect.
Cette voix est trop divine pour n'avoir autre usage que
d'exercer les poulmons et plaire à nos oreilles; c'est de la
conscience qu'elle doit estre produite, et non pas de la
langue. Ce n'est pas raison qu'on permette qu'un garçon
de boutique, parmy ces vains et frivoles pensemens, s'en
entretienne et s'en joüe.

// Ny n'est certes raison de voir tracasser par une sale et
par une cuysine le Sainct livre des sacrez mysteres de
nostre creance. /// C'estoyent autrefois mysteres; ce sont à
present desduits et esbats. // Ce n'est pas en passant et
tumultuairement qu'il faut manier un estude si serieuz
et venerable. Ce doibt estre une action destinée [15] et rassise,
à laquelle on doibt tousjours adjouster cette preface de
nostre office : « *Sursum corda* », et y apporter le corps
mesme disposé en contenance qui tesmoigne une particuliere attention et reverence.

/// Ce n'est pas l'estude de tout le monde, c'est l'estude
des personnes qui y sont vouées, que Dieu y appelle. Les
meschans, les ignorans s'y empirent. Ce n'est pas une
histoire à compter, c'est une histoire à reverer, craindre,
adorer. Plaisantes gens qui pensent l'avoir rendue maniable
au peuple, pour l'avoir mise en langage populaire! Ne
tient-il qu'aux mots qu'ils n'entendent tout ce qu'ils
trouvent par escrit ? Diray-je plus ? Pour l'en approcher de
ce peu, ils l'en reculent. L'ignorance pure et remise [16]
toute en autruy estoit bien plus salutaire et plus sçavante
que n'est cette science verbale et vaine, nourrice de presomption et de temerité.

// Je croi aussi que la liberté à chacun de dissiper une
parole si religieuse et importante à tant de sortes d'idiomes

a beaucoup plus de danger que d'utilité. Les Juifs, les
Mahometans, et quasi tous autres, ont espousé et reverent
le langage auquel originellement leurs mysteres avoyent
esté conceuz [17], et en est defendue l'alteration et changement; non sans apparance [18]. Sçavons nous bien qu'en
Basque et en Bretaigne, il y ayt des Juges assez pour
establir cette traduction faicte en leur langue ? L'Eglise
universelle n'a point de Jugement plus ardu à faire, et plus
solenne [19]. En preschant et parlant, l'interpretation est
vague, libre, muable, et d'une parcelle; ainsi ce n'est pas
de mesme.

/// L'un de noz historiens Grecs [20] accuse justement son
siecle de ce que les secrets de la religion Chrestienne
estoient espandus emmy la place, és mains des moindres
artisans; que chacun en peut debattre et dire selon son
sens; et que ce nous devoit estre grande honte, qui, par la
grace de Dieu, jouïssons des purs mysteres de la pieté, de les
laisser profaner en la bouche de personnes ignorantes et
populaires, veu que les Gentils interdisoient à Socrates, à
Platon et aux plus sages, de parler et s'enquerir des choses
ccmmises aux Prestres de Delphes. Dict aussi que les
factions des Princes sur le subject de la Theologie sont
armées non de zele, mais de cholere; que le zele tient de la
divine raison et justice, se conduisant ordonnément et
moderément; mais qu'il se change en haine et envie, et
produit, au lieu du froment et du raisin, de l'yvraye et des
orties quand il est conduit d'une passion humaine. Et justement aussi cet autre, conseillant l'Empereur Theodose,
disoit les disputes n'endormir pas tant les schismes de
l'Eglise, que les esveiller et animer les Heresies; que pourtant il faloit fuir toutes contentions [21] et argumentations
dialectiques, et se rapporter nuement aux prescriptions et
formules de la foy establies par les anciens. Et l'Empereur
Androdicus, ayant rencontré en son palais deux grands
hommes aux prises de parole contre Lopadius sur un de
noz points de grande importance, les tança jusques à mena-
cer de les jetter en la riviere, s'ils continuoient.

Les enfans et les femmes, en noz jours, regentent les
plus vieux et experimentez sur les loix ecclesiastiques, là
où la premiere de celles de Platon leur deffend de s'enquerir seulement de la raison des loix civiles qui doivent
tenir lieu d'ordonnances divines; et, permettant aux vieux
d'en communiquer entre eux et avecq le magistrat, il
adjouste : pourveu que ce ne soit pas en presence des
jeunes et personnes profanes.

Un evesque a laissé par escrit que, en l'autre bout du
monde, il y a une Isle que les anciens nommoient Diosco-
ride, commode en fertilité de toutes sortes d'arbres et
fruicts et salubrité d'air ; de laquelle le peuple est Chrestien,
ayant des Eglises et des autels qui ne sont parez que de
croix, sans autres images ; grand observateur de jeusnes et
de festes, exacte païeur de dismes aux prestres, et si chaste
que nul d'eux ne peut cognoistre qu'une femme en sa vie ;
au demeurant, si contant de sa fortune qu'au milieu de la
mer il ignore l'usage des navires, et si simple que, de la
religion qu'il observe si soigneusement, il n'en entend un
seul mot ; chose incroyable à qui ne sçauroit les Payens, si
devots idolatres, ne connoistre de leurs Dieux que simplement le nom et la statue.

L'ancien commencement de *Menalippe*, tragédie d'Euripides, portoit ainsi :

> *O Juppiter, car de toy rien sinon*
> *Je ne connois seulement que le nom* [22].

// J'ay veu aussi, de mon temps, faire plainte d'aucuns
escris, de ce qu'ils sont purement humains et philosophiques, sans meslange de Theologie. Qui diroit au
contraire [23], ce ne seroit pourtant sans quelque raison : Que
la doctrine divine tient mieux son rang à part, comme
Royne et dominatrice ; Qu'elle doibt estre principale par
tout, poinct suffragante et subsidiaire ; Et qu'à l'aventure se
tireroient les exemples à la grammaire, Rhetorique,
Logique, plus sortablement d'ailleurs que d'une si sainte
matiere, comme aussi les arguments des Theatres, jeuz et
spectacles publiques ; Que les raisons divines se consi-
derent plus venerablement et reveramment seules et en leur
stile, qu'appariées aux discours [24] humains ; Qu'il se voit
plus souvent cette faute que les Theologiens escrivent trop
humainement, que cett'autre que les humanistes escrivent
trop peu theologalement : « la Philosophie, dict Sainct
Chrysostome, est pieça banie de l'escole sainte, comme
servante inutile, et estimée indigne de voir, seulement en
passant, de l'entrée, le sacraire [25] des saints Thresors de la
doctrine celeste » ; Que le dire humain a ses formes plus
basses et ne se doibt servir de la dignité, majesté, regence [26],
du parler divin. Je luy laisse, pour moy, dire /// « *verbis
indisciplinatis* [27] », // fortune, destinée, accident, heur et
malheur, et les Dieux et autres frases, selon sa mode.

/// Je propose les fantasies humaines et miennes, sim-

plement comme humaines fantasies, et separement considerées, non comme arrestées et reglées par l'ordonnance
celeste, incapables de doubte et d'altercation; matiere
d'opinion, non matiere de foy; ce que je discours [28] selon
moy, non ce que je croy selon Dieu, comme les enfans
proposent leurs essais; instruisables, non instruisants;
d'une maniere laïque, non clericale [29], mais très-religieuse
tousjours.

// Et ne diroit-on pas aussi sans apparence [30], que l'ordonnance de ne s'entremettre que bien reservéement d'escrire de la Religion à tous autres qu'à ceux qui en font
expresse profession, n'auroit pas faute [31] de quelque image
d'utilité et de justice; et, à moy avecq, à l'avanture, de
m'en taire ?

/ On m'a dict que ceux mesmes qui ne sont pas des
nostres [32], defendent pourtant entre eux l'usage du nom
de Dieu, en leurs propos communs. Ils ne veulent pas
qu'on s'en serve par une maniere d'interjection ou d'exclamation, ny pour tesmoignage, ny pour comparaison : en
quoy je trouve qu'ils ont raison. Et, en quelque maniere
que ce soit que nous appellons Dieu à nostre commerce
et societé, il faut que ce soit serieusement et religieusement.

Il y a, ce me semble, en Xenophon un tel discours
où il montre que nous devons plus rarement prier Dieu,
d'autant qu'il n'est pas aisé que nous puissions si souvent
remettre nostre ame en cette assiete reglée, reformée et
devotieuse, où il faut qu'elle soit pour ce faire; autrement
nos prieres ne sont pas seulement vaines et inutiles, mais
vitieuses. « Pardonne nous, disons nous, comme nous par-
donnons à ceux qui nous ont offencez. » Que disons nous
par là, sinon que nous luy offrons nostre ame exempte de
vengeance et de rancune ? Toutesfois nous appellons Dieu
et son ayde au complot de nos fautes, /// et le convions à
l'injustice.

// *Quæ, nisi seductis, nequeas committere divis* [33].

/ L'avaricieux le prie pour la conservation vaine et
superflue de ses thresors; l'ambitieux, pour ses victoires et
conduite de sa passion; le voleur l'employe à son ayde
pour franchir le hazart et les difficultez qui s'opposent à
l'execution de ses meschantes entreprinses, ou le remercie
de l'aisance qu'il a trouvé à desgosiller [34] un passant. /// Au
pied de la maison qu'ils vont escheller [35] ou petarder [36], ils
font leurs prieres, l'intention et l'esperance pleine de
cruauté, de luxure, d'avarice.

// *Hoc ipsum quo tu Jovis aurem impellere tentas,*
Dic agedum, Staio, pro Juppiter, ô bone clamet,
Juppiter, at sese non clamet Juppiter ipse [37].

/ La Royne de Navarre, Marguerite, recite [38] d'un jeune
prince, et, encore qu'elle ne le nomme pas, sa grandeur
l'a rendu assez connoissable, qu'allant à une assignation
amoureuse, et coucher avec la femme d'un Advocat de
Paris, son chemin s'adonnant au travers d'une Eglise, il
ne passoit jamais en ce lieu saint, alant ou retournant de
son entreprinse, qu'il ne fit ses prieres et oraisons. Je
vous laisse à juger, l'ame pleine de ce beau pensement, à
quoy il employoit la faveur divine! Toutesfois elle allegue
cela pour un tesmoignage de singuliere devotion. Mais ce
n'est pas par cette preuve seulement qu'on pourroit verifier que les femmes ne sont guieres propres à traiter les
matieres de la Theologie.

Une vraye priere et une religieuse reconciliation de
nous à Dieu, elle ne peut tomber en une ame impure et
soubmise lors mesmes à la domination de Satan. Celuy qui
appelle Dieu à son assistance pendant qu'il est dans le train
du vice, il fait comme le coupeur de bourse qui appelleroit
la justice à son ayde, ou comme ceux qui produisent le
nom de Dieu en tesmoignage de mensonge :

// *tacito mala vota susurro*
Concipimus [39].

/ Il est peu d'hommes qui ozassent mettre en evidence
les requestes secretes qu'ils font à Dieu,

Haud cuivis promptum est murmurque humilesque susurros
Tollere de templis, et aperto vivere voto [40].

Voylà pourquoy les Pythagoriens vouloyent qu'elles
fussent publiques et ouyes d'un chacun, afin qu'on ne
le requit de chose indecente et injuste, comme celuy là,

clare cum dixit : Apollo !
Labra movet, metuens audiri : pulchra Laverna,
Da mihi fallere, da justum sanctúmque videri.
Noctem peccatis et fraudibus objice nubem [41].

/// Les Dieux punirent griefvement les iniques vœux
d'Œdipus en les luy ottroyant. Il avait prié que ses

enfans vuidassent par armes entre eux la succession de son estat. Il fut si miserable de se voir pris au mot. Il ne faut pas demander que toutes choses suivent nostre volonté, mais qu'elles suivent la prudence.

/ Il semble, à la verité que nous nous servons de nos prieres /// comme d'un jargon et / comme ceux qui employent les paroles sainctes et divines à des sorcelleries et effects magiciens; et que nous facions nostre conte que ce soit de la contexture [42], ou son, ou suite des motz, ou de nostre contenance, que depende leur effect. Car, ayant l'ame pleine de concupiscence, non touchée de repentance, ny d'aucune nouvelle [43] reconciliation envers Dieu, nous luy alons presenter ces parolles que la memoire preste à nostre langue, et esperons en tirer une expiation de nos fautes. Il n'est rien si aisé, si doux et si favorable que la loy divine; elle nous appelle à soy, ainsi fautiers et detestables comme nous sommes; elle nous tend les bras et nous reçoit en son giron, pour vilains, ords [44] et bourbeux que nous soyons et que nous ayons à estre à l'advenir. Mais encore, en recompense [45], la faut-il regarder de bon œuil. Encore faut-il recevoir ce pardon avec action de graces; et, au moins pour cet instant que nous nous addressons à elle, avoir l'ame desplaisante de [46] ses fautes et ennemie des passions qui nous ont poussé à l'offencer : /// « Ny les dieux, ny les gens de bien, dict Platon, n'acceptent le present d'un meschant. »

> // *Immunis aram si tetigit manus,*
> *Non somptuosa blandior hostia*
> *Mollivit aversos Penates,*
> *Farre pio et saliente mica* [47].

CHAPITRE LVII

DE L'AAGE

/ Je ne puis recevoir ¹ la façon dequoy nous establissons
la durée de nostre vie. Je voy que les sages l'acoursissent
bien fort au pris de la commune opinion. « Comment, dict
le jeune Caton à ceux qui le vouloyent empescher de se
tuer, suis-je à cette heure en aage où l'on me puisse reprocher d'abandonner trop tost la vie ? » Si, n'avoit il que
quarante et huict ans. Il estimoit cet aage là bien meur
et bien avancé, considerant combien peu d'hommes y
arrivent; et ceux qui s'entretiennent de ce que je ne sçay
quel cours, qu'ils nomment naturel, promet quelques
années au delà, ils le pourroient faire, s'ils avoient privilege
qui les exemptast d'un si grand nombre d'accidents ausquels chacun de nous est en bute par une naturelle subjection, qui peuvent interrompre ce cours qu'ils se promettent.
Quelle resverie est-ce de s'attendre de mourir d'une defaillance de forces que l'extreme vieillesse apporte, et de se
proposer ce but à nostre durée, veu que c'est l'espece de
mort la plus rare de toutes et la moins en usage ? Nous
l'appellons seule naturelle, comme si c'estoit contre nature
de voir un homme se rompre le col d'une cheute, s'estoufer
d'un naufrage, se laisser surprendre à la peste ou à une
pleuresie, et comme si nostre condition ordinaire ne nous
presentoit à tous ces inconveniens. Ne nous flatons pas
de ces beaux mots : on doit, à l'aventure, appeler plustost naturel ce qui est general, commun et universel.
Mourir de vieillesse, c'est une mort rare, singuliere et
extraordinaire, et d'autant moins naturelle que les autres;
c'est la derniere et extreme sorte de mourir; plus elle est
esloignée de nous, d'autant est elle moins esperable; c'est
bien la borne au delà de laquelle nous n'irons pas, et que
la loy de nature a prescript pour n'estre poinct outrepassée;
mais c'est un sien rare privilege de nous faire durer jusques

là. C'est une exemption qu'elle donne par faveur particuliere à un seul en l'espace de deux ou trois siecles, le des-
chargeant des traverses et difficultez qu'elle a jetté entre
deux en cette longue carriere.

Par ainsi, mon opinion est de regarder que l'aage auquel
nous sommes arrivez, c'est un aage auquel peu de gens
arrivent. Puis que d'un train ordinaire les hommes ne
viennent pas jusques là, c'est signe que nous sommes bien
avant. Et, puis que nous avons passé les limites accoustumez, qui est la vraye mesure de nostre vie, nous ne devons
esperer d'aller guiere outre ; ayant eschappé tant d'occasions de mourir, où nous voyons trebucher le monde,
nous devons reconnoistre qu'une fortune extraordinaire
comme celle-là qui nous maintient, et hors de l'usage commun, ne nous doit guiere durer.

C'est un vice des loix mesmes d'avoir cette fauce imagination [2] ; elles ne veulent pas qu'un homme soit capable
du maniement de ses biens, qu'il n'ait vingt et cinq ans ; et
à peine conservera–t–il jusques lors le maniement de sa vie.
Auguste retrancha cinq ans des anciennes ordonnances
Romaines, et declara qu'il suffisoit à ceux qui prenoient
charge de judicature d'avoir trente ans. Servius Tullius
dispensa les chevaliers qui avoient passé quarante sept ans
des courvées de la guerre ; Auguste les remit à quarante et
cinq. De renvoyer les hommes au sejour avant cinquante cinq ou soixante ans, il me semble n'y avoir
pas grande apparence [3]. Je serois d'advis qu'on estandit
nostre vacation et occupation autant qu'on pourroit, pour
la commodité publique ; mais je trouve la faute en l'austre
costé, de ne nous y embesongner pas assez tost. Cettuy-cy
avoit esté juge universel du monde à dix et neuf ans,
et veut que, pour juger de la place d'une goutiere, on en
ait trente.

Quant à moy, j'estime que nos ames sont denoüeés à
vingt ans ce qu'elles doivent estre, et qu'elles promettent
tout ce qu'elles pourront. Jamais ame, qui n'ait donné en
cet aage arre [4] bien evidente de sa force, n'en donna depuis
la preuve. Les qualitez et vertus naturelles enseignent dans
ce terme là, ou jamais, ce qu'elles ont de vigoureux et de
beau :

> // *Si l'espine nou pique quand nai,*
> *A pene que pique jamai* [5],

disent-ils en Dauphiné.

/ De toutes les belles actions humaines qui sont venuës

à ma connoissance, de quelque sorte qu'elles soient, je penserois en avoir plus grande part à nombrer celles qui ont esté produites, et aux siecles anciens et au nostre, avant l'aage de trente ans que après; /// ouy, en la vie de mesmes hommes souvent. Ne le puis-je pas dire en toute seurté de celle de Hannibal, et de Scipion son grand adversaire ?

La belle moitié de leur vie, ils la vescurent de la gloire acquise en leur jeunesse; grands hommes despuis au pris de tous autres, mais nullement au prix d'eux-mesmes. / Quant à moy, je tien pour certain que, depuis cet aage, et mon esprit et mon corps ont plus diminué qu'augmenté, et plus reculé que avancé. Il est possible qu'à ceux qui emploient bien le temps, la science et l'experience croissent avec la vie; mais la vivacité, la promptitude, la fermeté, et autres parties [6] bien plus nostres, plus importantes et essentielles, se fanissent et s'alanguissent.

> *Ubi jam validis quassatum est viribus ævi*
> *Corpus, et obtusis ceciderunt viribus artus,*
> *Claudicat ingenium, delirat linguaque ménsque* [7].

Tantost c'est le corps qui se rend le premier à la vieillesse; par fois aussi, c'est l'ame; et en ay assez veu qui ont eu la cervelle affoiblie avant l'estomac et les jambes; et d'autant que c'est un mal peu sensible à qui le souffre et d'une obscure montre, d'autant est-il plus dangereux. Pour ce coup, / je me plains des loix, non pas dequoy elles nous laissent trop tard à la besongne, mais dequoy elles nous y emploient trop tard. Il me semble que, considerant la foiblesse de nostre vie, et à combien d'escueils ordinaires et naturels elle est exposée, on n'en devroit pas faire si grande part à la naissance, à l'oisiveté et à l'apprentissage.

NOTES

AU LECTEUR

1. Recherche.

2. Les exemplaires de 1595 qui contiennent cette préface (car elle ne figure pas dans la plupart) portent : *ce 12 juin 1580*, qui ne correspond à rien. On lisait dans celle de 1588 : *ce 12 juin 1588*.

LIVRE PREMIER

CHAPITRE PREMIER

1. Episode du siège de Limoge en 1370.

2. Emoussa.

3. Tout net.

4. Episode du siège de Wiesberg en Bavière (1140).

5. A grand-peine.

6. Petites boules (pour voter).

7. Insultantes.

8. Si sa colère avait pu être refrénée (locution proverbiale).

CHAPITRE II

1. Charles de Guise, cardinal de Lorraine.

2. [Avoir été] pétrifié de douleur. Le texte d'Ovide (*Métamorphoses*, VI, 304) porte exactement *diriguitque malis*.

3. « Et enfin, à grand-peine, la douleur livra passage à sa voix. » Virgile, *Enéide*, XI, 151.

4. « Qui peut dire comme il brûle, est dans un petit feu. » Pétrarque, sonnet CXXXVII.

5. « Bonheur qui ravit à ma pauvre âme l'usage de tous mes sens, car à peine t'ai-je aperçue, Lesbie, que ma voix expire dans ma bouche;

ma langue est paralysée, un feu subtil coule dans mes membres, un bourdonnement intérieur fait tinter mes oreilles, et une double nuit s'étend sur mes yeux. » Catulle, III, 5.

6. « Les chagrins légers parlent, les grands se taisent. » Sénèque, *Hippolyte*, II, III, 607.

7. « Dès qu'elle m'aperçut et qu'elle vit autour de moi les larmes troyennes, égarée, épouvantée de ce grand prodige, elle demeura le regard fixe et la chaleur abandonna ses os. Elle s'évanouit, et ce n'est qu'après une longue défaillance qu'elle peut enfin parler. » Virgile, *Énéide*, III, 306.

8. Corse.

CHAPITRE III

1. « Malheureux est l'esprit tourmenté de l'avenir. » Sénèque, *Épitres*, 98.

2. Platon, *Timée*, p. 72, trad. latine de Ficin (1546) : « Agere sua, seque ipsum cognoscere. »

3. Cicéron, *Tusculanes*, V, XVIII. L'édition de 1595 substitue à la citation latine cette traduction : « *Comme la folie, quand on luy octroyera ce qu'elle désire, ne sera pas contente, aussi est la sagesse de ce qui est présent, ne se desplaist jamais de soy.* »

4. Conducteur de char (dans les jeux du cirque).

5. « On a peine à se déraciner et à se retrancher de la vie, mais à son insu même, on suppose qu'une partie de soi survit, et l'on ne peut se détourner et s'affranchir de son corps terrassé. » Lucrèce, III, 890 sq.

6. Province de Brescia.

7. Qui est à présent sur le trône.

8. Suggestion persuasive.

9. Xénophon.

10. Obsèques.

11. Mesquines.

12. « C'est un soin qu'il nous faut entièrement mépriser pour nous-même et ne pas négliger pour les nôtres. » Cicéron, *Tusculanes*, I, 45.

13. « Le soin des funérailles, le choix de la sépulture, la pompe des obsèques sont plutôt une consolation pour les vivants qu'un secours pour les morts. » Saint Augustin, *Cité de Dieu*, I, 12.

14. Leur rendit la pareille (diction populaire).

15. Payer.

16. « Tu demandes où tu seras après la mort ? Où sont les êtres qui ne sont pas nés. » Sénèque, *Les Troyennes*, II, 30.

17. « Qu'il n'ait pas de sépulcre pour le recevoir, de port où, déchargé du poids de la vie humaine, son corps repose à l'abri des maux. » Ennius, cité par Cicéron, *Tusculanes*, I, 44.

CHAPITRE IV

1. « De même que le vent, si d'épaisses forêts ne lui font obstacle, perd ses forces en s'éparpillant dans l'espace vide. » Lucain, *Pharsale*, II, 362.

2. « Ainsi l'ourse de Pannonie, plus féroce après avoir été atteinte du javelot que retient la brève courroie de Libye, se roule sur sa plaie et, furieuse, cherche à mordre le dard dont elle est percée et poursuit le fer qui fuit avec elle. » Lucain, *Pharsale*, VI, 220.

3. « Tous de pleurer aussitôt et de se frapper la tête. » Tite-Live, XXV, 37.

4. Lui mit des fers.

5. Du cirque.

CHAPITRE V

1. Propositions dilatoires.

2. Feintes.

3. Qui voulait livrer les enfants aux Romains.

4. « Ruse ou vaillance, qu'importe entre ennemis ? » Virgile, *Enéide*, II, 390.

5. « Un homme vertueux et sage saura que la vraie victoire est celle qu'on gagnera sans manquer à la loyauté, ni toucher à l'honneur. » Florus, I, XII. Cité par Juste Lipse, *Politiques*, V, 17.

6. « Si c'est à vous ou à moi que la souveraine fortune garde un trône, éprouvons-le par le courage. » Ennius, cité par Cicéron, *De officiis*, I, XII.

7. En campagne.

8. Avec trois autres.

9. Confiance dans.

CHAPITRE VI

1. Pacte.

2. Supplantant, prévalant sur.

3. « Que personne ne cherche à profiter de l'ignorance d'autrui. » Cicéron, *De officiis*, III, XVII.

4. « Vaincre fut toujours chose glorieuse, qu'on ait vaincu par fortune ou par ruse. » Arioste, *Orlando furioso*, XV, 1.

5. Conseillait.

6. « J'aime mieux avoir à me plaindre de la fortune qu'avoir honte de ma victoire. » Quinte-Curce, IV, 13.

7. « Et lui (Mézence) n'a pas daigné abattre Orodès fuyant ni lui porter un coup décoché par-derrière; il l'a dépassé, l'a attaqué de front, s'est mesuré à lui homme à homme, triomphant non par ruse mais par la force des armes. » Virgile, *Enéide*, X, 732.

CHAPITRE VII

1. Vraiment.

2. Sans avoir à en souffrir grand dommage.

3. Prochain.

CHAPITRE VIII

1. Pour les utiliser.

2. « Ainsi lorsqu'en un vase d'airain, la lumière tremblante de l'eau réfléchit le soleil ou l'image de la lune brillante, elle voltige au loin de toutes parts, s'élève dans les airs et va frapper les lambris du plafond. » Virgile, *Enéide*, VIII, 22 et suiv.

3. « Comme des songes de malade, ils se forgent de vaines chimères. » Horace, *Art poétique*, 7.

4. « Quiconque habite partout, Maxime, n'habite nulle part. » Martial, *Epigr.*, VII, LXXIII.

5. « L'oisiveté dissipe toujours l'esprit en tous sens. » Lucain, *Pharsale*, IV, 704.

CHAPITRE IX

1. Bon sens.

2. La nature.

3. Assisté, aidé.

4. Ceux qui parlent à propos.

5. Souffleur (de théâtre).

6. Le principal.

7. Dévient du but.

8. « De sorte que l'étranger n'est pas un homme pour autrui. » Pline, *Hist. Nat.*, VII, 1; sentence citée par Vives dans son commentaire de *La Cité de Dieu*, XIX, 7.

9. Enfermé dans un cercle.

10. Son parti.

11. Récit.

12. Au service.

13. Le roi de France, Louis XII.

14. Penchait.

CHAPITRE X.

1. La Boétie, *Vers françois*, éd. de 1572, sonnet XIV.

2. Imprévues.

3. Action.

4. A force de.

5. Emoussée.

6. Si je portais le grattoir..., j'effacerais tout.

7. M'en donnera la lumière (l'intelligence).

CHAPITRE XI

1. Longtemps.

2. « D'où vient qu'il ne se rend plus d'oracles de ce genre à Delphes, non seulement à présent, mais depuis longtemps, en sorte que rien n'est si méprisé ? » Cicéron, *De divinatione*, II, LVII.

3. « Nous croyons que certains oiseaux ne sont nés que pour servir à l'art des augures. » Cicéron, *De natura deorum*, II, XLIV.

4. « Les aruspices voient beaucoup de choses; les augures en prévoient beaucoup; beaucoup d'événements sont annoncés par les oracles, beaucoup par les divinations, beaucoup par les songes, beaucoup par les prodiges. » Idem, *ibid.*, II, LXV.

5. « Pourquoi, roi de l'Olympe, as-tu voulu ajouter aux maux des mortels l'angoisse de leur faire connaître par de cruels présages leurs malheurs futurs ? Que tes desseins, quels qu'ils soient, nous frappent à l'improviste, que l'avenir soit caché aux hommes, que l'espoir leur soit permis au milieu de leurs craintes! » Lucain, *Pharsale*, II, 4, 6 et 14-15.

6. « Il n'est même pas utile de connaître l'avenir. C'est une misère, en effet, de se tourmenter sans profit. » Cicéron, *De natura deorum*, III, 6.

7. De se révolter.

8. Plaint.

9. « Un dieu sage nous cache d'une nuit ténébreuse les événements de l'avenir, et se rit du mortel qui porte ses inquiétudes plus loin qu'il ne doit. — Celui-là est maître de lui-même et vit joyeux qui peut dire chaque jour : « J'ai vécu; qu'importe que demain Jupiter voile le ciel de nuages sombres ou nous donne un soleil radieux! » Horace, *Odes*, III, XXIX, vers 29-32 et 41-44.

10. « L'esprit joyeux pour le présent détestera de se soucier de l'avenir. » Idem, *ibid.*, II, XVI, v. 25.

11. « Ils argumentent ainsi : S'il y a une divination, il y a des dieux; et s'il y a des dieux, il y a une divination. » Cicéron, *De divinatione*, I, VI.

12. « Car pour ceux qui comprennent le langage des oiseaux et qui s'en rapportent au foie d'un animal plutôt qu'à leur propre cœur, j'estime qu'il vaut mieux les écouter que les croire. » Pacuvius, cité par Cicéron, *De divinatione*, I, LVII.

13. « Quel est celui, en effet, qui tirant tout le jour, n'atteindrait pas quelquefois le but ? » Cicéron, *De divinatione*, II, LIX.

14. Tomber juste.

15. Joachim de Flore (XIIe siècle) prophète du règne de l'esprit.

CHAPITRE XII

1. Bravoure.

2. Perse.

3. Reculer, lâcher pied (*sier* est pris ici au sens de *ramer*).

4. Une fois qu'on.

5. Plus d'un.

6. Fit un écart.

7. Plonger comme une cane.

8. La poitrine.

9. Ecroulement.

10. « Son âme demeure inflexible, ses pleurs coulent en vain. » Vers de Virgile, *Enéide*, IV, 449, cité par saint Augustin dans un passage de *La Cité de Dieu*, IX, 4.

CHAPITRE XIII

1. Rendez-vous.

2. Repos.

CHAPITRE XIV

1. Devenu le chapitre LX dans l'édition de 1595.

2. Viendrons-nous à bout.

3. Adversaires (c'est le terme judiciaire).

4. « O mort ! plût à Dieu que tu dédaignasses d'enlever les lâches à la vie, et que la vaillance seule te pût donner ! » Lucain, *Pharsale*, IV, 580.

5. Connaissances.

6. Tombantes.

7. Humeur de plaisanter.

8. Galère.

9. Gentilshommes.

10. Médique.

11. Perses.

12. Transporter.

13. Chichement.

14. Au rivage.

15. Envisagée.

16. « Combien de fois non seulement nos généraux, mais encore nos armées entières, ont couru à une mort indubitable! » Cicéron, *Tusculanes*, I, XXXVII.

17. Sénèque, *Epîtres*, 70.

18. Piqûres, douleurs poignantes.

19. « Et si les sens ne sont véridiques, la raison aussi est fallacieuse. » Lucrèce, IV, 485.

20. « Ou elle est passée, ou elle va venir : il n'y a rien de présent en elle. » Vers tiré d'une satire de La Boétie adressée à Montaigne (à la suite de *La Mesnagerie de Xénophon*).

21. « Et la mort cause moins de mal que l'attente de la mort. » Ovide, *Héroïdes*, Ariane à Thésée, v. 82.

22. « La mort n'est un mal que par ce qui la suit. » Saint Augustin, *Cité de Dieu*, I, 11.

23. « La vaillance est avide de danger. » Sénèque, *De providentia*, IV.

24. « Ce n'est pas, en effet, dans la joie ni le plaisir, dans le rire et le jeu, compagnons de la légèreté, qu'on est heureux : on l'est souvent plutôt dans la tristesse par la fermeté et la constance. » Cicéron, *De finibus*, II, XX.

25. « Il y a plus de joie dans la vertu quand elle nous coûte cher. » Lucain, *Pharsale*, IX, 404.

26. « Si elle est violente, elle est brève; si elle est longue, elle est légère. » Cicéron, *De finibus*, II, XXIX.

27. « Tu te souviendras que la mort met fin aux plus grandes douleurs, que les petites ont beaucoup d'intermittences et que nous sommes maîtres des moyennes. Ainsi tolérables, nous les supportons; intolérables, nous nous y dérobons en sortant de la vie qui nous déplaît, comme d'un théâtre. » Cicéron, *De finibus*, I, XV.

28. Attacher notre attention.

29. En laisse.

30. « Quantum se doloribus inseruerunt, tantum doluerunt », dit exactement saint Augustin, *Cité de Dieu*, I, 10. « Ils ont souffert pour autant qu'ils se sont livrés à la douleur. »

31. Fantassins.

32. Ces pseudo-Egyptiennes.

33. Recueillies parmi nous.

34. « Jamais l'usage n'aurait vaincu la nature, car elle est invincible toujours; mais c'est nous qui, par les aises, les délices, l'oisiveté, l'indolence, la nonchalance, avons infecté notre âme, qui par les préjugés et les mauvaises habitudes l'avons amollie et corrompue. » Cicéron, *Tusculanes*, V, XXVII.

35. Manqué son coup.

36. « Quel vulgaire gladiateur a jamais gémi ou changé de visage ?
Lequel a-t-on vu jamais non seulement se tenir mais tomber lâche-
ment ? Lequel, une fois tombé, contraint de recevoir la mort, a
détourné le cou ? » Cicéron, *Tusculanes*, II, XVII.

37. « Elles qui ont soin d'arracher avec la racine leurs cheveux blancs
et de se refaire un visage neuf en s'arrachant la peau. » Tibulle, I, VIII,
45.

38. Exprès.

39. A la mode espagnole, c'est-à-dire mince.

40. Encoches, entailles.

41. Henri III, qui régna sur la Pologne en 1573-1574.

42. Sa chevelure.

43. Petites pièces d'argent.

44. Le marquis de Trans qui perdit ses trois fils au combat de
Moncrabeau.

45. Plaisantant.

46. Joué.

47. « D'où l'on comprend que l'affliction n'est pas dans la nature,
mais dans l'opinion. » Cicéron, *Tusculanes*, III, XXVIII.

48. « Nation farouche qui ne pensait pas qu'on pût vivre sans
armes. » Tite-Live, XXXIV, 17.

49. Sans charge utile.

50. Compte précis.

51. Règle.

52. Marchandage.

53. Prévoyance.

54. Sa fortune.

55. « A travers tant de flots déchaînés! » Catulle, IV, 18.

56. Sécheresse, manque.

57. « La fortune est de verre; au moment où elle brille, elle se brise. »
Publius Syrus, cité par Juste Lipse, *Politiques*, V, 18.

58. Digues.

59. « Chacun est l'artisan de sa fortune. » Salluste, *De republica
ordin.*, I, 1.

60. « Indigents au sein des richesses, qu est le genre de pauvreté le
plus pénible. » Sénèque, *Epîtres*, 74.

61. Caisse.

62. Monceau d'or.

63. Suffire.

64. Emplette.

65. « N'être pas avide d'acquérir, c'est une fortune; n'être pas
acheteur, c'est un revenu. » Cicéron, *Paradoxes*, VI, III.

66. « Le fruit des richesses est dans l'abondance, et la satiété révèle
l'abondance. » Idem, *ibid.*, VI, II.

67. Accroissement.

68. Résolut.

69. De bon cœur.

70. L'archevêque de Bordeaux, prévot de Sausac.

71. Dépense (argent qu'on a *mis*).

72. Confiance en.

73. En ce qui le concerne.

74. Sans qu'il s'en mêle.

75. Si quelqu'un en abritait.

76. Soit efficace.

77. « Un certain préjugé, efféminé et futile, nous domine dans la douleur comme dans le plaisir. Quand nos âmes en sont liquéfiées et coulantes de mollesse, nous ne pouvons supporter un dard d'abeille sans crier, le tout est de savoir se commander. » Cicéron, *Tusculanes*, II. XXII.

CHAPITRE XV

1. Si l'on.

2. Poulailler.

3. Comparaison (faite en *pesant* le pour et le contre).

4. Ces épithètes se rapportent à sommation.

5. Dans la contrée.

6. Si l'on.

CHAPITRE XVI

1. « [Songez] plutôt à faire monter le sang aux joues d'un homme qu'à le répandre. » Sentence de Tertullien, *Apologétique*, citée par Juste Lipse, *Adversus dialogistam*, III.

CHAPITRE XVII

1. « Que le nocher se borne à parler des vents, le laboureur des taureaux, le guerrier de ses blessures, le pâtre des troupeaux. » Vers italiens traduits de Properce, II, I, 43, que Montaigne pouvait lire dans la *Civil conversation*, II, de Stefano Guazzo. La citation a été ajoutée en 1582.

2. Escalier à vis.

3. « Le bœuf lourd aspire à la selle, le bidet aspire à labourer. » Horace, *Epîtres*, I, XIV, 43.

4. Récits.

5. Faire un choix.

6. Donner des ordres si stricts.

7. Avis.

CHAPITRE XVIII

1. « Je demeurai stupide, mes cheveux se dressèrent et ma voix s'arrêta dans ma gorge. » Virgile, *Enéide*, II, 774.

2. Comme on dit.

3. Cuirassiers.

4. A grand-peine.

5. Meurtrière.

6. Les Arabes.

7. « Tant la peur s'effraye même des secours. » Quinte-Curce, III, XI.

8. Régulière.

9. Il leur fut loisible.

10. « Alors la peur m'arrache du cœur tout mon courage. » Ennius, cité par Cicéron, *Tusculanes*, IV, VII.

11. Combat.

CHAPITRE XIX

1. « Sans doute faut-il toujours attendre le dernier jour d'un homme ; et personne ne peut être déclaré heureux avant le trépas et les funérailles finales. » Ovide, *Métam.*, III, 135.

2. Pour autant, pour cette raison.

3. Allusion à Philippe, fils de Persée.

4. Denys l'Ancien qui, chassé, s'établit maître d'école à Corinthe.

5. Marie Stuart.

6. « Tant il est vrai qu'une force cachée renverse les puissances humaines et a l'air de fouler aux pieds les beaux faisceaux et les haches terribles et de s'en faire un jeu. » Lucrèce, V, 1233.

7. « Certes, j'ai vécu un jour de plus que je n'aurais dû vivre ! » Macrobe, *Saturnales*, II, VII.

8. « Car c'est alors enfin que des paroles sincères nous sortent du fond du cœur ; le masque tombe, la réalité reste. » Lucrèce, III, 57.

9. Essayer à la pierre de touche.

10. Décider.

11. Si on le pesait.

12. Croissance.

CHAPITRE XX

1. « Passons vite sur de si subtiles bagatelles. » Sénèque, *Epitres*, 117.

2. Equivaut.

3. Procure.

4. Egale.

5. Dépendances et accès.

6. Faire cesser (sens propre : *couper la broche* au ras du tonneau pour empêcher de soutirer du vin).

7. « Tous, nous sommes poussés au même lieu ; pour tous, notre lot est agité dans l'urne ; il en sortira, tôt ou tard, et nous fera monter dans la barque [de Caron] pour l'éternelle mort. » Horace, *Odes*, II, III, 25. La leçon *exilium* est généralement adoptée au lieu de *exitium*.

8. « C'est comme le rocher qui est toujours suspendu sur Tantale. » Cicéron, *De finibus*, I, XVIII.

9. « Ni les mets de Sicile n'auront pour lui leur douce saveur, ni les chants des oiseaux ni ceux de la cithare ne lui rendront le sommeil. » Horace, *Odes*, III, I, 18.

10. « Il s'informe du chemin, il compte les jours, il mesure sa vie sur la longueur de la route, tourmenté par l'idée du supplice qui l'attend. » Claudien, *In Rufinum*, II, 137.

11. « Puisqu'il s'est mis en tête d'aller à reculons. » Lucrèce, IV, 472.

12. S'en signent.

13. C'est-à-dire « Feu un tel ».

14. « Le temps est de l'argent. »

15. Depuis 1567, l'année qui commençait à Pâques commence au 1er janvier.

16. Tant qu'il n'a pas encore atteint l'âge de Mathusalem.

17. « Le danger à éviter, jamais l'homme ne le prévoit assez pour chaque heure. » Horace, *Odes*, II, XIII, 13.

18. Henri II mortellement blessé en tournoi.

19. A l'écart et sur ses gardes.

20. Coiffant.

21. Jean XXII.

22. Balle.

23. Passer le temps.

24. « J'aimerais mieux avoir l'air d'un fou, ou d'un imbécile, si mes travers me plaisent ou s'ils m'abusent, que d'être sage et d'enrager. » Horace, *Epitres*, II, II, 126.

25. A l'improviste.

26. Sans défense.

27. « Certes, il poursuit l'homme mûr dans sa fuite, et n'épargne pas les jarrets et le dos poltron de la lâche jeunesse. » Horace, *Odes*, III, ii, 14.

28. « Il a beau se cacher prudemment sous le fer et l'airain, la Mort sortira bien cette tête abritée. » Properce, IV, xviii, 25.

29. Le squelette.

30. « Dis-toi que chaque jour qui luit est pour toi le jour suprême; tu recevras avec reconnaissance l'heure que tu n'espéreras plus. » Horace, *Épitres*, I, iv, 13.

31. « Quand mon âge en fleur roulait son gai printemps. » Catulle, LXVIII, 16.

32. « Bientôt le présent sera passé, et jamais plus nous ne pourrons le rappeler. » Lucrèce, III, 915.

33. « Personne n'est plus fragile que son voisin, personne n'est plus sûr du lendemain. » Sénèque, *Épitres*, 91.

34. N'étant pas assuré.

35. « Pourquoi, dans une vie si courte, former avec ardeur tant de projets ? » Horace, *Odes*, II, xvi, 17.

36. M'applique à.

37. « Malheureux, oh! malheureux que je suis! disent-ils, un seul jour néfaste m'ôte tous les biens de la vie. » Lucrèce, III, 898.

38. « Les travaux interrompus demeurent en suspens, et les murs qui dressaient leurs puissantes menaces! » Virgile, *Enéide*, IV, 88.

39. Projeter.

40. « Quand je mourrai, puissé-je partir en plein travail! » Ovide, *Amours*, II, x, 36.

41. « On n'ajoute pas ceci : et le regret de ces biens ne demeure pas attaché à tes restes. » Lucrèce, III, 900.

42. « Bien plus, c'était la coutume jadis d'égayer les festins par des meurtres, de mêler aux banquets le spectacle farouche de combats de gladiateurs, qui souvent tombaient jusque sur les coupes en aspergeant les tables d'un flot de sang. » Silius Italicus, XI, 51, cité par Juste Lipse, *Saturnalium sermonum libri duo*, I, 6.

43. Diminutions.

44. « Hélas! quelle part de vie reste-t-il aux vieillards ? » Maximianus ou Pseudo-Gallus, I, 16.

45. « Ni le regard d'un tyran menaçant n'ébranle sa fermeté, ni l'Auster furieux qui bouleverse l'Adriatique, ni la main puissante de Jupiter lançant la foudre. » Horace, *Odes*, III, iii, 3.

46. « Les mains et les pieds chargés de fers, je te ferai garder par un geôlier farouche. — Un dieu en personne, quand je le voudrai, me délivrera. Ce qui veut dire, je pense : Je mourrai. La mort est le terme ultime des choses. » Horace, *Épitres*, I, xvi, 76.

47. « Les mortels se prêtent la vie entre eux; et, comme les coureurs, ils se passent le flambeau. » Lucrèce, II, 76.

48. « Notre première heure, qui nous a donné la vie, l'a entamée. » Sénèque, *Hercule furieux*, III, 874.

49. « Nous mourons en naissant, et la fin de notre vie dépend de son origine. » Manilius, *Astronomiques*, IV, 16.

50. « Pourquoi ne pas sortir de la vie comme un convive rassasié ? »
Lucrèce, III, 938.

51. « Pourquoi chercher à multiplier des jours que vous laisseriez
de même perdre misérablement et qui disparaîtraient tout à fait sans
profit ? » Lucrèce, II, 941.

52. « Vos pères n'en ont pas vu d'autre, et vos neveux n'en contem-
pleront pas d'autre. » Manilius, I, 522.

53. S'accomplit.

54. « Nous tournons dans le même cercle et y restons toujours. »
Lucrèce, III, 1080.

55. « Et sur ses propres pas l'année roule sur elle-même. » Virgile,
Géorgiques, II, 402.

56. « Car pour de nouveaux plaisirs à t'imaginer et à te forger,
je n'en ai pas : ce sont toujours les mêmes. » Lucrèce, III, 944.

57. « Vis autant de siècles que tu voudras, la mort n'en restera pas
moins éternelle. » Lucrèce, III, 1090.

58. « Ignores-tu que la mort ne laissera pas survivre un autre toi-
même qui, vivant, puisse te pleurer mort et gémir debout sur ton
cadavre ? » Lucrèce, III, 885.

59. Regrettez.

60. « Alors, en effet, personne ne s'inquiète ni de sa vie, ni de soi-
même, il ne nous reste de nous aucun regret. » Lucrèce, III, 919 et 922.

61. Montaigne traduit avant de les citer ces vers de Lucrèce, III,
926.

62. « Considère, en effet, que ce n'est absolument rien pour nous que
le passé du temps éternel qui nous a précédés. » Lucrèce, III, 972.

63. « Toutes choses te suivront une fois défunt. » Lucrèce, III, 968.

64. « Car jamais la nuit n'a succédé au jour, ni l'aurore à la nuit,
sans qu'on entende, mêlées aux tristes vagissements, les lamentations
qui accompagnent la mort et les noires funérailles. » Lucrèce, II, 578.

65. Esquivant.

66. Contribue.

67. Entourons.

CHAPITRE XXI

1. « Une forte imagination produit l'événement. »

2. Je fais moins attention.

3. « Dans l'illusion d'avoir consommé l'acte, on répand à larges
flots cette liqueur et on en souille son vêtement. » Lucrèce, IV, 1029.

4. Quand il vit son père mourir.

5. « Iphis acquitta, garçon, des vœux qu'il avait faits étant femme. »
Ovide, *Métamorphoses*, IX, 793.

6. Feinte.

7. Désormais.

8. Crâne.

9. Peletier du Mans, l'humaniste.

10. Courir des risques.

11. Abritât.

12. Talismans.

13. Après.

14. Accueillir.

15. Minaudières.

16. Culpabilité.

17. Feinte.

18. Mon client.

19. A l'avance.

20. Supplée à.

21. Décoction.

22. Effet.

23. Fallut.

24. Epingle.

25. Se communiquent.

26. « En regardant des yeux malades, les yeux deviennent malades à leur tour, et beaucoup de misères se transmettent ainsi d'un corps à l'autre. » Ovide, *Remedia amoris*, V, 615.

27. L'antiquité.

28. « Je ne sais quel œil fascine mes tendres agneaux. » Virgile, *Eglogues*, III, 103.

29. Princesse disculpée d'adultère par Hippocrate qui expliqua la naissance de son enfant noir par la présence, près de son lit, d'un portrait de nègre.

30. Commente.

31. Vérité historique.

32. Faites de différentes parties.

33. Développement.

34. [Ils ne disent pas] que.

CHAPITRE XXII

1. « Car dès que quelque chose se transforme et change de nature, aussitôt il y a mort de l'objet qui existait antérieurement. » Lucrèce, II, 753 et III, 517.

CHAPITRE XXIII

1. « L'usage est le plus efficace maître en toutes choses. » Pline, *Hist. Nat.*, XXVI, 6.

2. Mithridate.

3. Réduisit.

4. « La force de l'habitude est grande; les chasseurs passent les nuits dans la neige; ils supportent d'être brûlés dans les montagnes. Les athlètes meurtris du ceste ne gémissent même pas. » Cicéron, *Tusculanes*, II, XVII.

5. Qu'ils seraient devenus sourds à cause du fracas.

6. Rythmes.

7. Changements.

8. Danses.

9. Oreilles.

10. Percevoir.

11. Malmener injustement.

12. Abuser.

13. Epingles.

14. Pour leur nature même

15. Pour que.

16. Enfance.

17. Tricherie.

18. Répugnance.

19. Doubles deniers (le sixième d'un sol).

20. Le doublon vaut deux écus.

21. « N'est-il pas honteux à un physicien dont le rôle est d'observer et de scruter la nature, de demander à des esprits prévenus par la coutume un témoignage sur la vérité! » Cicéron, *De natura deorum*, I, XXX.

22. Les plus en vue.

23. Boutades, bons mots.

24. L'accoutumance.

25. S'appliquer à ce qui le concerne.

26. Sarbacane, porte-voix, et ici, au fig., truchement.

27. Manquants.

28. Jambières.

29. Pou.

30. Ecraser.

31. L'état des Amazones.

32. Tord-nez (surnom du cresson).

33. Chio.

34. Enserrer (comme le faucon enserre sa proie).

35. Par où elle le concerne expressément.

36. Gouverner.

37. L'autorité.

38. Habitude.

39. « Il n'est rien de si grand, rien de si admirable de prime abord, que peu à peu l'on ne regarde avec moins d'étonnement. » Lucrèce, II, 1023.

40. Observances, traditions.

41. Préjugé.

42. Entendez : la noblesse et la magistrature.

43. Au monarque.

44. « Le bien est d'obéir aux lois de son pays. » Sentence grecque de Crispin.

45. Charondas, d'après Diodore de Sicile.

46. Lycurgue, d'après Plutarque.

47. Ne s'émeut pas pour savoir si.

48. Il s'agit de la Réforme.

49. Fait.

50. Apparence (de raison).

51. « Hélas! je souffre des blessures que m'ont faites mes traits! » Ovide, *Héroïdes*, Phyllis à Démophon, 48.

52. « Le prétexte est honnête. » Térence, *Andrienne*, I, i, 114.

53. « Tant il est vrai qu'aucun changement apporté aux anciennes institutions ne mérite qu'on l'approuve. » Tite-Live, XXXIV, LIV.

54. « Que cela regardait les dieux plus qu'eux-mêmes, que ces dieux veilleraient à ce que leur culte ne fût pas profané. » Tite-Live X, VI.

55. Médique.

56. Maintien.

57. Observances et coutumes.

58. « Quel est celui, en effet, qui ne serait ému par une antiquité conservée et certifiée par les plus éclatants témoignages ? » Cicéron, *De divinatione*, I, XI.

59. Imiter.

60. Opposant les prêtres aux philosophes dans le *De natura deorum* (III, 2) de Cicéron : « Quand il s'agit de religion, je suis T. Coruncanius, P. Scipion, P. Scévola, grands pontifes, non Zénon, Cléanthe ou Chrysippe. »

61. « Se fier à un perfide, c'est lui donner le moyen de nuire. » Sénèque, *Œdipe*, III, 686.

62. La conduite.

63. Où il est impossible de résister.

64. S'entêtant.

65. Agésilas, pour ne pas punir trop de soldats qui avaient abandonné leur poste.

66. Alexandre.

CHAPITRE XXIV

1. François de Guise, de la maison de Lorraine.

2. Mener à bien.

3. Signalé.

4. Quel succès obtiendront.

5. Mais parce que sa conscience l'accablait.

6. Affranchi.

7. Assaillir.

8. Je quitte la partie.

9. Allusion à l'assassinat du duc de Guise (1563).

10. Ne se pût.

11. Citer.

12. Etrange.

13. En action.

14. Sous tant d'aspects.

15. Sans doute Henri de Navarre.

16. Peut-être Henri de Guise.

17. Pour gagner Syphax.

18. « La confiance que nous témoignons appelle d'ordinaire la
confiance. » Tite-Live, XXII, xxii.

19. L'attaque, l'offensive.

20. Louis XI.

21. « Il se dressa sur un tertre de gazon, le visage intrépide, et, ne
craignant rien, mérita d'être craint. » Lucain, *Pharsale*, V, 316.

22. L'émeute.

23. (Au fig.) Manquer de courage.

24. Humble.

25. Se terrer comme un connil (lapin).

26. Revue.

27. Passer en revue.

28. Crainte.

29. Complots partisans.

30. Récente.

31. Conjurations.

32. Précautions.

CHAPITRE XXV

1. Maître d'école, précepteur.

2. *Regrets*, Sonnet LXVIII.

3. « Les plus grands clercs ne sont pas les plus sages. » Proverbe du Moyen Age, cité par Rabelais, *Gargantua*, XXXIX.

4. Contracte.

5. Eau.

6. Accroupi.

7. Des poètes comiques.

8. Des principes déterminés et élevés.

9. « Je hais les hommes lâches dans l'action, philosophes en paroles. » Pacuvius, cité par Aulu-Gelle, XIII, VIII, pris dans Juste Lipse, *Politiques*, I, X.

10. Travail manuel.

11. Manquera.

12. Sans y goûter.

13. Pillant de-ci de-là.

14. Emploi.

15. Servir de jetons.

16. « Ils ont appris à parler aux autres et non à eux-mêmes. » Cicéron, *Tusculanes*, V, XXXVI.

17. « Il ne s'agit pas de parler, mais de gouverner. » Sénèque, *Epîtres*, 108.

18. « Souffler, c'est facile ; mais il faut d'abord apprendre à bien placer les doigts. »

19. Instrument de musique qu'on nomme encore *musette* ou *corne-muse*.

20. « *Je haï le sage qui n'est pas sage pour soy-mesmes* », traduction donnée par Montaigne dans l'édition de 1580 à ce vers d'Euripide, pris dans Stobée, III.

21. « Aussi Ennius dit-il : Vaine est la sagesse du sage qui ne saurait servir à lui-même. » Cicéron, *De officiis*, III, XV.

22. « S'il est cupide, s'il est vain, s'il est plus mou qu'une agnelle d'Euganée. » Juvénal, VIII, 14.

23. « Il ne suffit pas d'acquérir la sagesse, il faut en profiter. » Cicéron, *De finibus*, I, I, cité par Juste Lipse, *Politiques*, I, X.

24. Frères.

25. Au prix par lui fixé.

26. Joués. Il s'agit des maîtres de son temps.

27. Patois.

28. *Pensant* se rapporte à sot.

29. « O vous, nobles patriciens, qui n'avez pas le don de voir ce qui se passe derrière vous, prenez garde que ceux à qui vous tournez le dos ne rient à vos dépens. » Perse, I, 61.

30. Sa façon de faire la révérence.

31. Policée.

32. « A qui le Titan]Prométhée] a formé le cœur avec un art bienveillant et du meilleur limon. » Juvénal, XVI, 34.

33. L'épreuve du bon sens.

34. Vers de Stobée, *Sermo*, III, que Montaigne traduit après l'avoir cité.

35. « On nous instruit non pour la vie, mais pour l'école. » Sénèque, *Epîtres*, 105.

36. « De sorte qu'il aurait mieux valu n'avoir rien appris. » Cicéron, *Tusculanes*, II, IV.

37. Pédagogie.

38. « Depuis que les savants ont paru, il n'y a plus de gens de bien. » Sénèque, *Epîtres*, 95.

39. Fonctions plus nobles.

40. Représentent.

41. Lui sert d'*étui*, la contient.

42. « Il sortait, disait-il, des débauchés de l'école d'Aristippe, des sauvages de celle de Zénon. » Cicéron, *De natura deorum*, III, XXXI.

43. Passions.

44. Merveilleuse.

45. Manteau.

46. « Je frappe » (verbe paradigme de la grammaire grecque).

47. « Dans le genre démonstratif. »

48. Généraux en chef.

49. Exercer la profession de régent (maître d'école).

50. Estime.

51. Tamerlan.

CHAPITRE XXVI

1. Bossu.

2. Le reconnaître pour sien.

3. A fond, entièrement.

4. Les quatre disciplines du *quadrivium* : arithmétique, géométrie, astronomie, musique.

5. Chef de l'école stoïcienne, successeur de Zénon.

6. Soumise au nombre et à la cadence.

7. Pourtant je me félicite.

8. Stoïcien, successeur de Cléanthe.

9. Asile.

10. Entête.

11. Si je pouvais rivaliser avec eux.

12. Capilupo, auteur de satires contre les moines et les femmes (1498-1560).

13. L'humaniste Juste Lipse (1547-1606).

14. J'aurais dû un peu m'étendre.

15. Conquérir.

16. Quantité de marchandises semblables dont le nombre ou le poids est fixé par l'usage.

17. D'emblée.

18. « L'autorité de ceux qui enseignent nuit la plupart du temps à ceux qui veulent apprendre. » Cicéron, *De natura deorum*, I, v.

19. Principes pédagogiques.

20. Rendre.

21. Lisières.

22. « Ils ne se gouvernent jamais eux-mêmes. » Sénèque, *Epîtres*, 33.

23. Embarras.

24. Tissu filtrant.

25. « Car non moins que savoir, douter m'est agréable. » Dante, *Enfer*, XI, 93, cité dans la *Civil conversazione* de Guazzo, I.

26. Nous ne vivons pas sous un roi; que chacun dispose de soi-même. » Sénèque, *Epîtres*, 33.

27. Pillent sans cesse.

28. Auteur comique du ve siècle.

29. Garnies de leurs plumes (pennes).

30. Maître de danse.

31. Enseignassent.

32. L'ex-Panthéon d'Agrippa devenu l'église Sainte-Marie-aux-martyrs.

33. Sans doute une danseuse.

34. Rétif (qui *rebrousse* chemin au lieu d'avancer).

35. « Qu'il vive en plein air et au milieu des alarmes. » Horace, *Odes*, III, 11, 5.

36. Nés.

37. « Le travail forme un calus contre la douleur. » Cicéron, *Tusculanes*, II, xv.

38. Dislocation.

39. Lanières (pour fouetter).

40. Débiter.

41. « On peut être sage sans ostentation, sans arrogance. » Sénèque, *Epîtres*, 103, fin.

42. Qu'il fuie.

43. Se faire un nom.

44. Reproches.

45. Convient.

46. « Si un Socrate et un Aristippe se sont écartés de la coutume et des usages, il ne faut pas qu'il se croie permis d'en faire autant chez eux, des mérites éminents et divins autorisaient cette licence. » Cicéron, *De officiis*, I, XLI.

47. Chaire.

48. « Aucune nécessité ne le réduit à défendre des idées prescrites et commandées. » Cicéron, *Académiques*, II, III.

49. Taxé.

50. « Quelle terre est engourdie par la glace, ou rendue poudreuse par la chaleur; quel vent est favorable pour pousser les voiles en Italie. » Properce, IV, III, 39.

51. Grammatical.

52. Etaient les esclaves de.

53. Mince, fluette (latinisme).

54. Resserrés.

55. Mener joyeuse vie.

56. Sans nous en rendre compte.

57. En somme.

58. Archers.

59. Poulailler, bicoque.

60. « Ce qu'il est permis de souhaiter; à quoi est utile l'argent si dur à gagner; dans quelle mesure on doit se dévouer à la patrie et à ses chers parents; ce que Dieu a voulu que tu fusses; le rôle qu'il t'a marqué dans la société; ce que nous sommes et le dessein dans lequel nous avons reçu la vie. » Perse, III, 69.

61. « Et comment éviter ou supporter les peines. » Virgile, *Enéide*, III, 459.

62. Les arts.

63. Expressément.

64. Dépendances.

65. Fait défaut.

66. « Ose être sage, commence : qui diffère l'heure de bien vivre est comme ce campagnard qui attend, pour passer le fleuve, que l'eau soit écoulée; cependant le fleuve coule et coulera pour l'éternité. » Horace, *Epîtres*, I, II, 40.

67. « Quelle influence ont les Poissons, les signes enflammés du Lion, et le Capricorne qui se baigne dans les eaux de l'Hespérie. » Properce, IV, I, 85.

68. « Que me font à moi les Pléiades, que me fait la constellation du Bouvier! » Anacréon, *Odes*, XVII, 10.

69. Philosophe du VIe siècle avant J.-C., maître de Pythagore.

70. En devisant.

71. Donnera des extraits.

72. Philologue byzantin du xve siècle; allusion aux obscurités de sa grammaire.

73. Grande singularité.

74. « Je lance. »

75. « Pis. »

76. « Mieux. »

77. « Le pis. »

78. « Le mieux. »

79. « On peut saisir, dans les maladies du corps, les tourments secrets de l'âme; on y peut aussi saisir ses joies : le visage réfléchit ces deux états différents. » Juvénal, IX, 18.

80. Subordonnés.

81. La direction.

82. Maussade.

83. Renfrognée.

84. Les deux héroïnes du *Roland furieux* de l'Arioste.

85. Attifement, parure.

86. La vie réglée.

87. Favori.

88. Renonce sciemment à son effort.

89. L'aigreur (d'estomac).

90. Avec mesure.

91. « Humide et molle est l'argile : vite, vite, il nous faut hâter et la façonner sur la roue agile qui tourne sans fin. » Perse, III, 23.

92. Au chapitre d'Aristote qui traite de l'*Intempérance*.

93. Art.

94. Désir.

95. « Prenez là, jeunes gens et vieillards, un mobile ferme pour votre conduite, et un viatique pour l'âge malheureux et chenu. » Perse, V, 64.

96. Refuse.

97. Banquet.

98. « Elle est utile aussi bien aux pauvres qu'aux riches et, s'ils la négligent, les enfants aussi bien que les vieillards s'en repentiront. » Horace, *Epîtres*, I, 1, 25.

99. Déterminé.

100. Habitude.

101. Etudes littéraires.

102. A éviter.

103. Vomir.

104. Pour cette raison.

105. Soumis.

106. Apte.

107. « Il y a grande différence entre ne vouloir pas et ne savoir pas faire le mal. » Sénèque, *Epîtres*, 90.

108. « Aristippe s'accommoda de tout costume, de toute condition, de toute fortune. » Horace, *Epîtres*, I, XVII, 23.

109. « Celui qui, avec patience, se revêt de deux lambeaux de draps, je l'admirerai si sa vie s'accorde avec ce costume et s'il joue les deux rôles avec aisance. » Horace, *Epîtres*, I, XVII, 25-29.

110. « Cet art, le plus vaste de tous, celui de bien vivre, c'est par leur vie plutôt que par leurs études qu'ils l'ont acquis. » Cicéron, *Tusculanes*, IV, III.

111. « Qui fait de sa science non un sujet d'ostentation, mais la règle de sa vie, et qui sait s'obéir à soi-même, se soumettre à ses propres principes. » Cicéron, *Tusculanes*, II, IV.

112. Phrases.

113. Maîtres de la Faculté des Arts.

114. Plaisanterie.

115. Ombres.

116. « L'idée une fois vue, les mots suivront sans difficulté. » Horace, *Art poétique*, 311.

117. « Quand les choses ont saisi l'esprit, les mots se présentent d'eux-mêmes. » Sénèque le Rhéteur, *Controverses*, III, *Proœmium*.

118. « Les choses entraînent les paroles. » Cicéron, *De finibus*, III, V.

119. Son laquais ne le sait pas non plus.

120. Discours.

121. Bâtisse.

122. Point de contrainte.

123. « Dont le goût est bon, mais le vers dur. » Horace, *Satires*, I, IV, 8.

124. « Otez-en le rythme et la mesure, intervertissez l'ordre des mots, faisant des premiers les derniers et des derniers les premiers : vous retrouverez encore les membres dispersés du poète. » Horace, *Satires*, I, X, 58.

125. « Plus de bruit que de sens. » Sénèque, *Epîtres*, 40.

126. Imiter.

127. Du Bellay.

128. Ronsard.

129. « Sophismes entortillés et subtils. » Cicéron, *Académiques*, II, XXIV.

130. « Ou qui, au lieu d'adapter les mots au sujet, vont chercher hors du sujet des choses auxquelles les mots puissent convenir. » Quintilien, *Instit. orat.*, VIII, III.

131. « Il en est qui, pour placer un mot qui leur plaît, s'engagent dans un sujet qu'ils n'avaient pas dessein de traiter. » Sénèque, *Epîtres*, 59.

132. « Le seul bon style sera celui qui frappera. » Epitaphe de Lucain.

133. Ni du professeur, ni du frère prêcheur, ni de l'avocat.

134. Nous détourner un peu vers.

135. Dédaigneux de l'effort.

136. « Le discours qui est au service de la vérité doit être simple et sans art. » Sénèque, *Epîtres*, 90.

137. « Qui parle avec étude, sinon celui qui veut parler avec affectation ? » Sénèque, *Epîtres*, 75.

138. Clarté.

139. *Peuple* est le sujet de la proposition.

140. Zénon de Citium, fondateur de l'école stoïcienne, IIIᵉ siècle.

141. Mon père.

142. Eut dessein de.

143. Nous nous renvoyions comme balles de pelote.

144. Echecs ou dames.

145. Répétiteurs particuliers.

146. Comme on dit.

147. Etre de connivence avec, fermer les yeux sur.

148. Leurré, séduit.

149. Dévorer en gourmand.

150. Personnel.

151. Ne remet-il une dette ?

152. Actions surérogatoires.

153. « A peine alors avais-je atteint ma douzième année. » Virgile, *Bucoliques*, VIII, 39.

154. Govea, principal du collège de Guyenne à Bordeaux.

155. « Il [Andranédore conspirant contre les Romains] découvre son projet à l'acteur tragique Ariston. C'était un homme honorable par sa naissance et par sa fortune ; et son métier ne lui faisait aucun tort, car il n'a rien de honteux chez les Grecs. » Tite-Live, XXIV, 24.

156. Refusent.

157. Réunir.

CHAPITRE XXVII

1. « Comme les poids qu'on y place font nécessairement pencher le plateau de la balance, ainsi l'évidence entraîne l'esprit. » Cicéron *Académiques*, II, XII.

2. « Songes, terreurs magiques, prodiges, sorcières, fantômes nocturnes et autres merveilles de Thessalie. » Horace, *Epîtres*, II, II, 208.

3. « Personne, tant on est fatigué à satiété de cette vue, ne daigne plus lever les yeux sur les régions lumineuses du ciel. » Lucrèce, II, 1037.

4. « Si maintenant pour la première fois elles se manifestaient soudain aux mortels et tout à coup se présentaient à leurs yeux, rien ne pourrait sembler digne de leur être comparé et l'on n'aurait rien su imaginer de semblable avant de les avoir vues. » Lucrèce, II, 1032.

5. « Sans doute, un fleuve a beau n'être pas très grand, il semble énorme à qui n'en a pas vu de plus grand. De même un arbre, un homme; dans tous les genres ce qu'on a vu de plus grand, on le trouve énorme. » Lucrèce, VI, 674.

6. « L'accoutumance des yeux familiarise nos esprits avec les choses; ils ne s'étonnent plus de ce qu'ils voient sans cesse et n'en recherchent pas les causes. » Cicéron, *De natura deorum*, II, XXXVIII.

7. Les *Annales* de Nicolas Gilles, annotées par Montaigne.

8. De science certaine.

9. « Eux qui, même s'ils n'apportaient aucune raison, me vaincraient par leur seule autorité. » Cicéron, *Tusculanes*, I, XXI.

10. Traitant négligemment.

11. Sans solution.

CHAPITRE XXVIII

1. « C'est une belle femme qui finit en queue de poisson. » Horace, *Art poétique*, 4.

2. Pourtant il s'en faut de beaucoup.

3. Edit de tolérance (1562) rendu par Charles IX.

4. Longtemps.

5. Nos contemporains.

6. L'entrave.

7. Le lien qui unit les pères aux enfants.

8. « Connu moi-même pour mon affection paternelle envers mes frères. » Horace, *Odes*, II, II, 6.

9. « Car je ne suis pas inconnu à la déesse qui mêle une douce amertume aux soucis [de l'amour]. » Catulle, *Epigrammes*, LXVIII, 17.

10. « Comme le chasseur poursuit le lièvre par le froid, par le chaud, dans la montagne et dans la vallée; il n'en fait plus cas quand il le voit pris et ne désire sa proie que tant qu'elle fuit. » Arioste, *Roland furieux*, X, stance VII.

11. Haut.

12. Avancer.

13. Complications (littéralement : pelotes de fil).

14. Commerce et rapports.

15. Serré.

16. « Qu'est-ce en effet que cet amour d'amitié ? D'où vient qu'on n'aime ni un jeune homme laid, ni un beau vieillard ? » Cicéron, *Tusculanes*, IV, XXXIII.

17. Etre fondée.

18. On.

19. Pour cette raison.

20. « L'amour est la tentative d'obtenir l'amitié d'une personne qui nous attire par sa beauté. » Cicéron, *Tusculanes*, IV, xxxiv.

21. « On ne peut pleinement juger des amitiés que quand les caractères et les âges se sont formés et affermis. » Cicéron, *De amicitia*, XX.

22. Entente.

23. Complot.

24. Attelage.

25. Partager.

26. Ne met rien en réserve.

27. Associations.

28. Pourvoir.

29. « Pour moi, c'est ainsi que j'en use ; toi, fais comme tu l'entends. » Térence, *Heautontimoroumenos*, I, i, 28.

30. Celui.

31. Le sentiment.

32. « Tant que j'aurai mon bon sens, il n'est rien que je puisse comparer à un tendre ami. » Horace, *Satires*, I, v, 44.

33. « Jour que je ne cesserai jamais de pleurer et d'honorer (ainsi, ô Dieux ! l'avez-vous voulu !). » Virgile, *Enéide*, V, 49.

34. « Et j'ai décidé que je ne devais plus prendre aucun plaisir, tant que je n'ai plus celui qui partageait ma vie. » Térence, *Heautontimoroumenos*, I, i, 149-150.

35. « Ah ! si un coup prématuré me dérobe cette moitié de mon âme, pourquoi demeurer, moi, la seconde, n'ayant plus même prix et ne survivant pas tout entier ? Ce jour nous précipitera tous les deux. » Horace, *Odes*, II, xvii, 5. On lit maintenant *Ad te meæ..., rapit* (au lieu de *tulit*), *ducet* (au lieu de *duxit*).

36. Pensée.

37. « Peut-il connaître honte ou mesure, le regret d'une tête si chère ? » Horace, *Odes*, I, xxiv, i.

38. « O mon frère, qui m'as été arraché pour mon malheur ! Avec toi ont péri du même coup toutes nos joies que ta douce amitié nourrissait dans la vie. Depuis ta mort, tu as brisé mes joies, mon frère. Avec toi, notre vie tout entière est descendue au tombeau, et depuis ta mort j'ai chassé de mon cœur ces travaux qui faisaient mes délices. Ne te parlerai-je plus ? Ne t'entendrai-je plus jamais parler ? Ne te verrai-je plus jamais désormais, frère qui m'étais plus cher que la vie ? Du moins je t'aimerai toujours. » Catulle, LXVIII, 20 et LXV, 9.

39. N'aie à en souffrir.

40. Exercice.

41. Scrupuleusement.

CHAPITRE XXIX

1. Douée.

2. Les éditions antérieures à celle de 1595 donnaient ici, au lieu de ces cinq mots, vingt-neuf sonnets de La Boétie.

CHAPITRE XXX

1. « Le sage mérite le nom d'insensé, le juste celui d'injuste, s'ils outrepassent les bornes de la vertu même. » Horace, *Epîtres*, I, VI, 15.

2. Henri III, membre d'une confrérie de pénitents flagellants.

3. Information, avis.

4. Le but.

5. Tout à coup.

6. Relations sociales.

7. Asservit notre liberté.

8. Critiquent.

9. Caresses.

10. Quelque peu sage.

11. Permission.

12. Tout de bon.

13. Faveurs.

14. Par raison de conscience.

15. « Nous avons augmenté par l'art les misérables voies de notre fortune. » Properce, III, VII, 32.

16. Parti.

17. Que dire de ce que.

18. Sentiment.

19. Action.

20. On dit.

21. Faire sa connaissance.

22. Amènerons.

CHAPITRE XXXI

1. Le Brésil.

2. La mer Noire.

3. Arrêtèrent.

4. « Ces lieux, dit-on, arrachés jadis à leur base par un violent et vaste éboulement, se séparèrent alors que l'une et l'autre terre n'en faisaient qu'une. » Virgile, *Enéide*, III, 414.

5. L'Eubée.

6. La Béotie.

7. « Et un marais, longtemps stérile et battu des rames, nourrit les villes voisines et supporte la lourde charrue. » Horace, *Art poétique*, 65.

8. Connaissons.

9. Dunes de sable.

10. S'y installer.

11. Point de mire.

12. Marche.

13. « Et le lierre vient mieux de lui-même et l'arbousier croît plus beau dans les antres solitaires, et les oiseaux, sans art, n'en ont qu'un chant plus doux. » Properce, I, ii, 10.

14. Pas même.

15. Imaginer.

16. Servitude.

17. Médisance.

18. « Des hommes frais émoulus de la main des dieux. » Sénèque, *Epîtres*, 90.

19. « Voilà les premières lois qu'ait données la nature. » Virgile, *Géorgiques*, II, 20.

20. Etablis.

21. Situation.

22. Capables de contenir.

23. Phrase.

24. Une telle condition.

25. Mépris.

26. S'étaient trompés dans leurs prédictions.

27. Enferrés.

28. Atteint.

29. Les cannibales.

30. Cause.

31. « Les Gascons, dit-on, en faisant usage de pareils aliments, prolongèrent leur vie. » Juvénal, XV, 93.

32. Abondance.

33. Qualité.

34. « Il n'y a de victoire que celle qui force l'ennemi à s'avouer vaincu. » Claudien, *De sexto consulatu Honorii*, 248, cité par Juste Lipse, *Politiques*, V, 17.

35. La qualité d'être dispos.

36. « S'il est tombé, il combat à genoux. » Sénèque, *De providentia*, II.

37. Passage.

38. Constatant.

39. Garde.

40. L'absence.

41. Défendre ce passage.

42. Le combat.

43. Tous.

44. En pourrait tenir.

CHAPITRE XXXII

1. Astrologues (qui exercent l'astrologie judiciaire).
2. « Tous les gens de cette espèce. » Horace, *Satires*, I, ii, 2.
3. Balle.
4. Crayon.
5. Par suite.
6. En Limousin, où les catholiques furent battus par Coligny (1569).
7. Chance.
8. Moutures.
9. Commandement.
10. Le corps du soleil.

11. « Qui d'entre les hommes peut connaître le dessein de Dieu ? ou qui peut imaginer ce que veut le Seigneur ? » *Sagesse*, IX, 13.

CHAPITRE XXXIII

1. « Ou une vie sans souci, ou une mort heureuse.
   Il est bien de mourir quand la vie est à charge.
   Mieux vaut ne vivre pas que vivre dans le malheur. »

Ces trois vers se rencontrent ainsi rapprochés dans le recueil des sentences grecques de Crispin (1569).

2. Se séparer.
3. Vers.
4. De ce côté-ci de la mer.
5. En vue.
6. Se fit une si vive idée.

CHAPITRE XXXIV

1. César Borgia.
2. Chevaliers servants, amoureux.
3. Fallut-il.

4. « Contrainte de s'arracher des bras de son nouvel époux, avant qu'un hiver succédant à un autre eût assouvi par de longues nuits son avide amour. » Catulle, LXVIII, 81.

5. Le pan restant intact.

6. Valurent.

7. Elle guérit comme la médecine.

8. Recru (de fatigue).

9. Acheva.

10. Ne redresse-t-elle pas.

11. Lançant.

12. Vers de Ménandre, cité par Crispin dans son recueil de sentences grecques. Montaigne le traduit après l'avoir cité.

13. Suborné.

14. Demandant la vie sauve.

15. En vue.

16. Fit donner.

17. Précision.

CHAPITRE XXXV

1. Lilio Gregorio Giraldi, poète et archéologue (1479-1552).

2. Sébastien Castilion, traducteur de la Bible (1515-1563).

3. Au manque de raison.

4. L'administration domestique.

5. Equipages, cortèges.

6. Au château de Montaigne.

CHAPITRE XXXVI

1. L'ordre de l'univers.

2. Fil.

3. Incroyable.

4. « Et que, pour cette raison, presque tous les êtres sont couverts ou de cuir, ou de soies, ou de coquilles, ou de cal, ou d'écorce. » Lucrèce, IV, 936.

5. Situées.

6. Paysans.

7. Avec obligation de porter.

8. Culottes à la grecque ou grègues.

9. Gaillard.

10. Comment il pouvait avoir pareille endurance.

11. Crâne.

12. « Alors, sur son chef nu, il recevait des pluies torrentielles et l'écroulement du ciel. » Silius Italicus, I, 250.

13. Aux Indes orientales.

14. Etienne Bathory, qui succéda à Henri III.

15. Sur un autre sujet.

16. Dans l'expédition.

17. Provision.

18. « Le vin, au dehors, garde la forme du vase qui le contenait;
ce n'est plus un breuvage, mais des morceaux qu'on donne à boire. »
Ovide, *Tristes*, III, x, 23.

19. Mer d'Azov.

20. Incommodités.

21. Avalanche.

22. Tout à coup.

23. La conscience.

24. Remettait.

25. Les vêtements qu'il quittait.

CHAPITRE XXXVII

1. « Il y a des gens qui ne louent que ce qu'ils se font fort de pouvoir
imiter. » Cicéron, *Tusculanes*, II, 1.

2. Lourd.

3. « Ils croient que la vertu n'est qu'un mot et que le bois sacré
n'est que du bois. » Horace, *Epîtres*, I, vi, 31.

4. « Qu'ils devraient honorer, quand même ils seraient incapables
de la comprendre. » Cicéron, *Tusculanes*, V, ii.

5. Vais.

6. Rabaisser.

7. Je ne balancerais pas à.

8. Séduit.

9. Stimule.

10. Verse.

11. Sentiment.

12. « Que Caton soit de son vivant plus grand même que César. »
Martial, VI, 32.

13. « Et Caton invaincu, ayant vaincu la mort. » Manilius, IV, 87.

14. « La cause des vainqueurs plut aux dieux, mais celle des vaincus
à Caton. » Lucain, *Pharsale*, I, 118.

15. « L'univers tout entier à ses pieds, hormis l'âme intraitable de
Caton. » Horace, *Odes*, II, ii, 23.

16. « Caton qui leur dicte des lois. » Virgile, *Enéide*, VIII, 670.

CHAPITRE XXXVIII

1. Son adversaire.

2. « Et c'est ainsi que l'âme, chez tout le monde, couvre ses passions sous une apparence contraire, sous un visage tantôt joyeux et tantôt sombre. » Pétrarque, sonnet LXXXI (sonnet LXXXII de l'éd. de 1550).

3. « Et il pensa dès lors qu'il pouvait sans péril se montrer bon beau-père : il versa des larmes forcées et tira des gémissements d'un cœur joyeux. » Lucain, *Pharsale*, IX, 1037.

4. « Les pleurs d'un héritier sont des rires sous le masque. » Publius Syrus, cité par Aulu-Gelle, XVII, 14.

5. On dit.

6. Au moment de quitter.

7. « Vénus est-elle odieuse aux nouvelles mariées, ou celles-ci se moquent-elles de la joie de leurs parents par toutes les larmes fausses qu'elles versent en abondance une fois entrées dans la chambre nuptiale ? Oui, que m'assistent les dieux, ces larmes ne sont pas vraies! » Catulle, LXVI, 15.

8. Sot.

9. « Car le soleil éthéré, large source de lumière, inonde le ciel d'une clarté sans cesse renaissante et projette continuellement lumière sur lumière. » Lucrèce, V, 282.

10. Aspects.

11. Détour.

12. « Rien, de toute évidence, ne s'accomplit aussi rapidement qu'un dessein de l'esprit et un début d'action. L'esprit est donc plus prompt à se mouvoir qu'aucun des corps placés sous nos yeux et à portée de nos sens. » Lucrèce, III, 183.

13. Faire un corps continu.

CHAPITRE XXXIX

1. La cupidité.

2. Battent leur coulpe.

3. L'Ecclesiaste.

4. « Rares sont les gens de bien : à peine en dénombre-t-on autant que de portes à Thèbes ou de bouches au Nil riche. » Juvénal, XIII, 26.

5. Supportera.

6. Choisira.

7. Relations.

8. Des affaires.

9. « C'est la raison et la prudence qui dissipent nos soucis, non les lieux d'où l'on découvre une vaste étendue de mer. » Horace, *Épîtres*, I, II, 25.

10. « Et le sombre chagrin monte en croupe derrière le cavalier. » Horace, *Odes*, III, I, 40.

11. « La flèche mortelle reste attachée à son flanc. » Virgile, *Énéide*, IV, 73.

12. « Pourquoi aller chercher des pays chauffés d'un autre soleil ? En sortant de sa patrie, qui donc se fuit encore soi-même ? » Horace, *Odes*, II, XVI, 18.

13. Enfoncez dans le sac.

14. « Je viens de rompre mes fers, direz-vous : oui, comme le chien après de longs efforts a brisé sa chaîne; et pourtant, dans sa fuite, il en traîne un long bout à son cou. » Perse, V, 158.

15. « Si notre cœur n'est pas purgé, que des combats et que de périls nous aurons à affronter sans relâche! Quels âcres désirs déchirent l'homme en proie à ses passions! Que de craintes aussi! et combien de désastres traînent à leur suite l'orgueil, la luxure, la colère! Combien le faste et la paresse! » Lucrèce, V, 44.

16. Ce vers d'Horace (*Épîtres*, I, XIV, 15) vient d'être traduit par Montaigne.

17. Vraiment.

18. « Dans la solitude, soyez-vous un monde à vous-même. » Tibulle, IV, XIII, 12.

19. Règles.

20. Action.

21. En haut de.

22. Décidé à.

23. De leurs affaires.

24. Cabinet de travail.

25. « Comment! qu'un homme se mette en tête d'aimer quelque chose plus que soi-même! » Térence, *Adelphes*, I, I, 13.

26. Entreprise.

27. « Il est rare, en effet, qu'on se respecte assez soi-même. » Quintilien, X, 7.

28. Déterminé.

29. Compréhension.

30. Que les natures... fassent.

31. « Quand la forme me fait défaut, je vante un tout petit avoir et sa sécurité, et je sais me contenter de peu; mais, si le sort me traite mieux et me donne quelque opulence, je proclame qu'il n'y a de sages et d'heureux que ceux dont les revenus sont fondés sur de belles terres. » Horace, *Épîtres*, I, XV, 42.

32. Repos.

33. Administration de ses biens.

34. Adaptation d'un vers d'Horace, *Épîtres*, I, I, 19 : « Qu'ils tâchent de se subordonner les choses, non de se subordonner aux choses. » Horace avait dit exactement : *Et mihi res, non me rebus submittere conor.*

35. Les soins du ménage.

36. Moyen terme.

37. « Les troupeaux ravagent les lopins de Démocrite et ses moissons, tandis que son esprit, loin de son corps, voyage avec rapidité dans l'espace. » Horace, *Epîtres*, I, XII, 12.

38. Laisser.

39. « Quoi donc! ton savoir n'est-il rien, si autrui ne sait pas que tu as du savoir ? » Perse, I, 23.

40. Rassasier.

41. L'économe.

42. Compenser.

43. Assigner.

44. Tourment.

45. Vers de Properce (II, XXV, 38) que Montaigne vient de traduire.

46. « Me promenant sans mot dire dans les bois salubres et m'occupant des questions qui sont dignes d'intéresser un sage et un homme de bien. » Horace, *Epîtres*, I, IV, 40.

47. « Cueillons les douceurs : nous n'avons à nous que le temps de notre vie; tu ne seras que cendre, et qu'ombre, et que fable. » Perse, V, 151.

48. « Vieux radoteur, ne travailles-tu donc que pour amuser les oreilles d'autrui ? » Perse, I, 19.

49. Percée.

50. Epicure.

51. Sénèque.

52. N'en ayez point souci.

53. « Garnissez-vous l'esprit d'images vertueuses. » Cicéron, *Tusculanes*, II, XXII.

54. Le respect que vous leur portez.

55. Parleuse, verbale.

56. Pline et Cicéron.

CHAPITRE XL

1. Couples d'écrivains de l'essai précédent.

2. Gouvernante souveraine.

3. Actes.

4. Ressortissant à, digne de.

5. Esclave.

6. Par ailleurs.

7. Jeu équestre où les cavaliers devaient enlever des bagues suspendues.

8. « Qu'il commande, vainqueur de l'ennemi qui résiste, clément à l'adversaire terrassé. » Horace, *Carmen sæculare*, 51.

9. D'autres plaideront des causes; d'autres, à l'aide du compas, décriront les mouvements du ciel et diront les astres resplendissants; pour lui, qu'il sache régenter les peuples. » Virgile, *Énéide*, VI, 849.

10. En outre.

11. Tût.

12. Louer la forme qu'en rabaisser le fond.

13. Les points capitaux.

14. Citations.

15. De côté.

16. La faculté de parler.

17. « Ce n'est pas une parure pour hommes que l'arrangement symétrique. » Sénèque, *Epitres*, 115.

18. Epicure et Sénèque.

19. Caractère.

20. Parler.

21. Inapte.

22. Personnel.

23. Beaucoup plus que.

24. A souhaiter la bienvenue.

25. Verbaux.

26. En hâte.

27. J'écrive.

28. Ratures.

29. Traits.

30. Changements dans les charges.

31. Le frontispice et le titre.

CHAPITRE XLI

1. Sottises.

2. Réels et substantiels.

3. « La renommée qui enchante par sa douce voix les superbes mortels, et qui paraît si belle, n'est qu'un écho, un songe, que dis-je ? l'ombre d'un songe, qui au moindre vent se disperse et s'évanouit. » Le Tasse, *Jérusalem délivrée*, chant XIV, st. 63.

4. « Parce qu'elle ne cesse de tenter même les âmes qui sont en progrès. » Saint Augustin, *Cité de Dieu*, V, 14.

5. Intérieure.

6. Peu de moyens d'y résister.

7. Expédition.

8. « Toujours, en effet, le dernier renfort semble avoir fait seul toute la besogne. » Tite-Live, XXVII, 45.

9. Subjugua.

10. Avec une massue.

CHAPITRE XLII

1. « Ah! qu'un homme peut être supérieur à un autre homme! » Térence, *Eunuque*, II, III, 1.

2. « Ainsi nous louons un cheval pour sa vitesse, pour les palmes nombreuses qu'il a remportées dans les cirques aux applaudissements des foules bruyantes. » Juvénal, VIII, 57.

3. Son harnachement.

4. « Les rois ont cette coutume, lorsqu'ils achètent des chevaux, de les examiner couverts; si, comme il arrive souvent, le cheval a la tête belle et le pied mou, l'acheteur ne risque pas de bâiller d'admiration et de se laisser tromper par une belle croupe, une tête fine ou une haute encolure. » Horace, *Satires*, I, II, 86.

5. Un liard.

6. Tirées.

7. Egale.

8. « Sage et maître de lui, tel que ni la pauvreté, ni la mort, ni les fers ne le font trembler! A-t-il le courage de résister à ses passions ? de mépriser les honneurs ? Renfermé tout entier en lui-même, rond et lisse comme une boule sur laquelle aucun objet extérieur ne peut avoir prise pour l'empêcher de rouler, est-il hors de toute atteinte de la fortune ? » Horace, *Satires*, II, VII, 83.

9. « Le sage est, par Pollux! l'artisan de son propre bonheur. » Plaute, *Trinummus*, II, II, 84.

10. « Ne voyons-nous pas que la nature n'exige de nous rien de plus qu'un corps exempt de douleurs et un esprit heureux, libre de souci et de crainte ? » Lucrèce, II, 16.

11. Dépendant.

12. Apparences.

13. Sur les tréteaux.

14. « C'est que sur lui brillent, enchâssées dans l'or, d'énormes émeraudes de la plus belle eau et qu'il use sans cesse de belles étoffes couleur vert de mer, qu'il inonde de la sueur de Vénus. » Lucrèce, IV, 1123.

15. « Celui-là est heureux intérieurement, l'autre n'a qu'un bonheur de surface. » Sénèque, *Epîtres*, 109 et 115.

16. « Car ni les trésors, ni le licteur consulaire ne tiennent écartés les misérables agitations de l'esprit et les soucis volant autour des plafonds à panneaux. » Horace, *Odes*, II, XVI, 9.

17. « A la vérité, les craintes et les soucis, inséparables de l'homme, ne s'effrayent pas du fracas des armes, ni des traits cruels; ils vivent

hardiment parmi les rois et les puissants, et l'éclat de l'or ne leur impose pas. » Lucrèce, II, 47.

18. Coups de bonnet.

19. « Et la chaleur de la fièvre ne tombe pas plus vite si vous êtes étendu dans les broderies et dans la pourpre rougeoyante que s'il vous faut coucher dans un drap plébéien. » Lucrèce, II, 34.

20. « Que les jeunes filles se l'arrachent; que partout les roses naissent sous ses pas! » Perse, II, 38.

21. « Les choses valent ce que vaut l'âme de qui les possède : à qui en sait user, elles sont bonnes; à qui n'en use pas bien, elles sont mauvaises. » Térence, *Heautontimoroumenos*, I, III, 21.

22. « Ce n'est pas une maison, une propriété, un monceau d'airain ou d'or, quand on est malade, qui guériront ton crops de la maladie et de la fièvre, ton âme du tourment; il faut que leur possesseur soit sain pour qu'il en puisse bien jouir. Quand on est ravagé de désir ou de crainte, on éprouve, à être propriétaire, le plaisir que font des tableaux à un chassieux ou des onguents à un podagre. » Horace, *Épîtres*, I, II, 47.

23. Catarrheux.

24. Crise.

25. « Tout gonflé d'argent et tout gonflé d'or. » Tibulle, I, II, 71.

26. « Si vous avez l'estomac, les poumons et les pieds en bon état, les richesses des rois n'ajouteront rien à votre bonheur. » Horace, *Épîtres*, I, XII, 5.

27. Leurre.

28. « Si bien qu'il vaut beaucoup mieux obéir tranquillement que de vouloir régenter l'Etat sous son empire. » Lucrèce, V, 1126.

29. « L'amour repu et trop absolu nous dégoûte bientôt, comme l'excès d'un mets agréable nuit à l'estomac. » Ovide, *Amours*, II, XIX, 25.

30. Chœur.

31. Abaisser.

32. « D'ordinaire le changement plaît aux grands : un repas propre sous l'humble toit du pauvre, sans tapis, sans pourpre, a déridé leur front soucieux. » Horace, *Odes*, III, XXIX, 13.

33. Forme.

34. En vue.

35. L'élévation.

36. Imaginent.

37. Dans le Montferrat, pris par Brissac lors de la campagne d'Henri II contre Charles Quint (1555).

38. Défendue par Monluc (1555).

39. Vivant à l'écart.

40. Connaît.

41. Effective.

42. « Peu d'hommes sont enchaînés à la servitude; beaucoup s'y enchaînent. » Sénèque, *Epîtres*, 22.

43. « Le plus grand bien de la royauté, c'est que le peuple est obligé non seulement de supporter, mais encore de louer les actions de son maître. » Sénèque, *Thyeste*, II, 1, 30.

44. Blâmer.

45. Prééminence.

46. L'inanité.

47. « C'est sans doute parce qu'il ne connaissait pas bien les bornes qu'on doit mettre à ses désirs et jusqu'où peut aller le plaisir véritable. » Lucrèce, V, 1431.

48. « C'est son caractère qui fait à chacun sa destinée. » Cornelius Nepos, *Vie d'Atticus*, XI.

CHAPITRE XLIII

1. Lois édictées par François Ier, Henri II, Charles IX, Henri II et Henri III.

2. Elégance.

3. Ne soit permis de.

4. « Tout ce que font les princes, ils semblent le prescrire. » Quintilien, *Declamationes*, III, cité par Juste Lipse, *Politiques*.

5. La braguette.

6. Cérémonie.

7. Débraillé.

8. Mot forgé sur tiercelet, faucon mâle d'un tiers plus petit que la femelle.

9. La maçonnerie se désagrège

10. Se rapporte à *jeunesse*.

11. Situation.

12. De sorte.

CHAPITRE XLIV

1. Quoique.

2. Si grasse matinée.

3. Départ.

4. Emeute, révolte.

5. Résistait.

6. Fallait.

7. Fallut.

8. Déroute.

9. On dit.

10. Appesanti.

11. Fatigue.

CHAPITRE XLV

1. Détourner.

2. Parce qu'ils considéraient.

3. Cousin de.

4. Sortir de la mêlée.

5. Put.

6. En pleine déroute.

7. Sûreté.

CHAPITRE XLVI

1. Vais.

2. Calembour.

3. Correctement.

4. Contrée.

5. Une fille d'honneur.

6. Baroque.

7. Venue de la voix.

8. Lourde comme les hexamètres où dominent les spondées.

9. La Réforme.

10. Œuvre en prose.

11. Terminaison.

12. Parer.

13. Noms de famille.

14. Propres.

15. Papier de famille.

16. D'Orient ou de Palestine.

17. Sujet.

18. Formes diverses du nom de du Guesclin.

19. « Il ne s'agit pas là d'un prix mince et frivole. » Virgile, *Enéide*, XII, 764.

20. Anagramme de Nicolas Denisot, poète et peintre né au Mans en 1515.

21. Gratifié.

22. Terrail est le nom de Bayard.

23. Ces trois noms désignent le même personnage, lieutenant général des galères.

24. Prénom.

25. Nom.

26. « Croyez-vous que la cendre et les mânes en aient cure dans le tombeau ? » Virgile, *Énéide*, IV, 34.

27. « Par mes hauts faits, la gloire des Laconiens a été rasée. » Cicéron, *Tusculanes*, V, XVII. Ce vers latin traduit le premier des quatre vers grecs inscrits au bas de la statue d'Epaminondas. Cf. Pausanias, IX, 15.

28. Scipion l'Africain.

29. « Depuis le soleil levant par-delà les marais Méotides, il n'est personne qui puisse m'égaler en hauts faits. » Cicéron, *Tusculanes*, V, XVII.

30. « C'est pour cela que bande ses efforts le général romain, grec, barbare; c'est pour cela qu'il affronte périls et labeurs. Tant il est vrai qu'on a plus soif de gloire que de vertu ! » Juvénal, X, 137.

CHAPITRE XLVII

1. Vers d'Homère (*Iliade*, XX, 49) que Montaigne traduit après l'avoir cité.

2. « Annibal vainquit, mais il ne sut pas profiter ensuite de sa victoire. » Pétrarque, Sonnet LXXXII, traduisant Tite-Live, XXII, 51.

3. Philippe, à Saint-Quentin en 1557.

4. « Quand la fortune chauffe, quand tout cède à la terreur. » Lucain, VII, 734.

5. Sur ses pieds.

6. Eut le dessous.

7. Le talonna bien autrement.

8. Gaston de Foix tué à Ravenne en 1512.

9. Préserver.

10. Malheur.

11. « Les morsures de la nécessité aux abois sont très graves. » Porcius Latro, cité par Juste Lipse, *Politiques*, V, XVIII.

12. « On vend cher la victoire à son adversaire quand on le provoque en tendant la gorge. » Lucain, *Pharsale*, IV, 275.

13. Raison.

14. C'est mon avis, c'est sûr.

15. Cupides.

16. Exhortations.

17. Cause.

18. Au moment de.

19. Point de vue.

20. De pied ferme.

21. Ferme posture.

22. Se mette en mouvement.

23. Agile.

24. Tout doucement.

25. A même de choisir.

26. Son royaume.

27. Commettre des dévastations.

28. Soulagement contre les.

29. Maintenu dans le devoir.

30. Son foyer.

31. Paye toujours les frais.

32. Qui se contracte si aisément sur la foi d'autrui.

33. Les citadins.

34. Quantité.

35. Ordonner.

36. Reposer, refaire.

37. Eloigner.

38. Restes.

39. « Souvent les mesures mal prises ont du succès, et la prudence nous trompe; la fortune ne récompense pas et ne suit pas toujours ceux qui le méritent, mais elle va sans choix, errant des uns aux autres. C'est apparemment qu'il y a une puissance supérieure qui nous domine et nous gouverne et qui range sous ses lois toutes les choses mortelles. » Manilius, IV, 95.

40. Projets et résolutions.

CHAPITRE XLVIII

1. Destriers.

2. Subjonctif.

3. Les romans de chevalerie.

4. Soldats.

5. « Comme nos cavaliers qui sautent d'un cheval sur un autre, ils avaient coutume d'emmener deux chevaux à la guerre, et souvent, au plus fort du combat, ils se jetaient tout armés d'un cheval fatigué sur un cheval frais, tant leur agilité était grande et tant la race de leurs chevaux était docile. » Tite-Live, XXIII, 29.

6. Assaillent.

7. Détachez.

8. A votre gré.

9. Merci.

10. Il prit fort mal.

11. L'écuyer armé d'un couteau.

12. Soldats.

13. Paroles.

14. Statue.

15. Commercer.

16. « Où sans nul doute le Romain excelle. » Tite-Live, IX, 22.

17. Précaution.

18. « Il commande de livrer les armes, d'amener les chevaux, de donner des otages. » César, *De bello gallico*, VII, et passim.

19. Le grand Turc.

20. Batailles en règle.

21. Entraînent.

22. Effroi.

23. S'il manque d'obéir à la bride ou à l'éperon.

24. « Ils se reculaient en même temps, puis en même temps ils se ruaient, vainqueurs comme vaincus, et ni les uns ni les autres ne connaissaient la fuite. » Virgile, *Enéide*, X, 756.

25. Déroutes.

26. « Les premiers cris et la première charge décident du combat. » Tite-Live, XXV, 41.

27. La petite roue (frappant sur le silex du pistolet).

28. « On laisse aux vents le soin de diriger les coups. L'épée fait la force, et toutes les nations guerrières luttent avec l'épée. » Lucain, *Pharsale*, VIII, 384.

29. Assourdissement.

30. Hampe.

31. Aux prises.

32. « Dardée avec un bruit strident, la phalarique tomba comme la foudre. » Virgile, *Enéide*, IX, 704.

33. Dressait.

34. Javelot.

35. « Lançant sur la mer avec la fronde des cailloux ronds, exercés à traverser à de grandes distances des cercles de petite dimension, ils atteignaient leurs ennemis non seulement à la tête, mais à l'endroit du visage qu'ils voulaient. » Tite-Live, XXXVIII, 29.

36. « Au bruit terrible dont retentissaient les murailles sous les coups, l'effroi et la panique s'emparèrent des assiégés. » Tite-Live, XXXVIII, 5.

37. « La largeur des plaies ne les effraye pas; quand la blessure est plus large que profonde, ils s'en font gloire; mais si la pointe d'une flèche ou une balle de fronde s'enfonce dans leur chair en ne laissant qu'une trace légère à voir, alors l'idée de mourir pour une atteinte si petite les transporte de rage et de honte, et ils se roulent à terre. » Tite-Live, XXXVIII, 21.

38. Flèches.

39. Denys.

40. Souabe.

41. Couvertures.

42. De toutes les manières.

43. « Et les Massiliens, qui les montent à nu, ne connaissent pas le frein et ils les dirigent avec une simple verge. » Lucain, *Pharsale*, IV, 682.

44. « Et les Numides montent sans frein. » Virgile, *Enéide*, IV, 41.

45. « Leurs chevaux sans frein ont une allure déplaisante, le cou raide et la tête en avant comme en course. » Tite-Live, XXXV, 21.

46. De Balthazar Castiglione.

47. Prêtre-Jean, le négus.

48. Recherchent.

49. Inopinément.

50. En faisait ses compagnons.

51. « Vient aussi le Sarmate, nourri de sang de cheval. » Martial, *Spectacula*, III, 4.

52. Crète.

53. Les Indes orientales.

54. Petits bâts.

55. « Vous rendrez le choc de vos chevaux plus impétueux si vous les lancez débridés contre les ennemis; c'est une manœuvre qui a souvent réussi à la cavalerie romaine et lui fait honneur. Les ayant ainsi débridés, ils percèrent les rangs ennemis, et, retournant sur leurs pas, les traversèrent encore en brisant toutes les lances et en faisant un grand carnage. » Tite-Live, XL, 40.

56. Gobelet.

57. Combat.

58. A toute vitesse.

59. Flasque, molle.

60. Rejoint.

61. Amollit.

62. Reposée, délassée.

63. Présage.

64. On n'admet pas les autres.

65. Tour à tour.

66. Monnaies espagnoles.

CHAPITRE XLIX

1. Leur borne.

2. Pareilles aux nôtres.

3. « Ils s'enveloppent la main gauche de leur saye et tirent l'épée. » César, *De bello civili*, I, 75.

4. Raffinés.

5. « T'épilant la poitrine, les jambes et les bras. » Martial, II, 62, 1.

6. Onguents.

7. « Sa peau brille de vigne blanche ou s'abrite d'un enduit de craie sèche. » Martial, VI, 93, 9.

8. « Alors, du haut de son lit, le vénérable Enée commença ainsi. » Virgile, *Enéide*, II, 2.

9. « Et, te félicitant, je te donnerais, avec de douces paroles, des baisers. » Ovide, *Pontiques*, IV, IX, 13.

10. Permission d'aller à la garde-robe.

11. Le sexe.

12. « Quant à toi je ne te ferai rien, mais après t'avoir lavé la mentule avec de la laine... » Martial, XI, 58, 2. Le texte de Martial cité par Montaigne est celui des éditions de son temps.

13. « Souvent les enfants enchaînés dans le sommeil croient lever leur robe pour uriner dans les réservoirs et les cuves. » Lucrèce, IV, 1020.

14. Ecuyers tranchants.

15. « Gardez ces mets pour vous, riches; nous ne voulons pas, nous, de dîner ambulant. » Martial, VII, 48, 4.

16. Viande.

17. La place d'honneur (à table).

18. « Un esclave te sert, ceint d'un tablier noir au-dessus des aines, lorsque, nue, tu prends un bain chaud. » Martial, VII, 35, 2.

19. Les cheveux.

20. Prix du passage.

21. « A exiger le péage, à atteler la mule, l'heure entière se passe. » Horace, *Satires*, I, v. 13.

22. « La ruelle du roi Nicomède. » Suétone, *Vie de César*, XLIX.

23. « Quel jeune esclave va vite tempérer l'ardeur de ce Falerne avec cette eau qui coule près de nous ? » Horace, *Odes*, II, XI, 18.

24. Effrontées.

25. « O Janus, toi à qui on ne fait pas les cornes par-derrière, ni les oreilles d'âne en remuant les mains blanches, à qui l'on ne tire pas une langue longue comme celle d'un chien d'Apulie qui a soif ! » Perse, I, 58.

26. Auraient dû.

CHAPITRE L

1. Etayer.

2. Rebattu.

3. Choisir.

4. N'ai dessein.

5. Point de vue.

6. Otés.

7. De traiter pour de bon la question.

8. [Je puis] me rendre.

9. Eclaircir, expliquer.

10. Se tendent.

11. « L'un riait dès qu'il avait mis le pied hors de la maison, l'autre pleurait au contraire. » Juvénal, X, 28.

12. Narguant.

13. Evitait notre compagnie.

14. Particulière.

CHAPITRE LI

1. Plutarque.

2. Pour l'historien, non le fils de Milesius.

3. Crétoise.

4. Définition.

5. Péroraisons.

6. Foule.

7. Pu.

8. Grossiers.

9. Conduite.

10. Enuméré.

11. « Et il n'est pas du tout d'une minime importance de distinguer entre le découpage du lièvre et celui du poulet. » Juvénal, V, 123.

12. « Ceci est trop salé, ceci est brûlé, ceci est fade; voilà qui est bien! Souvenez-vous-en pour une autre fois. Je les instruis aussi soigneusement que possible pour mes faibles lumières. Enfin, Déméa, je les exhorte à se mirer dans leur vaisselle comme dans un miroir, et les avertis de tout ce qu'ils ont à faire. » Térence, *Adelphes*, III, III, 70.

13. Métonymie.

14. Etranger.

15. *Senatores* pour les magistrats du Parlement de Paris.

16. Quelle.

CHAPITRE LII

1. Esprit d'épargne.

2. Placer.

3. Ambassade.

4. Alloué.

CHAPITRE LIII

1. Imparfaites.

2. « Tant qu'il nous échappe, l'objet de notre désir nous paraît toujours préférable à tout; venons-nous à en jouir, un autre désir nous vient et notre soif est toujours égale. » Lucrèce, III, 1095.

3. Rassasient.

4. « Car il vit que rien, ou presque, de ce que réclament les besoins de la vie ne manquait aux mortels; que les puissants avaient en abondance richesses, honneurs, gloire et s'enorgueillissaient encore de la renommée de leurs enfants; mais que néanmoins dans leur for intérieur ils gardaient l'angoisse au cœur et que de vaines plaintes infestaient leur esprit : alors il comprit que tout le mal venait du vase lui-même, dont les défauts laissaient perdre en dedans tout ce qui y était versé du dehors, et même le plus précieux. » Lucrèce, VI, 9.

5. Dans les premières éditions, Montaigne traduit ainsi cette sentence de César, *De bello civili*, II, 4 : « Il se fait, par un vice ordinaire de nature, que nous ayons et plus de fiance et plus de crainte des choses que nous n'avons pas veu et qui sont cachées et inconnues. »

CHAPITRE LIV

1. Habileté.

2. Pour récompense.

3. Une demi-mine (environ 39 litres).

4. Diminuant.

5. Lingots.

6. Etats.

7. Fermeté.

8. Ceux qui tiennent moitié des uns, moitié des autres.

9. Passage.

10. Imagination.

CHAPITRE LV

1. Plaute, *Mostellaria*, I, III, 17. Montaigne traduit ce vers après l'avoir cité.

2. Puer.

3. « Tu ris de nous, Coracinus, qui ne sentons rien : j'aime mieux ne rien sentir que sentir bon. » Martial, VI, LV, 4.

4. « Qui sent toujours bon, Posthumus, ne sent pas bon. » Martial, II, xii, 4.

5. Sens.

6. « Car j'ai un flair unique pour sentir un polype ou la lourde odeur de bouc des aisselles velues, mieux que le chien qui découvre le sanglier caché. » Horace, *Epodes*, XII, 4.

7. Tunis.

CHAPITRE LVI

1. Agréable.

2. Croyance au sujet des.

3. Réparer.

4. « Si, nocturne adultère, tu te couvres le front d'une cape gauloise ». Juvénal, VIII, 144.

5. Singulièrement.

6. Il se ravise.

7. Mais que dire de ceux qui.

8. Manquait-il.

9. Contradiction.

10. Lutte intérieure.

11. A leur mesure.

12. L'appétit du risque.

13. L'entreprise de la Réforme.

14. Bas.

15. Concertée.

16. Qui s'en remet.

17. Exprimés.

18. Apparence [de raison].

19. Solennel.

20. Nicetas.

21. Querelles.

22. Amyot, dans sa traduction des *Œuvres morales* de Plutarque, *De l'amour*.

· 23. Si l'on disait le contraire.

24. Sujets.

25. Sanctuaire.

26. Empire.

27. « En termes non approuvés . » Saint Augustin, *Cité de Dieu*, X, xxix.

28. Pense.

29. Dogmatique comme l'Eglise.

30. Apparence [de raison].

31. Ne manquerait pas.

32. Ceux qui ne sont pas catholiques, c'est-à-dire les protestants.

33. « Ce qu'on ne peut confier aux dieux qu'en secret. » Perse, *Satires*, II, 4.

34. Egorger.

35. Escalader.

36. Faire sauter (avec un *pétard*).

37. « Dis à Staius ce que tu veux confier à l'oreille de Jupiter. Grand Jupiter! ô bon Jupiter! s'écriera Staius. Et tu crois que Jupiter n'en dira pas tout autant! » Perse, *Satires*, II, 21.

38. Dans la nouvelle xxv de l'*Heptameron*, dont le héros est François Ier.

39. « Nous murmurons tout bas des prières criminelles. » Lucain, *Pharsale*, V, 104.

40. « Il n'est pas loisible à chacun de bannir des temples les vœux qu'on y murmure et chuchote, d'élever la voix et de les exprimer tout haut. » Perse, II, 6.

41. « Il dit tout haut : Apollon! puis il agite les lèvres avec la peur d'être entendu : Belle Laverne, accorde-moi les moyens de tromper, accorde-moi de paraître juste et homme de bien; couvre d'un nuage mes fautes de la nuit et mes larcins. » Horace, *Epîtres*, I, xvi, 59.

42. Forme.

43. Récent.

44. Sales.

45. En compensation.

46. Hostile à.

47. « Si la main qui a touché l'autel est sans crime, elle a pu, sans qu'une victime somptueuse l'eût rendue plus agréable, apaiser des Pénates hostiles avec un pieux gâteau d'épeautre et un grain de sel pétillant. » Horace, *Odes*, III, xxiii, 17.

CHAPITRE LVII

1. Admettre.

2. Opinion.

3. Apparence (de raison).

4. Arrhes.

5. « Si l'épine ne pique pas quand elle naît, il y a des chances qu'elle ne pique jamais. »

6. Qualités.

7. « Quand les coups vigoureux du temps ont tassé notre corps, quand nos forces s'émoussent et que nos membres s'affaissent, l'esprit cloche, la langue et la pensée radotent. » Lucrèce, III, 451.

TABLE DES MATIÈRES